轻与重
FESTINA LENTE

姜丹丹 何乏笔(Fabian Heubel) 主编

人如何书写历史

[法]保罗·韦纳 著 韩一宇 译

Paul Veyne
Comment on écrit l'histoire

华东师范大学出版社

华东师范大学出版社六点分社　策划

Le traducteur a bénéficié, pour cet ouvrage, du soutien du Centre national du livre
本书译者翻译此书得到法国国家图书中心的资助

主 编 的 话

1

时下距京师同文馆设立推动西学东渐之兴起已有一百五十载。百余年来,尤其是近三十年,西学移译林林总总,汗牛充栋,累积了一代又一代中国学人从西方寻找出路的理想,以至当下中国人提出问题、关注问题、思考问题的进路和理路深受各种各样的西学所规定,而由此引发的新问题也往往被归咎于西方的影响。处在21世纪中西文化交流的新情境里,如何在译介西学时作出新的选择,又如何以新的思想姿态回应,成为我们必须重新思考的一个严峻问题。

2

自晚清以来,中国一代又一代知识分子一直面临着现代性的冲击所带来的种种尖锐的提问:传统是否构成现代化进程的障碍?在中西古今的碰撞与磨合中,重构中华文化的身份与主体性如何得以实现?"五四"新文化运动带来的"中西、古今"的对立倾向能否彻底扭转?在历经沧桑之后,当下的中国经济崛起,如何重新激发中华文化生生不息的活力?在对现代性的批判与反思中,当代西方文明形态的理想模式一再经历祛魅,西方对中国的意义已然发生结构性的改变。但问题是:以何种态度应答这一改变?

中华文化的复兴,召唤对新时代所提出的精神挑战的深刻自觉,与此同时,也需要在更广阔、更细致的层面上展开文化的互动,在更深入、更充盈的跨文化思考中重建经典,既包括对古典的历史文化资源的梳理与考察,也包含对已成为古典的"现代经典"的体认与奠定。

面对种种历史危机与社会转型,欧洲学人选择一次又一次地重新解读欧洲的经典,既谦卑地尊重历史文化的真理内涵,又有抱负地重新连结文明的精神巨链,从当代问题出发,进行批判性重建。这种重新出发和叩问的勇气,值得借鉴。

3

一只螃蟹,一只蝴蝶,铸型了古罗马皇帝奥古斯都的一枚金币图案,象征一个明君应具备的双重品质,演绎了奥古斯都的座右铭:"FESTINA LENTE"(慢慢地,快进)。我们化用为"轻与重"文丛的图标,旨在传递这种悠远的隐喻:轻与重,或曰:快与慢。

轻,则快,隐喻思想灵动自由;重,则慢,象征诗意栖息大地。蝴蝶之轻灵,宛如对思想芬芳的追逐,朝圣"空气的神灵";螃蟹之沉稳,恰似对文化土壤的立足,依托"土地的重量"。

在文艺复兴时期的人文主义那里,这种悖论演绎出一种智慧:审慎的精神与平衡的探求。思想的表达和传播,快者,易乱;慢者,易坠。故既要审慎,又求平衡。在此,可这样领会:该快时当快,坚守一种持续不断的开拓与创造;该慢时宜慢,保有一份不可或缺的耐心沉潜与深耕。用不逃避重负的态度面向传统耕耘与劳作,期待思想的轻盈转化与超越。

4

"轻与重"文丛,特别注重选择在欧洲(德法尤甚)与主流思想形态相平行的一种称作 essai(随笔)的文本。Essai 的词源有"平衡"(exagium)的涵义,也与考量、检验(examen)的精细联结在一起,且隐含"尝试"的意味。

这种文本孕育出的思想表达形态,承袭了从蒙田、帕斯卡尔到卢梭、尼采的传统,在 20 世纪,经过从本雅明到阿多诺,从柏格森到萨特、罗兰·巴特、福柯等诸位思想大师的传承,发展为一种富有活力的知性实践,形成一种求索和传达真理的风格。Essai,远不只是一种书写的风格,也成为一种思考与存在的方式。既体现思索个体的主体性与节奏，又承载历史文化的积淀与转化，融思辨与感触、考证与诠释为一炉。

选择这样的文本，意在不渲染一种思潮、不言说一套学说或理论，而是传达西方学人如何在错综复杂的问题场域提问和解析，进而透彻理解西方学人对自身历史文化的自觉，对自身文明既自信又质疑、既肯定又批判的根本所在，而这恰恰是汉语学界还需要深思的。

提供这样的思想文化资源，旨在分享西方学者深入认知与解读欧洲经典的各种方式与问题意识，引领中国读者进一步思索传统与现代、古典文化与当代处境的复杂关系，进而为汉语学界重返中国经典研究、回应西方的经典重建做好更坚实的准备，为文化之间的平等对话创造可能性的条件。

是为序。

姜丹丹（Dandan Jiang）

何乏笔（Fabian Heubel）

2012年7月

给海伦

对一个过时的经验论者来说,她的可爱的理论主义一直以来都是不可或缺的平衡力。

目 录

第一部分 历史的目的 / 1

第一章 只是真实的叙述 / 3
  人类的事件 / 3
  事件与文献 / 5
  事件与区别 / 7
  个性化 / 11
  自然与历史 / 14
  真实的事件 / 16
  历史是残缺不全的知识 / 20

第二章 一切都是历史的,因此大写的历史并不存在 / 22
  历史的不连贯性 / 22

历史的不完全性 / 24

非重大事件的观念 / 27

事件没有绝对的尺寸 / 30

历史的扩展 / 35

大写的历史是一个极限概念 / 39

历史在尘世中展开 / 45

哪些事件是历史的? / 47

第三章 不是事实,也不是实测平面图,而是情节 / 50

情节的观念 / 52

没有原子似的事实 / 54

事件场的结构 / 59

一个例子:公益捐赠制度 / 61

实测平面图观念的辨析 / 64

历史的唯名论 / 68

历史描述的难题 / 70

连贯性综合的难度 / 72

第四章 出于纯粹的对特征性的好奇心 / 76

历史学家的一句名言:"这很有趣。" / 77

韦伯:历史可能是价值关联 / 78

问题的实质:韦伯与尼采 / 82

历史的兴趣 / 86

与长篇小说起源的比较 / 88

历史专注于特征性 / 90

历史知识的定义 / 94

人的历史与自然的历史 / 96

历史不是个性化的 / 101

历史的宪章 / 102

历史编纂的两个原则 / 105

附录　价值论的历史 / 108

第五章　一种理智活动 / 115

意识不了解历史 / 116

没有历史主义的突变 / 121

历史知识的目的 / 126

一个虚假的问题：历史的起源 / 128

历史体裁的诞生 / 133

存在主义的观念 / 135

历史的净化 / 139

第二部分　理　解 / 141

第六章　理解情节 / 143

"解释"有两种含义 / 144

理解与解释 / 147

有关原因的错误认识 / 149

"深度的"历史 / 153

偶然性、"物质"和自由 / 158

质料因:马克思主义的解释 / 161

目的因:心态与传统 / 163

偶然和深层的原因 / 166

历史没有主线 / 171

历史没有方法 / 173

历史学家的本体论 / 179

历史中的抽象概念 / 183

一个例子:希腊宗教 / 186

背景框架:蠢话录 / 189

第七章 理论,类型,概念 / 192

理论的一个例子 / 194

理论只是对情节的概要 / 195

历史中的典型 / 197

类型是一些概念 / 200

比较历史学 / 202

这是一种发现法 / 206

概念 / 209

一个例子:古希腊的民族主义 / 212

三种概念 / 214

历史的概念的批评 / 215

集合体 / 220

分类的概念 / 222

变异与概念 / 226

附录 理想型 / 231

第八章 因果关系与回溯 / 235

因果关系或者回溯 / 237

尘世的因果关系 / 238

它是无规律的 / 240

它是模糊的 / 241

回溯 / 244

回溯的基础 / 247

回溯,就是"综合" / 251

"方法"是一种经验 / 254

历史客观性的两个限度 / 256

 I. 文献资料的收集 / 257

 II. 经验的多样性 / 258

原因还是法则,艺术还是科学 / 260

依据逻辑经验主义的解释 / 261

逻辑经验主义的批评 / 263

历史不是科学的草图 / 267

历史的所谓法则 / 270

历史是描述 / 272

科学作为参预 / 274

历史永远不会是科学的 / 278

科学仅有的位置：无意影响 / 280

附录　日常性与编制系列 / 283

第九章　意识不是行动之根基 / 288

理解他人 / 290

我们知道人有目的…… / 295

……但是我们不知道什么目的 / 296

历史中的价值判断…… / 298

……是间接引语的价值判断 / 301

一种意识形态－现实的二元论…… / 306

……替代以具体的多样性 / 309

意识不是行动的关键 / 311

对心态概念的批评 / 316

一种决疑论：四个例子 / 320

　I. 仪式 / 321

　II. 年长者的权威 / 324

　III. 惯例成规 / 326

　IV. "机制" / 332

一种有关人的新知识 / 336

历史学的主要困难 / 338

第三部分　历史学的进步 / 343

第十章　提问方式的拓展 / 345
渐进发展的概念化 / 346

不同等的感知困难 / 349

历史的论题 / 353

有关前工业社会的论题 / 355

非重大事件性历史 / 359

抵抗原始资料的观点 / 363

历史作为对现实的清理 / 365

历史知识的进步 / 367

在哪些方面历史是艺术的产物 / 371

被忽略的一面：博学 / 374

历史作为构图的艺术 / 379

第十一章　尘世与人文科学 / 382
科学的事实与经验的事实 / 384

人文科学的现实处境 / 387

一种关于人的科学的可能性 / 391

人文科学是人类行为学 / 398

历史为什么向往科学 / 405

本质的混杂 / 407

它从科学可期待的不多 / 410
例子:经济理论与历史 / 414
另一个例子:财富的分配 / 420
历史学的真相与科学的真理 / 423

第十二章　历史学,社会学,完整的历史 / 428
一种科学的历史学的条件 / 430
为什么它是不可能的 / 433
社会学没有对象 / 437
社会学不过是一种描述 / 444
社会学的焦虑 / 447
社会学是一种虚假的连续性 / 449
社会学是历史还是修辞 / 452
社会学起因于历史学过于狭窄的观念 / 457
使历史学残缺不全的两个成规 / 459
"普通"地理学的例子 / 463
完整的历史学撤离社会学 / 466
韦伯的历史学作品 / 468

福柯引起历史学的革命 / 473

历史是什么？根据在我们周围所听到的加以判断，重新提出这个问题很有必要。

"历史，在我们的时代，已经明白它真正的使命是进行解释"；"这样的现象不仅可以由社会学来解释：借助于历史的解释不是可以使它更好地被理解吗？""历史是一种科学吗？徒劳的讨论！所有研究者的合作难道不是令人期待，而且本身就成果丰富么？""历史学家难道不应该致力于建构理论体系么？"

不。

不，这样的历史不是历史学家们所做的历史：顶多只是他们以为所做的，或者是那种人们使他们确信没有去做而应该懊悔的历史。不，这种想要知道历史是不是一种科学的争论并非徒劳，因为"科学"不是一个高贵的字眼，而是一个准确的术语，而且经验证明，对有关词语的讨论无动于衷，通常总是伴随着对这一事物的看法的混乱。不，历史没有方法：您可以请人向您展示这个方法。不,历史完全没有解释什么,如果解释这个词有什么意义的话;至于它呼唤它的理论,对这一点还将需要切近地观察。

让我们达成一致吧。再确认一次历史谈论那些"人们从来不会见到两次的事情"是不够的;同样,也不必断言它是主观的、是有视角的,不必说我们从我们的价值观出发审视过去,说历史的事实不是事物,说人理解自己却无法解释自己,而且从它不可能产生科学。一句话,历史并非把存在与认识混淆起来;人文科学确确实实地存在着(或者至少是它们中的那些真正配得上科学之名的),而关于人的物理学是我们这个世纪的希望,正如物理学曾经是17世纪的希望那样。然而,历史学不是这一科学,而且永远也将不会是,如果它懂得有进取心,它有可能获得不可限量的更新,不过是在另一种方向上。

历史不是一门科学,也对科学没有很多的期待;它并不解释,而且也没有方法;更妙的是,大写的历史——两个世纪以来,人们对此谈论得很多——并不存在。

那么,历史是什么?历史学家们,从修昔底德(Thucydide)到马克斯·韦伯(Max Weber)或者马克·布洛赫(Marc Bloch),一旦走出他们的文献资料,并且着手去进行"综合",到底做什么?对旧时的人们的各种创造和各种各样活动的行为进行科学的研究?有关社会中的人的科学?有关人类社会的科学?远不是这样;对这一问题,自从亚里士多德的后继者找到答案的两千两百年以来没有改变:历史学家讲述以人为表演者的真实事件;

历史是一种真实的小说。第一眼看来,这个回答没有说出什么……①

---

① 作者非常感激梵文学者埃莱娜·弗拉斯里埃尔(Hélène Flacelière)、哲学家格朗日(G. Granger)、史学家马鲁(H. I. Marrou)和考古学家乔治·威尔(Georges Ville,1929—1967)。其中的错误只属于本人;如果没有莫里诺(J. Molino)以其百科全书般的才能审读这本书的打字稿,错误可能会更多。我与莫里诺就这本书有过很多交流。此外,内行的读者在这本书的许多地方,将会发现对雷蒙·阿隆(Raymond Aron)《历史哲学导论》(*Introduction à la Philosophie de l'histoire*)一些暗含的参考,可能还有不自觉的潜移默化影响,该书在这一领域仍然是奠基性著作。

第一部分

历史的目的

第一章
只是真实的叙述

人类的事件

以人为演员的真实事件。但是,人这个词不必使我们焦虑。不管历史的本质,还是历史的目标,都不依存于这个角色的存在,它们取决于所选定的视角;历史是它所是的样子,不是因为天知道的什么人,而是因为它决定了采取某种认识的模式。要么这些事件被视为个别的事件,要么被视为在其背后掩盖着不变规律的现象。磁石吸铁,火山喷发,物理事件之中总有一些东西在重复;维苏威火山在公元79年的喷发,被视为自然界的一个事件;1917年克伦斯基临时政府的成立,则是人类的事件;在革命期间两个政权的现象,是可能重复发生的现象。如果人们把这个事实视为历史事件,这是人们认为它本身有意思;如果人们感兴趣的是它重复发生的特点,它就只是探索某种规律的借口。因此,库尔诺(Cournot)①在研究自然法则的物理科学与研究世界之历史的宇宙科学,如地质学或者太阳系的历史——之间做了区分;因为"人的好奇心不仅仅以研究自然的法则和力量为目的;它还更为敏感地被世界的景观所刺激,被认识它的现实结构和历史演变的欲望所激动"……

人类的在场对于这些事件激发我们的兴趣不是必不可少的。的确,人类历史有这个特殊性,认识他者的行动与我们理解物理现象的行动不一致;比如,地质学的历史,有一种与人类的事件非常不同的气氛;因此,我们谈论意义,谈论理解,但是,那个准确的词却简单得多,这就是目的。在如我们眼前所呈现的这一世界里,人类事务的行为和它们的理解是由这一事实所决定的,我们在我们自身认识,也在他者那里重新发现,那就是存在着决定一个设想的预测和通过行为实现的设想。不过,这种人为的目的论并没有导致历史认识论的结果;它没有在历史学家进行概括的时刻被引入;它从属于经验本身,而历史学家对这些经验的叙述并没有什么特别之处;我们在小说中,或者是在一小段对话中,同样可以找到它。

---

① 《论自然与历史中基础观念的衔接》(*Traité de l'enchaînement des idées fondamentales dans la nature et dans l'histoire*),1992 年重印,阿歇特(Hachette)出版社,第 204 页。

事件与文献

历史是对事件的叙述:其余的一切都来自于此。既然一开始历史就是一种叙事,它并不能重新再现真实的体验①,并不比小说做得更多;出自史学家手下的体验,并不是行动者所具有的体验;这是一种叙述,这一点使我们可以清除一些伪问题。如同小说,史学家选择,简化,组织,使一页篇幅涵盖一个世纪②,而这种叙述的综合并不比我们的记忆在回顾最近十年经历的生活时更少自发性。对于永远分开经验与叙述之重组的间隔进行思辨,只是会导向这种发现,滑铁卢对于一个拿破仑时代近卫队老兵和一个元帅完全不是一回事,人们可以以第一人称或者第三人称叙述这场战役,把它说成是一场战役,一次英国人的胜利或者是法国人的失败,人们可以在一开始就隐约透露什么是它的结局,或者是假装去揭示它;这些思考可以产生令人愉快的美学体验;对于史学家,是对一种局限的发现。

这个局限就是以下的局限:在任何情况下,历史学家称之为一个事件的,都不是直接地和完整地被掌握的;它总是不完

---

① 保罗·利科(Paul Ricoeur),《历史与真理》(Histoire et Vérité),瑟伊(Seuil)出版社,1955 年,第 29 页。
② 马鲁(H. I. Marrou),《历史学家的职业》(Le métier d'historien),七星百科丛书,《历史与它的方法》(L'Histoire et ses méthodes),第 1469 页。

整和侧面的,通过文献或者证词,也就是说通过一些"**无法推翻的证据**"(*tekmeria*),一些线索。即使我是滑铁卢的同时代人和见证者,即使我是这个事件的主要行动者,甚至是拿破仑本人,对于历史学家们称之为滑铁卢战役的这个事件我也只能有一个视角;我所能够留给后人的只是我的证词,将被后世称作线索,如果最终能够传到那时;即使我是决定发出埃姆斯电报的俾斯麦,我本人对这一事件的解释也可能不同于我的朋友、我的忏悔神父、历史学家和精神分析师对它的理解,他们对我的决定可以有他们自己独特的看法,而且可以自认为比我更清楚我想要什么。本质上,历史是通过文献进行的认识过程。历史的叙述超越文献之外,因为没有一个文献可以是历史事件本身;历史不是文献的合成摄影,也不能够让您"直接地,如同身临其境地"看到过去;为了重新采用热奈特(G. Genette)有益的区分①,历史的叙述是**叙事**(*diegesis*),而不是**模仿**(*mimesis*)。在拿破仑和亚历山大一世之间的真实的对话,可以通过速记员保存下来,但不会原原本本地"粘贴"到历史叙述中:历史学家最通常的做法是宁愿讨论这一对话;如果他按照文本引述它,引文将具有文学的效果,目的是赋予情节以生命——我们可以说,某种精神气质——,这就将拉近如此书写的历史与小说化历史之间的距离。

---

① 《叙事的边界》(Frontiers du récit),见于《修辞 II》(*Figures II*),瑟伊出版社,第 50 页。——历史接受精神气质和形象的描绘,但是不接受夸张的辞藻。

事件与区别

作为对事件的叙述,从定义来看,历史不会重复讲述同一件事,在历史中只有各种变体;我们会讲述 1914 年的战争,但不是叙述战争的现象;让我们想象一个物理学家不寻找物体坠落的规律,而是叙述诸多落体运动和它们的各种"原因"。从人的文本中,历史学家认识这些变体,而从来不是文本本身;关于人,我们所能够了解的最大部分,也许是最有趣的部分,不应该去向历史索求。

在统一性背景上,一个事件凸显出来;这是一种区别,一个我们无法先验地了解的事物:历史是记忆的女儿。人们出生,吃喝,然后死去,但是唯有历史能够让我们知道他们的战争,他们的帝国;他们是残忍和琐碎的,既不是绝对的善,也非彻底的恶,不过,历史告诉我们,在某个特定的时代,他们在获取财富之后,是否宁愿更喜欢无尽的利益,而不是退隐,以及他们如何感知或者划分色彩。历史不会教给我们,罗马人有两只眼睛,对于他们天空是蓝色的;作为补偿,它也不会让我们对这一点无知,当我们使用色彩去谈论晴朗时的天空,罗马人则借助于另一种范畴,说*纯净的天*(*caelum serenum*),而不是蔚蓝的天;这是一个语义方面的事件。至于说夜空,他们,以符合常情的眼睛,把它视为一个坚实的苍穹,并不太辽远;我们其他人则相反,认为它是一个无尽的深渊,自从伽利略卫星的发现使帕斯卡尔(Pascal)谈论的无神论产生我们熟知的恐慌以来。这是思想和感受方面的事件。

并不存在自足的事件,它是通过与永恒的人的观念的联系而存在。一部历史书有一点像一种语法;一种外国语言的实用语法并不*毫无选择地*清点这种语言所有的规则,而只是那些与这本语法的目标读者所说的语言不同、因而可能使他感觉意外的部分。历史学家不会穷尽一切地描述一种文明或者一个时期,不会给它做一个完全的盘点,仿佛他是从另一个星球才登陆的;他对他的读者只叙述那些必不可少的,以使他们能够依据那些始终被视为真实的东西想象这个文明。这是否简单地意味着,历史学家从不被要求去陈述原始的真实? 不幸的是,原始真实有一种恼人的倾向,就是要替代真正的真实;如果我们不知道我们有关天空、色彩和利益的观念——不论正确与否,它们至少不是永恒的观念——我们将不会拥有就这些问题查阅文献的想法,或者毋宁说,我们甚至不会去听它们向我们说的。

因为它的悖论性和批评性,历史的"历史性"一面始终是其最著名的魅力之一;从蒙田(Montaigne)到《热带的忧郁》(*Tristes Tropiques*)或者福柯(Foucault)的《疯癫史》(*Histoire de la folie*),不同民族和不同时代的多样性的价值观,是西方意识重要的主题之一①。因为反对我们容易出现时代错误的自然倾向,

---

① 有关这一主题,与古代在自然与惯例、*自然*与*论题*(*phisis et thesis*)之间的差异其实是相当不同的,参阅列奥·施特劳斯(Leo Strauss)《自然权利与历史》(*Droit naturel et Histoire*),法文译本,普隆(Plon)出版社,1954年,第23—49页;同一主题也出现在尼采那里(同上,第41页)。

它也具有启发性价值。举个例子。在《萨蒂利孔》(*Satiricon*)中，特里马西翁(Trimalcion)在喝酒之后，骄傲和得意地大谈他让人为自己修造的一座豪华的陵墓；在一段希腊铭文中，一位国家想要赞誉的家喻户晓的慈善家巨细无遗地看到在火化的那一天，他的祖国将给他的遗体以怎样的荣耀。当我们在古伯察神父(le Père Huc)那里，读到中国人对此事体的态度与之完全相同，这种非意愿的死亡主题才显示了它真正的意义①："生活裕如的人们，和那些有余力从自己的食谱找寻乐趣的人们，总不会少了预先给自己准备一口满足自己品味并且适合自己的棺材。在等待最终睡到里边的时刻到来的过程中，人们把它保管在家里作为一件奢侈的家具，它在装饰适宜的家居中不无一种提供安慰和愉悦的可能。这寿材对于身家好的子弟来说，尤其是见证自己对生身父母之孝心的最好方式；有能力给年老的父亲或是年老的母亲购买一个棺材，而且能够在他们刚要想到这方面时贡献给他们，对一个为人子者的内心是温柔而巨大的抚慰。"读到这些写在中国的文字，我们更好地理解了，在古代考古中存在的大量丧葬器物不仅是出于偶然的发现：陵墓是希腊罗马文明价值的表征之一，而且罗马人和中国人一样具有异国情调；但并不是这一点有什么重大发现，使我们从中必然得出有关西方和死亡的悲剧性内容，它只是一个小的真实事件，给文明的画面

---

① 《旅行记》(*Souvenirs d'un voyage dans la Tartarie , le Tibet et la Chine*)，阿尔德纳·德·迪扎克(Ardenne de Tizac)出版社，1928年，第4卷，第27页。

增加更多的生动性。准确地说,历史学家从不带来声势浩大的新发现,颠覆我们对世界的看法;过去的庸常是由微不足道的特殊性构成的,而它在叠加累积的同时,却最终同样组合出一个非常出人意外的图景。

我们顺便注意到,如果我们给中国读者写一部罗马史,可能没有必要评论罗马人有关陵墓的态度;像希罗多德(Hérodote)一样,我们可以满足于书写,"有关这一点,这个民族的观念差不多跟我们的是一样的"。因此,如果为了研究一个文明,人们只局限于去读那些它有关自己的描述,也就是说,读那些仅仅与这个文明相关的材料,就会使自己很难对在这一文明中不言而喻的事情感到惊讶;如果说,古伯察神父让我们意识到中国人关于丧葬事务的异国情调,而《萨蒂利孔》没有引发我们对罗马人同样的惊讶,这是因为古伯察神父不是中国人,而佩特罗尼(Pétrone)则是罗马人。一个只是满足于用间接引语重复他的主人公关于自己的言论的历史学家,也许既令人厌倦又可谓大有教益。研究无论哪一种文明都会丰富我们已有的对其他文明的知识,读古伯察神父的《中华帝国纪行》(*Voyage dans l'Empire chinois*)或是沃尔内(Volney)的《叙利亚游记》(*Voyage en Syrie*),不可能不学到有关罗马帝国的新东西。不论研究的问题是什么,我们可以将这一方法推而广之,以社会学视角,我想说的是以比较历史的视角,对它加以系统地讨论;对于更新任何历史点,这个配方几乎是无往而不胜的,而比较研究的文字一定要至少与完备详尽的文献目录文字一样被认可。因为事件就是差异,而我们也清楚地明白,历史学家的职业之最具特征的努力,也是它的趣味所在:惊讶于原本不言而喻的东西。

一切非不言而喻的事情都是事件。经院哲学会说,历史对材料和形式同样感兴趣,对个体特性和本质与定义同样感兴趣;的确,经院哲学还补充说,没有无形式的材料,我们将会发现,一般概念的问题也向历史学家提了出来。我们可以暂时采纳狄尔泰(Dilthey)①和文德尔班(Windelband)的区分:一方面有法理学科学,其目的是确立法则或类型,另一方面有个案描述科学,它对个体感兴趣;物理学或经济学都是法理学科学,历史是个案描述科学(至于社会学,它不太清楚自己是什么;它知道,有一个关于人的法理学的一席之地可以去占领,而且很希望成为这门科学;但通常在社会学的大旗之下,人们实际上书写着的是一种当代文明的历史,另外,这也并不是人们做得更糟糕的东西)。

个 性 化

但是,说事件是个别的是一种模棱两可的说法;说历史以人们从来不会第二次见到的东西为对象,也并不是对历史的最好定义;由于小行星罕见的遇合导致水星运行轨道的重大反常,可

---

① 狄尔泰,《精神世界》(*Le Monde de l'esprit*),雷米(Rémy)译,奥比埃(Aubier)出版社,1947年,第1卷,第262页。

能不会重复发生,但也可能在一个比较遥远的未来重复出现;关键是要知道,这一反常是为了它本身而被讲述(太阳系的历史所要做的),还是人们从这一现象所见到的只是一个要由天体力学解决的问题。如果说无地王约翰(Jean sans Terre)是由于某种动力的驱使"两次从此地经过",按照惯例,历史学家会描述这两次经过,而且并不会因为这样做而感觉自己与历史学家身份不符;如果两个事件重复发生,甚至可能是完完全全的重复,这是一种情况;而两个事件重复出现但几乎是两件事,这是另一种情况,只有这一点对历史学家是重要的。同样,一个研究区域地理的地理学家会看到两个冰斗的差异,即使它们极为相似,而且体现了同一个地貌类型;历史或地理事实由于时间或空间而生的个性化,与它们事实上归属于某一种属、类型或某一观念并不矛盾。历史——就是已经完成的事实——并不适宜某种类型学,人们很难像描述昆虫的不同种类那样非常具有特征性地描述革命或是各种文化的类别;然而,即使在这一点上别有它途,确实存在各种不同的战争,有关它们可以提供长篇累牍的描述,历史学家还是会继续讲述属于这些变相的个体现象。总而言之,直接税可以被视为一种类型,而间接税也是一样;这里就历史而言恰切的是罗马人并没有直接税,而法国执政府实行的税制又是怎样的。

但是,是什么使事件具有个性化?不是它们在细节上、"材料"上或它们本质上的差异,而是在它们发生的事实,就是说,它们在一个特定的时刻发生;历史本身从不重复,即使它有时候会重述同一件事。如果我们为了一个事件本身的缘故而对它感兴趣,排除时间,就像对某个小摆设①,作为过去之美的迷恋者,我们将徒然喜欢它的无可复制,而历史事件并不因此就不是历史性的一个"抽样",并不附着于时间。无地王约翰的两次经过不是历史学家可以据以复制的朝圣的抽样,因为历史学家将不可能无动于衷,这位已经遭遇了太多历史学方法之不幸的王子,让他遭遇额外的不幸,不得不在已经走过的地方重来一次;在宣告第二次经过时,历史学家不会说"我认得",就像当人们给博物学家拿来他已经有的一只昆虫时做的那样。这并不意味着,历史学家不通过概念范畴思考,如所有人一样(他也会谈论"经过"),也不意味着历史的解释不需借助于类型,比如所谓"开明君主

---

① 说到底,这种事件的唯美主义是李凯尔特(Rickert)的态度,他将作为了解个体的历史与物理科学对立起来。但是,他更多想到的是作为博物馆文物的个体,而不是时间中作为独特事件的个体:在他看来,作为历史的事物包括,与煤炭相对立的奥尔良公爵的王冠钻石——煤炭在被切割的时候,也不会丢失它本来就不具备的个性;或者与普通人相对立的歌德。让这些事物具有如此多个性的是它们为我们带来的价值:历史是与价值相关联的:这是德国历史主义的重要观点,我们在第四章将会看到这一点;它是对历史主义核心问题的回答:是什么让已经发生的事情成其为"历史的"? 因此,李凯尔特不得不解释说,历史学家不仅仅只谈论钻石和天才人物:原因是除了这些"原生的"历史事物,比如歌德之外,还有一些间接历史对象,比如歌德的父亲。在第四章中,我们可以看到这些观点对马克斯·韦伯的影响。关于李凯尔特,参见曼德尔鲍姆(M. Mandelbaum),《历史知识问题,对相对主义的回答》(*The Problem of historical knowledge, an answer to relativism*), 1938 年, 1967 年再版, Harper Torchbooks 出版社, 第 119—161 页;雷蒙·阿隆,《历史批评哲学,论德国历史理论》(*La Philosophies critique de l'histoire, essai sur une théorie allemande de l'histoire*), 弗兰(Vrin)出版社, 1938 年, 1969 年再版, 第 113—157 页。

制"(这一点得到了支持)。它只是简单地表明,历史学家的头脑如同报刊社会新闻栏的读者的头脑;这些社会新闻永远是同样的,而且始终有趣,因为这一天被碾死的狗不是前一天被碾死的那一条,而且更加宽泛地说,因为今天已经不是前一天。

自然与历史

从一个事实具有独特性这一点出发,并不以它也许不能被科学地解释为结果;无论人们经常怎么说,在自然科学所研究的现象和历史现象之间并没有截然的区别:它们都在时空的某一点上是个性化的,因此这一个也就**先验地**如同那一个可以被科学地处置。我们不可以把科学与历史对立起来,就像对待普遍研究和个别研究那样;首先,物理现象并不比历史现象更少个性化特征;其次,对历史个体的认识,需要被放置在与普遍性的关系中来进行:"这是一次动乱,那是一场革命,通常来讲,它们都被运用阶级斗争或者是下层人的怨恨来加以解释。"即使一个历史现象是"人们从来不会第二次见到的",也并不预先妨碍人们可以解释它。无地王约翰的两次经过是否构成两个不同的事件? 人们可以一个一个地解释它们,这就是全部。历史是一连串的进程,而科学所做的无非是解释这些过程;如果热流 3 月 12 日一次,13 日又一次,沿着位于星形广场的铁柱传播两次,人们会分别解释两个个体的传播现象。把人的历史性与自然的重复性对立起来是诗意的,但也是一种引起混乱不少于诗意的观念。自然也是历史的,也有它的历史,它的宇宙学;自然并不比人缺少具体性,一切具体的东西都在时间之中;并不是物理学的现象在重复,而是物理学家从中提取的既无地点也无日期的抽象结果;如果对人类施以同样的方法,那么人类在重复自己方面毫无二致。真相是,具体的人有与自然不同的原因不去重复自己(如果他是自由的,他可以积累知识,等等);但这并不是因为人有什么自己独有的方式使其成为历史的,而是自然不能具有这种特质。库尔诺有充分的理由不在自然的历史和人类的历史之间做出任何本质的区别。必须承认这一点,宇宙和自然的历史是可以科学地解释的,而人的历史则不能,或者是几乎不能;然而,正如我们要在本书的末尾看到的,这种差异并不归因于人具有特别的成为历史性的方式,也不是更多归因于历史事实,或毋宁说是任何的事实——历史的与自然的——所具有的个体化特质。对于历史学家,不存在任何的不可能性去**先验地**模仿物理学家,从人类的事件中抽取某种不变性,作为永恒的抽象物,适用于全部未来的具体个案,就像伽利略定律适用于未来的全部落体运动;是否有人说,修昔底德(Thucydide)难道不是为了提供这一类的永恒教训而写作他的《伯罗奔尼撒战争史》(*Histoire*)? 我们在下文将会看到,为什么这一行动不可实现,而且我们同样会看到,它的不可能性在于历史的因果关系的属性,而根本不是人类事件的个性化特质。

真正的区别并不存在于历史现象和物理现象之间,而是存在于历史编纂学和物理科学之间。物理学是法则的汇集,而历史学乃是事实的汇集。物理学不是由被讲述与解释的物理现象构成的集合,它是用来解释这些现象的法则的汇集;对物理学家来说,月亮与太阳甚至宇宙的存在,只是用来证实牛顿定律的细枝末节;在他们眼中,这些星宿并不比一只苹果更有价值[1]。对于历史学家来说情况就不是这样。当可能存在(假设可能会有)一种作为历史的法则之汇集的科学的时候,历史学也不会是这种科学:它可能会是这些法则解释的事实的汇集。那么剩下的就是去了解,如果存在一种历史法则的科学,人们是否还会对事件本身感兴趣;也许人们会满足于对它们的确认,历史编纂学也就蜕变成了历史批评。

真实的事件

历史是轶事的,它在讲述的同时使人产生兴趣,如长篇小说一样。不过,它在一个关键点上与长篇小说不同。我们设想,有人对我讲述一次动乱,而我明白人们借此来跟我讲述历史,这次动乱是真实地发生过的;我将努力如同看到在某一特定时刻它发生在某一人群中;我把这个古老的民族视为主人公,而在此之前一分钟,它对于我完全是陌生的,现在则成为故事的中心或毋

---

[1] 胡塞尔(Husserl),《逻辑研究》(*Recherches logiques*),埃利(Élie)译,法国大学出版社(PUF),1959 年,第 1 卷,第 260 页;罗素(B. Russel),《物的分析》(*The Analysis of matter*),Allen and Unwin 出版社,1954 年,第 177 页。

宁说是它不可或缺的支撑。所有的小说读者所做的也是这样。可是,在这里,这个小说是真实的,这就免除了它吸引人的必要,动乱的历史并不因为令人厌倦而降低其价值。可能就因为如此,作为间接结果,想象的历史从未被当作一种文学类型(除了对那些阅读《海盗格拉尔》①的审美家),并不比想象的社会新闻更多(除了对那些阅读费利克斯·费内翁[Félix Fénéon]②的审美家):一个想要吸引人的故事会因为过度用力而让人觉得虚假,而且无法超越模仿。我们熟知个性与真实性的悖论;对于一个普鲁斯特的狂热崇拜者,这个纪念物必须是那曾经写出了《追忆似水年华》的那支笔,而不是与之完完全全相同的,大批量生产的另一个。"博物馆的藏品"是一个复合概念,它同时兼具美、真实和稀有;既不是审美家,也不是考古学家,还不是收藏家,能够成为纯粹的出色的博物馆管理者。即使一个由范·米格伦(Van Meegeren)画的赝品与维米尔(Vermeer)的真迹(总之,与年轻时期的维米尔,成为维米尔之前的维米尔)一样美,它也还不是一幅维米尔的真品。但是,历史学家,他既不是收藏家也不是审美家,美并不让他感兴趣,稀有也不。让他感兴趣的唯有真实。

历史是真实事件的叙述。依照这一定义,一个事件要值得

---

① 《海盗格拉尔》(*Graal Flibuste*),法国小说家罗贝尔·宾泽(Robert Pinget,1919—1997)的小说,发表于1956年。——译注

② 费利克斯·费内翁(Félix Fénéon,1861—1944),法国作家,艺术评论家。——译注

成为历史必须要满足的唯一条件就是:真的已经发生过。我们钦佩这一定义迷惑人的简单,这里显示了亚里士多德派洞察本质和人们看不见的真实的才智;我们知道,初看起来,一种伟大的哲学,并不显得深奥、晦涩或是令人激动,而是平淡无奇的。叙述真实的事件,不是与真实相像(如在小说里那样)或不像(如在童话故事里那样)。这就意味着,在其他种种之外,人们在我们耳边不断鼓噪的所谓历史的方法并不存在。历史有一种考证,菲斯泰尔·德·库朗日(Fustel de Coulanges)命名为分析,但它是困难的,每个人都明白,必须要"十年的分析只为一日的综述"。但是,综述真的是只需要一天。分析这个词是迷惑人的;我们还是说:整理文献资料,进而判断它们。然而,历史考证唯一的功能就是回答历史学家向它提出的下列问题:"我认为这些材料告诉了我这些;对此我可以相信么?"它并不负有对历史学家讲述那些我们从材料中所得的责任:这是要历史学家自己去发现,历史学家所做的,只是把他从材料中获得的东西加以综述,而且他的综述也只是从材料中汲取知识。因此,历史综述的规则几乎如同一张白纸[①];除了运用和核对材料的技巧,并没有

[①] 可以说,在历史工作中可以区别三种时刻:阅读文献、考证和回溯(rétrodiction)。第一,我可以从事有关中国历史的工作而不是汉学家:如果资料是翻译的,我可以读,也可以像其他人一样清楚地理解它们,通过一般性阅读这些材料,有关它的"概括"就在我的头脑里很快形成,就像平常我打开报纸时一样。第二,不过,在考证的阶段,我必须知道,刻在甲骨上的铭文是否真实,以孔夫子署名的著作是否真的是他所作;我也必须学会区分——这是考证中比较棘手的部分——在中文本文中,那些照字面实打实理解的与那些比喻 **(转下页注)**

一个历史方法,就像人种志或旅行的艺术也没有其特殊方法一样。

并不存在历史的方法,因为历史没有任何苛求:在人们叙述真实事件的时候,历史已是满意的。① 它所寻求的只是真相,就此一点它不是科学,科学寻求的是精确。它不要求规范,没有任何游戏规则暗含其中,对它来说,没有什么是不可接受的。历史体裁最具个性的特点正是在这里。难道可以设想只要陈述一下费马定理,而且通过电子计算机证实它,就足以说是进行代数学研究?能够设想确定磁石吸铁这一现象就可以算是研究物理学?这一切所做的至多不过是博物学。确实存在一个物理现象的"场",而运动,比如说,从亚里士多德到爱因斯坦,始终都被认为属于这个场;但是,这个场中的一个现象的真实性的被认识,

---

(接上页注)义的、约定俗成的,或是出自中国社会对自己的错觉的内容。第三,因为事件是通过部分的和间接的证据了解的,在回溯的时候,我要填补很多留下来的空白;某位皇帝逊位,隐退在山中一座道教隐居地,但他为什么要这样做?这是说他被某位掌握实权的宫相禁闭在寺庙之中的中国方式?还是在生命的暮年,这位文人皇帝真的渴望退位,以求在哲思中修养心性,就像在罗马那样?只有回溯,建立在对类似情况和不同原因的可能性的某种"编制系列"之上的反推,将可以让我来回答这些问题。事实上,综合就在于填补即时性理解的空白。由此可知,在重大历史和"辅助门类"之间的区分是骗人的。

① 关于亚里士多德后继者的三分法,真实-像真实-不真实,参阅雷辛斯坦(R. Reitzenstein)《希腊的奇迹叙事》(*Hellenistische Wundererzählungen*),第 90—97 页;罗斯达尼(A. Rostagni)《古代美学史中的亚里士多德与亚里士多德学派》(Aristotele e l'aristotelismo nella storia dell'estetica antica),载 *Scritti minori*, Vol. I, 第 205—212 页;克罗尔(W. Kroll),《罗马文学观念研究》(*Studien zum Verständnis der römischen Literatur*),第 61 页。在《百科全书》"历史"词条中,伏尔泰(Voltaire)也写道:"历史:是对被认为是真实的事件的叙述,与叙述虚构事实的寓言相反。"

并不足以使这一现象自然而然地成为物理学研究的材料,除非作为问题;与之相反,对于一个历史事件而言,这就完全足够了。

历史是一种令人失望的知识,它传授的东西,如果不是各个不同的话,也许就会像我们的生活一样平淡无奇。是的,历史别有风致;是的,古代的城市充溢着各种气味,过于拥挤的人体的气味,排水沟的气味,售卖肉制品和皮子的阴暗店铺的气味,在狭窄的街道上和向外伸出的屋顶(*suggrundationes*)下,我们看不到美;在这些城市里,我们重新发现原始色彩的诱惑,红色,黄色,以及喜欢明亮色的简单趣味。这多少有点令人厌倦,就像是一个旅行太多的人的回忆,既不精确,也不神秘,但是我们却不能否定,它是真实的。历史是一座古城,我们造访那里只为了一种乐趣,去在它们的多样性和它们的天性之中,认识人类事务,而不是要在那里寻找什么其他的趣味或某种美感。

历史是残缺不全的知识

更准确地说,对这个古城,我们访问它还可以看得见的东西,还继续存在的一些踪迹;历史是残缺不全的知识[①]。一个历史学家并不说,罗马帝国曾经如何,或1944年法国抵抗运动怎样,而只是说对它们还可能了解的那些东西。的确,不言而喻,

---

① 例如,可参阅 G. R. 埃尔顿(G. R. Elton)《历史学的实践》(*The Practice of history*),柯林斯(Collins)第二版,悉尼大学出版社,1969年,第20页。

我们不能够书写那些没有留下任何痕迹的事件之历史,但是,奇怪的是,这一点好像合情合理:我们不是自以为历史是,或者应该是对过去的完全重构吗?我们不是把一些书命名为"罗马史"或"法国的抵抗运动"吗?完整重构的错觉来自那些材料,它给我们提供答案,也为我们带来问题;因为,它不只是使我们对许多东西无知,而且它还让我们并不知道自己的无知。因为,这几乎是一种违抗自然的努力,去设想能够存在一个没有留下任何告诉我们它的存在的东西;在显微镜发明以前,没有人能够单单是想到,会存在比我们的肉眼所能够分辨的还小的动物;在伽利略望远镜之前,也没有人认为还可能存在我们肉眼看不到的星星。

历史知识是依据残缺不全的材料模式剪裁而成;我们并不出于本能地为这种残缺而感受痛苦,而是必须经过一番努力才能认识到它的存在,因为我们是按照材料的模式去揣测历史真相的。我们并不依照提前预设的问题(人口的数量是多少?经济体系如何?教给孩子诚实懂礼貌的读物是什么?)着手讨论过去,同时明确拒绝对所有存在大量空白使诸多问题无法回答的时代进行整体的考察;我们更不强求过去对自己加以清晰的解释,我们也并不因为某些事件的因果关系尚处于未知状态,而拒绝承认它们是历史事实。历史没有设置认识的门槛,也没有可理解性的最低限度,但凡是曾经存在的,既然它存在过了,对历史都不是不可接受的。历史因此不是一种科学;它并不因此而缺少自己的严谨,只不过,这种严谨是存在于考证的那个层面上。

第二章
一切都是历史的,因此大写的历史并不存在

历史的不连贯性

历史的场因此是完全不确定的,除了一种例外情况,也就是所有在那里的一切都是实实在在发生过的。至于其余部分,这个场的结构是紧密或是疏散,是完整还是有缺漏的,对它都无关紧要;法国大革命历史的一页拥有足够紧密的构造,以至于诸多事件的逻辑差不多可以被透彻地理解,某个马基雅维利或是托洛茨基可以从中提炼出某种政治艺术;但是,一页东方古代史,局限于只是某种简陋的编年材料,包括我们关于一个或两个只留下其名的王国所知的全部,也仍然是历史。这种反常现象已经被列维-斯特劳斯(Lévi-Strauss)生动地揭示过①:"历史是一

---

① 《野性的思维》(*La Pensée sauvage*),普隆出版社,1962年,第340—348页;我们将比较自由地引用这些篇章,不再标注其删节情况。

个不连贯的整体,由诸多领域组成,每一领域都有其特定的周率来定义。有一些时代,众多的事件在历史学家的眼里提供了非同寻常的事件特性;而其他的则相反,对他而言(或者,当然,对那些生活在那个时代的人们而言),发生的事情非常之少,或者有时候简直是什么也没有发生。所有这些日期并不组成一个系列,它们从属于不同的种类。如果在前历史的体系中被编码,现代历史中最著名的插曲,也不再会是恰切的,也许(同样,对此我们一无所知)除了某些重要方面,从全球规模考虑的人口演变,蒸汽机、电和核能的发明。"一种模式的层次与什么相对应:"历史学家的相关选择,从来只不过是在一种传授更多而解释更少的历史和一种解释更多而传授更少的历史之间进行。传记和轶事的历史,处于最低层级,是一种**弱势**的历史,其自身不包括可理解性,而只有当人们把它整体移置到比它更强的一种历史中间时才能够获得可理解性;然而,我们要是认为这种嵌合渐进地重构一种完整的历史,那就错了,因为,我们从这一边得到的,总是会从另一边失去。传记和轶事的历史是最少解释性的,但是由于它依据个性来考察个体,对每一个都详述特点的细微差异,动机的起伏变化,思虑的不同阶段,因此从信息的角度来看,它就更加富有。这种信息自行简化,随后,在过渡到越来越**强势**的历史时自行消解。"

历史的不完全性

对于任何有批评精神的读者和大多数专业人士[①],一部历史书以一种与它看起来是的东西非常不同的样子出现;它不讨论罗马帝国,而是讨论关于这一帝国我们还能够了解的东西。在叙述的令人放心的表象之下,根据历史学家讲述的内容,根据他似乎给予这样或那样的事实(宗教,各种机构)的重要性,读者就会推论所使用的那些材料及其缺漏的性质,这种重构,最终以形成真正的反思为结果:他猜到拼合不佳的缺漏之所在,也不会忽略作者给予过去的不同时刻和不同方面之篇幅的数量,实际上是这个方面在他眼中的重要性与其占有材料多寡的平均值;他明白,人们所谓没有历史的民族,简单地说只不过是其历史还不为人所知,那些"原始人"也有一个过去,和所有人一样。他尤其明白,从这一页到另一页,历史学家依据材料的节奏而转换时

---

① 为了解释某些混淆,我们引用汤因比(A. Toynbee)的以下几行:"我还是不认为人们应该给予政治史以优越的地位。我很清楚就这一点的确有一种流传很广的偏见;这是中国历史编纂学和希腊历史编纂学的一个共同特点。但是,举例来说,这在印度历史中则完全不适用。印度有伟大的历史,但这是宗教与艺术的历史,完全不是政治的历史。"(《历史及其阐释,汤因比访谈录》[*L'Histoire et ses interprétations, entretiens autour d'Arnold Toynbee*],穆彤[Mouton]出版社,1961 年,第 196 页)。我们置身于埃皮纳尔(Epinal)关于印度庙宇的图片包围中;怎样能够判断一部政治史不伟大,在印度,由于缺少资料,它几乎不为人所知,况且,"伟大的"到底是什么意思?阅读考底利耶(Kautilya),这位印度的马基雅维利,会让人们换一种方式看待这些。

间,并不预先告知,所有的历史书在此意义上都是不连贯的组织,而且也不可能是另一种样子;这一事物的状态对于逻辑性强的头脑无疑是不堪忍受的,而且也足以证实历史的不合逻辑,但是不存在医治的良方,而且也不可能有。

　　章节标题的修改会是纠正的药方吗?比如,某一节,以"我们所了解的罗马乡村史"为标题,替代"罗马乡村史"……至少,我们是否能够根据材料的特点(历史性的历史,轶事的历史,小说,干巴巴的纪年,行政管理文档)和节律(一页写一天还是一页写一个世纪)着手对它们做一个预先定义? 但是,如何解决过去的某些方面相关材料我们并不掌握,以及那些我们尚且不知道自己对它无知的问题? 还有,必须确定历史学家将要给予不同方面的重要性,公元前1世纪的政治史通常几乎是被逐月地认识;而对公元前2世纪的政治史的了解则仅只是其大略。如果历史真的是根据"频次"而进行的有条有理的"编码",这两个世纪以同样的节奏讲述才合乎逻辑;既然我们对第二个世纪因为不了解,不能够讲述其事件的细节,我们只能选择删略第一个世纪的细节……。事实上,照常理,追求那些有关重要事件的信息而放弃那些无关紧要的细枝末节,不是合情合理的吗? 但是,什么是重要的? 难道它不更多是涉及那些有趣的? 以协调一致的名义,这类叙述的向低平均化,该是多么令人惋惜! 为什么堵住眼睛,在前一世纪的材料里,一点也看不见它们叙述的大量有趣的细节? 那个重要的词儿脱口而出了:有趣的;谈论历史重要性属于严肃的灵魂。有关西塞罗(Cicéron)的情节对我们不再必然具有重要性,但是它们本身是有趣的,而且它们只因为曾经存在才有趣;也就是说,对于博物学家,最不常见的昆虫仅因其存在而具有价值,对于一个登山运动员,一座山峰值得翻越只有唯一的原因,正如其中一人所言①,"它在那儿"。因此,人们不能让历史言说材料所能说的以外的东西,那么,所能做的就是像人们始终书写的那样去写:带着与过去的不均衡的留痕相匹配的节奏的不平等;简单地说,对于历史知识,只要一个事件是曾经发生过的,它就足以值得去了解。

于是,我们会见到一部罗马帝国史,在那里政治生活人们了解不多,而社会生活得到较好认识,它突然承接了之前的共和末期历史,那里的情况则差不多是其反面,而紧随其后的中世纪史,由于对比会让人们发现,罗马的经济史几乎全不被人了解。我们并不自以为由此揭示了明显的事实,即,从一个时段到另一个时段,原始材料的缺失不存在于同一些方面;我们只是简单地确认,匮乏的不同特点并不妨碍我们写作一些仍然冠以历史之名的东西,而且,我们并不犹豫把共和时期、帝国和中世纪组合在同一个壁毯上,尽管在那里我们绣的风景彼此不和。但是,最奇妙的是,历史的空白点在我们的眼里自发地收缩,我们不付出巨大的努力便无法觉察,有时候我们对于在历史中从**理论**上应该寻找的目标的想法是模糊的,有时候我们着

---

① 数学家马洛里(Mallory),1924 年在珠穆朗玛峰失踪;人们不知道他是否抵达峰顶。

手讨论历史,但并没有一个预先设定的提问路径。在我们的原始材料里,一个世纪是一个空白,如果说读者差不多觉察到它是空白的话。历史学家能够花费十页的篇幅去写一天,而对十年则可能只是两三行就略过:读者相信他,如同信任一个好的小说家,并且将会猜测这十年是没有什么事件发生过的。"**阿伽门农之前还生活着许多勇敢的人**"(*Vixere ante nos Agamemnones multi*)对我们是一种不会自然产生的想法;我们想到马克思和恩格斯,用他们单调的原始共产主义涵盖数千年的史前史,或者还有"像是真实的历史"这一种类,考古学借助于它马马虎虎地重建蒙昧时代的历史:它是乌托邦文类的反面,有着同样的过于合乎逻辑的乏味,其游戏规则是尽可能少做假设(历史学家必须谨慎),以便用最经济的方法说明纯粹偶然加以选择而且让它们留下来直到我们的某些遗痕。我们与过去的熟悉度,就像是我们与我们的祖父母之间的熟悉度一样;他们有血有肉地存在,以致时间流逝,我们从来没有想到过,我们几乎一无所知的他们的生平,其实也曾充满与我们的人生一样令人激动的事件,而且无法以最准确的方式重建。科学在*法律*上是未完成的,而只有历史可以允许自己出现*事实*上的残缺不全;因为历史不是一件织物,它没有纬纱。

非重大事件的观念

因此,每个时代的历史学家都有自由随意地切割历史(政治史,博学化历史,传记,人种学,社会学,自然史①),因为历史没有天然的关节;现在该是在历史事件的"场"和作为体裁的历史之间加以区别的时候了,这要运用人们在不同的世纪为设想这种区分而形成的种种不同的方法。因为,在连续不断的演变中,历史体裁曾经有过不同程度的扩展,在某些时代,它与其他体裁分享自己的领域,如旅行史或是社会学。因此,让我们区别历史事件的场——它是历史体裁的虚拟领域——和这一体裁随着时代变迁在其领域切割而成的各种不同程度延展的王国。古代东方有它自己的国王名录和朝代纪年;在希罗多德那里,历史是政治和军事,至少原则上如此;它讲述希腊人和蛮族的业绩;但是,旅行家希罗多德没有把它与一种历史人种志区别开来。在我们的时代,历史合并了人口统计学、经济、社会、精神面貌,它憧憬着成为"总体历史"(histoire totale),统辖它全部的潜在的领域。在这些彼此相续的王国之间,一种具有欺骗性的连续性在我们眼中建立起来;从那里产生了一个虚构的演化中的体裁,连续性从历史这个词语本身(但是,人们确信必须排除社会学和人种学)和都城的稳定得到保障,这个都城即政治史:然而,在当代,都城的角色有转移到社会史或者是我们称之为文明史的倾向。

那么,什么是历史的,什么又不是历史的呢? 我们将在下文追问这个问题;但是我们此刻马上要说,为了区别这一点,我们

---

① 比如,艺术史,在老普林尼(Pline l'Ancien)的《自然史》(*Histoire naturelle*)中。

不能信任以历史体裁在某一特定时刻的边界作为其边界;就像是我们相信拉辛的悲剧或者布莱希特的正剧均体现戏剧的本质。在推理的这一阶段,不可能理性地确立在历史、人种志、传记和通俗社会新闻之间的区别;不可能说出为什么路易十四的生活该是历史,而17世纪生活在纳韦尔的一个农民的就不是;不可能宣称以三卷叙述路易十四的统治是历史,而以百卷来叙述它,就不再是历史了。人们尽可以尝试进行区别,尝试去设置一个定义(历史是社会的历史,具有重要性内容的历史,是对我们具有重要意义的事情的历史……):德国历史主义已经表明这一点,而且,它的失败也不情愿地确认了这一点,即,没有什么定义是站得住脚的;眼下,仅有的边界仍然是这一体裁那些变化的惯例成规。我们顶多能证实,这一体裁,在其发展的过程中拥有诸多变化,从伏尔泰时代以来,倾向于越来越铺开;如同一条河流在过于平坦的区域,放任地铺展,而且很容易改变河床位置。历史学家最终把建立这种帝国主义作为教义;他们求助于森林的比喻而不是河流的比喻:通过其言论或是行动,他们宣称,历史,即如人们在不论哪个时代所书写的那样,不过是一望无际的森林中间一块经过清理的拓荒地,而这片地,理所当然地完全归属于他们。在法国,年鉴史学派,围绕马克·布洛赫创办的杂志聚集起来,致力于开垦这块拓荒地的边界地带;依据这些拓荒者,传统的历史编纂学过于别无选择地研究那些自古以来为人公认的足够重要的事件;它所做的是"条约-战争史";然而,还余留下巨大疆域的"非重大事件"要去开垦,而对于它我们甚至还看不清边际;非重大事件,也就是还没有被给予过重要性关注的事件:各个时代的土地史、心灵史、疯癫史或是安全保障寻求史。因此,我们将把我们未曾意识到它像那样存在的这一历史性称为非重大事件;这一短语在本书中将以此含义使用,这是公正的,因为,这一学派及其观点已经很好地证明了他们的多产。

事件没有绝对的尺寸

在这个拓荒地的内部,每个时代的观念或是惯例在历史性的场域中进行剪裁,各省之间不存在稳固的等级制;任何一个地带既不管辖另一个,在任何情况下,也不能吞并另一个。最多不过是,人们可能认为某些事件比其他的更重要,但是这种重要性本身完全取决于每个史学家取舍的标准,并没有绝对的分量。区别经济史、政治史、技术史等等,是方便的,但是没有哪一个方法的规则可以告诉我们,这些历史中哪一个领先于其他的;若它会告诉我们这一点,马克思主义将会是被证实的真理,它也将是非常柏拉图式的真理,并不会影响讲述历史的方式;技术不会使经济消失,经济也不会使社会消失,因此,可以照惯例去描述的社会事件、经济大事和技术大事总还是存在。有时,一个身手灵活的导演装置了一个巨大的布景:勒班多战役,整个16世纪,永远的地中海和沙漠,真主在那里是唯一的存在;这是建立了一个有景深的舞台装置,而且以巴洛克艺术家的风格,各种不同的时间节奏并置,而不是历史决定论的系列化。对一个柯瓦雷

(Koyré)的读者,即使物理学在17世纪诞生可以用上升的资产阶级对技术的需求来解释的观念不是靠不住的或者甚至是荒谬的[①],科学史并不会由于这样被解释而消失;事实上,当一个历史学家坚持科学史对社会史的依赖性时,经常的情况是,他在写一部有关整个某一时代的一般史,而且顺从一种修辞的规则,这种规则要求他在关于科学的章节和有关社会的章节之间搭建一些桥梁。历史就是并置的王国。

然而,印象仍然是,1914年的战争毕竟是比巴黎慈善市场的火灾,或兰杜事件(l'affaire Landru)更重要的大事件;战争是历史,其余的只不过是社会新闻。这只是一种错觉,它让我们混淆这些事件中每一个事件的系列,以及它们在系列中的相对尺寸;兰杜事件比起战争造成的死亡人数要少,但它是否与路易十五外交方面的一个细节或是第三共和国治下的内阁危机不成比例?而且,该怎么讲述希特勒德国曾玷污人性脸面的恐怖,怎么讲述奥斯维辛巨大的社会新闻?兰杜事件在一本犯罪史中占据第一位的重要性。但是,这部历史不如政治史重要,它在大多数人的生活中占据较为次要的位置?对于哲学史,人们也可以说同样的话,对18世纪之前的科学也是如此;它有较少的现实后果?路易十五的外交真的有更多现实后果吗?

---

① A. 柯瓦雷,《科学思想史研究》(*Études d'histoire de la pensée scientifique*),第61页,第148页,260页,注释1,第352页之后;《牛顿研究》(*Études newtoniennes*),第29页;参阅《哲学思想史研究》(*Études d'histoire de la pensée philosophique*),第307页。

然而,还是严肃一些吧:假设一位天才允许我们在十页篇幅中去了解一个迄今不为人知的文明的过去,我们会选择什么?我们会优先了解高超的犯罪,还是去搞明白这一社会到底更像什么,是像美拉尼西亚部落制,还是不列颠的民主制?很显然,我们首先想知道它是部落的还是民主的。只不过我们刚刚还是混淆了历史事件的尺寸和它们的系列。犯罪的历史只是社会史的一小部分(但是非常有暗示性,在一个高超的历史学家手中);同样,常驻性的外交机构,这一威尼斯人的发明物,是政治史的一小部分。必须要或是比较犯罪的大小和大使的规模,或是比较社会史与政治史。我们想要优先了解什么,这一未知文明是民主的而不是部落的?还是想要知道它是工业化的还是仍处于石器时代?可能是这二者;除非我们会宁愿纠缠不休于确定是否政治比社会更重要,是否大海比去山里度假更好?一个人口统计学者突然出现,他宣称人口统计学必定拔得头筹。

让我们头脑混乱的是俗称通史(l'histoire dit générale)的这一体裁。在名为《危险的阶级》(*Classes dangereuses*)或者《外交史》(*Histoire diplomatique*)这类其标题已经指出了选择标准的书旁边,还存在其他的叫做《16 世纪》(*Seizième siècles*)这样的书,它的标准也还是心照不宣的:这种情况并不少见,而且也并不少主观性。这种通史的主轴在相当长的时间里曾经是政治史,但是,今天则更多地是非重大事件的:经济,社会,文明。这并没有解决全部的问题。我们的历史学家大概将这样推论:为了不让我们的报告比例失调,还是谈论对于最大多数亨利三世治下的法国人最重要的东西;政治史将不再具有重要性,因为国王的大多数臣民除了作为纳税者与罪犯之外与权力机构毫不相干;我们将尤其要谈论好人雅克(Jacques Bonhomme)的劳动和生活;一个简短的章节勾勒文化生活的图景,但是精明人将会尤其在那里谈论历书,到处传播的小册子和比布拉克(Pibrac)的四行诗。然而,宗教呢? 就 16 世纪而言是极大的空白。但是,我们是致力于描述这一时代日常生活的平均线,还是其情感的顶点,它无疑同时是强烈而短暂的? 还有,我们是一般地叙述 16 世纪,还是讲述它与之前或之后世纪的区别? 地理学家们熟知这种困境:在以渔民著称的某个沿海省份中,人们却发现,渔业只占其人口比例很小的一部分;而这一省份的独特性的的确确归功于它;同样真实的是,渔业是敏感的因素,是其经济上最弱的战略要点;那么,是选择平均、差异还是战略要点? 又冒出来另外一个历史学家,在他的眼里,最重要的是被选择事件的持续长度:深度的结构,缓慢的脉搏,数百年的循环;量化的标准,但是,这一次,量是时间,而不是人的数量或是每个人一天内小时的数量。第三个历史学家偏爱作品胜于事件:17 世纪,这是物理学、巴洛克、笛卡尔主义和绝对王权的世纪。对于一个研究古代文化的历史学家来说,一个同样可接受的原则是可理解性:不是提供给读者一个有空白缺漏的历史,就像萨福的集子一样,他选择把历史缩减为一个事件的选集,以此来比其他做法较少残缺;庞贝的地方史和政府组成人员的人物研究将会比罗马城邦和整个 3 世纪占有更多的篇幅。或者还有,他会以它的高峰来定义一个文明,而不是以它的总量来定义:维吉尔的虔诚因此将是切入如此难于了解的罗马虔敬的一种视点。

不可能决定一个事件是历史性的,而另一个事件是轶事插曲只配被遗忘,因为所有的事件都进入一个系列,只是在它的系列里才有相对的重要性。那么,是产生后果的规模大小使一个事件显得比另一个事件更重要,像人们所说的那样[1]?那些能够把公元前404年雅典的失败的后果分离出来,而且一直追踪到我们时代的人是幸运的;而后,正如人们所知的那样,"起源极少有美好的"。此外,那些后果必将使它们本身成为一种选择的对象;这里就会插入那个令人生厌的"历史的意义"问题,人们通过选择给予历史的意义:维吉尔和罗马的命运,马克思和资产阶级,奥古斯丁·梯叶里(Augustin Thierry)和第三等级,拉维斯(Lavisse)和法兰西的统一。不管怎样,后果重要性的准则不过是一种严肃的头脑激发的虚构:历史讲述路易十四的战争为了其自身,而不是为了它可能拥有的遥远后果。不是更应该根据那一时代本身的价值标准来判断每一个事件的相对重要性吗?这是好心地把当事人的主观性当作了客观性;不幸的是,价值标准本身也属于事件的性质。我们不是为了同时代人曾经对它的关切而讲述威斯特伐利亚条约;如果这个条约产生而未被人们

---

[1] 参阅马克斯·韦伯与爱德华·梅耶(Eduard Meyer)的辩驳,《论科学的理论》(*Essais sur la théorie de la science*),佛伦德(J. Freund)翻译,普隆出版社,1965年,第272页及其后。

注意,这种漠不关心本身也是一个额外的事件。人们并不是以罗马人对其感兴趣的精确程度来对竞技场发生兴趣,但是,人们也对罗马人对竞技场的兴趣感兴趣。那么,是否那些不是个性化的东西,那些有关人作为社会性存在的东西,才会是历史的?那些自认为能够做出这种区别的人,或是那些自认为能够给它找到一种意义的人有权发言。

路易十四得的一次流感,即使是国王的,不是一个政治事件,但是它有关法国居民的卫生史。事件的场是各个系列的彼此交织。因此,我们看到历史编纂学转向怎样的调节性观点:朝向一种总体历史,对于它,只要是事件就不再可能是无关的;事实上,没有人再会感到吃惊,在期刊目录里,发现一种时间观念的历史或是色彩分辨(或者分类)的历史。但在另一方面,我们不再能够清楚地看到,一部关于路易十四治下的社会史,一种庞贝的绘画史,或者13世纪托斯卡纳的乡土史,与对巴布亚新几内亚特罗布里恩群岛当下社会的描述,对巴黎郊区北非裔劳工或是对作为大众艺术的摄影的描述之间,有什么根本性的区别:在历史、描述性的人种志和作为当代文明史的社会学之间的区别,纯粹是传统的,或是建立在大学教学体制之上的。

历史的扩展

然而,叙述事件的地平线在我们眼中越是扩展,它就越发显得无法定义:构成所有人日常生活的一切东西,其中包括仅由私人日记的才子辨别出来的东西,都有权利成为历史学家的猎物;因为,人们发现,没有什么其他的存在区域能够比得上在生活中日复一日可以映射出历史性。这完全不意味着历史必须使自己成为日常生活史,路易十四的外交史将会被这位国王盛大入城时巴黎民众的情绪描写所替代,交通技术的历史将会被一种空间及其介质的现象学所替代;不,这不过简单地意味着一个事件只能根据线索来认识,全部生活的每日事实都是某个事件的线索(不管这个事件是已经被编码,或者是还沉睡在非重大事件的森林中)。这就是自从伏尔泰或布克哈特(Burckhardt)以来的历史编纂学的教训。巴尔扎克以与法律上的职业身份竞争为开端,接着,历史学家们又与在1842年版的《人间喜剧·导言》中指责他们忽略了风俗史的巴尔扎克竞争。历史学家们首先弥补了最令人不满的缺漏,描述人口演变和经济演变的统计学方面。与此同时,他们发现了精神面貌和价值标准;他们意识到,还有比提供希腊宗教中的疯癫或者中世纪森林的细节更加美妙的事情要去做:使人们理解当时的人们如何看待那森林或者那疯癫,因为,不存在自然而然的看待它们的方法,每个时代都有其自己的方法,而职业的经验已经证明,这种观念的描述会给研究者一种值得期待的丰富而复杂的材料。这就是说,我们距离懂得如何概念化组成过去经历的所有的细小感知为时尚远。在日期标注为1414年3月的《一个巴黎自由民的日记》(*Journal d'un bourgeois de Paris*)中,能够读到这样几行,它们是如此特异,以至于可以被视为世界史的隐喻本身:"在这个时代,小孩子们每天晚上

一边唱着歌,一边去买葡萄酒或是芥末酱:

> *Votre c.n a la toux, commère*,傻帽您咳嗽了,大嫂,
> *Votre c.n a la toux, la toux*.傻帽您咳嗽了,咳嗽。

事实上,根据上帝的善良意愿,一种腐败的污浊空气袭击这个世界,它使巴黎超过10万人不吃不喝,不能入睡;这种病引起的咳嗽非常剧烈,致使人们不能再唱大弥撒。没有人因此死亡,但是却很难痊愈。"那些满足于微笑的人可能会被历史所迷惑:这几行文字提供了一个配得上莫斯(Mauss)的"总体性的社会事实"。那些读过皮埃尔·古贝尔(Pierre Goubert)的人,会从中发现前工业化时代正常的人口统计状态,在那里夏季的地方病经常与瘟疫相互轮替,不丢掉性命是令人惊讶的,而且人们隐忍地接受就像我们在面对车祸时一样,尽管那时死的人数要多得多;那些读过菲利普·阿里亚斯(Philippe Ariès)的人,从这些孩子们的乡间俚语,就会认出一种前卢梭时代教育体系的影响(不过,如果读过卡迪纳[Kardiner],而且相信基本的人性……)。但是,为什么要打发这些孩子们去买葡萄酒和芥末酱而不是别的什么呢?大概是其他的食品不会来自一家店铺,而是在农场或是已经在家里自备(面包就是这种情况),或是每天早上在某个草地上的集市购买;这就是经济学,就是城市和它的地方特色,还有经济学家冯·杜能(von Thünen)的杜能环……还需要研究这些孩子们的国度,它看起来有自己的习俗,自己的特权和

自己的时辰。至少,作为语史学家,我们赞赏他们的歌唱非同寻常的形式,它两个层次的重复和它第二人称的谐趣。无论谁对连带关系、伪亲缘关系或是人种学家关注的玩笑中的亲属关系感兴趣,都会欣赏"**大嫂**"(commère)这个词里边蕴含的种种内容;无论谁,只要读过范·热内普(Van Gennep),就会清楚地明白这个民间玩笑中微妙的风味。勒·布拉(Le Bras)的读者遇到大弥撒,作为一个事件的标志物,会感觉置身于熟悉的领域。我们不打算再从医药史的角度评论这"腐败的空气",从人口学和人口统计意识史的角度评论阿马尼亚克派(Armagnacs)的时代在巴黎的这"十万人",最终,还有这"上帝的善良意愿"和这种有关**命运**的情绪。无论如何,一部文明史,如果人们在其中完全找不到所有这些丰富性,它是否还名副其实呢,即使它有汤因比作为作者?

分隔开有狭窄的政治视角的古代历史编纂学和我们的经济史与社会史的鸿沟是极深的;但是,它并不比分隔开今天的历史学与明天可能的历史学之间的鸿沟更大。一种充分认识这一点的好方法,是尝试去写一部历史小说,如同验证描述性语法的好办法是让它在翻译机器中去行使其反向功能一样。我们对过去的概念化是如此缩减和粗略,以至于最有材料支持的历史小说,一旦人物开口说话或是做一个动作,就暴露了其虚假;它怎么能够是别的样子呢,既然我们甚至都无法说出我们清楚地感觉到的,在法国式的谈话,英国式的或是美国式的谈话之间,差异究竟何在,也无法预测在普罗旺斯农民之间的谈话中那些艰深的曲折隐晦？从在街上聊天、我们听不见他们言语的两个男子的态度，我们感觉到，他们既不是父子，也不是彼此陌生的人：也许是岳丈和女婿；从他的穿戴，我们猜测，这又一个先生刚刚跨出了他自己家的门槛，或是从一个教堂，或者一个公共场合，或者一个别处的居所走出来。然而，为了不再能够揣测这些东西，只要我们乘上一架飞机，在孟买着陆就足够了。在我们能够使时间的沙漏倒转之前，历史学家还有好多工作要做，而且明天的论著也许将会有别于我们的，就像我们的有别于傅华萨（Froissart）的专著或者尤特罗庇乌斯的（Eutrope）的《罗马史概要》（*Bréviaire*）那样。

大写的历史是一个极限概念

这一点同样可以通过这种形式来表达：历史，以大写字母开头的，如在《论世界**历史**》（*Discours sur l'Histoire universelle*）、《**历史哲学讲稿**》（*Leçons sur la philosophie de l'Histoire*）和《**历史研究**》（*A study in History*）中那样，是不存在的：只存在"……的历史"。一个事件只有在一个系列中才有意义，系列的数目是不确定的，它们并不按等级排列，而且我们将会看到，它们也并不向一个各种角度的实测平面图中聚合。大写的历史的观念是一个无法接近的极限，或者更多是一个超验的观念；人不可能书写这个**历史**，那些自以为是总体的历史编纂学在不自知中就其商品欺骗了读者，而那些历史哲学都是**废话**，属于教条主义的幻觉，或者更准确地说,如果它不是通常的诸多其他的——如国家史——之中的一个"……历史"哲学,就可能是废话。对大写的历史的观念,人们可以获得的唯一的合适用法是调节器;这一观念,康德说,"有一个出色和不可缺少的必要的用处,就是把知性引向一个确定的目标";它因此有"一个客观但是未确定的价值",我们不能对它有"任何确定的经验性使用,期待它给予我们指示一点儿标准";这只是"一种启发性原则"。

只要人们跟圣奥古斯丁(saint Augustin)一样,还可以满足于宣称,天意指引着诸帝国和民族,罗马人的征服是与上帝的计划一致的,那就一切正常:人们因此就明白所说的是什么的"……历史";当大写的历史不再是国家的历史,而且我们关于过去所能够理解的东西一点点地增加时,一切都变坏了。天意真的会指引文明的历史吗?但是,文明又是什么意思①?上帝指

---

① 同一个时代的所有事件具有同一种面貌,而且组成一个生动全体的看法流传很广;同样,在我们看来,巴黎的每一个街区,或者是翁布里亚的全部风景都有同样的地方特色。斯宾格勒(Spengler)借助于一种触觉(这是他的原词),一种他自夸以一种例外的程度拥有的直觉,来领会历史之四季的独特性和不连续性。在1950年左右,法国现象学希望,与感知世界组成一种旋律的统一体同样,某一天人们也一样可以捕捉到,毋庸置疑地浸染同一个时期的所有事件的风格的统一。这一错觉与"快乐巴黎"或者有关"美好时代"的想法同样天真,而看到这一错觉是建立在什么基础上,是更有意思的事情。它其实来源于修辞色彩,来源于原始资料空洞的辞藻:古典希腊的明澈,西塞罗时代装饰的简洁,在那一时代,大领主一边在柱廊下漫步,一边谈论灵魂的不死……我们认为罗马帝国晚期,在我们眼中,它的珠宝堆砌,闪耀怪诞,令人窒息,残忍粗暴,与帝国早期的面貌不同:这种面貌的来源,仅只是帝国晚期"卡夫卡式的"的修辞,为阿米阿努斯·马尔切利努斯(Ammien)、圣热罗姆(saint Jérôme)、《狄奥多西法典》(转下页注)

引一种无法描述的东西(*Flatus vocis*)？人们并不认为,两院制,**体外射精**,中央权力机制,直接税,人们说出一个或微妙或激烈的语句时微微地踮起脚尖(皮罗多先生[M. Birotteau]①就是这样做的)的事实,还有19世纪的其他事件,都应该以同一种节奏发展;为什么它们该是如此？而且,如果它们并不是这样,历史连续性给予我们的,划分为一定数量的文明的印象就只是一种视错觉,那么,去讨论它们的数量,就该与讨论星星组合为各个星座差不多是同样地有趣了。

如果天意指引大写的历史,而这一**历史**被视为是某种全体(totalité),那么,天庭的计划是难以分辨的;作为全体,大写的历史将会从我们手中溜走,而作为各种系列的交织,它也是一团混乱,类似于从飞机上看到一个拥挤躁动的巨大城市。历史学家对了解这个躁动中的大城市将会朝什么方向上发展,是否有一种法则,是否存在一种进化,并不感觉特别忧虑。实际上,非常

(接上页注)(*Code Théodosien*)和碑铭文所共有,对此 E. 奥尔巴赫(E. Auerbach)已经非常细致地分析过(《模仿》[*Mimésis*],法译本,第70—77页);此外,只要人们读到帝国早期的纸草,那些存世的罕见的法令或是《殉道者行传》(*Actes des Martyres*),同样残忍粗笨的印象就会显现:所有的帝国的残忍性,那遥远而腐败的管理机构,笼罩在农民群体的头上,以他们的残忍和盛气凌人的姿态补偿他们的无能为力;在土耳其帝国和中华帝国情况也是一样。人们同样想了解,维庸(Villon)和骷髅舞的时代在我们眼中的阴郁形象其背后的真相,而赫伊津哈(Huizinga)令人羡慕的面貌研究究竟具有多大程度上的真实;人们把这种阴郁的色彩,这种死亡的纠缠,归结于15世纪的氛围,归因于瘟疫、战争和教会的分裂。那么,我倒要问,如果事情是这样简单地相互关联,那么,奥斯维辛和广岛时代的文学与绘画该会有什么样的面貌？

① 巴尔扎克小说《赛查·皮罗多盛衰记》中的人物。——译注

清楚的是,这个法则并非一切的关键;发现一列火车朝向奥尔良行驶,并不能概述也不能解释在车厢里面那些旅客们有可能做的全部事情。如果说,进化的法则不是一把神秘的钥匙,它只不过是一个*指数*,可以使一个从天狼星来的观察家借此读出历史刻度盘上的时间,能够说出这一个历史瞬间是在另一个之后;要是这个法则是理性化,进步,从同质向异质的过渡,是技术或者自由的发展,那么它将使我们可以说出 20 世纪是在 4 世纪之后,但是却不能概述出所有在这些世纪里曾经发生的一切。从天狼星来的观察家,知道新闻自由或是汽车的数量是可靠的编年史指数,他会考虑这一方面的现实,以便给地球上的景观标注日期,但是不需说的是,地球人除了开汽车和在报纸上谩骂他们的政府之外,也还继续做其他很多事情。进化的意义是一个有关生物学,有关神学、人类学、社会学或者荒诞玄学上的问题,然而不是历史学问题,因为历史学家并不关心让历史学去迎合它的诸多方面中的仅仅某一个,即使这个方面是有效指数;物理学,甚至是热动力学也不会让自己缩减为对熵的沉思①。

---

① 历史哲学在今天是一个死了的种类,或者至少是只残存在足够流行的趣味的追随者,比如斯宾格勒那里。因为这是一种不正确的种类:除非作为一种启示哲学,一种历史哲学将会与对事件的具体解释形成重复,并且求助于解释这些事实的机制和法则。只有两个极端是可行的:《上帝之城》(*Cité de Dieu*)的天意说,历史认识论;其余的一切都是模糊的折中。其实,让我们设想,我们有权利宣称,历史的总体运动是朝向上帝的宝座(圣奥古斯丁),或者它由一种季节性的循环构成,最终将达到永恒的回归(斯宾格勒),或者它符合一种三阶段的"法则"——事实上,符合一种经验性的事实(A.孔德[A. Comte]);或者还有,"通过考察自由的游戏,人们从中发现一种规律的进程,一种连续不断的发展",**(转下页注)**

那么，如果这个庞大的问题并不吸引历史学家，什么将会

(接上页注)把人性导向一种完美体制下的自由生活(康德[Kant])。二种选一：或者这一运动是支配历史的各种力量共同作用的唯一结果，或者它就是一种神秘的外部力量所造成。在第一种情况下，历史哲学是对历史编纂学所做工作的重复，或者说，它不过是在更大层面上的历史观察，一个与其他一切历史事实一样要被解释的事实；在第二种情况下，或是这个神秘的力量通过启示被了解(圣奥古斯丁)，人们将力图或多或少地从事件的细节中找到它的线索，除非，更为明智地，人们放弃去猜测神意的路径；或者是，(斯宾格勒)历史在循环这一事实是人们在观察历史本身时发现的一种奇怪而又不可能被解释的事实，不过，与其陷入愤怒，还是去解释这一奇特的发现更为恰当，看看究竟是什么具体原因使人类原地转圈；也许我们将不会找到这些原因：那么，斯宾格勒的发现将是一个历史学问题，是未完成的历史编纂学的一页。

让我们回到历史哲学，如康德一样，它发现，在总体上，人类的运动追随或是倾向于追随一种这样或那样的路径，而且这个方向性可以归结于各种不同的原因。显然，这样的认识只存在经验层面上的意义：就如同是有关地球和几个大陆的片面知识，一下子被一幅完整的地球星球图取代，在那里，各大陆的曲线以它们的总体性呈现给我们。了解一块大陆全部整体的构成，并不一定引导我们修改我们对已知部分所做的描述；同样，知道人类的未来也完全不会使我们去修正我们书写过去历史的方法。而且，这一点也并不会给我们带来任何的哲学启示。人类历史的大致走向并没有特殊的教育意义；如果人类越来越走向技术的进步，这也许却并不是它的使命就该如此；这或许也要归功于寻常的模仿现象，"滚雪球"现象，随某种马尔可夫链或者是某种流行进程而定。人类未来的知识本身没有任何兴趣：它可能求助于对历史因果机制的研究；历史哲学可能求助于历史的方法论。举例来说，孔德的三阶段"法则"与认识人类为什么穿越三个阶段的问题有关。而这就是康德所做的，他的一种非常清晰的历史哲学体现为一种**选择**，而且诉诸于一种具体的解释。事实上，他并不隐瞒，一种关于人类的具有哲理性的历史的方案，不在于从哲学角度上去书写全部历史，而在于书写这一历史中进入被选择的视角的那一部分，也就是自由的进步那部分。他精心地探求是哪些具体的原因使人类走向这个目标：比方说，这是因为，即使有时候会出现野蛮性的短暂倒退，至少，一颗"光明的种子"已经传递给未来的世代，况且人类是被造就为如此特性，是一块有利于这些种子发展成长的合适土壤。人类的这一未来，如果说是可能和很可能的，却完全不是一定的；康德想要书写他的具有哲理性的**历史**(Histoire)以便为这个未来努力，为了使它的到来有更多的可能性。

让他感兴趣呢？我们经常听到这个问题被提出[①]，而回答不可能是简单的：他的兴趣取决于文献收集的状态，取决于他的趣味，取决于贯穿于其精神的理念，取决于出版者的要求，我还知道什么？但是，如果我们要从这里出发，追问历史学家*应该*对什么感兴趣，那么，一切回答就都变得不可能了：人们是否默认，应该保留给一个外交事件以历史的尊贵名义，而拒绝把它给予竞技和体育运动的历史？不可能设置一个重要性的层级，还假定它不是主观的。最终我们以波普尔的一段话作结束，他有力地说出了事实[②]："解决困难的唯一方法，我想，就是有意识地引入一种选择性的预设角度。历史决定论对这些理论进行了错误的解释。比如，可以把'历史'阐释为阶级斗争的历史，或者种族之间争夺霸权的历史，或者是科学与工业进步的历史。所有这些角度或多或少都是有趣的，而且，作为视角，完全无可指摘。但是，历史决定论并不是把它们像这样呈现出来；他们看不到其中必然有某种本质上相同的阐释的多样性（即使其中某一些可能由于它们的多产而区别出来，这是相当重要的一点）。取代这一点，他们把它们表现为教义或是理论，宣称一切历史都是阶级斗争史，等等。古典的历史学家

[①] 比如，德雷（W. Dray），《历史学家的选择问题》（The historien's problem of selection），收入《逻辑学、方法论与科学哲学，1960 年国际会议论文集》（*Logic Methodology and philosophy of science, Proceedings of the 1960 international Congress*），斯坦福大学出版社，1962 年，第 595—603 页。

[②] 波普尔（K. Popper），《历史决定论的贫困》（*Misère de l' historicisme*），卢梭译，普隆出版社，1956 年，第 148—150 页。

正确地反对这种做法,却从另一方面跌入了更大的错误;以客观性为目标,他们意识到必须避免各种选择性视角,可是,既然这是不可能的,他们便采取了种种视角而习惯性地不再对自己的所作所为有所觉察。"

既然大写的历史并不存在,一个小小的秘密就变得清楚了:古代哲学包括经院哲学和古典哲学从未对大写的历史进行过哲学探讨,怎么会是这样? 19世纪的历史主义认为已经超越了古典哲学:对过去的发现应该是一块新大陆的发现,那里是全部可能的真理之所在;特勒尔奇(Troeltsch)说,必须"把我们对人和他的价值准则进行的一切思想从根本上历史化";这是皮浪式悖论的现代版。其实古典哲学并没有忽视历史,或者更准确地说各种历史;不过,替代对大写的历史进行哲学性探讨,它宁可或者进行有关*存在*和*变异*的一般性沉思,或者进行,在其他的历史中间,有关清楚定义的"……史"的研究,比如,有关政治体制——君主制,民主制,专制更迭的历史。

历史在尘世中展开

此外,它不把大写的历史拟人化:它让自己限于确认我们的世界是这个变化、繁殖、败坏的世界。其实,对于亚里士多德和经院哲学,世界包括彼此完全不同的两个区域,我们的大地和上天。上天的区域属于决定论,属于法则,属于科学:星宿们没有出生,没有变化,也没有死亡,它们的运动有钟表机制一样的周期性和完美。与其相反,我们的世界,置身于月光之下,变化笼罩一切,在那里一切都是事件。对这一变化,不可能产生可靠的科学;有关它的法则都只不过是很可能的,因为,必须考虑到引入我们对形式和纯粹观念的推论中的"材料"的特殊性。人是自由的,机会存在着,事件有各种原因,其结果还有待质疑,未来是不确定的,变化是偶然的。我们将会更好地理解亚里士多德式的上天与尘世的对立,如果我们把它与人们在物理科学和人文科学之间有意构建的对立加以比较;人们宣称,人,不能够作为科学的对象,人类的事实并不是东西……这是亚里士多德式的对立,被归结到存在的另一个层次上;对此我们将在本书的末尾看到我们可以信任的内容,不过,为了按照它现在的样子和它将会是的样子描述历史,只要它配得上历史之名,亚里士多德的观念还是最合适的工具:在尘世之中,每个人都会熟悉我们生活和行动在其中的这个世界,我们眼睛看到的和小说、戏剧以及历史书描述的世界,与抽象的天形成对照,那里自然科学和人文科学主宰着。这个观点可能引起反感:我们经常在头脑里有一种多多少少有点模糊的观念,自由和偶然是被科学抛弃的常识错觉,历史学家,如果他想要超越通俗知识之上,就必须以决定论取代偶然和自由,就必须走出尘世。这就是设想历史学是一门人文科学;如此一来就形成两种错觉:相信人文科学诸门类是尘世的,相信历史学不是尘世的。与历史主义相反,也与历史中的科学主义相反,必须回到古典哲学,对它来说,大写的历史并不存在,而历史事实并不属于科学的范畴。一种历史认识论的研究,可以单单从亚里士多德和修昔底德餐桌上掉落的某些残渣中得到滋养①;再者,如我们将会看到的,也可以从一个世纪以来历史学家们工作的经验中得到滋养。

哪些事件是历史的?

从赫尔德(Herder)和黑格尔(Hegel)到科林伍德(Collingwood)和汤因比,历史主义是无用的或者错误的;它已经引发了诸多困惑,而不是解决甚至只是提出问题②。为了走出历史主义,只要假定一切都是历史的就足够了;如果我们把它就这

---

① 吉尔松(E. Gilson),《语言学与哲学》(*Linguistique et Philosophie*),弗兰出版社,1969年,第87页:"单是亚里士多德的名字就足以激怒那些不能原谅他的人,他在他们之前,对一个近乎天真的明显事实,看到并且说出了一些简朴、厚重、确定的真理,由于缺乏轻易地超越它们的能力,人们今天对它们只能重新发现……这种简朴和直接的客观性使得亚里士多德可以恰如其分地说出他所见到的东西。从未有过亚里士多德派的哲学:要说的真理在他那里替代了体系。"

② 有关历史主义——或者历史决定论,如果偏爱这个词的话——的起源,从伏尔泰(Voltaire)和弗格森(Ferguson)到赫尔德和歌德,经典的著作是迈内克(F. Meinecke)的《论历史主义的兴起》(*Die Entstehung des historismus*),《文集》[*Werke*],卷三),慕尼黑,奥尔登伯格,1965年。但是,这位普鲁士学者的趣味更多地指向个体性和个体的歌德路向,而不是历史的或其他的"极权政体"(参阅卷四,第100—101页,那些他有勇气和高贵精神在1939年出版的篇章):迈内克因此代表了历史主义一个特殊的潮流,而国家主义在他的书中占据一个有限的地位,他也同样没有谈论黑格尔(在有关论著的书评中,克罗齐[Croce]不接受迈内克的论点,而把黑格尔置于历史主义的起源;这一书评被收入《作为思想和行动的历史》[*La Storia come pensiero e come azione*]中再版)。

样推到尽头,历史主义将成为无害的。它仅限于发现明显的事实:每时每刻都在发生各种各样的事件,我们的世界是一个变化的世界;相信这些事件中的某一些可能会有特殊的属性,可能会是"历史的",可能组成大写的历史,这是徒劳的。其实,历史主义提出的最初问题是这样的:是什么使一个历史的事件与另一个不构成历史的事件区别开来?因为很快发现这个区别不容易做出,发现人们不能遵从天真的或国家的意识去进行划分,但是,我们又做不到比它更好,而争论的目标又从指尖溜走,历史主义由此得出结论,大写的历史是主观的,它是我们的价值标准的投射,是我们想要向它提出来的问题的答案。

历史主义的长处是一直强调大写的历史的观念的难度和历史客观性的极限;更为简单的则是,不要去着手提出大写的历史的想法,而从一开始就接受尘世是可能性的王国。有关历史目标的解体,有关历史学的危机,有关"不存在的"事件,人们所说的一切,构成当下历史学关注的问题之核心(至少在德国和在法国;在英国,这一核心更多是历史因果中的人的问题)的这一切,只不过是最初问题的延续:什么是历史的,什么又不是历史的?其实,只需承认一切都是历史的,就可以使这个提问法变得在同时一目了然并且全然无害;是的,历史只是回答我们的质询,因为人们实际上不可能提出全部问题,描述所有的变化,还因为历史提问法的进步处于时间之中,与不管哪一种科学的进步同样缓慢;是的,历史是主观的,因为我们无法否定,一本历史书的主题的选择是自由的①。

---

① 有关18世纪起历史意识的起源,参阅布特菲尔德(H. Butterfield)《人与他的过去,历史学的历史研究》(*Man on his past , the study of the history of historical scholarship*),剑桥大学出版社,1955和1969年,第33页;还要加上教士弗勒里(Fleury)的名字,他的著作值得研究。对于历史体裁的通史,我们提到弗里茨·瓦格纳(Fritz Wagner)的《历史书写》(*Geschichtswissenschaft*)(《学术界》[Orbis Academicus], Vol. I, I),弗莱堡和慕尼黑,卡尔·阿尔贝(Karl Alber)出版社,1951和1966年,它在坚持德国历史主义的重要性同时,研究了从赫卡泰奥斯(Hecatee de Milet)到马克斯·韦伯的历史学家。关于当下的历史编纂学的总体趋势和最近的作者,请参阅马维克(A. Marwick)《历史的性质》(*The Nature of history*),麦克米兰,1970年。

第三章
不是事实,也不是实测平面图,而是情节

如果一切已经发生过的事情都同样值得历史关注,这样的历史难道不会变得一团混乱?一个事件如何比另一个具有更多的重要性?怎么样这一切才最终不会蜕变为各种特殊事件的灰色浮雕画?一个纳韦尔农民的生平也许抵得上路易十四的生平,此刻在大街上响起的汽车喇叭声的价值可能相当于一场世界大战……我们能够逃脱历史主义者的追问吗?历史中必须有一种选择,以避免成为各种特殊性的一盘散沙,也避免一切都不相上下的无所谓态度。

回答是双重的。首先,历史对个体事件的特殊性并不感兴趣,它感兴趣的是它们的特征性,如我们在下一章就会看到的那样;其次,那些事实,如我们就要看到的,并不像很多沙粒那样存在。历史并不是一种原子决定论:它在我们的世界里展开,在那里,一场世界大战确实比一场汽车喇叭的合唱有更多的重要性;除非——一切都有可能——这场合唱本身引发一次世界大战;

因为那些"事件"不是以孤立的状态存在的:历史学家发现它们全都组织为一些整体,在其中,它们扮演着不同的角色,原因,目的,机遇,偶然,借口,等等。我们自己的存在状态,毕竟,在我们看来并不像原子的偶然事件的灰色浮雕画;它一开始就有一种意义,我们懂得这种意义;为什么历史学家的处境该是更加晦暗阴郁的?历史与我们每一个人的生活是用同样的材料造就的。

因此,这些事件有一个自然的组织,历史学家发现它是完成的,一旦历史学家选定了他的论题,这个组织就是不可改变的:历史工作的努力就在于**重新发现**这一组织构造:1914年战争的原因,各参战国的目的,萨拉热窝事件;历史解释的客观性的边界部分地归结于这一事实,每个历史学家都能够或多或少地推进对历史的解释。在所选定的论题内部,事件的这一组织结构,给予它们一种相对的重要性:在一部有关1914年战争的军事史中,对前哨的突然袭击不如有恰当理由占据报纸大幅标题的一场攻势重要;在同一部军事史中,凡尔登要比西班牙流感具有更重要的价值。毫无疑问,在一部人口史中,情况则刚好相反。只是在我们竟敢去追问,凡尔登和西班牙流感,从大写的历史的角度来看,究竟是哪一个绝对更重要的时候,困难也许才开始。也就是说:那些事件不是孤立地存在,而是彼此间有着客观的联系;对一个历史问题的选择是自由的,但是,在被选择的论题之内,诸事实和它们之间的关系保持它们既有的状态,没有什么可以使它们发生任何改变;历史的真相既不是相对的,也不是那样不可接近,像一个从所有角度都无法言说的彼世,像一个"实测平面图"。

情节的观念

各个事件不是孤立地存在着,在此意义上,历史的网状组织就是我们将称之为一种情节的东西,一个非常人性而很少"科学的"由各种质料因、目的和偶然组成的混合物;一句话,历史学家随意切割的生活的一个侧面,在那里,事件有它们的客观联系和它们的相对重要性:封建社会的起源,菲利普二世时代的地中海政治,或者只是这个政治中的一个插曲,伽利略革命①。情节这个词有个好处,就是更多地让人们想到,历史学家所研究的,跟一部戏剧或者一部小说——《战争与和平》或者《安东尼与克莉奥佩特拉》——一样,都是关于人的。这个情节并不一定根据时间的顺序安排:就像一部戏剧里边一样,可以从一个场景推展到另一个;伽利略革命的情节使伽利略与17世纪初物理思想的背景发生冲突,与他模模糊糊在自身感觉到的渴望发生冲突,还有与正在流行的问题及其参考,即柏拉图主义和亚里士多德主义的冲突,等等。情节因此可以是各种不同的时间节奏的横切面,是光谱分析:它将永远是情节,因为它是人性的,尘世的,因为它不会是决定论的一块碎片。

---

① 参阅维亚拉图(J. Vialatoux),由乌尔斯(J. Hours)《历史的价值》(*Valeur de l'histoire*)引述,法国大学出版社,1963年,第69页,以比较叙事的逻辑与历史的逻辑。

一个情节不是一种决定论,在那里叫做普鲁士军队的一些原子击溃了叫做奥地利的一些原子;细节因此在那里具有比情节的流畅进展所要求的更多的重要性。如果这些细节由诸多小规模的决定组成,那么,当俾斯麦发出埃姆斯电报,这一电报的作用会以与这位首相的决定同样的客观性得到详细说明,而历史学家可能会从跟我们解释是什么样的生物学程序把这个俾斯麦带到世界上来开始。如果这些细节不具有相对重要性,那么,当拿破仑向他的部队发出一个命令,历史学家可能会每一次解释为什么那些士兵服从他(我们记得托尔斯泰在《战争与和平》中差不多用这些措辞提出过历史的问题)。的确,如果有一次那些士兵没有服从,这个事件也会是合情合理的,因为戏剧的进展可能已经改变了。那么,到底是哪些事件值得引起历史学家的兴趣呢?一切都要视所选定的情节而定;就事件本身而言,它既不是有趣的,也不是相反。对于一个考古学家来说,去清点萨莫色雷斯的胜利女神翅膀上羽毛的数目是有趣的吗?这样做,将是一种值得尊敬的严谨的表现,还是显示出一种过分多余的精确性?不可能回答这个问题,因为没有情节的事件什么都不是;它会变成某种东西,如果人们把它作为主人公,或者把它想象为一部艺术史的戏剧,在那里人们让不多渲染笔墨、不精心修饰图案的古典主义潮流,装饰过重且工于细节的巴洛克潮流,以装饰性元素充斥空间的蛮族艺术的趣味,彼此一一相续,轮流登场。

我们注意到,如果我们刚才所说的情节,不是与拿破仑有关的国际政治,而是拿破仑时代的法国军队,它的士气和它的态度,拿破仑近卫军老兵们惯常的顺从该会是恰切的历史事件,我们也会不得不探究其原因。只是,很难做到把诸多情节累加起来并且将其整体化:或者尼禄是我们的主角,他只要是说"卫兵,听我的"就足够了,或者卫兵们是主角,我们则将书写另一出悲剧;在历史中如同在戏剧里,一切都得到表现是不可能的,不是因为这可能需要太多篇幅,而是因为并不存在历史的基本事实,历史事件的原子。如果我们不再从它们的情节中去看这些事件,我们就会被无限小的漩涡所吸入。考古学家对此深有了解:您发现了一处略有剥蚀的浅浮雕,它表现了一个场景,其意义您无法知晓;既然一个最好的照片也无法取代恰当的描述,于是您着手去描述它。但是,究竟应该提到哪些细节,哪些可以悄悄地放过?您无法说出,因为您不明白这场景中的人在做什么。但是,您预感到,某个在您眼中毫无意义的细节,会提供给比您更有才华的同行解读这一场景的钥匙:在一个像是圆柱体的末端这轻微的弯曲,您看作是棍子的,可能使他想到一条蛇;这的确是那个人认为的蛇,那个人因此是天才……那么,出于科学的兴趣,描述一切?您试试吧。

没有原子似的事实

不幸的是,即使我们拒绝把历史事件看作是一个去掉个人色彩的行为,即使我们不堵住自己的眼睛以便不看见它的意义,我们的痛苦也还没有达到极限:在这条路上,我们不会遇到更多事件的原子,而且我们将会被两种漩涡所吸入而不再只是一个。一个已经发生的事件,不管它是什么,都暗含着一个语境,既然它有某种意义;它与一个情节相关并且是它的一段插曲,或者更确切地说,它与数目无限的一系列情节相关;反过来,人们始终可以把一个事件切割成诸多更小的事件。什么将会是一个事件呢?德国军队在1940年对色当的突破?这实在是一个战略的、战术的、行政的、心理学等的情节。历史事实的原子难道是两方面军队中每个士兵的个体行为,一个一个地?理解一个人,一个单独的人,也是艰巨的劳动。或者,每个士兵的每一举止,他的每一步?然而,一步并不是一种凭借精巧的装置可以记录的时空上的行为:它有一个意义,一个士兵不像是普通人那样行走,他走正步,甚至走鹅步;腓特烈二世离我们不远,腓特烈-威廉一世也一样……选择什么呢?哪一出戏剧该获得我们的优先眷顾?我们不可能谈论一切,更不能讲述在大街上所有相遇而过的行人的生活故事。

描述整个是不可能的,一切描述都是选择性的;历史学家从未测绘出叙述重要事件的地图,他能够做的顶多是增加几条穿越它的路线。差不多像是哈耶克(F. von Hayek)[①]所写的那样,

---

[①] 《科学主义与社会科学》(*Scientisme et science sociale*),巴雷(Barre)译,普隆出版社,1953年,第57—60页及第80页;另参阅,波普尔《历史决定论的贫困》,卢梭译,普隆出版社,1956年,第79—80页,及注释1。

语言愚弄我们,它谈论法国大革命或是百年战争仿佛它们是天然的统一体,引导我们去相信,研究这些事件的第一步,一定是去搞明白它们像什么,就像人们听到谈论一块石头或是一个动物时所做的那样;研究的对象从来都不是某一特定时间和地点一切可观察现象的全部,而永远仅是其中被选择的某些方面;根据我们提出的问题,同样的时空情境可能包含相当数量的不同研究对象;哈耶克补充说,"根据这些问题,那些我们习惯上视为一个单一的历史事件,可能分解为多种知识的对象;在这一点上存在着一种混淆,它主要是由今天如此时髦的教条所导致,依据这一理论,任何历史知识必定是相对的,由我们的'情境'决定,而且必定要随着时间的推进而改变;对历史知识相对性的论断所包含真相的核心是,历史学家在各种不同时刻会对不同对象感兴趣,而不是针对同一对象他们将坚持不同的观点"。我们补充说,如果同一个"事件"可能分布在好几个情节之间,与之相反,分属于异质范畴的材料——社会,政治,宗教……——能够组成同一个事件;这甚至是一种极为经常发生的情况:大多数的事件属于马塞尔·莫斯(Marcel Mauss)意义上的"总体性社会事实";说实话,总体性社会事实的理论想要说的,其实仅仅是,我们传统的范畴观念歪曲了现实。

说到这一点,一个小小的谜团出现在我头脑里:为什么历史对象的分解,历史中的客观性危机是如此经常性的问题,而人们极少谈论地理学对象的分解和地理学的主观性?还有"总体性的地理事实"?但是,很清楚,一个区域并不比一个事件更多客观存在;我们按照自己的意愿对它进行切割(某个地理学的汤因比可能会宣布,在地球上有四十三个或者一百一十九个"区域",而且它们全部"**应该视为哲学地等值**");它解体为地理学、气象预报学、植物学知识,等等,同样清楚的是,这个区域也将由我们选择对它提出的问题而生成:我们是否将给田野问题以重要性,而且提出来这一问题? 有人说,一种文明,总是从它自己的价值观出发向历史提问,而且喜欢把自己的过去当作镜子;如果各种文明真的有这些存在的需求,并且它们在历史中使之得到满足,那么它们在地理学中将尤其会使之满足,因为地理学将允许它们在它们的现在中照见自己。于是,人们感到讶异,并未存在过某种地理主义,如同曾有过一个历史主义那样:难道一定要想象,地理学家比历史学家较少哲学头脑,或者是哲学家有较多历史头脑,而较少地理头脑[①]?

---

① 有关地球表面划分为地理区域的问题,参阅施米特黑讷(H. Schmitthenner)精辟的文章,《一般地理学问题》(Zum Problem der allgemeinen Geographie),载《瑞士地理》(Geographia Helvetica) VI, 1951 年,尤其是第 126—129 页(转载于斯托克鲍姆[W. Storkebaum]编辑的文集《地理学的对象与方法》[Zum Gegenstand und zur Methode der Geographie], Wissenschaftliche Buchgesellschaft, 1967 年,卷 LVIII,第 195 和第 199—200 页):"在各种地理学范畴基础上划分的事实,与最为多变的方式交错相遇";可能存在某些自然区域的想法是由于地域命名而固定下来的一种天真的感知错觉。根据选择的标准,地理学家的概念制定粉碎这种由各类方法进行的分割,而且它完全达不到发现一些这一次也许是被科学地建立的区域,并且它们的每个都可能构成一个有机的整体,在那里诸多标准可以相互重叠(事实上,得有怎样的奇迹它们才可能相互重叠?);想得到所谓"真正的"区域,就是"想要实现画圆为方那样不可实现的事"。——施米特黑讷的这篇文章其实还是一篇出色的地理认识论导论,它的关注点恰与历史学(**转下页注**)

讲述变异的全部显然是不可能的,因此必须选择;也不存在事件的一个特殊种类(比如,政治史)可能是大写的历史,因而非要我们选择不可。因此,与马鲁(Marrou)一致,说任何历史编纂学是主观的千真万确:历史课题的选择是自由的,全部历史问题都有权具有相等的价值;并不存在大写的历史,也没有更多"历史的意义";事件的进程(被某个真正科学的历史火车头牵引)并不是在一条完全标注好的道路上前行。历史学家为了描述事件场而选择的路线,可以是自由选择的,而且所有的路线都同样地合情合理(尽管它们也许不一定同样有趣)。这就是说,事件现场的轮廓还是它原有的样子,可能采取同一条路线的两个历史学家将会以同样的方法观察这个现场,或者将会非常客

(接上页注)的认识论完全一样。没有什么比下面的事实更为奇特:地理学和历史学的平行性非常严密,而当历史认识论被视为高贵的、动人的、哲学的课题时,地理认识论却绝少有读者。然而,这两个学科所面对的问题却在根本上是相同的那些:("事实"的解体,因果关系与相互作用,自由,与解释性科学和介人性科学的关系;地质学或者经济学,实践层面:政治或者领土整治,概念问题,类型的和比较方法的问题,"尘世的"方面);历史学与地理学受欢迎度方面的不平等,衡量出浪漫主义对我们的历史观念的影响:使历史认识论成为"高贵的"课题的原因是历史可能是世界审判的浪漫主义观念(或者,如果愿意的话,是我们已经不再信任有关气候的理论——在那里,地理学曾支配人类的自由,而且曾有与我们今天提供给历史学一样的相对主义教训的价值;人种学现在继续着这种教训)。确定无疑的是,必须为历史学剥去它的浪漫主义的光环。实际上,地理学的汤因比已经存在,这就是地理学家卡尔·里德(Carl Ritter),他的出发点是赫尔德的教训(参照梦想脱离米什莱《法兰西地图》的法国地理学派),而据他看来,自然区域就是现实,是个体性,上帝创造并把它们赠给了人类,人们致力于让它们成为适于居住的舒适所在,符合造物主已然赋予它们的目的。此外,里德还留下一部实证研究的著作,其价值和独创性得到了地理学家们的重视。

观地讨论他们的不同意见。

事件场的结构

历史学家们叙述各种情节,这些情节与他们随心所欲地开辟,以穿越那块非常客观的事件场(它无限地可分,并不是由事件的原子组成)的许多路径同样多;没有任何一个历史学家描述这块场地的全体,因为必须选定一条路线,而不能到处穿越;这些路线之中任何一个都不是那个正确的,不是大写的历史。总之,事件场并不包括一些人们可以去参观而且可以叫做事件的风景:一个事件不是一种存在的东西,而是多种可能路线的交汇点。让我们看一看被称为1914年战争的事件,或者我们宁愿定位再准确一些:它的军事行动和外交活动;这是一条与其他的路径同样有价值的路线。我们也可以更宽泛地观察,并且进入到毗邻的领域:军事的需要导致在经济生活中的国家干预,激发出政治和体制问题,改变了风俗习惯,增加了女护士和女工人的数量,从而根本改变了妇女的状况……我们因此就到了女性主义的路线上,而且可以在那里或远或近地走一段。某些路线很短就转向(战争对绘画的演变很少影响,如果没说错的话);同一个"事件",对一个特定路线是深层的原因,对另一个路线,可能就是插曲或者细节。在事件的场域之中,所有这些联系都是完全客观的。那么,什么是那个叫做1914年战争的大事件呢?它将是由您自由地给予战争概念的幅度造成的:外交行动或是军事行动,或者,对它进行重新剪裁的大小不等的一部分路径。如果您的观察足够开阔,您的战争甚至将会是一个"总体性社会事实"。

历史事件不是一些事物,一些确定的客体,一些物质;它们是我们在现实中自由操作所得的剪切画,一种进程的集合体,在其中活动着也静止着相互作用的物质,人和事物。历史事件没有天然的统一性;人们不能如《菲德尔》的高级厨子那样,依据它们真实的关节把它们切开,因为它们并没有什么关节。它们可能很简单,但是这个真相直到上个世纪末都不为人所知,而它的发现引起了某种冲击;人们谈论主观主义,议论历史对象的瓦解。这种现象只能以直到19世纪为止非常注重叙述事件的历史编纂学的特点来解释,以它的视野的狭窄来解释;它曾有过一种重大的历史被神圣化,尤其是政治史;也曾有一些"公认的"的事件。非重大事件的历史是一种望远镜,在让人们注意到天空中超出古代天文学家认识的数以百万计星星的同时,也让我们明白,我们把布满星辰的天空划分为星座是主观的。

因此,历史事件不是以一把吉他或是一个带盖子的汤碗那样的物质实在性而存在。还必须加上,不管我们怎么说,它们的存在也不是像一个"实测平面图"那样;我们喜欢说,它们本身如一个立方体或一个金字塔那样存在:我们从未在同一时刻看到一个立方体的全部立面,我们从来只能有它的某一个不完整的视角;作为抵偿,我们能够增加这些视角。它们也许还同样地是这些事件:它们不可接近的真相会归并我们有关它们持有的数不清的观点,而这些观点统统都包含有关于它们的部分真相。事情完全不是如此;一个事件与实测平面图的相似是骗人的,甚至更危险,而不是更合适。希望读者允许我们先展开一个有一点长的例子(这种情况在本书进程中会有两到三次,不会更多),以便我们看清楚,这个所谓的观点多样性是由什么组成的。

一个例子:公益捐赠制度

在罗马社会里,捐赠,或者更确切地说,一切我们可以放进这个模糊的词语中表示的,与夸富宴(potlatch)的社会,或者与进行税收再分配和对第三世界进行援助的社会,占有同样重大的地位;面包与竞技场,给老兵分发土地,年节礼金,皇帝给他的官员们的"礼物",上升到某种惯例程度的酒钱,把财产分给自己的友人和家仆的遗嘱,邀请全城参加的被保护人宴会,组成管理阶层的贵族对文学艺术的赞助(这种赞助如此重要,以至于在一个希腊罗马式城市,那些旅行者在北非或土耳其可以访问其遗迹的其中之一,大部分我们可以称之为公共的纪念性建筑,都是来自于一个贵族给城邦的贡献:大多数的古罗马圆形剧场都是这种情况;让我们想象一下,在法国大多数市政厅、学校、水坝都要归功于当地富有资产阶级的慷慨,除此之外,他们还会给劳工提供餐前酒和电影)。如何阐释这团杂乱无章的材料,其中混杂着最不合常规的行为(给官员的礼物是他们的薪水,对文学艺术的赞助替代所得税)和最为各个不同的动机:勃勃野心,家长式作风,君主的风格,腐败,慷慨大方,地方爱国主义,竞争的乐趣,保持其地位的欲望,屈从于舆论,对喧嚷的惧怕?

在某一些——但仅只是某一些——这种行为中,我们可以看到,援助和施舍之间的一种古老的均衡①。在这个情节里,免费的面包,土地赠与和移民地基金,公共宴会(穷人在那里有机会吃到肉和甜食),名门望族给"被保护人"的年金,依据斯多葛派或者说依据通行道德的慈善义务,得到了凸显。当然,穷人和慈善这些词语对异教徒的词汇表来说是外来的:这是犹太教和基督教的观念;异教徒表示出于慷慨或是爱国主义做事,那些救济性援助被认为是面对所有公民的:是罗马平民对公共的小麦享有权利,是那些"公民"被派发到移民地。但是,我们最好不要被价值观所愚弄:其实,只有那些贫穷的公民得以享有小麦和土地赠与的好处;尽管如此,漂亮的空话在废除穷人的经济等级,在法律上的公民普遍化方面,也还在继续。普遍主义因此并没有阻挡穷人成为受助者:或者最好还是说某些穷人,那些能够说自己是罗马公民的人;其他的则被抛弃给贫穷和个人慈善家。因此,小麦的分配,既不是完全像古老的价值观关于它所说的那样,也不是现代救助的对等物;它们是一种独特的事件。相信公共的援助是一种穿越历史,在具有欺骗性的措辞之下具有永远不变的功能将会是错的。价值观不是行为的镜子,行为也不依

---

① 波尔克斯坦(H. Bolkestein),《前基督教时代的慈善活动与贫民救助》(*Wohltätigkeit und Armenpflege im vorchristlichen Altertum*),1939年。

据功能而排列。

其他的情节是可以理解的,不是叠加在救助的情节之上,而是显示了其他的行为和其他的动机。比如,公益捐赠制度:这个概念,1948年由马鲁发明,意指执政者阶级的态度,他们由生活在城邦里的土地贵族组成,对他们来说,管理城邦是一种权力和对国家的责任;同样,他们觉得有责任让事情运作起来,即使自己出资,也应该让自己由于慷慨大方而享有声望;在需要的时候,民众懂得通过一场骚乱来唤醒他们负起责任。纪念性建筑物,圆形剧场,公共宴席,竞技场和排水沟的景观……因此,这一情节就以这种机制作为主题,它使异教的执政者阶级,变成了自己特权的囚犯。这个阶级把为城邦牺牲自己视为一种责任,因为贵族身份要求这样。这就有了第三个情节:贵族气派的慷慨;贵族给他们的被保护人分发年金,把朋友和仆人列入他们的遗嘱,建造一座圆形剧场,保护艺术与文学;成为基督徒,行施舍,解放他的奴隶,装饰廊柱大厅,反复做虔敬与慈善之事……在同一事件场中,还有其他的路径也是可理解的:在古希腊罗马文化中的经济合理性,"余额"的使用,"集体财产"(古代社会如何能够获得人们不能从一个自私自利的"经济人"[*homo oeconomicus*]那里期待,而现代人主要是期待来自国家的财产?)①。所有这些情节,每一个都有它的客观性,并不涉及同样的行为模式,同

---

① 沃尔费尔斯贝格(A. Wolfelsperger),《集体财产》(*Les Biens collectifs*),法国大学出版社,1969年。

样的道德准则和同样的行为者。我们甚至也可以把这些捐赠行为另行分组,就像人们通常所做的那样,把它们分散在公共权力、意识形态和风俗习惯之间,而且,因为太过于细枝末节,略过其中很大一部分避而不谈。

实测平面图观念的辨析

那么,我们的实测平面图将会在哪里?尽管它们彼此交叉,这些各种各样的情节完全没有趋同的目标,除非在一切都彼此接触的范围内:这些所谓的角度自身通向无数的观点(公益捐赠制度通向有关福利国家,官僚作风的产生,奢侈的浪费……)。如果不是有"赠与"这个词和一种异国情调的总体印象("所有这一切都远离我们的习俗,这是古罗马的夸富宴"),我们甚至无法想象把所有这些行为联系起来作为诸多所谓不完全的观点;当我们相信一个实测平面图时,我们就成了语义学陷阱的受害者:如果因为已经读过莫斯就不去谈论"赠与",而是像古希腊人那样,谈论竞争的乐趣和爱国主义,或者如同罗马人一样,谈论慷慨和追求知名度,或者还有,如同印度人,符合礼仪的馈赠,我们将会以完全不同的方式切割事件场,所用的词汇也会使我们想象其他的实测平面图。那么,"正确的"实测平面图也许该是当事人本身的?难道不是应该从它自己的价值观出发去研究一个社会吗?其结果也许会是可笑的。研究一个社会的行为是一回事,研究这个社会是以什么方式划定事件的场则是另一回事;古罗马人把小麦的分配视为公民责任是真实的,而它们作为一种援助也同样是真实的。我们在上文已经看到了这个悖论:就这些配给的关涉对象而言,古代的公民普遍性观念与事实并不相应,而相反,公益捐赠制度这个概念,产生于1948年,则像是对它们非常合适的手套(它就是照它们剪裁的)。

如果我们一定要谈论实测平面图,那就把这个词留给由不同的见证人、由不同的有血有肉的个体感知的同一个事件:由法布里斯单子看到的,内伊元帅单子看到的,一个随军女商贩单子看到的滑铁卢战役。至于说"滑铁卢战役"这个**历史事件**,如一个历史学家将要书写的那样,不是这些不完整视角所得的实测平面图:它是对诸多证人所见之物的选择,而且是一种批评性的选择。因为,如果被实测平面图一词所蒙蔽,历史学家满足于归纳这些见证之词,我们可能就会在这场奇特的战役之中,发现很多东西,包括好几次扑面而来的浪漫故事的气味,来自一个意大利青年和一个国籍也许相同的村姑迷人的侧影。历史学家按照他选择要把事件打造成的模样在证词和文献中剪裁事件;这就是为什么从未有一个事件与它的行动者和见证人的"**我思**"(*cogito*)吻合。在一场滑铁卢战役里,人们甚至可能会发现来自一个拿破仑近卫军老兵之"**我思**"的一些抱怨和哈欠:这是因为,历史学家认定"他的"滑铁卢战役将不仅仅有关其战略战术,也要包括参战者的精神生活。

总之,看起来在历史中,只存在唯一真正的实测平面图:这就是大写的历史,总体历史,一切已经发生过的全部。但是,这个实测平面图并不属于我们;只有上帝,如果它存在的话,同时从各个角度看到一个金字塔,应该能够凝视大写的历史"如从各个不同方面被观察的同一个城市"(《单子论》[*Monadologie*]这样表述)。然而,还是有一些小的实测平面图,上帝本身没有注视,因为它们只是存在于话语之中:印第安人的夸富宴,法国大革命,1914 年战争。第一次世界大战因此可能只是一个词语? 人们确实研究"1914 年战争与习俗的演变","1914 年战争与统制经济":那场战争难道不是所有的这些局部所见的完整版? 确切地说,这是凑起来的总和,一个杂物堆积处;不是什么实测平面图:我们不能认为,从 1914 年到 1918 年的女性主义的上升,跟另一些眼睛所看到的正面进攻战略是同一回事。但是,战争的逻辑,现代冲突可怕的极权主义逻辑呢? 不过,用战争这一词语,您指的是什么意思呢? 二者之一:或者您说的是军事与外交冲突,或者就是在这一冲突进展期间所有发生的一切。全面战争就像是可怕的风暴。风暴是气候与气象学现象。当一场暴风雨在山区的高地爆发,大自然从各个方面受到它的影响:地势的起伏,冰川的轮廓,沟蚀,水文地理,植物群落,动物群落,磁场,人居环境,一切都承受其后果,或者都试图对其进行自我保护;您可以把暴风雨叫做单独的气象学现象,或者是它的各种后果的全体,但是,在后一种情况下,一定不要相信,存在着一个暴风雨的实测平面图,它会把所有的角度都整合起来。谈论实测平面图就是把一种局部的视角(所有的视角都是局部的)作为一种对全体的看法。然而,这些"事件"不是一些整体,而只是一些关系的纽结;所以,唯一的整体就只是一些词语,"战争"或者"赠与",对它们人们自由地给予或窄或宽的外延。

那么,值不值得我们这样大张旗鼓地去反对这种无害的言论方式?答案是肯定的,因为它是三个错觉的根源:一个有关历史的深度,一个有关通史(histoire générale),还有就是有关对象的更新。观点这个词使主观性和不可接近的真相这些说法听起来彼此和谐:"所有的观点都不分上下,而真相将总是回避我们,它永远是更深藏不露的。"实际上,尘世的世界完全没有什么深度,它只是特别复杂;我们肯定可以接近一些真相,只不过它们总是局部的(这是区别开历史与科学的差异之一:后者也触及到真理,但这些真理是暂时的,下文我们将会看到)。既然没有任何实测平面图提供给历史以统一性,"……的历史"和所谓通史之间的区别就纯粹是约定俗成的:通史不是作为产生一些特定结果的活动那样存在;它让自己限于组织一些特殊的历史在同一个书皮下,而且确定每一部书的篇幅数目,使之与个人理论或者公众趣味相吻合;当它做得好的时候,这就是百科全书编者的工作。"通才"和专门家之间的合作或可期待[①],谁会对此有什么怀疑?这种合作不大会有什么害处;不过,这不是瞎子和瘸子的合作。通才可能会有锐利的眼光,和所有人一样:这眼光会照亮一种专门化的"……历史",而不会进行一

---

① 汤因比,在《历史及其阐释》(*L'Histoire et ses interprétations*)中,第132页。

种难以理解的综合。

第三个错觉,也就是关于对象的更新的那个错觉;这是有关起源的悖论,围绕它人们已经耗费了许多笔墨。"开端极少是美好的",或者更确切地说,从定义来看,我们叫做开端的只是插曲性的:耶稣的死,是提比略(Tibère)统治之下平常的插曲,很快将变形为重大事件,而在那一时刻本身,谁知道是否……这个悖论只是在人们想象存在着一个通史,而且想象一个事件本身是历史的或者不是历史的时候,才是令人烦恼的。一个死于提比略统治末期的历史学家,很有可能不会谈及基督的受难:他可以使他进入的唯一情节,是犹太人的政治和宗教活动,在那里,基督可能在他的笔下扮演,而且今天还在对我们扮演的,是一个简单的陪衬的角色:是在基督教的历史中,耶稣基督有重大的作用。他的受难的意义并没有因时间而改变,是我们改变了情节,当我们从犹太人历史过渡到基督教历史的时候;一切事情都是历史的,然而,存在的只是一些局部的历史。

历史的唯名论

作为结论,当马鲁写下历史是主观的时候,我们可以同意这一论断的思想,并且把它视为一种历史认识论的*永恒财产*(*ktèma es aei*);从本书的角度,我们将对此做不同的文字表述:既然一切都是历史的,历史就将是我们所作选择的结果。总之,如马鲁提示的,主观性并不意味着随意性。让我们设想,我们从我们的窗户注视着(历史学家就是在工作室里的人)在香榭丽舍大街或者是共和国广场上游行的一个队列。**首先**,这将会是一个人类的景观,而不是一个可以无限划分的肢体的动作:历史不是科学的,而是尘世的。**第二**,这里将不会有基础性事实,因为每一个事件只是在它所在的情节中才有意义,而且关涉到无数的情节:一场政治性游行,一次某种方式的行进,每个游行者个人生活的一个插曲,等等。**第三**,它不允许宣称只有"政治游行"这一情节值得说是**大写的历史**。**第四**,任何一种实测平面图都不能涵盖我们从这一事件场中可能选择的全部情节。在所有这一切场合,历史都是主观的。而那些物质实体,也就是这些人在大街上所做的一切,无论从什么角度去观察,仍然是完完全全客观的[①]。于是我们明

---

① 同样,对其学科方法论最具清醒意识的地理学家也认识到地区概念(它在地理学中扮演的角色与情节在历史学中的角色相对应)的主观性特点,并且行动起来,反对地理学的汤因比,相信地球区域划分实在性的里德。除了施米特黑讷(Schmitthenner)的重要文章,在倒数第三个注释被引述,参阅波贝克(H. Bobek)和卡罗尔(H. Carol)发表在斯托克鲍姆编辑的文集中的评论(第293、305、479页)。对空间统一体的区域划分,地理学家可以在诸多视角中进行选择,而且这些地区并没有客观的边界和存在。如果我们想要着手,像里德那样,找到"正确的"地区划分,我们就会跌入到聚集诸多角度的无法解决的难题之中,跌入一种对有机的个体性的玄想之中,或者是落入一种地形的观相术(实测平面图的观念就是这些迷信的缓和形式)。实际上,各种角度的聚合在混乱中实行,或者是在陈述的过程中,偷偷摸摸地从一个视角跳到另一个视角,或者是根据随意或天真地选定的一个角度切分这一连续(它从地名命名学或行政地理学得到启发)。在地理学和历史学领域,主观性的观念,也就是说视角的自由和平等,带来了一种决定性的澄清,从而宣告了历史主义的终结。然而,这并不因此意味着(而马鲁反对这种混淆),在时间进程中发生的一切是主观的;同样,没有什么比地球的表面,即地理学的对象,更为客观。地理学和历史学是唯名论:由此产生了某种汤因比式的历史学和某种里德式的地理学的不可能性,对于他们,各种地区或文明真实地存在,而不是一个视角的问题。

白,在马鲁笔下,已经激起了异议的主观性这一词语(历史女神克丽奥的德行应该是不可怀疑的)意味着什么:不是"观念论"(idealisme),而正是"唯名论"(nominalisme)。不过,既然我们现在希望以此说服读者,没有什么比一种历史的唯名论的概念更为合理的了[①]。

历史描述的难题

唯名论观念有助于解释过去之被丰富充实的错觉,解释过去追溯性地获得后世的意义,基督教未来的凯旋改变基督生命的意义,或是那些代表作如同刻写在树皮上的铭文与树干一起长大一样,跟着人性的发展而成长的印象。在《思想和运动》(*La Pensée et le Mouvant*)中,柏格森研究未来对过去的这种明显作用;关于前浪漫主义这个概念,他写道:"如果不曾有过某个卢梭,某个夏多布里昂,某个维尼,某个雨果,不仅人们也许永远不会注意到,而且可能也未曾真正地有过在过去的那些古典作家中的浪漫主义,因为,这种古典作家的浪漫主义只是在对其著作的某一个方面加以剪切之后才实现的,而这种切割,及其特殊的

---

① H.I.马鲁,《论历史的知识》(*De la connaissance historique*),瑟伊出版社,1954,第63页以下,第222页以下——赫丁格尔(H. W. Hedinger)最近的著作,《主观性与历史科学,一种史学的基本特征》(*Subjektivität und geschichtswissenschaft, Grundzüge einer Historik*),敦刻尔克和洪堡,1970年,第691页,则很少有益。

形式,在浪漫主义出现之前于古典文学中的存在,并不比流云形成的有趣图案来得更为真实,艺术家瞥见它,随其幻想进行着形状不定的组织。"但是,难道这不是把概念性的划分视为实体的形式吗?日后某一天人们将称之为前浪漫主义的那些主题在古典主义中早已存在,但没有名字;它们不能够在事后介入,因为上帝本身不能让当时没有产生的东西提前发生;未来,当浪漫主义已经产生的时候,必然带来把这些主题与浪漫主义联系起来的可能性,不过,并不是浪漫主义创造了它们;发现一个事实并非创造出这个事实。

并不是浪漫主义在它的时代追溯性地创造了前浪漫主义;只是文学史家,在他所生活的某个时代创造了它。因此,在柏格森的悖论中,尽管出场,时间并没有起到任何作用;在 20 世纪,当我们着手把浪漫主义描述为后古典主义的时候,同样的对象被丰富充实,但是在相反的方向上。这一悖论所提出的真正难题在于历史的划分,在于按照人们使它成为的样子对历史事件的组织。对浪漫主义,对古典主义,人们可以书写无数的东西,人们可以把古典主义描述为一种前浪漫主义,人们也可以把它切割为无数个其他的然而均可接受的情节。因为,人们不是孤立地进行描述;任何描述都暗含着,最经常是无意识地,对将被认为是恰切的特点的选择。举例来说,1914 年的战争作为"事实",可以用千百种不同的方法描述,或者更确切地说组织,它可以成为从一个外交和军事事件的编年,到这些事件所暗含的政治的、社会的、精神的、经济的、战略的环境的一种分析,到一种

"深度的"分析,到一种有关这一冲突的"社会学",在其中,凡尔登的名字将会极少提到,除了作为例子。这两种极端的方式显然不呼应同一种兴趣,不以对恰切的特点这个同样的选择为前提,也不诉诸于同样的公众。因此,当我们开始书写时,一定永远不要忘记,事件的编年不是书写历史的唯一方式,它甚至也不是书写历史不可或缺的部分;它更多是一种偷懒的解决方案。历史学家不能让自己降低到只是去依次排列约定俗成的固定片断,如马恩河和凡尔登。他必须感觉到,围绕着这一"事件"(如那个时代的文献、集体记忆和学校教育的传统给予我们的),无数种其他可能的结构方式,他必须准备灵活地转换描述的层面,如果适当性需要的话。适当,也就是说内在的一致性:所有的各个部分的描述都无可指摘;关键是,一旦选择了某一个路向,就要紧紧抓住它。一本致力于描述1914年战争的书,并且只专注于它,就应该是叙事的而且应该讲述凡尔登;在一部通史的内部,1914年的战争就应该只在它的总体的特征、"社会学的"方面得到表现。

连贯性综合的难度

内在的一致性,在变换对"事实"的描述层面上的敏捷,都是美好的、困难的和罕见的东西;最为经常的情况是,一本历史书由各种描述的并置构成,而这些描述并不属于同一个层级。一本有关罗马史的书,将以叙述的方式呈现军事事件;古代的战略与现代战略之间形成对照的不同特点(这一点参阅阿丹·迪·皮克①)和罗马扩张的致命后果将会被公认为暗含在它们表现的细节之中;政治史将被书写,时而逐日追踪,时而远观侧写;对文学生活的展示将会设想文学现象始终而且到处都是一样的,因此会满足于列数一些作品和作家;相反,社会生活则会得到更多的关注。一句话,历史学家将会看起来像是,一会儿诉诸于一个专门家,对于他,古罗马的氛围,非重大事件的材料都是熟悉的,而且几乎可以像对古罗马人(他们浸淫其中,只对当日的新闻感兴趣)那样是理所当然的;一会儿诉诸于一个无知而聪明的读者,对于他,必须交代一切,显然要从到处存在的非重大事件性材料开始;这个读者会期待人们为他指出,在世界历史的背景下,那些区别或是拉近古罗马文明与现代文明或是其他伟大文明的特点;他将会很难忍受人们杂乱无章地,在同一个书册里,给他提供一些夹杂着"社会学"片段和编年学的片段。

让一个如此要求一致性的读者满意也许是一件赫拉克勒斯的任务;为此必须要有一个马克斯·韦伯,而且,也许是好几个。必须要说出,在同一个层面的视角上,古罗马与其他文明的区别所在,必须分析,比如,是什么使古罗马宗教与其他宗教相区别;这一分析显然要以一种宗教现象的比较类型学为前提。对于行政管理也必须做同样的事情,要付出努力对历史上行政管理现

---

① 阿丹·迪·皮克(Ardant du picq,1821—1870),19世纪法国著名军事理论家。——译注

象进行综合的比较观察。古罗马社会本身必须被重新放回到对一些前工业文明的比较研究之中；而这一比较会让我们意识到，对于古罗马，还有众多的特殊性，直到此刻，对我们还是暗含未明的，还在所谓自然而然的掩盖之下。以所有这些美好的东西作为补偿，苛求的读者会同意宽免恺撒和庞培之间的那些战争的细节。因此，写一部通史是让最无畏者发抖的任务，因为，问题不在于去概括那些"事件"，而是去不一样地组织它们，而且要使之与所采取的层面相协调一致。为了做好它，应该不留下任何未经重新思考的并且只有在一种编年史的或是一种专著的范围内才可能是恰当的事件性资料的残余。总之，自从菲斯泰尔·德·库朗日起，我们叫做历史"综合"的东西，只不过是这种在描述层面上而不必是文献的层面上组织事件的努力。从专著转入到通史，并不意味着，在后者中保留前者独一无二的显著特征，因为，当我们从一个进入到另一个，显著的特征已经不再是同样的；在罗马史内部，共和时期的宗教与帝国时期的宗教之间产生鸿沟的，不是与在罗马宗教与其他各种宗教之间造成鸿沟同样的东西。书写一部好的通史，归根结底可能是一项如此艰难的事业，以至于到此为止，似乎还没有哪个文明已经取得成功；这是因为，达到这一目标的时日还没有到来。感谢未来的韦伯们，当世界历史众多的差别化特征对我们来说变成一个熟悉的话题时，人们将会更为恰当地重新谈论起它。

在等待的同时，从历史唯名论中提取的三个结论可能会是有益的。首先，任何历史在某种程度上都是比较的历史。因为，那些被认为是确切的、人们在与它们的对照中描述个体事件的特征,是一些一般概念;从这一点出发,当人们发现在古罗马宗教中教派的存在是确切而有趣时,人们就能够说,是否哪个其他的宗教呈现或没有呈现这同一种特征;而且,反过来,确认另一种宗教包含一种宗教学说,会引导人们意识到古罗马宗教没有包含这一学说,因此对它具有的面目感到惊讶。其次,每一个"事件"都被暗含的非重大事件的边缘所包围,而正是这个边缘给人们进行传统上未曾做过的别样地组织事件留下了空间。最后,既然"事件"是人们使它成为如此这般的,如果拥有必要的灵活性的话,那么,历史学可以与之进行比较的学科就会是文学批评;因为,我们很清楚,教科书关于拉辛所说的,只是我们关于这个作家可言说的东西中最小的一部分;一百个批评家要书写一百部关于拉辛的书,可能会把它们写得全都不一样,一个比另一个更真实也更精妙;只有那些缺乏天赋的批评家会困守于教科书上的圣典,也就是那些"事件"。

第四章
出于纯粹的对特征性的好奇心

如果我们对人本主义理解的是这一事实,即关心历史真相,因为在其中包含一些好的行为,并且关心这些好的行为,因为它们传授好的东西,那么,历史肯定不是一种人本主义,因为它不会混淆超验的东西;如果把人本主义理解为一种信念,认为历史对于我们有一种特殊的价值,因为它谈论人类,也就是我们自己,它也没有更多是一种人本主义。通过说这些,我们并不打算宣称,历史不应该是一种人本主义,也不禁止任何人在其中找到自己的乐趣(尽管历史的乐趣也许相当有限,当人们读它,而旨在从中寻找它本身以外的东西时);我们只是认为,如果观察历史学家的所作所为,人们将会确认,历史学也不比自然科学或者形而上学更是一种人本主义。那么,为什么人们对历史感兴趣,为什么要书写它? 或者更恰当地说(因为每个人从中得到的兴趣是完全个人的事:对别致景观的爱好,爱国主义趣味……),历史体裁本质上旨在满足哪种兴趣? 什么是它的终极目标?

历史学家的一句名言:"这很有趣。"

一个我熟识的考古学家,对这一职业充满激情,且是精明的历史学家,当你祝贺他在挖掘中找到了一个"很不错的"雕塑品时,他带着怜悯之情注视着你;他拒绝探查著名的遗迹,而且宣称,搜寻一个垃圾堆积场一般来说更具有教益;他但愿从未找到什么米罗的维纳斯,因为他说,她没有带来任何完全新鲜的东西,而且艺术是一种"职业之外的"快乐。另一些考古学家把职业与唯美主义调和起来,但更多是一种个人的对两个王国的结合,而不是本质的统一。我的这位敌视美的考古学家偏爱的形容词是历史体裁的当家名言:"这很有趣。"这个形容词不能用来说一个宝物,一些王冠上的宝石;对于雅典卫城,它也许会是古怪的,关于最近的两场战争中的一个战场遗址,它则可能是不得体的;每一个民族的历史在它自己的眼里都是神圣的,人们不能以赞美玛雅人古代文化魅力或是努埃尔的人种志的那种语调说,"法兰西的历史很有趣";玛雅人和努埃尔人也有他们的历史学家和人种学家,这是真的。有一种通俗历史,它有自己约定俗成的保留节目:伟大人物,著名片断;这种历史在我们周围随处可见,在街道的铭牌上,在雕像的基座上,在书店的橱窗里,在集体记忆中,在学校的教学大纲里;这就是历史体裁的"社会学的"维度。但是,历史学家和他们的读者的历史,在重新演出它时,把这个保留节目唱出了另一种调子;此外,它远不满足于把自己限制在这个节目单的范围内。长期以来,存在着一种享有特权的历史:一定量的古希腊——通过普鲁塔克,尤其是罗马(共和时期多于帝国时期,尤其远多于帝国后期),中世纪的某些片段,近代各时期;然而,说实话,学者们始终对全部的过去感兴趣。随着古代和外国文明被发现,中世纪,苏美尔人,中国人,"原始人",它们也非常方便地进入了我们的兴趣范围,而且,如果说古罗马人有点令广大读者厌倦,这是因为人们使它成为一个有价值的民族,而不是去了解他们多么有异国情调。既然我们对一切都感兴趣是事实,我们就不再明白,仅仅是在不到六十年前,马克斯·韦伯能把我们对历史的兴趣建立在著名的"价值关联"的基础上。

韦伯:历史可能是价值关联

随着德国历史主义的伟大时代渐行渐远,这一表述变得难以理解,实际上它只是简单地要说,把其他事件和我们认为配得上历史的事件区别开的可能是我们给予它们的价值:我们可能认为发生在欧洲国家之间的一场战争是历史的事件,而一场"卡菲尔部落间的争吵"或者印第安人之间的纠纷则可能不是[1]。我们也许并不是对过去发生的一切都感兴趣,而是传统地把兴

---

[1] 马克斯·韦伯,《论科学的理论》,佛伦德译本,普隆出版社,1965年,第152—172、244—289、298—302、448页。

趣仅仅集中在某些民族,事件的某些范畴,或者某些问题(完全独立于我们对这些民族或者这些事件可能持有的赞成或者不赞成的价值判断);我们的选择使历史建构于它的边界之中。这种选择从一个民族到另一个民族,从一个世纪到另一个世纪是变动不居的;让我们以音乐史为例:"这一学科的中心问题,从近代**欧洲的好奇心来看**(看,这就是价值关联!),毫无疑问依然是存在于以下问题之中:为什么和声音乐,产生于几乎到处可见的通俗复调音乐,唯独在欧洲得到了发展?";这些斜体字、括号和感叹号都是韦伯本人的①。

这是预断这个欧洲人的好奇心,而且把历史社会学和它的终极目标混同起来。一个巴黎社会科学高等研究院的希腊史专家,对他的学科本质的认识,与他的研究美洲印第安人的同事看起来并未有所不同;如果明天出版一本书,题名为《易洛魁帝国史》(我相信我记得这个帝国是曾经存在的),没有人能够否定这本书在那里,而且它是有关历史的。反过来,只要打开一本关于希腊历史的书,就足以使雅典不再是我们刚刚或许还在想象的"往昔的圣地",而且使易洛魁联盟和雅典联邦之间也不再有差别,它的历史与世界史的其余部分相比,并不更多或者更少地令人失望。人们觉得韦伯并没有别样地认识事物,那么,他又是怎样能够坚持他在"存在的理由"与"认识的理由"之间做出的另一个区别? 雅典的历史吸引我们对它本身感兴趣,易洛魁的历史

---

① 《论科学的理论》,第448页。

则可能只是作为认识跟我们有价值关联的问题的材料,比如,帝国主义的问题,或者社会的原初状态问题①。这里就有一些武断;如果我们观察我们的周围,我们发现某些人把易洛魁人作为社会学的材料,另一些人研究雅典人也以同样的方式(雷蒙·阿隆在他所做的透过修昔底德看永恒战争的研究就是如此),也还有其他人,研究易洛魁人是为了热爱易洛魁人,研究雅典人是为了热爱雅典人。然而,人们明显感到韦伯的思想比这些异议更为微妙;他差不多是这样写道:"腓特烈·威廉四世放弃帝国王冠这一事实构成一个历史事件,而去了解哪些人是曾经为他制作制服的裁缝则无关紧要。人们将会回应说,这种无足轻重是对政治史而言,而不是对时尚史或者裁缝的职业史而言;没错,不过,即使是在这一视角,那些裁缝也将不具有个人的重要性,除非他们使时尚或者裁缝职业的历史改变了方向;否则,他们的传记将只不过是了解时尚史或者其职业的一种途径。也可能会有一块铭文陶片使我们认识一个国王或者一个帝国这样的情况发生:这陶片并不因此而是一个历史事件。"②这个反对意见是有分量的,而我们将要尝试去做的答复则会比较长。

首先,有价值的事件与文献性事件的区别取决于视角,取决于所选择的情节,远不是它决定情节的选择,决定什么可能是历史的与什么或许不是历史的区别;其次,这里在情节本身和它的

---

① 《论科学的理论》,第 244—259 页。
② 同上书,第 244、247、249 页。

人物与配角之间(或者说,在历史和传记之间)有一些混淆;也还存在一些在历史事件与文献之间的混淆。不管是陶片或者是裁缝的传记,那些我们叫做一份原始资料或者一种历史文献的,同时也是,而且首先是一个或大或小的历史事件:我们可以定义文献是一切历史事件遗留下给我们的物质的印记①;《圣经》是以色列人的历史中的事件,同时也是它的原始资料;政治史的文献,它也是宗教历史的大事;在西奈半岛一个古代跑马场发现的一块带有铭文的碎片,记录了某个法老的名字,对于体育运动史是一份文献;这也是众多的小事件之一,它们构成了文字正式使用的历史,为后代建立纪念性建筑之习俗的历史,碑铭学及其他的历史。这就是说,这一碎片和所有其他的事件同样:在它作为事件所处的情节中,它可以扮演主要角色,或者只是作为次要配角;不过,不管韦伯说什么,在重要角色和配角之间并不存在本质性的差异;使它们区别开的仅是细微差异,人们常常难以察觉地从一个转移到另一个,并且最终会发现,腓特烈·威廉四世本人其实本质上也只不过是配角。路易十四统治下的农民史是一些农民的历史,这些农民中的每一个人的故事都是一个配角的历史,狭义的文献,就将是比如这个农民的家庭日记账册;但是,如果在一部农民史里,每一个农民在那里的存在只不过是凑数,而只需进入到上层资产阶级的历史,就可以让历史学家以他们

---

① 在第三章我们已经看到,所有的"事件"都处于无法穷尽的可能性情节的十字路口;这就是为什么"资料文献是取之不尽的",我们有理由重复这一点。

的名字代表那些资产阶级的朝代,而且从统计学过渡到人学。我们谈论路易十四,他是有价值的人物,政治情节的主角,人格化的历史。然而不对,他只不过是一个配角,独自在舞台上,但毕竟还是配角;历史学家谈论作为一国之君的他,而不是作为拉·瓦丽耶尔的柏拉图式的情人或者皮尔贡(Purgon)的病人;他不是一个男人,而是一个角色,君主的角色,从定义上看它包含的只是一个配角;相反,作为皮尔贡的病人,他在医疗史中只是个数字,而"认识的理由"在这里是当若侯爵(Dangeou)的日记和那些与国王的健康有关的文献。如果人们选择了时尚演变作为情节,这个演变是由那些改写了时尚的裁缝和那些维持旧常规的裁缝创造的;事件在它的系列中的重要性决定了历史学家给予它篇幅的数量,但是并不决定对系列的选择;这是因为我们已经选择了路易十四在其中占据重要地位的政治情节;我们没有必要选择这个情节而只是为了在有关他的充满溢美之词的传记中再去增加一个。

问题的实质:韦伯与尼采

说实话,直到目前为止,我们完全有意识地选取从观剧镜小的一端来摄取韦伯理论,以此来看看它与历史学家的真实活动是不是相符合;毕竟,要评判一个理论就要看它是否与事实吻合。然而,它所寻求解决的问题本身并不因此而得以解决;不过,对于韦伯,一个本质上的尼采主义者,这个问题是以尼采式的术语提出来的;当他说历史是价值关联的时候,他并没有考虑某些确定的价值标准(比如说,古典的人本主义),以它们的名义,我们偏好古希腊历史胜过美洲印第安人的历史:他只是想要确认,事实上,直到他的时代,没有哪一种历史的观念是对全部的过去感兴趣的,每一个都进行了某种选择,而就是这种选择,他称之为价值化。人们并不以某种法定的价值标准的名义去偏爱雅典人胜于印度人;正是人们偏好它们的事实使它们成为价值标准;一个无法辩护的选择的悲剧性行为或许就此充当了对历史的任何可能性看法的基础。韦伯因此使一种可能表现为非常暂时性的历史编纂学的状态上升为悲剧性事件;历史体裁之变形为总体历史(由于奇妙的巧合,它已经成为在韦伯所属的那一代人之后的恰如其分的执照),确实清楚地表现了这一点。换句话说,这种历史知识的观念暗示,拒绝把历史编纂学视为一种隶属于某个真理的标准的活动:对于历史学家来说,求助于某个理性的法庭将是不可能的,因为这个法庭本身可能也不过只是由一种无法辩护的法令所建构。这些至少看起来是韦伯的文章所暗示的观点,它们并不是非常明朗。

不幸的是,如果人们从门驱逐了真理的标准,它又从窗户折返回来;韦伯本人也不能不在历史编纂学方面制定法则:在已经证实对过去的看法是价值化的之后,他把这种价值化强征为一个准则。一部通史教科书的作者们曾经采取了赋予非洲和美洲历史与老欧洲历史同样重要性的立场(这在我们的时代只不过是平常的);不是去肯定这种价值化行为,韦伯以历史应该是什么的名义批评这部教材:"一种在历史上的政治-社会平等的观点,它很想要——终于来了!终于!——给予直到现在非常过分地被轻视的卡菲尔人部落和美洲印第安人部落,一个至少与雅典人同样重要的地位,实在是太天真了。"① 悲剧性事件堕落为学院派;在已经指出没有什么可以允许合法地去偏爱一种选择胜于另一个之后,韦伯对此得出的结论是必须固守已然建立的秩序。这种从悲剧性的激进主义向保守主义的转变并不始于韦伯;如果没有出错的话,第一个将此付诸实践的是克利须那神:在《薄伽梵歌》(*Bhagavadgîta*)中,他教导准备投入战争的阿朱那(Arjuna)王子,既然生与死是同一件事,他所要做的就是尽自己的职责,就是开战(不是不投入战斗,或者出于谨慎而寻求一种中间道路)。于是我们理解了,在韦伯那里,尼采主义如何在他的认识论思想和他在第一次世界大战前与第一次世界大战期间的政治态度之间确保了联系,后者对一个如此有理性的历史学家而言常常是出人意外的:沾染了泛日耳曼主义的国家主义,*权力政治*(*Machtpolitik*)上升为规范。

研究尼采是不是标志着西方哲学的终结,或者他是否仅是第一个抗议者,这并不属于我们的工作。至少,它让我们的问题向前推进了一步:依照韦伯,价值化与特定时代的法定准则无关,这就足以清除那种广泛流传的观点,即认为我们对过去的看法可能是当下之投射,是我们的价值观和我们的疑问

---

① 《论科学的理论》,第 302 页;参阅第 246 和 279 页。

之反映:强烈的尼采式的悲剧性毕竟与存在的痛苦毫无共同之处。价值化问题划出了历史的边界,它不把其内部组织为治疗性心理剧的剧场;在它的界限之内,历史本身就是它自己的价值。因为,唯实论(永远是它)要我们认识到,科学的准则**实际**上存在于我们的动机之中,与艺术的准则或者法律的准则一样[①],这种准则规范整理科学的活动;这种活动与它相比始终或多或少是不完美的,但是,要是没有准则,这种活动可能变得不可理解。事实上,人们历来已经认识到,科学、法律、艺术、道德、等等,都是独创性活动,各有其自身的游戏规则,因而必须根据其规则对它们进行评判;人们可以讨论其规则,争论它的应用,但不怀疑它事实上存在这一原则。让历史学家觉得有趣的东西不是与他的文明有利害关系的,而是根据历史学观点看来有趣的东西;同样,"那个"中世纪(我们还是说:中世纪的某些社会阶层)可以特别地对离奇的兽类和异国的动物感兴趣:中世纪的动物学家,他们曾经负责,或者本该负责那些从动物学角度有趣的东西,也就是每一种动物;他们能够或多或少地意识到他们学科的准则:在任何时刻,一个动物学家能够从群体中站出来求助于这一准则;也同样有可能,动物学的准则已经发生演变:不过,这种演变会有纯粹科学的合法性,而且会构成其学科自身的一个事件。

---

① 科尔森(H. Kelsen),《纯粹法学理论》(*Théories pure du droit*),艾森曼(Eisenmann)翻译,达洛兹(Dalloz)出版社,1962年,第42、92、142页。

历史的兴趣

一个学科产生和延续的直接的社会学原因,像葛兰西(Gramsci)和柯瓦雷所说的,历来都是因为一种专业性小团体(来自于教士、教授、技师、政论家、食客、有定期收入的食利者、社会边缘人和一无是处的人)的存在。它把知识本身作为目标,而且它经常以自身为唯一的听众。历史知识也不例外。由于一些专门家的好奇心,它从"社会学的"蕴含,从人们为了使功绩和民族悲剧的记忆永续而记下一些国王的名字或者纪念性建筑名字的大事记中分离出来。并非因为"我们的"文明也许做出一个令人看重的选择,使得往昔对我们不是一种单色画,在那里任何事件都不会比另一个事件更有重要性:这是因为,这些事件只是存在于一些情节之中,而且只是通过情节才存在,在那里,它们取得这部戏剧的人性逻辑所强加的相对重要性。

历史专有的兴趣,其性质是从历史的本质演绎而来。它讲述已经发生的事情只为了一个理由,就是这件事的确已经发生过[①];它因此无视两个兴趣的中心——价值观和样本;它不是圣

---

① 在同一意义上,欧克肖特(M. Oakeshott),《政治中的理性主义》(*Rationalism in politics*),梅图恩(Methuen)出版社,1962 年(大学平装书系[University Paperback],1967 年),第 137—167 页:《作为一个历史学家的活动》(The Activity of being an historian);这个活动是"摆脱对过去的功利主义态度束缚的进程,它是第一个,而且也是长期以来唯一的一个"。

徒传记的,或者有教益的和令人愉快的。历史并不因为路易十四的坏疽病生在一个伟大的国王身上而足以让它对这一疾病关心更多,除了记录这位国王之死,对于历史学家来说他只不过扮演君主的角色,并不独自具有个人的价值。它也将不会关心一次卓越的行动,或者一场严重的灾祸,一切有典范价值的事件。

人们真的可以相信所有曾经发生过的事情都是有趣的吗?讲述人们剪过指甲、削了苹果或者划了火柴,这算得上是历史吗?是的,跟叙述塞琉西帝国在 198 年最终从托勒密王朝(Lagides)手中征服了切肋叙利亚(Coelesyrie)完全一样。因为,奇妙的是,为了削苹果,人类的一半把刀子凑近拿着不动的苹果,而且觉得这样做是自然的,然而另一半人,生活在太平洋的岛上,他们让苹果在固定不动的刀子上转动,而且宣称,这才是唯一合理的削苹果的方法;为了划着火柴,西方人做一个由前往后的动作,或者相反,由后向前,根据他们是男性或者女性。这倒是的确可以引起有关技术、自然-文化的辩证法、男性和女性的"角色"、模仿、技术的传播和它们的起源的某些反思;从什么时候起人们开始使用火柴?哪个其他的技术性行为,它本身依据性别不同而存在差异,在人们最初擦火柴的时候起到了模本的作用?在这里边肯定有一种非常奇妙的情节。至于说某年九月份的一个上午由杜邦划的一根火柴所特别拥有的重要性,它的历史重要性就是它在杜邦个人生活中的重要性,如果有人选择了这个人生的有关片段作为情节的话。

我们用一段或者两段的篇幅,来进行有关原型的思考(因为未开化的思维有其好处,它是分类的,甚至是结构的)。人们书写的历史可以被归为两种原型:"这个行动值得活在我们的记忆中"和"这些人彼此不同"。让我们打开最著名的印度编年史《诸王流派》(Râjataranginî)①;在那里人们读到戒日王(roi Harsha)的荣耀与结局,以及在他的治下宫廷里那些不能忘记的辉煌;我们打开希罗多德的《历史》:他写下了他的调查研究,他说,为了"时间不把这些伟绩带走,付诸忘川,不要让属于希腊人或者蛮族的卓越行为,有朝一日失去了声名"。不过,希罗多德有太多的天赋,使他不能仅仅满足于把历史视为对人性的嘉奖,而且,实际上,他写的书归属于第二个原型,在空间或者时间上,"那些民族彼此不同",还有,"在埃及,女人站着撒尿,而男人则是蹲着"(它预言了由马塞尔·莫斯所做的关于身体的技术性研究)。他是旅行艺术之父,在我们的时代称之为人种志(我们甚至走到了设想可能有一种人种志的理论存在的地步)和非重大事件的历史。就是这样,历史不再是价值关联,而成为有关人的自然史,纯粹好奇心的产物。

与长篇小说起源的比较

在这方面历史与长篇小说(或者不真实的故事)有某种类似,因为长篇小说同样是从与价值观有关联过渡到为了叙述而

---

① 编年史形式的长篇梵文叙事诗,亦译《罗阇塔兰吉尼》《王河》《克什米尔王统记》等。——译注

叙述。不论在希腊人那里,还是在中世纪和近代社会,它以小说化的故事开始,谈论有价值的人,国王或者王子:《尼诺和赛米拉米斯》(*Ninos et Sémiramis*),《居鲁士大帝》(*Le Grand Cyrus*);因为人们不能允许自己在公众交往中直截了当地说出某个人的名字,除非这某个人很著名,是国王或者大人物;一些公众人物写了他们的回忆录,而把他们的传记留给其他人书写,不过,人们不会跟读者谈论一个普通老百姓的人生。所谓著名的就是说,他是这样一个人,他的行为和情感被认为有趣,仅仅由于是与他有关;亚里士多德曾经说过,历史的特性就是叙述阿尔希比亚德(Alcibiade)的行动与激情,为了让自己成为话题,这个人切掉了他的狗的尾巴,然而,可能更确切地说,只是因为那条狗是阿尔希比亚德的,人们才会谈论那被切掉了的尾巴。《法兰西星期日》周报,要么谈论某个陌生人有趣的奇遇,要么谈论平淡无奇的艳遇,但因为发生在英格兰的伊丽莎白或者发生在碧姬·芭铎身上而引人注意:对于半数的人来说,这个报纸是价值关联的,对于另一半人,它就是一个*典型例子*的汇编。历史的和长篇小说的全部难题就在于此。当长篇小说停止谈论居鲁士转而去叙述一个陌生人的奇遇,它必须首先为自己辩护,这可以以几种方式来做:旅行记,一个普通人较少讲述自己的人生,而更多叙述他的所见所闻;忏悔录,信徒对自己的经历进行忏悔为的是感化他的同伴,因为在他身上负载着人性的境遇;最后是间接性叙事,某个第三方,实际上不过是作者,讲述一个他得自陌生人的故事,或者是一个他在文件中发现的故事,而他在这里只是为了妥帖地抓住读者的兴趣,同时保证故事的逼真性(《阿道尔夫,在一个陌生人的文件里发现的轶事》[Adolphe anecdote trouvée dans les papiers d'un inconnu])。

总之,了解历史特有的兴趣是什么的问题可以如此归纳:为什么我们装作在读《世界报》,而被人看到手里拿着《法兰西星期日》会觉得很不安?凭什么碧姬·芭铎和索拉亚她们比蓬皮杜更值得或者不值得活在我们的记忆中?对于蓬皮杜,他的问题是肯定的:自从历史体裁的诞生,国家首脑按其所任职务就被铭刻在大事记里。至于碧姬·芭铎,她会值得被书写进重大的历史,如果她不再作为有价值的女性在以**明星制度**、**大众传媒**或者埃德加·莫兰(Edgar Morin)在我们中间鼓吹的现代明星崇拜为主题的当代历史的剧情中成为普通的群众角色;像人们说的那样,这是社会学,而且《世界报》在罕见的几次谈到碧姬·芭铎的场合,就是以这一严肃的方式谈论她的。

历史专注于特征性

人们会带着某种表面上的合理性提出反对意见,在碧姬·芭铎和蓬皮杜的个例中存在着差异:这一个以其个人本身而言是历史的,那一个只是用来解释**明星制度**,就像是腓特烈·威廉的裁缝被用于服饰史那样。我们因此而进入到了问题的核心,并且将要就此去揭示历史体裁的本质。历史对个性化的事件感兴趣,对于历史来说,它们中的任何一个都不能被复制,但是,并不是它们的个性本身吸引历史的注意:它力求理解它们,也就是说,要在它们之中找到某种一般性,或者更准确地说,找到某种特征性;自然史在这方面也是一样:它的好奇心是无止境的,所有的物种对于它都有意义,没有一个是多余的,但是它并不打算让人们享有它们的独特之处,以中世纪著名的动物寓言集的方式,在那里我们读到有关各种动物的描述,有高贵的、美丽的、奇特的或者残忍的。我们刚刚看到,远不是与价值关联,历史以一种普遍的贬值为开端:碧姬·芭铎和蓬皮杜都不再是著名的个人,被热爱或者被向往,而是他们社会阶层的代表;前者是一个明星,后者分身于两类人之间,一是转而投身政界的教授,一是国家首脑。我们由个体的独特性转入了特征性,也就是转入了作为可被理解的个体(这就是为什么"特定的"[spécifique]同时意味着"一般的"[général]和"特有的"[particulier])。这就是历史的重要性之所在:它让自己讲述过去的文明,而不是去保留一些个人的记忆;它不是一个汗漫无边的传记的汇集。腓特烈·威廉治下全部裁缝的人生彼此非常相似,它将以整体来叙述他们,因为它没有任何理由特别地迷恋于他们中的某一个;它不关注这些个体,而是关注这些个人提供的特定性,为了这个充足的理由,就像我们将会看到的,对个体的特殊性没有什么要说,它只是作为对价值化("因为这是他,因为这是我")不可言喻的支持。不论这一个体是历史上第一流的重要角色,还是芸芸众生之中的一个群众演员,他对历史的意义只存在于他的特征性。

韦伯关于国王的裁缝和价值关联的争论对我们掩盖了问题

的真正所在,它就是特殊的与特定的之区别。它是固有的区别,我们在日常生活中到处在进行这一区别(无关紧要的情况只有作为它们各自类别的代表才存在);正是因为它,我们那位纯粹主义者的考古学家才不愿意找到米罗的维纳斯;他不是因为它美谴责它,而是因为它引起了太多有关它的言论,却并没有因此而教给我们什么,谴责它有价值但却没有好处。他本来应该给予它好感,从他在这个杰作的独特性背后注意到,由于它的风格,它的做工,还有它的美本身,它对希腊雕塑史的贡献的那一刻。所有具有特定性的都是历史性的;实际上,一切都是明白易懂的,除了使杜邦不是杜朗,以及所有个人是一个一个地存在的特殊性:一个不可回避的事实就是在这里,不过,一旦人们指出来这一点,关于它就再也不能有更多可说的了。作为补偿,一旦确立了特殊性的存在,有关一个个体我们可以陈述的一切东西,就都拥有了一种一般性。

只有杜邦和杜朗是两个人这一事实,阻止现实事物简化为人们关于它所做的可理解的话语;其余的一切都是特定的,这就是为什么一切都是历史的,如我们在第二章里已经看到的。现在我们的考古学家在他的搜寻现场,尽可能地清理一座令人厌倦的古罗马房子,一个普通式样的民居,而且琢磨着这些断墙里边什么东西是配得上历史的;于是他寻找,或者是一些事件,在这个词通俗意义上的——但是建造这个房子在它的时代肯定不是一个重大新闻——,或者是一些习惯,风俗,有关"集体",一句话,有关这个"社会的"。这个房子与无数其他的房子相似,它有六个房间,这是历史的吗?房子正面没有经过清楚整齐地划线测定,有些起伏不平,有足足五公分的拱起:如此的特殊性出于偶然,没有历史趣味。如果这个趣味存在,这种粗糙是那个时代的技术在日常的建筑方面特有的个性;在我们的时代,大批量的产品更多是以其单调无味和毫不容情的规则性而引人注目。五公分的凸凹是特异的,它们有某种"集体性"意义,而且值得记忆;一切都是历史的,除了那些人们还没有理解其原因的东西。在搜寻的结尾,这座房屋将不会有任何特殊性不是与其类别密切相关;唯一不可缩减的事实将会是,所说的这座房屋是它本身,而不是建造在它旁边的另一个;但是,历史与这个特殊性并不相关①。

---

① 但是,如果说特殊性由于空间、时间和知觉分辨上的个性,在历史学家书写的历史中没有它的地位,它却正是历史学家职业的全部诗意所在;热爱考古学的一般公众,对此不会弄错;也还是它,最为经常地决定了对这一职业的选择;我们熟悉一段古代文字或者一个古代物件带来的情感,不是因为它们美,而是因为它们来自于已经消亡的时代,在我们中间的出现就像一块陨石那样异乎寻常(除非,那些来自过去的物件是来自一个"深渊",比假想的天球还更加"拒绝我们的探测")。我们也熟悉历史地理学研究引发的情感,在那里,时间之诗与空间之诗叠加:在一个地点(因为一个地方没有任何理由在那儿而不是在别处)之存在所拥有的奇特性之上,加上了地名的奇特,在那里,语言符号的任意性是第二位的,这使得很少有阅读能够获得与阅读一册地图同样的诗意;在此之上,又会叠加这样的想法,就是这同一地点,从前它曾经是另一种样子,在那个时刻正是现在我们在这里见到的同一个地方:曾经被恺撒攻打的马赛的城墙,"那些死者曾走过"的古代的道路,与现在我们踩在脚下的路追随着同样的曲线,占据了遗址的现代居住地依旧使用着古代居住地的名字。很多考古学家狂热的爱国主义(即如卡米尔·朱利安[Camille Jullian])或许只是来源于此。历史学因此占据了一个认识论的位置,它是科学的普遍性与不可言说的特殊性之间的调停人;历史学家研究过去,为了对一种特殊性的热爱,而这特殊性由于他研究它这一事实本身而逃离他,只能够成为"工作之外"遐想的对象。毕竟,人们可能思考过是什么生存需求能够解释我们对历史的兴趣,而人们也许没有想到过,最简单的回答就是因为历史研究过去,也就是那拒绝我们探测的深渊。

历史知识的定义

我们因此得到一个有关历史的定义。历史学家历来都感觉历史更多是与群体的人而不是与个别人相关,它是社会的历史,民族的历史,文明的历史,甚至是人类的历史,关于集体的历史,在这个词最为模糊的含义上;它不关注作为个体的个别人;如果路易十四的生平是历史,在他统治下的一个纳韦尔农民的不是历史,或者只不过是历史的材料。然而,困难在于达到一个准确的定义;历史是有关集体事实的科学,它不能归结为由无数个体的事实组成?有关人类社会的科学?有关社会中的人的科学?但是,哪一个历史学家,或者哪一个社会学家,能够做到把属于个人的与属于集体的事件区分开来,或者仅仅是能够给予这些词语以一种意义?在什么是历史的与不是历史的之间的区别,则仍然是立即做出,而且好像出于本能。为了认识这些人们反复做出又陆续勾销而好像从未"说到点上"的给历史下定义的尝试是多么不确切,只要努力去使它们准确化就够了。有关哪一种社会的科学?整个民族,甚至整个人类?一个村庄?至少完整的一个省份?一伙打桥牌的人?研究群体的事物:英雄主义是么?剪指甲的事实呢?连锁推理的手段在这里找到了用武之地,来显示这里可以被使用的每一个问题并没有被正确地提出。实际上,问题从来不是像这样提出的;当我们面对来自于过去的特殊性,我们立即理解它,在我们的头脑中就形成某种启动机制,它是逻辑秩序的(或者更确切地说是本体论的),而非社会学的:我们没有找到有关集体或者社会的什么,而是找到有关特定性的东西,可以理解的个性特征。历史就是对人类历史事件中那些有特定性的,也就是说可理解的东西的描述。

一旦它不再被看重,特殊性就变得模糊,因为它是不可理解的。在《拉丁文铭文汇编》(*Corpus des inscriptions latines*)包含的九万个无名之辈的墓碑铭文中间,这一篇是关于某个叫做帕伯利休斯·厄洛斯(Publicius Eros)的,他出生,死亡,而且在其间与他的一个被解放了的女奴结婚;愿他安眠地下,重新落入忘却的虚无:我们不是小说家,我们的职业不是为了爱杜邦而对杜邦感兴趣,不是为了让读者喜欢杜邦。只是会有这种情况,我们可以不太难理解为什么帕伯利休斯曾与他的一个解放了的女奴结婚;他本身也是担任过公职的奴隶(我们也许还是称之为,城邦政府雇员),如他的名字显示的,所以他是在自己的阶层中缔结的婚姻;他的女奴隶可能曾长期作为他的同居者,他只是为了让自己有一个体面相称的配偶才解除了她的奴隶身份。他也可能有最为个人化的动机去做这件事:她或许是他生命中的女人,或者是当地最负盛名的美人……这些动机中没有哪一个可能是奇特的,都属于罗马的社会史、性别史和婚姻史:对我们唯一无关紧要的事实——但对于他周围的人则是关键——就是帕伯利休斯是他自己,而不是一个其他人;不是集中于这个罗马的杜邦饶有趣味的个性,我们真实的小说分裂为一系列无特色的情节:奴隶制度,同居现象,婚姻关系,配偶选择中的性动机;全部的帕伯利休斯于其间可以重新找到,但是分成了碎片:在这里失去的只是他的特殊性,有关它恰恰无话可说。同样,历史事件也永远不会与一个个人自身的理智活动相混同,这就是为什么历史是由过去留存的痕迹获得的知识,如我们在第一章所见的那样。只是应该要补充,通过把帕伯利休斯分解为各个情节,我们将排除那些一般的真实(人是有性别的,天是蓝色的),因为历史事件就是差异。

非一般的,也非特殊的东西是历史的。为了它不是一般的,就必须有差异存在;为了它不是特殊的,就必须是特定的[①],应该可以被理解,应该与一个情节相关联。历史学家是各种事件的博物学家;他愿意为了认识而去认识,不过,不存在一个有关特殊性的科学。知道曾经存在过一个特殊的人名为乔治·蓬皮杜,并不是历史,只要人们不能讲述,依据亚里士多德的用语,"他曾经做的和发生在他身上的事情",而且,如果人们能够讲述它,就因此而上升到了特征性。

人的历史与自然的历史

如果历史可以因此而定义为对有特征性对象的认识,那么

[①] 特殊的与特定的之间的差异部分地与克罗齐(Benedetto Croce)在历史与编年史之间做的区别相对应:《历史学的理论与历史》(*Théorie et Histoire de l'historiographie*),迪富尔(Dufour)翻译,德罗兹(Droz)出版社,1968年,第16页。

在这一历史——我想称之为人类事件的历史——与自然事件的历史,比如地球的历史或者太阳系的历史之间的比较就变得容易了。人们往往肯定,在这两种类型的历史之间没有任何共同之处;据说,自然的历史,其实对我们没有多么重要,除了它的对象或许值得注意,与我们的星球体量相当;但是,没有人会以一个编年史的形式,来讲述在地球上一块没有人的土地上发生的事情(某天有一次大暴雨,随后一年有一次地震,一个半世纪之后,一群旱獭在这一块土地上定居)。相反,人类社会生活中最微末的事件都被判定为值得记忆的。似乎应该可以据此得出结论,我们给人类历史投注了特别的、人类中心的关怀,因为这一历史给我们讲述的是与我们相同的生物。

事情并不是这样。不错,如果我们书写地球的历史,与之相反,我们可能不怎么注意去掌握地球上各个地区的气象或者动物的编年史:气象学和动物学,它们研究非历史性的对象,充分地满足了我们的需要,免除了我们去追踪旱獭和大暴雨之发展史的辛苦。但是,如果事情是这样的话,如果我们的地球有它的历史学家,而旱獭没有它们的历史学家,正是由于这同一个原因,让我们去书写路易十四治下纳韦尔农民的历史,而不是逐个地写这些纳韦尔农民的传记:这就是出于对唯一的特征性的兴趣。历史不是存在的历史,历史编纂学也不是一种人本主义。我们的态度在面对人类事件和面对自然事件时是完完全全一样的:我们只关心它们的特征性;如果这种特征性随时代而发生变化,我们就书写这种变化、这种差异的历史;如果它没有变化,我们就据此勾勒出一幅它的没有历史发展的图景。

上文我们已经看到,当一个历史学家专注于纳韦尔农民或者古罗马获得自由的奴隶时,他的首要关切就是抹去他们每一个人的特殊性,将其分散为由**专题项目**(*items*)(被研究者的生活水准,婚姻风俗)重新组织起来的特定的材料;取代许多传记的并置,人们获取了一种**项目**的并置,它的整体构成了"纳韦尔农民的生活"。最多,人们将略过这些农民要吃饭和有性别这些事实,因为这些都是任何时代不变的。不过,两个同样的标准,特征性和差异,足以解释在何种程度上我们书写自然事件的历史,以及为什么我们写它比写人类事件的历史要少。这儿是我们地球的一个不大的区域。那里下雨,下雪,但是在临近的区域里,也会下雨;既然我们没有什么理由偏爱这个区域胜过全部其他的,降雨现象重新组织为同一个**项目**,不管它可能落在哪个地方。而且,因为下雨在数十万年来几乎没有什么变化,我们没有必要去讲述它的历史;关于这个无意识的大气现象,我们将画一幅永久不变的画。与之相反,这一区域的气候与地表在第二纪与第三纪之间发生了改变:这将是我们地球的历史中的一个次要事件,关于它我们会记入编年史。归根结底,区分开人类历史与自然历史的唯一细微差异是数量的:人类比自然甚至比动物都更多变化,因而有更多的故事来对它加以讲述。因为,如人们所知,他有一种文化,这就同时意味着,他是理性的(他有目标,并且通过适当的方式精心考虑去实现它们;他的经验方法和他的业绩传给后代,而且可以被后代在他们的合理性中加以理解,并且重新复述为永远有效的"当下");然而,他又不是理性的,而是任性随意的(比如,他吃,像动物一样;但是,跟它们不同,他不是永远和到处都吃一样的东西:每一种文化都有其传统的烹饪法,而且认为邻人的做法很糟糕)。历史学家不是一顿一顿地讲述所有人全部的午餐和晚餐,因为,这些餐食,就像刚才所谈到的下雨一样,合并为各种**专题项目**,它们的整体构成每一个文明的烹饪习俗。历史学家也将不会花费力气去说:"人吃饭",因为差别性的事件并不是在那里。不过,他将会讲述穿越各个世纪的烹饪的历史,与讲述地球的历史一样。

在自然史与人类历史之间的区别是非本质的,与在过去——只有它才可能是"历史的"——和现在之间的区别同样。反对海德格尔(Heidegger),反对历史主义,也不要忽略存在主义和知识社会学,我们必须重申历史知识的理智主义特质。的确,对历史学家来说,只要是人类的就没有什么是无关的,不过,有关动物的一切对于生物学家也同样没有什么是无关的。布丰(Buffon)认为,苍蝇在博物学家的关切中不应该占据比它在自然的舞台上更多的位置;相反,他对马和天鹅则抱有一种价值关联的态度;这是一种以他自己方式存在的韦伯信徒。但是,在拉马克(Lamarck)为低等动物进行辩护之后,动物学已经大为改变,全部有机体对它来说都成为合适对象:它不给予灵长目以特别的重要性,因为它感觉,一旦超出眼镜猴谱,它的关注度逐渐减弱,到了接近苍蝇的时候就几乎成为零。韦伯对人们可以给予卡菲尔人的历史与希腊人历史同样的关切感到气愤。我们将不去反驳他说时代已经改变,第三世界和它新生的爱国主义……,关心自己过去的非洲各民族的觉醒……;倒是真值得看一看,爱国主义层面的考虑将可能决定理智的兴趣,非洲人可能比蔑视卡菲尔古代文化的欧洲人更有理由去蔑视古代希腊文化;况且,今天有着比韦伯的时代和弗罗贝尼乌斯(Frobenius)的时代多得多的非洲学学者。然而谁还敢坚持认为,研究努尔人(Nuer)或者特罗布里恩岛民(Trobriandais)不是与研究雅典人和底比斯人一样有教育意义?它完完全全是一样的,如果搜集到的文献相等的话,因为我们见到在其中起作用的是同样的动因;我们还要加上说,如果卡菲尔的*历史的人*(*homo historicum*)显示为比雅典人更为简单的生物体,它可能会有更多的价值,因为它也许会由此揭示自然图景中较少被了解的那一部分。至于说想要知道——这也是韦伯追问的——多少篇幅准备贡献给卡菲尔人的历史,又有多少给希腊人,回答是简单的,如我们在第二章所见到那样:一切取决于收集到资料文献的数量。

知识以自身为目的,而并非与价值相关联。我们书写希腊史所具有的态度就是这一点的证据。如果把卡菲尔人的争吵与雅典人的战争等同起来是幼稚的,我们又能有什么理由去对伯罗奔尼撒战争感兴趣,若非修昔底德在那里使人们对它关注?实际上这场战争对世界命运的影响原本就等于零,而在希腊化国家之间的战争,在法国了解它们的人不过是五六个专家,却对希腊化时代的文明面向亚洲时的命运,并且通过它,又在西方与世界文明的命运中,有过决定性的作用。伯罗奔尼撒战争的价值跟卡菲尔人之间的战争可能有的价值该会是同样的,如果曾有一位非洲的修昔底德讲述过它的话:也正是因此,如果存在着一部写得很好的有关它的专著,博物学家会对某种特定的昆虫特别地感兴趣;如果所谓价值关联就是在这里,这些相关的价值准则仅只是目录学方面的。

历史不是个性化的

历史不是价值关联;此外,它感兴趣的是个体事件的特征性,而不是它们的特殊性。如果它因此而是具体的(idiographique),如果它通过它们的个体性讲述这些事件,1914年的战争或者伯罗奔尼撒战争,而不是战争现象(le phénomène-guerre),这不是出于对个体性的审美趣味,或者出于对相关记忆的忠实:这是因为缺乏做得更好的能力;它所想要求的只是成为法则研究的(nomographique),如果事件的多样性没有使这种突变成为不可能的话。我们在第一章已经看到,特殊性不是历史事件可能具有的胜于自然事件的一种特长:后者并不缺少特殊性。然而,知识的辩证法是以一种省力的神秘法则为基础的。依据这一法则,如果人类的演变与自然现象一样也完全可以缩减为一般性解释,我们就不大会再对他们的历史感兴趣:只有支配着人类演变的法则对我们是有意义的;满足于通过它们了解人是什么,我们就可能忽略历史的轶事插曲;或者我们对它们感兴趣,也只是出于情感的原因,与那些在重大的历史旁边,使我们关注的东西——我们的村庄,或者故乡城市的街道相似。不幸的是,历史事件不可能压缩为一般性;它们只是非常不完整地被归并为各种类型,而它们的连续性没有更多地导向某个目标,或者被我们了解的某些法则所指引;一切都是有差别的,因此必须全部讲述。历史学家不可能模仿博物学家,只关注类型,而不操心特别地描述同一个种类动物的代表。历史是一种表意性的学科,不是由于我们的行为,也不是出于我们可能有的对人类事件细节的兴趣,而是由于这些事件本身,是它们坚持要保留自己的个体性。

历史的宪章

每个事件自身就像是一个独一无二的类别。正是从自然史的创始人那里,我们可以简单地借来历史的宪章。在我们得自于古希腊天才最具灵感的篇章之一中,亚里士多德把对星宿——它们是神——的研究,与对自然界的这些情节——它们是我们尘世活着的机体——的研究相对照:"在自然界的个体中,一部分既无开始也无终结,永远恒久地存在着,另一些则经常地出现并且消失。研究这一种和研究另一种同样都有它的意义。对于永恒的生命,我们了解的有限知识给我们带来比全部地上的世界更多的欢乐,由于这种沉思的高尚:转瞬之间模糊地看到所爱之人带给情人的欢乐,也同样远比对重要事件的详细知识带来的更多。但是,在另一方面,对于知识的可靠性和广度,尘世的科学占有优势;而且,既然我们已经研究了天上的生命,说出了我们对它们的思想,对我们来说,剩下的就是谈一谈活着的自然,如果可能的话,不要忽略任何细节,不管它是高雅还是粗俗。必须承认,这些生物中的某一些,没有显示为令人满意的美好风貌:不过,对于那些懂得去了解事物的原因和愿意真正去认识的人们,认识自然的规划已在其中存储着无法言说的快乐。因此,一定不要向幼稚的反感让步,不要放弃对这些动物中最微小者的研究:在大自然的每一个部分,都存在着令人赞美的东西。①"

我们看到了什么是历史学家的公正客观;它比可能是有偏见却普遍流传的诚意走得更远;它不是存在于要说真话的决心,而是存在于为自己确定的目的,或者准确地说,存在于完全不再给自己确定目的这一事实,除了为了了解而了解这一点之外;它让自己混同于单纯的好奇心,这种好奇心在修昔底德那里曾引发人们已知的在爱国者和理论家之间的分裂②,从那里产生了他的书所给予人的理智占优势的印象。为了解而了解的病毒发展到这样的程度,竟至于给它的携带者一种快感,当他们看到对他们很珍贵的信条被戳穿的时候;它因此有一种不近人情的东西;如同施舍,它为了自己而进行,再加上生物学上的生存意愿,其准则就

---

① 《动物之构造》(*Les Parties des animaux*) I, 5. 644 b。
② 借此机会向安妮·克里格尔(Annie Kriegel)致敬,《法国共产主义者们》(*Les Communistes français*),瑟伊出版社,1968 年。

是延续①。同样,它也普遍令人反感,人们知道,为了捍卫准则的神殿会激发鹅毛笔什么样的激动不安,莫诺(J. Monod)似乎是抨击这现象,当他提醒人们忆及这个古老的真理,如圣托马斯(saint Thomas)所说,知识是唯一以自身为目的的活动②。其实,

---

① 叔本华(Schopenhauer),《作为意志和表象的世界》(*Le Monde comme volonté et comme représentation*),第三篇,增补,第30章:"认识,尽管产生于意志,同样也正是由于这一意志本身而腐化,就像是火焰因燃烧的材料而黯淡,烟从中分离出来。同样,我们不能够认识到事物的纯粹客观的本质,有关它们所提出的观念并没有给事物本身带来任何利益,因为它们没有显示任何与我们的意志的关联……为了在现实之中理解观念,必须在某种超越它的利益的高度上,撇开他的固有意志不谈,这就要求一种理智的特别能量……"

② 《就职演讲》(*Leçon inaugurale*),法兰西公学院(Collège de France),分子生物学讲席,1967年:"今天我们到处听到为摆脱了全部直接的偶然性的非应用研究的辩护,不过,这只是以实际运用的名义,以尚未被认识而只有它能够揭示和征服的力量的名义。我谴责那些科学界人士,他们经常,过于经常地保持这种混淆;经常就他们的真实意图说谎,借助于权威以达到滋养仅对其自身重要的知识。知识的伦理完全不同于宗教体系或者功利主义的体系,它们在知识中看到的,不是目标本身,而是达到目标的某种方式。那唯一的目标,那终极价值,知识伦理的君王,不是人类的幸福,我们必须承认这一点,更不是它的短暂的权力或者它的安逸,甚至也不是苏格拉底式的**认识自己**(*Gnôthi Seauton*),而只是客观的知识本身。"圣托马斯《反异教大全》(*Summa contra gentiles*),3,25,2063(佩拉[Pera]编辑,卷三,第33页,参阅3,2,1869和1876),就这一点把知识与不以自身为目的的游戏加以对照。知识以自身为目的,并不意味着,人们不能有机会把它运用于其他有益的或者令人愉快的目标:不过,在任何情况下,它的以自身为目的始终是在场的,而且依旧是充分的,它就是根据这唯一目的,也就是说唯一的真理而组织的。——对于修昔底德,历史披露的将始终是真正的真相,就是知识范畴内某种确定的获取物;而不是在行动的范畴里,在那里涉及到对一个特殊局面的判断,这就使得**永恒财产**(*ktèma es aei*)过于一般性的真理变得毫无意义:通过把修昔底德的历史与企图为行动中的人提供教益的历史(波利比阿[Polybe],马基雅维利)加以对照,雅克利娜·德·罗米伊(J. de Romilly)曾经有力地指出这一关键点(显然为耶戈尔[Jaeger]所低估)。同样,根据一个为人熟悉的说法,柏拉图为使诸城邦变得更好而写了《国家篇》(*La République*),而亚里士多德则相反,为了创造一个更好的理论而写了《政治学》(*La Politique*)。

在所有这一切之后,人变成什么?我们可以让自己放心:尽管沉思默想,人也还是人,他吃饭,投票,而且信奉各种合理的学说;这种不是永远不受惩罚的恶习——纯粹的好奇心并不大有危险会变得与我们不可或缺的对准则的热望那么有传染性。

历史编纂的两个原则

如果是这样的话,历史知识的千年演变似乎被两个原则的出现所强调,而每一个都标志了一个转折。第一个,始于希腊人,即,历史是没有利害关系的知识,不是民族的或是朝代的记忆;第二个,最终在我们的时代凸显出来,即,所有的事件都是与历史相符的。这两个原则彼此相续;如果人们由于单纯的好奇而研究过去,这一知识将针对特征性,因为它没有任何理由偏好一个个体胜于另一个。因此,每一种事实都成为历史学家的猎物,只要历史学家具有必要的进行思想的概念和范畴:一旦人们有了理解经济的和宗教的事件的方法,经济史或者宗教史就将会存在。

此外,很可能总体历史的出现还没有产生它的全部结果;它的目标可能是颠覆人文科学当下的结构,而且尤其是要使社会学分解,如我们在本书的结尾部分将要见到的。至少有一个问题我们可以立即提出。既然每一个事件跟另一个都同样地是历史的,人们可以完全自由地划分事件场;那么,人们怎么会过于经常地坚持传统的依据空间和时间来进行划分,如"法国历史"或者"17世纪史",依据特殊性而不是依据特征性?那些题目为《跨越历史的革命的弥赛亚主义》,《从1450年到我们时代的社会等级制度》,或者《国家之间的和平与战争》这样的书——为了改写最近出版的三部书的标题——为什么还是太少?这难道不是原来专注于事件的特殊性和民族过去的一种残余?这种看起来继续着王家大事记和民族年鉴传统的历时性划分的优势原因何在?然而,历史不是这种类型的朝代或者民族的传记。我们可以再进一步:时间对于历史并不是本质性的,不比事件不顾其意愿而经历的这种个性化更具本质意义;无论谁"真正地想知道",而且想要理解事件的特征性,并不对认识在他背后延伸的,以其连续性使他与其高卢祖先连接的威严地毯给予特别的重视:他所需要的只不过是一定的时段,以便在那里看到任意一个情节的展开。如果与之相反,人们按照佩吉(Péguy)的样子,认为历史编纂是"记忆"而不是"说明";认为对于历史学家,"仍然定位于同一个家族,肉体的,精神的,短暂的,永恒的,问题只在于简单地召唤古人,并且向他们乞援",在这种情况下,人们将不能只是谴责朗格卢瓦(Langlois)和塞纽博斯(Seignobos),而是修昔底德以来的全部严肃的历史编纂学。令人惋惜的是,从佩吉到《存在与时间》(*Sein und Zeit*)再到萨特(Sartre),科学主义对历史学合理的批评曾被所有的反智主义作为跳板。说实话,人们看不清楚佩吉的要求如何可以体现在行动中,以及它可能会带给历史编纂学的是什么。历史不是"家族"的过去;如克罗齐曾经深刻阐述的①,否定历史中的时间,可能看起来是悖论的,但是,时间的观念对于历史学家并非不可或缺,却同样也还是真实的,他需要的,只是可理解的进程(我们可以说,有关情节的)的观念;然而,这些进程在数量上是不确定的,因为是思想对它们进行划分,这就与单一的时间路向的编年史连续性背道而驰。时间,从爪哇直立猿人直到今天,都不是人们讲述的历史;它只不过是一个环境,在那里自由展开着历史情节。如果最终得以摆脱特殊性的最后残余——时间和地点的统一,以便全面地专注于独一无二的情节统一,历史编纂学可能会变成什么?这正是在本书的进程中将要显现的。

---

① 克罗齐,《历史学的理论与历史》,迪富尔译本,德罗兹出版社,1968年,第206页。同样,波贝克(H. Bobek)非常正确地写道,尽管人们经常说,地理学不是空间的科学:这是有关区域(它对于地理学相当于情节对于历史学)的科学;区域的空间特征是自然而然的,不过不是本质的:了解这一个城市是在另一个的北边不属于地理学,不比了解路易十三是在路易十四之前更多是。参见波贝克,《对应用地理学逻辑体系的思考》(Gedanken über das logische System der Landeskunde),收在斯托克鲍姆文集《地理学的对象》(*Zum Gegenstand der Geographie*),第292页。滥用这一非本质观念——地理学是有关现象的空间特征的知识——可能导致平庸乏味,比如,对于一个"法律地理学"来说,可以导致认为去讲述盎格鲁-撒克逊的法律在这样或那样的区域遇到什么就足够了,而不是去说,人们如何达到这一地步,这一符合法律的地理学如何被理解。我们要补充说,与一个历史事件由时间,而且只有通过时间而成为个性化、特殊性一样,一个地理事件(这个冰川)仅由于它在空间的位置而个性化:所有其他的,每一个"个体的品质",或者关于冰川所有被认为具有的个体特性,应该得到解释,并且是特征性的。历史或地理的个性是有特征的性质的结合,它有权利重复出现,而且这一结合本身就是重复的:可能区别两种结合的唯一的东西是它们在空间和时间之中的不同定位点。

附 录
价值论的历史

　　历史关心那些已经发生过的事情,因为它们曾经发生;我们将小心翼翼地把这一视角与文学史或者艺术史的视角区别开来,后者是一个价值论的学科,它的边界由一种价值关联得以定义:它对伟大的艺术家,对那些代表作感兴趣。这一价值论的历史,马克斯·韦伯写道,"不以寻找历史衔接之中的重要因果事实为方向",而是"为了它的对象本身理解它",而且"以完全不同于历史学的视角出发去观察它的对象"。在这第一个差异之上,还必须加上第二个。价值论的历史自身包含两个时刻:一个预备性的评估("这里边哪些是伟大的作家"),一个被这样评估过的对象的历史;这第二个时刻——即如我们所读到的文学和艺术的历史——与历史在各方面不再有任何区别。因此我们可以这样来表达:一部17世纪文学史,以纯历史(histoire pure)的非价值论角度书写,可能会是一部"17世纪在它自己时代的文学",而一部以价值论的视角书写的文学史,如人们非常普遍地书写的那样,可能就等于是一部"以20世纪趣味的视角书写的17世纪文学";我们明白,著名的"代表作更新"的悖论或许就是价值论历史的特质,而且只有对于它来说是正常的。

　　这三个基本概念(评估,价值论历史,纯历史)之间的区别,是马克斯·韦伯最无可争辩的功绩之一;我们在此将以我们最大限度之所能(韦伯的这些文本不是完全清晰:《论科学的理论》,佛伦德译本,第260—264、434、452—453页,参看第64—67页),对它加以展开。这些清楚的差别往往被忽视,非常有损于价值中立的问题:当人们想要否定在事实判断与价值判断之间区别的不可超越性的时候,人们通常援引文学史作为这种区别之不可能性的所谓证据;同样,非常有损于文学史的理论清晰度:一部文学史通常体现为一部"代表作的历史",在其中,以心血来潮的方式,而且没有非常固定的原则,混杂着一部属于纯历史范畴的"文学生活和趣味的历史",它有时为了更好地理解代表作的历史,有时则为了它本身而被展开;从那里产生了历史气质与文学气质之间的敌意,人们彼此向对方头上投掷简单的美学家或者平庸的文献学家之类形容语,而且看起来把这些名词视为粗暴的侮辱;事实上,每一方都被认为漠视他所没有选择的东西。

第一,纯历史,当它专注于文学、艺术、科学等等,显然包含着价值判断,不过是以间接引语,换句话说,以评判事实的方式。纯历史学家不能够允许自己无视这个事实,对于人类,艺术是艺术,《伊菲革涅亚》不是一个几何学的验证,一个政治小册子或者一个可能传递一个"见证"或者一些"信息"的世俗说教。他如何处理17世纪的文学史,比如,如果他要描述路易十四治下有关社会和文明的图景?我不知道,是否这一问题在一个出版物中从未被提出过,不过,当人们听到谈论年鉴史学派的史学家们的时候,可以确认,他们的主意已定:这可能完全不是问题,在17世纪的图景中,引入异质性的一章,在那里概要重述一部以"文学的"视角编写的文学教科书,而且组成一个伟大人物的肖像画廊,这对于历史学家而言,恐怕是鹦鹉学舌;应该以历史特有的视角重写文学的历史,而且建构一种关于路易十四治下文学的"社会学"。是谁在读书,谁在写书?人们经常读什么,又是如何理解文学和作家?文学生活的惯例、角色和途径都有哪些?哪些作者,伟大的或者渺小的,曾经创造了时尚,引起了模仿?不可能不发现这个纯粹历史的视角的公平和一致;只要想一想分隔开一个当代人所见的文学产品和它将要被后代子孙看到的样子之间的鸿沟就足够了;无论谁,只要是经常光顾旧书店的人就知道,17世纪人们所读东西的一大半,是由宗教虔信之书和布道集组成。这是一个最重要的事实,一个历史学家不把它放在首要地位也许是不可思议的;但是,随后,是否他将要以同一支笔,编织一个有关拉辛之纯净的唯美主义的句子?不,除非为了要说,这种纯净,对于同时代人是明显的(或者相反),可以被特定的文学时刻所解释(或者不能解释),而且形成(或者没有)对同时代产品的影响。他同样也将要讲述,是否同时代的人曾经感觉生活在一个辉煌的文学时代,而且还要补充说,后代子孙有义务废除或者认同这一判断。

关于有价值活动的一种纯历史观念,在文学方面不是很明显,相反,对于考古学家和科学史学家则是习以为常。罗马艺术留下来无以计数的雕塑,相当数量的绘画和某些稀有的代表作;

考古学家们发表他们所找到的全部东西,不管好的或者不好的;这是关于艺术生活与风格演变的一些见证。他们研究艺术,从一个"社会学的"角度,或更确切地说是文明的角度:生活环境,室内雕刻,丧葬艺术,庞贝花园丑陋的鹅卵石装饰,通俗艺术,也就是说与制鞋工人同样粗笨的做苦工之人的艺术,庞贝风格的绘画,它们跟我们的糊墙纸或者扶手椅背使用的织锦具有同样的价值,在那上边可以见到拉斐尔的《美丽的女园丁》……

说实话,二十年以来,在艺术的社会学的名义之下(我们知道,"社会学"经常是社会史或者非重大事件历史的同义词),文学与艺术的纯历史已经有了很大发展;划时代的书是安塔尔(Antal)有关荷兰绘画的历史背景的著作,尽管其方法与结论或有一些可争议之处,因为对于开拓性的著作这是常有的事;离我们更近一些,作为一个纯文学史的例子,我们可以提及雷蒙·皮卡(Raymond Picard)的《让·拉辛的事业与人生》(*La Carrière de Jean Racine*),或者皮埃尔·古贝尔(Pierre Goubert)在《路易十四与两千万法国人》(*Louis XIV et vingt millions de Français*)中有关路易十四时代文学的那些片段。

第二,价值论历史是那些值得继续存在,被视为活着的、永恒的,而不是仅关涉其时代业绩的历史:这并不改变,人们书写的还只是关于它们的短暂历史。它们是在它们的**特殊性**之中被观察,因为它们更被看重,它们的时代被与它们联系起来,而不是它们被用于组成它们时代的历史:价值论史学家将谈论在路易十四治下的文学生活,以便解释拉辛的人生与作品,他将不会把拉辛看作这种文学生活的一个群众演员,如纯历史学家可能做的那样。

在某些方面,柯瓦雷的著作旨在使科学史从一种价值论历史转变为一种纯历史,一种"在它自己时代"的科学史。在他之前,科学史尤其是伟大发现和发明的历史,是一些被确认的真理和它们所取得的收获的历史;柯瓦雷代之以一种错误与真理的历史,一种永恒真理过于人性的缓慢前行的历史(开普勒在毕达哥拉斯学派苦思冥想的理论基础之上发现其定理之一,并且以两个彼此相互抵消的计算错误为代价,伽利略感觉自己有责任明确在柏拉图学说和亚里士多德学说之间的立场,相信应该借助于柏拉图的思想,并且想象自己可能得到了这个哲学家的感召,某一位当代的物理学家认为自己的发现都要归功于马克思主义)。不再是价值论的,科学的历史也就不再是奖金的分发,而变得像一部真实的长篇小说一样引人入胜;韦伯完全有理由这样写道:价值论在纯历史之中的泛滥通常以灾难为结局;取代历史地解释和理解巴洛克艺术,当人们让自己开始价值论的讲述,如同盖尔芒特公爵夫人说,"这不可能是美的,因为它很可恶",人们已然立即停止去理解它,在那里看到的就只有一种"艺术的蜕化变质",这一价值论意义上有争议的判断,就历史而言是无意义的。在科学史方面也是同样的情况。由于忘却它充其量曾是一种徒有其名的科学,并且在它的时代里,是星相学信仰数学和决定论学说,代表着那个时代最具科学深度的精神,人们在星相学中将只看到一种迷信,一种伪科学;正如在我们这个时代,精神分析学曾得到科学头脑有利的评价,但却以最普通常识的名义被拒绝。

第三,价值论历史因此建立于价值评估,一些可靠的价值判断基础之上;但是,使韦伯的洞察力得到凸显的区别,是这些评估之外的另一种东西,"一个人们经常不注意去做的区别"(第434页,参照第453页),而且它解释了一个文学史家可能具有糟糕的鉴赏力这一著名悖论。为了成为称职的价值论历史学家,只要向公众舆论假借伟大作家的名单就足够了;在这样做之后,他会知道他必须更多分析波德莱尔的生平与作品,而不是贝朗瑞的。

因此,不论它是历史学家本身的成果,或者是他从公共舆论借来的,这一预先评估决定哪些作家是值得人们去谈论的,这就要求应该有一定的鉴赏力;在这之后,价值论历史与纯历史就不再有实体上的差异,除了它依然是以作家们的特殊性为中心;不过,它不再要求对纯文学的鉴赏力,对纯文学的感受,也不需要与艺术作品的某种共鸣:它只要求历史学家的首要能力,它不是感受,而是**模拟**的能力;此外,一点点妙笔生花的活力:任何一个巴黎高师毕业生都可能适合。这种模拟的效能同样也是一个画廊的经理所必需的,他可以允许自己没有鉴赏力,这使他可以更好地追随他的顾客们的趣味;相反,为了能够与门外汉交谈,了解人们以什么角度观察艺术品,明白哪里是价值观的切入点则不可或缺:如韦伯所说,"价值论阐释,把它与评估区别开来的,在于面对一个特定现象时所持**各种可能的**说明问题的不同立场的详细展开"(第434页;强调是韦伯所加)。

换言之,领会价值标准是一回事,对它们进行判断是另一回事。一个罗马肖像画的史学家可能会有万无一失的眼光去在风格系列中给诸多作品排定位置,而对这些画像的绝对艺术价值却毫无概念①。

这种现象并无影响,因为历史,即使是价值论的,它谈论一些代表作是因为美,而不是依据美。不论是涉及到波德莱尔,或者贝朗瑞,要处理的主题将会是同样的:风格,艺术手段,诗学,主题,敏感点的性质,等等。评估的部分合情合理地缩减为一个判断"这很美"或者"这不美",这对于文学史的教科书而言也许是短了一点。一种价值的判断不可能超过一个感叹句的长度。因此,过了预备性评估之后,价值论的历史完全与历史类似,我们理解,文学史家也许并没有感觉到做出某种区别并且把他们工作中暗含的公设特意挑明的需要。我们也知道什么是他们的首要能力:不是鉴赏力和感受,而是一种模拟的能力,它使人能够意识到价值标准,但不从绝对角度对之加以评判;这就足够了,只要某一类型的问题没有提出:可靠性问题;那正是对真理的检验。也许应该向罗伯托·隆吉(Roberto Longhi),或者《现行犯罪》(*Flagrant Délit*)的作者安德烈·布勒东(André Breton)致敬。

---

① 具体有关艺术批评,请比较卡西尔(E. Cassirer)对李凯尔特观点的讨论:《论文化研究的逻辑》(Zur Logik der Kulturwissenschaften),收入《哥德堡学报》(*Acta Universitatis Gotoburgensis*),48号,1942年,第70—72页。

第五章
一种理智活动

书写历史是一种理智活动。然而必须承认,这样的论断在当今并不是到处可以被相信;人们更通常地认为,历史编纂学,由于它的原理或者它的目的,不是一种与其他知识一样的知识。人本身置身于历史性之中,可能会对历史投注一种特殊的兴趣,而他与历史知识的关系也许会比跟其他学问的关系更为密切;认识的客体和主体在那里可能很难分开:我们对过去的看法表达着我们现在的处境,而且我们通过描述历史来描绘我们自己;历史的时间性,以此在(Dasein)的时间性为可能性条件,把它的根深入到人最隐秘的存在之中。人们也说,有关人的想法在我们的时代已经经历了根本的改变:永恒的人的观念早已让位于纯粹历史性存在的观念。一句话,逝者如斯,在"历史是被一个存在者认识的,其自身也在历史之中"这一句子里,在第一个分句和第二个之间出现了短路,因为它们两个分别都包含历史这个词。历史知识可能只能是半理智的;它可以有某些极为主观性的东西,部分地属于意识或者存在。不管它们是否流传广泛,所有这些观念在我们看来都是错误的,或者毋宁说它们看起来是对某些远没有那么戏剧性的真相的夸大。并不存在什么"历史的意识"或者"历史学家的意识";要是人们避免在有关历史认识方面使用意识这个词,那么所有迷雾都将会消退。

意识不了解历史

自发的意识并不拥有历史的观念,这种观念要求一种理智的建构。有关过去的知识并非一种直接的已知材料,历史是这样一个领域,在那里不可能有直觉而只能有重构,而且,在那里,合理的确定性让位于一种对事实的知识,其来源与意识是无关的。后者所了解的全部就只是时间在流逝;如果一个*此在*注视一件古代的橱柜,他能够感到这家具是旧的,很老,比自己要老;但是,与海德格尔所持观点相反,他不能说这家具是"历史的"。历史是一种书本上的观念而不是一种存在层面上的观念;它是由理性对已知材料的组织,这些材料与一个不属于这个*此在*的时间性相关。如果说"历史的"必须以"老的"为前提,在"老的"和"历史的"之间,还是存在着理智的全部鸿沟;把这两个形容词视为同一,相似地对待自我的时间与历史的时间,就是混淆历史的可能性条件和历史的本质,这是混杂最根本的东西,这真是大有教益的做法①。

意识对历史所知道的一切只是过去的狭窄边缘,有关它的记忆在当下一代人的集体记忆中仍然是鲜活的②;意识也知道——海德格尔似乎对此很坚持——它的存在是与他者,与集体命运,Mitgeschehen("以这一词语,我们指社群,民族[le Volk]")

---

① 海德格尔有关历史的很长的片断,在《存在与时间》的结尾,其价值在于表达了当今流传很广的一个观点:历史知识(Historie)"以一种特殊的和享有特权的方式"植根于*此在*的历史性之中(第392页);"对于应该成为大写历史的可能对象的选择,已经表现在*此在*存在即事实的选择之中,从那里它获得最初的来源,也只有在那里它能够存在"。我们认出了历史主义的核心问题(而在某种意义上,早已是黑格尔在《历史哲学讲演录》中的核心问题):既然不是一切都配得上历史,那么哪些事件值得被选择?——海德格尔的历史观念反映了时间的存在这一事实;它也反映实际经验(人有**牵挂**[Souci],而且他有一些同类,甚至是**大众**[Volk]),但只是部分地(不同于圣托马斯的人,海德格尔的人意识到自己是凡人;相反,他不吃饭,不繁殖,而且也不工作);它最终使人们明白,历史可以成为一个集体的神话。不过,如果*此在*和*共在*(Mitsein)的时间性足以作为历史的基础,在此情况下,如"盖尔芒特家那边"和"梅泽格利兹那边"这样对空间的感知,也许就该成为有关贡布雷地区的全部地理专著的基础。像这样为了基础的利益而混淆本质,导致一种与其说错误不如说平淡乏味的历史观念。比如,它将会为无论哪种集体的愚蠢进行辩护。我们为我们的研究注意一个细节:如果**大写的历史**以*此在*的未来为根基,人还能够书写当代历史吗?在哪里找寻一个组织当下的历史编纂的合理性?如果我们的百姓还没有决定是否将要合并某个省,如何在未来的发展方向上书写这个省的历史(有关这一问题我们百姓的选择)?况且海德格尔以"摆脱一种现在的历史的可能性问题,以便赋予历史编纂学开启通往过去之门的使命"为开端。——在有关过去的历史和有关当下的历史之间存在性质差异的观念,已经是历史方法论没完没了之混乱的根源;在本书的结尾我们将看到它是一种社会学批评的中心。

② 关于这个边缘的为数众多的变形,参阅尼尔森(M. Nilsson),《著作选集》(Opuscula Selecta),卷2,第816页:在1900年前后,丹麦一个村子里的农民还保存了三十年战争中与他们的村子有关的一个插曲的准确记忆;他们忘记了这个插曲的一般形势,以及它的日期。

一起的存在。这对于认识历史和给它组织情节是有些不够的。在集体记忆的边缘之外,意识满足于设想现在的时间可以通过循环而延长:我的祖先一定也有他自己的一个祖先,而同样的推论也可以在未来被做出;不过,人们不大经常想到这一点①。人们同样也意识到——至少在理论上——生活在有自己历史的人之中,这些人也进行过许多的征服。一个城市里的人可以想象一个田园的风景是一部分的自然,而它的建造曾经花费十代人的劳动;一个非地理学家将不会知道,丛林或者沙漠是人类破坏性活动的结果:相反,每个人都知道,一座城市,一个工具或者一种技术配方有一段人类的过去;关于一种先验的知识,胡塞尔说,我们知道,文化的果实是人类的创造物。所以,当自发的意识思考过去,就是为了把它视为当下的人类世界建造的历史,这个世界被认为是完成的,结束了的,如同一座房子从此以后建造完工,或者一个成人,他除了老去之外再无什么可以期待②;

---

① 作为抵偿,哲学家想到这一点:"国家的建立和毁灭,各种各样与正常秩序相同或者相悖的习俗,各个不同的烹调习惯,食品与饮料的变化,这一切在整个地球上不断发生;存在着无数种气候的变化,以无数的方式改变了人类的原始本性":柏拉图,《法律篇》,782a。

② 世界已经完成;我们再进一步:每个人都可以确认,今天的一切都比昨天更差了(土壤耗尽,人变得矮小,不再有四季,考试的水准在不断地降低,虔诚、尊重和道德在失去,今天的工人不再是从前那些以极大热情加工椅子腿上横木的人——佩吉的这一著名片断,我们可以与莎士比亚《皆大欢喜》[第2幕第3场第57行]相比较),必须据此得出结论说,这个世界,不仅是成熟的年纪,而且已接近他的老年和他的末日。有关世界枯竭的文章数不胜数,而且常常没有被很好地理解。当亚历山大·西弗勒斯(Alexandre Sévère)皇帝,在一份纸草书上,谈论帝国在他自己的治下衰落的时候,那并不是国家首脑口中坦白(*转下页注*)

如此就是——人们普遍地不承认这一点——有关历史的自发的

(接上页注)的勇气或者讨人喜欢的笨拙之流露：这是老生常谈，在那个时代，如同在今天谈论核武器对人类的威胁一样，对一个国家首脑，是很正常的。当最后的异教徒，在5世纪，把罗马描绘为满脸皱纹的老妇人，枯萎的面容，叙述帝国经历着毁灭的危险，接近它的末日的时候，这不是由一个被历史判决而且被自己的衰微感所折磨的社会阶层的本能供述，而是一个陈旧的主题；况且，如果罗马已是一个老人，她也是一位德高望重的老夫人，值得她的子孙尊敬。奥比涅(Aubigné)不是一个颓废的怀疑主义者，他在《惨象集》(*Les Tragiques*)中谈到他的党派的殉难者时，写道，"一朵秋天的玫瑰，比另一朵更优美，因为您已体味了教会的秋季"。我们知道奥古斯丁的这个看法，人类与一个已经过了其生命大半的人很相似(参阅比如什尼[M.D.Chenu]《12世纪的神学》[*La théologie au douzième siècle*]，弗兰出版社，1957年，第75页；但丁《飨宴》[*Convivio*]，2，14，13)。弗赖辛的奥托(Otton de Freising)的编年史以"我们，被安置在时间尽头的人"作为叠句；我们不要因此把它界定为一种12世纪的痛苦焦虑。这种情感将一直延续到19世纪，那时，进步的观念已经在集体的意识之中，引起历史观念的一种最深刻的变化：18世纪还认为世界已接近人口和经济的枯竭(不顾以克吕迈尔[Columelle]对抗卢克莱修的重农主义的反对)。其中最为惊人的文本来自休谟的《论奇迹》(*Essai sur les miracles*)；这位英国哲学家想以不可信的事实与可信的奇特之物相比较："请您设想，所有的时代所有的作者都众口一词地说，从1600年1月1日那天起，整个地球上曾经持续有八天彻底的黑暗：很显然，我们，活在当下的哲学家，大概一定会接受它是确实的，并且寻找其所以能够发生的原因，而不是对这一事件抱有怀疑；自然的衰亡、腐化和解体，是由那么多的类似而可能导致的结果，以至于任何好像引起这一灾难的现象，都掩藏在人类见证的有限性之下。"这种衰老的观念无非是世界已经终结、已经成熟的根本性观念的变种；正因为如此，我们叙述人类的历史，如同从猿到人的历史：猴子变成了现在的人，这已经完成，故事结束了，我们认识到了人类的动物起源。然而，卢克莱修在《物性论》(*De natura rerum*)卷五的最后部分也正是以此来看待文明史。我们不禁要反复思索，在这些描写人类的政治和技术发展的著名诗行里，卢克莱修是"相信进步"，而且他也赞同这种物质上的进步，还是把它视为徒劳。首先必须看清楚，什么是这个第五卷的意图。卢克莱修在那里提出来一种思想的实验：证明伊壁鸠鲁的理论足以全面地阐释世界与文明的建造；因为，世界已建造而且完成，需要发明的技术已经发明，接下去的历史应该不再能够提出新的哲学问题。这种世界完成只有走向衰老一途的理论，是流传最广，也最朴素的历史哲学；比较之下，出自洛维什(K.Lowith)深思熟虑的观念(时间循环或者直线走向一种末世)则更需要智力，不那么朴素，也较少流传。

观念。

意识在过去之中理解当下的建造,因为行动本身是现在时的,它对过去漠不关心。不管置身于什么时代,人们——"原始的"等同于文明开化的——始终都明白,他们的命运可能部分地是他们的行动的结果。他们同样明白,在他们之前时间已在流逝;但是,有关这时间的知识对他们而言依旧是陌生的,因为行动无法包含过去的知识,也不能使用这些知识。当然,人们总是依据某种固有知识而行动和思想,这种知识,即使人们想要弃绝,也无法做到完全抛弃;那些人们自以为重新创造了世界的鲁滨孙们的故事,事实上则经常性地重新遭遇前一天或者前两天的老生常谈。因为人如此自然而然地是历史的,以至于他甚至不再能够去区别来自过去的东西从哪里开始。这就意味着,他不是自然而然地擅长于历史编纂的;这种已获得的知识较少是记忆的宝藏,更多是抵达的一个阶段。他对一块土地或者一种习俗,也没有比它若是一片自然时更多地去思考。历史性仅仅意味着,人永远处于他的路程的某个阶段,他只能从他已经到达的那一点再重新出发,而且他觉得自己处于自身文化旅程的这一阶段非常自然。行动本身并不需要了解它使用的方法、工具和习俗的起源。的确,如胡塞尔所说,如果我们是几何学家,我们就属于过去和将来的几何学家群体;但是胡塞尔还说,文化成果的意义会构成一种"积淀";而且,远非现在向过去求助,恰恰是过去,它必须被"复活",以变得鲜活和在场。因此,把传统上升为规范就是颠倒了事情的本末;既然人没有一种传统是不可能的,既然向他贩卖一种他未曾有过或者已不再有的传统是毫无意义的,在传统主义上的"添枝加叶",又有什么益处呢?因为,人不是通过定制而拥有传统。

没有历史主义的突变

既然有关过去的知识,无论按照它的起源或者依据它的效能,对于意识是陌生的,而且与行动漠不相关,也就很难相信,像人们经常宣称的那样,最近两百年里历史科学的发展,以及人与自然的历史性的发现,已形成了一场革命,现代人从中得到震动,现在的时代已是历史的时代,人,从此以后被理解为有限度的,已经不再能够明白他到底是什么。难道我们从前对此明白得更多一些吗?这一历史主义的创伤并没有发生,顶多不过是存在过一种世纪病①;的确产生了对人的知识相当可观的充实,

---

① 一种历史主义突变的观点与一个世纪来围绕历史这一词语的光环,部分地来源于人们习惯于把许多不同的问题归结于这个词,这些问题并不是新的,而是在从前以其他形式提出来过;因为这些问题与历史的理论没有关系,我们只是满足于列举一下它们。

第一,首先,历史相对论多变化的主题:价值标准或者思想背景的相对性;这里有一个观念的世界,它从科林伍德或者勒南(Renan)有关美的相对性的观点延展到尼采主义的某些倾向。相对主义并不意在确认价值观方面的多样性存在,而是要拒绝就此主题直接地提出问题;不过,既然历史学家仅以描述这种多样性为唯一的职业,而不是去评判它们,这一问题他们并不感兴趣;对于他们,历史学的突变在于,不是去接受价值观的各有不同,而是去确认所有这些各个不同的东西都值得历史关注。

(转下页注)

但是在这一领域并没有发生过突变。

(接上页注)

第二,责任与行动的问题(历史的意义,历史伦理反对个人的伦理,马克思主义伦理)。人们今天以历史学的术语提出这一伦理的和政治的问题,每一次都以人们接受政治学为建筑术的科学,个人的伦理问题归结为一个完美的**理想国**(*politeia*)的问题为结局。

第三,人的本质问题;人们会找到很多著作,在一个标明历史这个词的标题下,论述人作为有理性的动物,作为政治动物,作为一种存在于时间之中的生命体;人只不过是自然的一部分?他是自由的么,是他的集体命运的责任人么?

第四,真理作为历史的问题,在意大利的新黑格尔派克罗齐或者秦梯利(Gentile)那里,"现成的知识必须让位于**形成过程中的**(*in fieri*)知识,正如在超乎人类、超乎时间的真理之后,接着是人类的、暂存的、尘世的真理,也就是说,历史的真理"(巴塔格里亚[F. Battaglia]《历史中的价值》,鲁尔[Roure]翻译,奥比埃出版社,1955年,第121页)。

第五,历史(或者文化)与自然的**对照**,也就是论题(thesis)与自然(physis)的**对照**。

第六,有关一种科学史与真理纳入时间之中的胡塞尔哲学的问题(一门科学的"建立",穿越历史的学者群体);远不是绝对的精神,我们不能够提前预知知识的未来发展,但是这一知识将会是绝对真实的。这一问题对我们是在历史学范畴提出来的;在13世纪,人们对此看到的可能更多是"心理上"问题,主动的理智(*l'intellect agent*)的问题(知识的逐渐发现,从动力过渡到行动,必须以一个完全处于活动中的理智,它事实上且在法律上先于认识主体的理智为前提;这一主动的理智,自始至终思考所有它思考的东西而不包括未经现实化的真理,它存在于时间之中而同时"不动声色地"逃避历史的一切修正,它对人类的理智施加影响——由于这些理智所具有的历史的、"物质的"差异,这些影响并非永远是同样的,我要说,这一主动的理智,使得人类可以逐步地发现真;更重要的是,对于跨越各个时代的所有人而言它似乎是一个;围绕着这个唯一的真理之储存所,总是聚集着智者们的群体。——在胡塞尔的《欧洲科学危机》[*Krisis*]和但丁的《帝制论》[*Monarchia*]之间做一个对比应该是很诱人的)。

第七,黑格尔的《历史哲学》(*Leçon sur la philosophie de l'histoire*)。但是,这个围绕它产生大量传奇(对此我信赖我的老朋友杰拉德·勒布伦[Gérard Lebrun]的言论,曾得益于倾听他所做的有关《历史哲学》的引人注目的课程)的艰深文本,分享与《自然哲学》(*La Philosophies de la nature*)同样的命运:如果人们把它拆离它的系统整体,它就失去了自己的范畴和精华。此外,它对政治哲学比对历史哲学还更加关切。

现实的历史学与人种志最为清楚的教训,似乎是人类的多变性;我们关于人类变化的信念已进入本能反应的状态:如果有人对今天的一位历史学家断言,天空对于罗马人如同一个辽远无极的深井,古罗马怀孕的妇人有"奇异的嗜好",或者他们的一家之主偏爱自家的孩子胜过其他人的,原则上,他会从怀疑开始,因为他知道,感觉、心理病理学、父亲的本能在一个文化与另一个文化之间是各不相同的。在观察中,他可能发现,在某个特定的点,改变并没有发生(在我们的时代,人们以为发现在同性恋与母亲固恋之间经常有联系:不过,这一观察在塞内加[Sénèque]的《菲德尔》中就可以读到);他会把这一永久性作为值得注意的而记录下来;他没有预先假定它是这样,而是发展为这个结果。这是历史学家的气质与"文学工作者的"气质之间最为敏感的冲突点之一:面对一个历史谜团,后者将会在有关人类心灵的知识中寻找解读,而前者将会从时代的特定材料出发着手"编制系列"(mise en série)。由于什么原因人可能会比大山或者生命物种更为固定不变?在一个特定的环境中,在某个或长或短的时段里,它可以是相对稳定的:只不过它像这样稳定从未超过一定时间。这种稳定性可以与物种一样持续长久;然而,去了解它是否会长时间存续,或是否会永远存在其实也还是一个问题。人类是不是一定要进行战争?对此没有人知道。在历史学的解释与人类学的解释之间做出区别同样也是徒劳;这从来只不过是一个或多或少的期限问题。革命的态度或者反宗教精神不可压抑的自由,是仅属于启蒙时代的特殊性,还是可以在一切时代都有无数的变形且于人都是合情合理的存在？这无关紧要，因为，在这种态度与它的历史变形之间的区别是骗人的；服装本身也不能独立于各个时代的服装而存在。它只有经过限定才可能存在。

历史学与人种志知识的增长，在两个世纪以来，给我们提供了人在它所有的发展形态的形象，包括它的理性主义和它的惯例习俗，它的意图之不可缩减的多样性和它带来彼此最截然相反之行为的天性；成为它的文化，它的阶级或者它置身其间的群体动力学使它成为的样子；对它所做的具有一种意识，这意识更类似于一个时代的小摆设而不是一束永恒之光；始终忙于各种事业而且被束缚在各种机构之中，从未孤单，永远忙碌；对它也许没有什么王家大道或是不归路：一切都是当代的，而一切也始终是可能的。

这是不是说我们关于人的看法已经被颠覆了？所谓的对人的看法突变的观点——在《阿尔腾堡的胡桃树》①中纷乱地涉及——被归结为很少的东西；不是从一个永恒的人到一个发展过程中的人，人们只是简单地以一个细节上丰富得多的形象取代了一个有关人的形象，它曾是那么贫乏，以至于人们可以说它永恒，但是并没有在其中注入什么内容；我们没有更好或者更糟地认识人是什么，不过，我们有更多的细节；一个资料详实的知识已经使一个空泛的论断贬值。如果我们能够把一个不切实际

---

① 《阿尔腾堡的胡桃树》(*Les Noyers de l'Altenburg*)是法国作家马尔罗(André Malraux,1901—1976)写于1943年的小说，1930年马尔罗还有另一部小说，中译《王家大道》(*La Voie royale*)。——译注

的想法与可靠的知识放在同一个平面,那么,我们同样可以有相当的合法性把伊壁鸠鲁尊为我们原子论学者的祖先。这个永恒的人的著名观点通过什么可以清楚地表现? 或者通过一个本质的定义(一种理性的动物),对于它我们始终也没有什么可以去反对或者是去添加的;或者通过机械的断言(如当我们宣布说,人永远要进行战争),由于不可能由事实证明,它可能仍然是无害的,而如有事实与之不符,它本身或许会被修正;因此,当修昔底德断言,"鉴于他们的人类特性,过去和未来的事件将会提供一些类似或相像之处"时:由于他没有说是哪一些,他没有什么可表态的。并不曾有过历史主义的革命,简单的原因就是,一种永恒论的人类学和一个历史的人类学之间有关一个特定的问题从未有过真实的冲突:人们只是看到源于信息短缺的偏见不战而退,给一种文献详实的知识让出地盘。比如,并不是真的在桑巴特(Sombart)之前,人们已经相信,对利益的经济学态度于人是永恒的和自然的:人们甚至没有想到过这一点,因为彼时人并没有那些概念。至于说那个原则,依据它,人随时间与地点而发生改变,它是人们始终了解的东西之一;因此,在人类学范畴,事情不是像在自然史中那样发生,在那里,发现地球的物种与时代之演变标志了一种真正的变革,而且首先就激起了一些论战。

对人的知识的量的变化没有引起任何道德的震动。知道人类社会开始于一百万年前而不是公元前 5200 年,这就像明白天空是无穷尽的或者宇宙是弧形的一样:世界的进程未因此改变,老百姓也没有以他们的智力认为这些价值观不是永恒的为借口,从而不那么强烈地坚持他们的价值观。也许我们的侄孙们会说这样的话来嘲笑我们:"他们最终以为他们因历史的观念着魔了,然而他们并没有那么严重。"历史知识只有纯粹文化的结果;它去除地方化,它告诉我们,有关人类事物,现在所是的一切也有可能不是这样存在。如同《西东合集》(*Le Divan occideantal*)所说:

> 这便是三千年的文明史,
> 谁不会正确地总结、认识,
> 谁就只能永远蒙昧无知,
> 就将虚度光阴,日复一日。①

历史知识的目的

历史并不关涉人的内在本质,也没有搅乱人对于它本身的观念。那么,人为什么要对它的过去感兴趣? 并不是因为人本身是历史的,因为人同样也对自然感兴趣;这一兴趣有两个原因。首先,我们对一个民族的、社会的、家族的群体的归属……可以使得这一群体的过去对我们有特别的诱惑力;第二个原因是好奇心,不管它是趣闻轶事的还是伴随着理解力的要求。

---

① 原诗为德文,此处采用杨武能译文,见《歌德精品集》之《抒情诗·西东合集》,杨武能译,安徽文艺出版社,1998年,第329页。——译注

人们习惯上尤其会援引第一个原因:民族感情,传统;历史也许是各个民族对自身所持有的意识。多么严肃的思想!当一个法国人打开一本希腊历史或者中国历史教科书,当我们买一本大批量印刷的历史杂志,我们唯一的目的是让自己获得消遣和去了解。生活在公元前5世纪的希腊人早已和我们一样;我所说的希腊人,是可能被认为最民族主义的斯巴达人本身。当诡辩学派哲学家希庇阿斯(Hippias)要去给他们做演说的时候,他们爱听他谈论"英雄的或者人类的谱系,不同民族的起源,原始时代城邦的建立,和一般而言一切有关古旧时代的东西。这就是他们最有乐趣去倾听的";苏格拉底回应他说,"总之,你愉悦斯巴达人的方式,就是以你的博学去扮演娃娃们身边的老保姆一样的角色:你给他们讲故事,这些故事让他们开心"[①]。这一解释足够了:历史是一种文化活动,而无动机的文化属于人类学的范畴。不然的话,人们恐怕就不能理解,为什么目不识丁的专制者曾保护过艺术与文学,为什么会有如此多的旅游者到卢浮宫去让自己感到无聊。

对历史的爱好在各个时代不仅构成了无动机性的重要组成部分,它也始终要求真实性。即使听众准备表现自己容易轻信以便不破坏他们的好心情,历史还是不能像童话故事那样照自己的意思做,如果人们不能相信它的真实性,它也就失去了吸引力。同样,我们的人民(Volk)对于过去的兴趣,在这方面无论如何仅

---

① 柏拉图,《大希庇阿斯篇》(*Hippias majeur*),285e。

扮演较小的角色;随意的、非本质的、次要的角色,从属于真理,而且,首先是有限的:因为,我们的好奇心毕竟不局限于我们民族自己的历史。民族主义对过去的重视不是一个无所不包的事实,还有其他可能的迷醉剂:"我们的人民在创造光辉灿烂的未来","我们是新的野蛮人,身后没有过去,我们将要让世界的童年复活"。这样的集体性酩酊大醉有某种深思熟虑的东西;必须给它们合适的处理,在历史的本质之中它们并不是既有部分。况且它产生于与意识形态反向的逻辑;是民族情感激起对历史的辩解,而不是相反;这是首要的事实,向土地与亡灵呼告只不过是对它的配合。因此,最为沙文主义的历史编纂学也可以显得客观,并且不必为此付出什么努力,因为爱国主义不需要为了是爱国主义而扭曲真相;它感兴趣的只是为之辩护的,而让其余的原封不动[①]。知识不会被每个人对它持有的非功利的或者是实用主义的目的所影响;这些目的添加在知识之上,而不是构成它。

一个虚假的问题:历史的起源

这就是为什么历史体裁的起源提出了一个纯粹文献学问题,而不吸引历史哲学对它的注意。既然一切都在历史之中,历

---

① 也会出现这种情况,爱国主义可能只不过是一种高尚的借口;卷帙浩繁的《德意志史料集成》(*Monumenta Germaniae historica*)在"神圣的家国之爱给人力量"(*Sanctus amor patriae dat animum*)的题词下出版;事实上,祖国之爱给予赴死的勇气,而不是去编纂的力量。

史编纂学的诞生是没有必然性的偶然事件;它不是本质地来自于人类群体对自己的意识,不是像影子那样伴随着国家的出现或者是政治意识的获得。古希腊人是在他们形成民族共同体的时候就已经开始去书写历史了吗①?或者,是在民主制已然使他们成为活跃的公民的时候?对此我一无所知,而且也无关紧要;这只不过是文学史的一个问题。此外,这将会是一个令人难忘的王朝之宫廷的辉煌,激发一个诗人在一部编年史中使有关它的记忆永恒②。我们不要把观念的历史或者是文学体裁的历史上升到精神现象学的高度,也不要把偶然的连贯性当作是本质的表现。一切都从来就已在位,只为有朝一日历史能够被书写;诸多偶然事件,决定历史将是否可能被切实地由文字加以记载,并且以何种形式被记载。有关过去的知识一贯地在滋养好奇心的同时也滋养了意识形态的诡辩论,人们历来就已明白人性是发展而成的,他们的集体生活是由他们的行动与他们的激

---

① 黑格尔,《历史哲学》,季柏林(Gibelin)翻译,弗兰出版社,1946年,第63页。

② 只有公民将会去书写历史?我对此表示怀疑。公民,政治上活跃的人,从何开始?绝对王权的臣民们编制他们国王的荣耀,外国王子们相关的历史,而且对谱系感兴趣;人们历来都以政治为所偏爱的景致(在大卫·理斯曼[David Riesman]把同样的兴趣投注于发达的民主制下独一无二的*内幕消息预测者*[*inside-dopesters*]之前,拉布吕耶尔[La Bruyère]在论及"包打听"时曾谈论过它:社会学家,那正是你们的行为)。一个"原始的"部落,进行战争或者集会:他们在政治方面不是活跃的吗?一个在不问政治的被动状态下被压垮的农奴不会书写历史,但是,这难道不是因为他在理智的被动状态下同样被挤压吗?与之相对,一个朝臣,作为这个农奴的同时代人,而且在政治上与他同样被动,将书写专制者或者他的宫廷的历史。

情所造就。唯一的新鲜之事,就是以书面的以及最初是口头的方式把这些无处不在的材料付诸应用;这样就有了历史体裁的诞生,不过还不是史学家意识的诞生。

历史编纂是一个狭窄的文化事件,并没有导致面对历史性(historicité)、面对行动的新态度。我们最终将使自己确信这一点,如果我们暂且离开话题,以便讨论一个流传广泛的人种志的神话。据说,原始人可能没有一种变化的观念,在他们眼里,时间也许是循环的重复;按照他们的看法,他们的存在只不过是随着时间流逝重复一个不变的原型,一个传说的或者是祖先的规范。然而,也许就是这种关于时间的观念,阻止他们去思考历史,更不必说去书写历史。让我们假装相信一会儿这个夸张的情节剧①,既然在宗教史里这种情况如此之多,且让我们仅仅思考一下,这个动词"阻止"可能意味着什么:一个观念,有关原型的观念,如何能够阻止形成另一个观念,也就是历史的观念? 如果是这样,托勒密体系的简单存在,就本该足以阻止哥白尼体系的出现;然而,难道就不会产生一个观念取代另一个观念的情况么? 不过,问题就是在这里:因为涉及到原始人,人们不愿意这所谓原型是跟我们自己拥有的理论相似的一种观念,一个理论,一种文化产品;它应该是更加出自本能的,应该是有关于心态、意识和实际经验;原始人过于接近原初的真实性,致使他们在看

---

① 参阅皮埃尔·维达尔-纳凯(P. Vidal-Naquet)合情合理的异议,《诸神的时间与人的时间》(Temps des dieux et temps des hommes),载《宗教史杂志》(*Revue de l'histoire des religions*),157,1960 年,第 56 页。

世界的眼光方面,不能有一点时间距离和些微的不诚实,如我们对我们最为肯定的理论所持有的那样。还有,当然,他们不是能够拥有理论的人。人们因此把他们所有的文化和哲学的产品压低到意识层面,最终赋予这种意识以鹅卵石之不透明的沉闷①;

---

① 有关原始人文化行为向意识层面的移位已经造成了损害,而且在我们世纪的上半叶还是人种志和宗教史的典型风格;由于忘记思维是划分为各种类型的(一个故事不是一个神学教义[théologème],一个神学教义不是诚朴人的朴实信念,虔信的夸饰并非一种信仰,等等),人们已经把每一种思想压缩为一种令人无法呼吸的黏稠的思想性的事(cosa mentale)。就这样,产生了有关原始心态的神话,或者有关苏美尔人世界观(Weltanschauung)的神话——它像是一个白蚁在它的蚁巢里的思维,或者神话性思维的神话:某些神职人员特有的司铎的宇宙起源论,信奉它们的人在一种唯心论哲学范围内,认为在日常生活中外在的世界是不存在的,个别人的胡言乱语如极为著名的格里奥尔(Griaule)的《水神》(Dieu d'eau),道德教育的叙事文,为夜晚和收获时节写的故事,对于它们人们的信任不比希腊人相信他们自己的神话更多——人们杂乱无章地接受所有这一切,并且把它们称为神话(解毒剂在马林诺夫斯基[B. Malinowski]的著作那里,《关于原始人社会生活的三篇论文》[Trois Essais sur la vie sociale des Primitifs],帕约[Payot]出版社,1968年,第95页起);在每一个夸张背后,人们以宗教意识之名,给朴实的信仰太多负担;设想一个有关路易十四的研究,可能如同人们探讨罗马皇帝的太阳属性或者埃及法老的神性的主题那样,带着同样的严肃来阐释太阳王主题(解毒剂在波斯纳[G. Posener]的著作那里,《论法老的神性》[De la Divinité du Pharaon],载《亚洲社会手册》[Cahiers de la societé asiatique],XV,1960年)。是在哪里我曾读到,或是我曾梦到过这位年轻的人种志学者的故事,人种志的法布里斯(Fabrice del Dongo),差一点措手不及地被抓住,而且很有理由自问,是否"真的见证"了原始人生活的一个场景?他是去研究一个部落,人们对他解释说,这一部落"相信",如果他们的祭司停止一瞬间演奏某种乐器,宇宙立即就会死于昏睡(这音乐是人们在宗教史中谈论的这些仪式中的一种,它们维持宇宙的生存,促进集体的繁荣,等等)。因此,我们的人种志学者曾期待从这些乐师祭司中,找到也许可以掌控原子弹引爆按钮的人中之首:他找到了一些以诚实劳工那样厌倦了的职业良心完成神圣而毫无新意的使命的教士。在《奥义书》(Upanishad)中,我们同样可以读到,如果海祭没有进行,太阳可能就没有力气升起来:这种神学院风格的夸张是对戴鲁莱德(Déroulède)爱国主义的简单信仰;只有一个头脑简单的人从字面上理解一切,将在《奥义书》中看到印度世界观的表达和一部有关古代心灵的真实文献。

所以恐怕不得不相信,就是这同一个原始人,不可怀疑的仍然是,他亲眼看到一年与上一年并不相同,他并没有因此不再继续通过一些原型去看一切事物,而仅仅是主张这种做法。

其实,一个原始人看待现实完全跟我们一样:当他播种时,他会琢磨将要怎样使用这些收成;此外,跟我们一样,他也有一套人生哲学,通过它们他尝试着去描述或者验证事实;那个原型,就是这些观念之一种。如果这个原型的想法的确是真实经历的,它可能长时间地阻止一种历史的思维:当人们形成某种类型的思想方法,就很难使它改变。与之相反,改变观点却不难,或者准确地说是无用的,因为最为矛盾的观点也可以最为平和地共存于世;实际上,我们几乎不能无所顾忌地把一个理论推广到它专门被建构的领域之外。从前有个生物学家,他把刀看作是"为了切割而制",他拒绝接受生物哲学领域中的目的论,只要涉及政治理论,他信赖某种历史的意义,而一旦进入实用政治,他就表现为激进主义。一个原始人同样将看到明天不同于今天,更加不同于昨天,他会公开主张,人们以某种方式种玉米,是因为上帝在创世第一天就是这样种的,他将责怪那些打算以别的方式种玉米的年轻人,而且末了将要对专注地倾听他的这同一批年轻人讲述,在他的祖父的时代,这个部落如何凭借高超的政治计谋,最终战胜了毗邻的部落;这些观点中没有哪一个妨碍另一个,人们也看不到为什么这个原始人不可以撰写他的部落的斗争史。如果他没有这样做,大概仅仅是因为那个存在着某种历史体裁的消息还没有传到他那里。

历史体裁的诞生

实际上,始终都有可能发明历史体裁是不够的;还必须要考虑去打造它;人们如何达到这一目标?发明的心理学路径是不可预料的,对于我们还处于晦暗不明之中;革新则会很方便,如果,比如说,已经存在着一种科学的散文文体,如果公众已经习惯于为了学习去阅读,如果社会经济结构达到这样的程度使这一公众可以存在……跟往常一样,无数微不足道的原因将会起作用;在整体上被视为一种历史编纂学诞生的"那个"事实,并不会有与它同样整体对应的"一个"根本性原因;相应地,因为并不存在一个历史编纂学本身,一种不同形式的历史编纂学就反映了一些不同原因的混合。当一部著作能够向读者证实,对事件的叙述能够产生一本结构紧密而且可以理解的书,历史体裁的传统将在那一天奠基;从那一天开始,与这一传统决裂就将变得和此前创造这一传统同样地困难。

引起历史体裁演变的权威性例子充满怪现象,想对它们寻找什么深刻的解释可能会是徒劳。戏剧史、哲学史、政体史从亚里士多德开始,艺术史则至少上溯到普林尼时代;与之相反,在19世纪中叶以前,人们没有写过音乐史:没有出现过有意愿去这样做的人。为什么印度几乎没有历史学家,而同时它却有许多科学家、哲学家和语法学家?肯定不能归因于生产关系,或者因为印度心灵只对永恒感兴趣。为什么我们的

17世纪没有创造出经济史？因为它的思维方式妨碍它把经济现象主题化，并且把它视为历史？观点是正确的，毫无疑问，不过实际内容不够充实。它对现实没有足够的热爱以判断它们配得上大写的历史？为什么它没有不屑于书写《法兰西公路的历史》(Histoire des grands chemins de France)，以及众多无谓之事的历史。当那一时代的文人们环顾四周的乡野，显然他们不可能不知道，这块土地并不始终是这同样的面貌；因为还没有见到过有关的先例，他们所不了解的是，通过系统地追随一块土地的历史，人们最终得以书写一个有某种规定形式的作品。说实话，这样的作品，包括它所必需的全新概念，不可能由单独一个人取得成功；经济史的创设要归功于诸多冒险前行的成功累积；在随后的18世纪，这一学术将由那些在古代各民族中收集价格史的学者们启动。

既然它只有被确指才存在，历史编纂学的诞生问题也就不能与了解为什么它会以这种或者那种形式产生的历史区别开来。没有什么能证明，把历史书写为依据时间的连续叙事的西方作法，就是唯一可接受的或者是最好的方法。我们已经如此习惯于认为历史就是这样，以至于忘记了曾经有一个时代，那时候它还并不是理所当然地就该如此。在它的起始阶段，在爱奥尼亚地区，这个有一天要成为历史体裁的文种曾经在历史与地理之间游移不定；希罗多德假借波斯人征服的阶段，以被征服民族的地理检视的形式，通过追溯这些民族的过去和现在的民族志，来讲述希波战争的起源。是修昔底德，以他更接近自然科学家的气质,通过采用某种战争的情节作为样本来研究政治的机制,不经意间提供了历史是对发生于一个民族的事件之叙事的印象;在本书的结尾,我们将会看到,为什么他最终被引向把自己的搜寻所得付诸于叙事的形式,而不是一种社会学或者一种政治*技术*的形式。总的来说,这是由色诺芬(Xénophon)对奠定了西方历史学传统的修昔底德式叙事的机械延续,它产生于一个平庸后继者的某种误读。但是,事情本来也可能产生另一种结果而不是民族历史;从希罗多德本来可以诞生一种类似于阿拉伯地理学家的那种《**史记**》(*historia*),或者类似于伊本·赫勒敦(Ibn Khaldoûn)的绪论(Prolégomènes)风格的社会-地理学评论。历史体裁一旦成为某个民族的历史,它就会局限于此;因此,如果某一天一个历史学家另辟蹊径,如韦伯所做的那样,书写一个**专题项目**的历史,诸如跨越不同时代的都城史,人们就会斥之为社会学或者是比较历史学。

存在主义的观念

让我们再做一下概括:历史是一种理智活动,它通过约定俗成的文学形式,服务于单纯的满足好奇心的目的。如果我们能够使读者确信这一点,我们将可以更快地进入到对历史的另一个十分著名的阐释:历史编纂可能是我们的处境的反映,是我们的计划向后的投影;对过去的看法也许是我们价值观的体现;历史的对象之于历史的观察者并不独立地存在,过去可能是我们所理解到的作为我们史前史的东西①。所有思考历史知识的经典文本也可能就会是"拉法耶特,我们来了!"可以毫不夸张地说,只不过是在十年前,这些论题也许才构成历史哲学方面的"现实问题"。

很难去讨论一个观念,除了它的不可证实的特点之外,它对于历史学家及其读者对他们所做的事情持有的感情而言完全是陌生的,而且,它除了分析19世纪历史编纂学中的民族主义神话之外,别无兴趣。凭什么断言安提哥·贡那塔斯(Antigone Gonatas)在公元276年(这是一个重要的日子)让自己成为马其顿的主人这一说法,是我们的价值观的体现,或者我们的计划的表达?历史编纂学无疑有它的社会维度和意识形态的作用,完全就像物理学和精神分析学一样;但是,并不比这些学科更多,它不局限于它为人所熟知的形象,也不会把它作为规范。也可能因为,如果科学是纯洁的,它的仆人和使用者,他们只是或多或少地是纯洁的:最好永远不要忘了这一点,而且,记起这个令人不愉快的真相肯定比陷入同行之间的赞扬更为健康。当历史被书写时,不管我们想要让它服务于什么目的,这一点都是保持不变的,人书写历史,只有通过追求它本身和它的真相:否则,这就不再是历史。**每个人都为幽**

---

① 参阅比如《费舍尔百科辞典》(*Fischer-Lexicon*)非常有益的卷24,《历史》(*Geschichte*),第80页之后(Fischer-Bücherei 出版社,1961年)。

灵所苦(*Omnes patimur Manes*):每一个民族都有自己的布里绍(Brichot),为了在1934年出版一部有关罗马时代的**领袖**的书,在1940年出版一部有关同一民族的**帝国**观念的书,而且,在1950年,出版一部有关中世纪西方对东方威胁所进行的抵抗的书;不过,蠢话没有比这本书的标题走得更远,它的内容仍然是真的;如果它不曾如此,人们该是可以非常客观地对它进行讨论。至于说我们的价值观对过去的投影,难道从未有过一个历史学家出版一本不反映现实关切的书?除非这就简单地意味着,作为知识,历史在时间之中展开,它不能一举提出全部它可以提出的问题,而且,人们要求它在每个时代提出的问题都恰切地是构成那一时代精神的那些问题,假设这后一表述可以有某种意义的话。人们将会说,"经济史因此产生于这样的时刻,在那时,经济已经成为令人焦虑的方面。"——恰恰不,这实际上是错误的[①],而且这还泄露了智力生活中的一种简单主义的观念;理论总是从它能够产生的地方诞生:从现实性,从时尚,从偶然,从象牙塔中的阅读;它们更为经常地一

---

① 过去时代的粮食短缺,比人们在1846—1929年间熟悉的经济危机更加令人不安。经济史产生于学问的深入和经济理论。自从1753和1754年起,米夏埃利斯(Michaelis)和汉姆伯格(Hamburger)就研究希伯来人和古希腊人的价格问题;因为在18世纪,博学是比以广大公众为目标的"伟大的"历史更加非大事件的(这到20世纪在古典题铭学方面依旧如此)。黑伦(A. H. L. Heeren)从1793年起出版《古代主要民族的政治、交往、贸易的历史研究》(*Ideen über die politik, den verkehr und den Handel der vornehmsten völker der alten welt*)。在1817年,伯克(Boeckh)有关雅典政治经济的伟大著作最终为这一体裁奠定基础。被阅读最多的理论模式则很可能是亚当·斯密和赛伊(J. B. Say)。

些诞生于另一些,也诞生于对客体本身的研究。为了简短起见,也为了结束这种无聊话,历史的存在理论,旨在收集在关于历史知识的社会条件方面某些平庸或者模糊的看法,并且宣称它们对于历史的对象是**建构性**的;人们不可能思考过去而不经由现实的关切去看待它,就像是在康德那里,人们不能思考一个自然现象而不考虑其外延的大小。对此可以有两个反对意见。首先,显然没有人会尝试以一种不是观察其外延的方法观察自然现象:实际上,怎么能够做到这一点? 而在另一方面,如果对一个历史学家说,他把现实的价值观投射于过去,他由此理解到的更多是一种谴责,这将是他希望在以后通过让自己显得更加客观来避免的。不过,如果他想要这样做,他是可以做到的,根据存在主义者自己的证明:他们事实上是如此深信无疑,在他们的内心深处,历史编纂是我们设想之外的另一回事,他们也可能会宣称它*应该*是这个设想;而且,在未来的社会里,它不会错失这个使命①;他们在本质上如此了解它的客观性,以至于他们谴责它是客观主义的。

---

① 参阅萨特 1969 年 3 月 17 日的一次访谈:"从当下的角度(写现代史,在这一词语的双重含义上),人们不能强求十字军研究,只是从选择的限制为出发点,或者从有关普遍性知识的人道主义错觉(它,恰恰是掩盖了选择)出发。不过,没有什么表明,在一个真正革命的、非选择性的社会,一个知识以实践为出路,而不是以其自身作为垄断和对反动势力的辩护的社会,整个历史不能够被重建,不是像人们从前一直做的那样,以它恣意铺展的状态,而是依据那个社会实际上赋予它自己过去的重要性,带有一些<u>混杂</u>,一些<u>节略</u>,一些<u>阻塞</u>。"这些见解很少逍遥学派的气息。

历史的净化

实际上,存在主义者之所以怀疑历史是因为它被非政治化了。历史是智力炼金术所造就的最无害的产品之一;它去价值化,去情感化,并不是因为它重建真相以对抗有偏见的错误,而是因为它的真相始终是令人失望的,因为我们祖国的历史很快就显得跟陌生民族的历史一样令人厌倦。人们还记得佩吉所受到的打击,当听到前两天的一个悲剧事件变成某个年轻人口中的"历史"时;同样的净化(*catharsis*)也可以通过最为耸动听闻的新闻获得,而我猜想这一苦涩的快感正是当代史的魅力之一。这完全不意味着那些激情在它们的时代是虚假的,或者逝去的时间使悔恨变得枯燥乏味,并且带来宽恕的时刻:除非自称冷漠无情,这些情感更多是流露而不是被体验。这仅仅是因为沉思的态度不同于实践的态度;人能够作为一个热烈的爱国者同时以完美的客观性叙述伯罗奔尼撒战争("雅典人做了这个,伯罗奔尼撒人做了那个"),不过不是以爱国者的身份来叙述它,原因很简单,爱国者与这一叙事之间没有关系。如克尔凯郭尔(Kierkegaard)所说,最完美的基督教知识与感受跟我们有关的基督教永远也不会是同一种东西;任何智力层面的思考永远不会使我们迫切地进入到行动的层面。

这是诸多原因中的一个——远不是唯一的——它们注意到一种悖论:在政治方面,即使有最明确的观点,也很难说,在投石党运动期间,在马尔慕塞(Marmousets)时代或者在奥古斯都(Octave Auguste)治下,人们应该选择哪一种立场,或者毋宁说这个问题是幼稚和冷漠的。在往昔找到一种实际上属于我们时代的政治范畴,以便让我们的情感投注于此,是不够的;人们不会因为类比而产生激情。与之相反,当代历史中最痛彻心扉的悲剧,那些仍然萦绕纠缠着我们的悲剧,却没有在我们身上启动从那里掉转目光、抹去有关它们的记忆的合理的本能反应;它们对我们显得是"有趣的",尽管这一词语或许有一点令人吃惊:事实上,我们总是在读它们和书写它们的历史。佩吉所感受过的震动,很可能就是当俄狄浦斯去观看有关他自己的悲剧时所体验的震动。

历史剧让观看者卷入激情之中,通过以智力方式实际体验这种激情,经受一种净化;这种激情的无动机性使得一切并非不问政治的情感失去意义。继续存在的只是一种对这些悲剧普遍的怜悯,没有一瞬间忘却它们是以一种最真实的方式被体验的。历史的色调就是这种但丁在1300年那个复活节的星期三获得的对于恶的使人悲伤的认识,当他能够在土星的天空,从高处凝视浑圆的地球:"这一小块土地让我们变得如此残忍"(*l'aiuola che ci fa tanto feroci*)。显然这不是一种"智慧"的教训,因为书写历史是一种知识的活动,而不是一种生活的艺术;这正是历史学家职业的一种奇妙特性,这就是全部。

第二部分

理 解

第六章
理解情节

人们常说,历史不能满足于仅是一种叙事;它也解释,或者毋宁说它应该解释。这就是承认,它其实不是始终进行解释,而是可以允许自己不去解释也还不失为是历史;比如说,在第三个千年,当它满足于让人们知道一个我们除了名字之外已经一无所知的东方帝国的存在时。对此人们也许会反驳说,对于它而言,困难可能更多是不去解释,因为最为细小的历史事实也有某种意义:这是一位国王,一个帝国,一场战争;如果我们明天挖掘米坦尼(Mitanni)的都城,破译了那些王家档案,我们只要把它们通读一遍,就足以在理智上以一种熟悉的类型把事件安排好秩序:国王发动了战争,而后战败了;实际上,这是可能发生的事情;我们把这一解释再推进一步:由于爱慕荣誉,这很自然,这位国王发起了战争,但是由于人数上的弱势,他战败了,因为,除了少数例外,小规模的军队面对庞大军团时,退败是很正常的。历史从未超越这种极为简单层级的解释;它从根本上仍然是一种叙事,而我们所称之为解释的,不过是叙事把自己组织为某种可理解的情节的一种方式。然而,最初看起来,解释完全是另一种东西;因为,如何调解这种综合的容易和进行这种综合所实际面对的困难,而这种困难不只是存在于考据,不只是存在于对文献的运用?而且,与巨大的困难同在,"穆罕默德与查理曼"的假设,或者把法国大革命解读为由资产阶级夺取政权?谈论解释,就是去讲述太多或者太少。

"解释"有两种含义

换一种说法,解释这个词语,有时候被赋予一种较重的语义,指的是"给一个原则提供事实,或者给一个更概括的理论提供一种理论",如自然科学或者哲学所做的那样;有时候则采取一种较弱的和通俗的语义,比如当我们说:"来让我解释一下发生了什么,你们就会明白了。"在它的第一种意义上,历史的解释可能是一种艰难的科学征服,现在只有涉及事件场的某些节点才执行:比如,把法国大革命解释为由资产阶级取得政权;在词语的第二个含义,人们会思考,历史的哪一页可能不是可解释的,从何时开始它不把自己归结为纯粹的不知所云或者一个大事年表,从何时开始它提供给读者一些意义。

下文我们将会展示,尽管有某些外表和某些希望,在这一词语科学的意义上,历史解释并不存在,这些解释归结为解释这一词语的第二种含义;这些"通俗的"解释,属于第二类,才是真正的或者说是历史解释的唯一形式;我们现在就要对此进行研究。每个人都知道,在打开一本历史书的时候,他理解它,就像是他理解一本小说,或者理解他的邻居们正在做什么一样;换句话说,进行解释,从历史学家的角度来说,就意味着"展示情节的发展,使它可以被理解"。这就是历史学的解释:完全是世俗的,而一点也不是科学的;我们将给它保留理解这一名义。

历史学家让各种情节得以被理解。既然涉及到有关人的情节,而不是,比如说,地质灾害,那么它的推动力也将是人性的:格鲁希①到得太晚了;茜红染料的生产由于销售市场的缺乏而萎缩;警笛在奥赛堤岸法国外交部响起,在那里人们用不安的眼神追踪双头政体自私而老练的谋略。即使是一部经济史,如索维(Sauvy)②所著的人民阵线的经济史,也还是一种情节,展示各种有关生产率的理论学说,不过也表现各种行动者的意图,他们的幻想,而且其中也不乏改变事态进程的微小之偶然(布吕姆[Blum]③低估了1937年的经济复苏,因为,在统计调查中,它被季节性的不景气遮蔽了)。历史学家对于事件感兴趣,只出于唯一的原因,即它们曾经发生过,对于他这不是一个去发现法则的

---

① 格鲁希(Emmnuel, Marquis de Grouchy, 1766—1847),法国元帅,参加了拿破仑时代的全部战役,在百日政变中忠于拿破仑,未能阻挡联军会合,部分地对滑铁卢失利负有责任。——译注

② 阿尔弗雷德·索维(Alfred Sauvy, 1898—1990),法国人口学家,经济史学家。——译注

③ 莱昂·布吕姆(Léon Blum, 1872—1950),法国政治家,作家。人民阵线政府第一任主席(1936—1937)。——译注

机会：他顶多是提出它们，当这样做的机会出现的时候；他所致力于要去发现的，是一些未经认识的事件，或者一些事件中未被很好认识的特色。人文科学渗透到历史叙事之中，作为被援引的真理，它们的闯入不可能走得很远，因为，叙述极少提供对事物进行深入研究的机会；经济史会谈论投资，销路，黄金逃逸，将会以帝国行省间的竞争来解释古罗马意大利假定的衰退（它只不过是一个名义，因为数据资料未能允许明确具体的比较优势和贸易条件的情况）①；它不可能走得更远。一个民族的经济生活并不与经济法则的体系相互重合，也不能由它得到解释。

人们很难设想能够存在一部教材，或许题名为《历史综合教程》，或者《历史的方法论》（我们不是说"考证的"方法）。这个教材也许会是人口统计学、政治学、社会学等等的压缩版？不可能是别的什么。因为，**首先**，下面这一主题该是会属于这部教程的哪一章："格鲁希到得太晚了"，**第二**，还有这样的主题："扬·胡斯死于火刑"？有关火葬影响的一个人体生理学论著呢？的确，历史学的解释使用各种专业的知识，外交的，军事的，有关选民的，或者毋宁说，历史学家通过文献重新经历旧时一个外交家或

---

① 比如，我们可以想象，如果意大利在公元 1 世纪就放弃奢侈陶瓷业市场由高卢支配，这不是因为意大利经济被诸行省技术上的优势或者外省的廉价劳动力所击溃，而是因为，在其他的领域，意大利有相对于各行省的压倒性优势，而且，尽管它本可以生产品质好于高卢且更便宜的瓷器，但它相对更专注于那些有更好前景的领域。我们要赶快补充说，这一假设是虚空不实的：我只不过是想显示，其他的事情也是同样如此，如果追求审慎，就甚至不要去着手研究它。人们只能简单地记录事实，而即使这些事实可能也很少经得起考证。

者一个军事家所经历的学徒过程;它也以记载的状态使用某些科学的真理,作为经济的和主要是人口统计学的材料;但是,它尤其要使用已经如此构成我们日常知识的那些真理,以至于它们完全不需要被提及甚至也不被注意:火燃烧,水流动。至于"格鲁希到得太晚了",这些词语提醒我们注意,在各种原因之外,历史同样也包含着一些"深思熟虑"(délibérations),必须考虑到行动者的动机;在这样一个即如我们的眼睛所看到的世界上,未来是偶然的,深思熟虑因此有它存在的理由[①]。格鲁希因此可以到得"太"晚。这就是历史所拥有的尘世的世界,在那里,自由,偶然,原因和目的,肩并肩地主宰着,与科学的世界形成对照,它认识的只有法则。

理解与解释

既然这就是历史解释的精华,应该承认它并不值得很多的赞美,而且它与人们在日常生活中所做的那种解释,或者在不管哪一部叙述现实人生的小说中的解释没有什么区别;它所具有的只是源自文献充足的一种叙述的明晰;它出现于历史学家的叙述中,而不是一种有别于叙述的操作,就像它对于

[①] 亚里士多德,《论阐释》(*De Interpretatione*),卷 IX,18 B 30;梅洛-庞蒂(Merleau-Ponty),《意义与无意义》(*Sens et non-sens*),第 160 页:"因此,真正的客观性要求人们,为了给它们恰切的角色,研究事件的主体的构成部分,研究先行者有关它们提供的阐释……我们应该唤醒过去,把它重新置于现在。"

一个小说家不是另外的行为一样。人们叙述的东西都是可以理解的,既然人们能够叙述它。因此,我们得以方便地,在由各种原因与目的构成的经验的世界里,保留对于狄尔泰非常重要的理解这个词;这种理解,就如同汝尔丹先生的散文,我们自从睁开眼睛看到这个世界、看到我们的同类起,就一直在使用它;为了实践它,为了做一个真正的历史学家,或者差不多真正的历史学家,只要是一个人就足够了,也就是说听凭自己任意去做。狄尔泰原本很希望看到人文科学,它们也一样,要求助于理解:但是,它们(或者至少是它们中间的一些并不仅仅是嘴上的学问,如纯粹的经济理论)明智地拒绝了:作为科学,也就是说属于假说演绎的体系,它们希望准确地解释,就像是自然科学所做的那样。

在它不能推断和预见(仅有假说演绎的体系能够做到这一点)这一意义上,历史不作解释;它的解释不是给一个原则提供注脚,使得事件明白易懂,它们是历史学家给予叙事的意义。表面上,这一解释有时候似乎来自幻想的天空:法国大革命由资本主义的市民阶级的上升来解释(我们不要想象是否这个市民阶级更确切地说是一群店铺主和法官);这就简单地意味着,法国大革命是一个市民阶级的崛起,有关大革命的叙述显示,这个阶级或者它的代表者们如何夺取了国家的权柄:关于法国大革命的解释是对这一切的概括,并无其他。无需清点在历史中"解释"一词的全部用法,我们从中选取著名的一个:通过传统上指难以理解的名称的"穆罕默德与查理曼"假设,皮雷纳

(Pirenne)①得以解释加洛林时代的经济崩溃;"解释"这个词在这里的使用,意味着皮雷纳揭示了一个新的事实:随着阿拉伯征服之后在东方和西方之间各种商业往来的中断。如果这个中断早已经是一种被人熟悉的常识,其因果联系也许会如此具体可见,以至于这一解释可能无法与对事实的叙述区别开来。

有关原因的错误认识

当我们要求别人给我们解释法国大革命的时候,在我们心里并不是想要有关大革命的一般性理论,从那里可以推断出1789年,也不是需要一种关于革命的清晰明白的观念,我们所要的,是一种对那些为这场革命的爆发负有责任的先在事件的分析:这里的解释就只是对这些先在事件的叙述而非其他,它表明,在哪些事件之后1789年的事件出现了,原因这个词指的就是这同一些事件:这些原因是这个情节的各种片断。在日常生活中,如果有人问我"为什么您生气了?",我不会一一列数诸原因,而是会做一番小小的叙述,由意图和偶然编织组成。因此,见到许多书籍会致力于研究历史的原因,人们感到惊讶:为什么在历史方面会特殊? 在日常生活中的研究不是更加容易吗,当我们解释为什么杜邦离婚了,为什么杜朗到海边去度假而不是

---

① 比利时史学家(Henri Pirenne, 1862—1935 年),著有《穆罕默德与查理曼》《中世纪的城市》(*Les villes du Moyen Âge, essai d'histoire économique et sociale*)等,又译亨利·皮朗。——译注

去山里度假的时候? 还有更加容易的,我们可以研究《情感教育》中的因果关系:认识论对此的关切与因果关系在皮雷纳或者米什莱那里是同一的。认为历史是一种特别的东西,历史学家投身于一种以达成历史解释为目的的神秘运作,这是一种偏见。历史中的因果关系问题,是古认识论时代的残余;人们继续去设想,历史学家讲述安东尼与屋大维之间战争的原因,如同物理学家被认定交代物体坠落的原因一样。坠落的原因是引力,它同样也可以解释行星的运动,物理学家把这一现象上升到它的原则;他从一个更具一般性的理论推演一个更为有限的系统的行为;这一解释的过程从高到低进行。历史学家与之相反,让自己局限于水平面:屋大维和安东尼之间战争的"原因",是在这场战争之前发生诸多事件,恰恰就像是在《安东尼与克莉奥佩特拉》第四幕中所发生的原因一样,也就是那些在之前的三幕中发生的。况且,原因这个词,在有关历史的书中远比在历史书中的使用多很多,在后者,人们可能通读了五百页的叙事,也碰不到它哪怕一次。

塞纽博斯[①]宣称,一个事件有诸多原因,而所有的原因价值相等,不可能指出其中的某一些或许是最主要的:每一种原因都对产生这个后果起了作用,每一个都可能是完整的原因。这种

---

① 塞纽博斯(Charles Seignobos, 1854—1942),法国史学家,又译瑟诺博司,著有《古代文化史》等,与朗格卢瓦合著《历史研究导论》(*Introduction aux Etudes Historiques*)。——译注

看问题的方法双倍地是虚构。历史学家不是剥离一个个原因，它们的偶然结合产生了结果，他展开一个叙述，其中的片断一一相续，其演员和各要素各自行使其功能。可以容许，也可以很容易地单独考虑这些插曲中的某一个，把它视为一种原因，但是，以把情节切分成被命名为原因的片断来消磨时间，则应该是书生气的练习，只具有话语层面的价值；通过划分这种连续性，人们可以从中获得很多原因或者极少，完全根据成规（拿破仑军队整体或者是单独的一个个士兵），而穷尽分析是不可想象的，不仅因为每一个因果链条都可能一直上溯到时间的原初，还更因为，这种分析很快就会在非事件性历史中迷失：未来世纪的历史学家，将比我们更有智慧，会在拿破仑部队老兵的灵魂中，捕捉到我们甚至没有猜想过的纹理。唯有物理学家，因为他既已决定为抽象幻想制定规则，能够彻底地列数一个问题的各种变项和散在的限定性因素。

其次，塞纽博斯，和泰纳一样，似乎想象历史学家以收集事实作为开端，然后从中寻找原因，如果找不到的话，就会不满足；这是一种错误的认识，因为历史学家更像是记者而非侦探；当他说出他在文献中见到的东西，就已经完成了他的使命，他不一定要发现罪犯，除非他能够做到这一点。然而，侦探会是一个"好的"历史学家吗？当然，不过，不能强人所难：如果文献不够充分，不能使之发现罪犯，他也不会因此而较少是历史学家。历史学家所叙述的一切，在专业上是令人满意的：我们不会自发地感觉到因果的空白，或者毋宁说，如果我们意识到这一点,这是一个正面的发现,我们将因此而有"额外的"问题去追踪。迷惑因而是这样的:历史是如何可以,在保持作为历史的同时,能够无动于衷地去寻求原因,或者投注极少的热情给这种寻求,对它作表面的叙述,或者深度的揭示,而且,对同一个事件,随其所愿地编织几种都同样地是解释的情节,尽管彼此相当不同:有关 1914 年战争起源的外交史,或者经济史,或者心理学史,或者是人物传记的历史? 是否应该因此归结为"历史客观性的局限"?

这一谜团的解决是非常简单的。在如我们所见的世界里,人们是自由的,而且偶然盛行。历史学家可以在任意时刻让他的解释详细针对一种自由或者一种偶然,它们经常是裁定的中心。拿破仑丢掉了这场战役,还有什么更正常的? 这是坏运气来了,对它我们不能够要求更多:这一叙事没有空白。拿破仑过于雄心勃勃:实际上,每个人都有雄心勃勃的自由,于是,法兰西第一帝国就得到了解释。但是,更确切地说他是被资产阶级推上宝座的? 如此来看,是资产阶级要对第一帝国负主要责任;它是自由的,既然它负有责任。非事件性历史学家因此感到气愤。他知道历史是由 *endechomena allôs echein*,由"可能是别的样子的东西"构成的,而且他想要人们可以分析资产阶级的这一自由决定的理由,想要人们区别出来从前人们宁愿称为高级政治的极限,并且由此而达至无限。也就是说,在历史中,解释就是阐述:当历史学家拒绝在第一个自由和第一个偶然到来之处停留时,他并没有以一种决定论置换它们,但是他通过在其中发现另外的自由和另外的偶然阐明它们①。人们也许还记得,在赫鲁晓夫秘密报告发表之后,赫鲁晓夫和陶里亚蒂(Togliatti)之间有关斯大林问题的争论:这位苏维埃政治家本来很希望,就第一个出现的自由,也就是作为总书记的自由权,和第一个偶然,也就是使他成为总书记的偶然,详细地解释斯大林的罪行;但是,陶里亚蒂,作为出色的非事件性的历史学家,反驳说,为了使这个自由和这个偶然能够如此存在而且造成灾难,必然也是那个苏维埃社会本身的如此面目,致使它滋生,而且容忍了这种人和这种偶然的存在②。

"深度的"历史

一切历史叙事都是一种情节,在那里人为地切分隐蔽的因果,因而,这种叙事一开始就是因果论的,可理解的;不过它所产生的理解是不大深入的。"寻找原因",也就是以一种最深刻的方法去叙述事实,就是把非事件性方面披露于世,就是从连环画

---

① 雷蒙·阿隆,《历史哲学导论,论历史客观性的限度》(*Introduction à la philosophie de l'histoire, essai sur les limites de l'objectivité historique*),第183页:"这种重建的自由随意也在层级的选择上得以体现。这一个历史学家置身于行动者的同一平面,另外一个则将忽略微观的分析,追随引导被考察事件的整体进展。1914年战争的直接起源问题,对于一个马克思主义者来说,范围和兴趣都将会缩减。资本主义经济,20世纪欧洲政治,可以说分泌一种冲突,最近时期的意外事件没有什么意义。"

② 比较托洛茨基(Trotski)关于尼古拉二世的言论,《俄国革命史》(*Histoire de la Révolution russe*)卷 I,《君主制的末日》一章的末尾部分。

转入心理分析小说①。把一个叙述的历史学和另一个有雄心成

---

① 历史是叙述;它不决定也不解释:"事实"与"原因"的对立(泰纳[Taine],朗格洛瓦与塞纽博斯)是一种由对历史唯名论的误解引发的错觉。历史不具有决定性是理所当然的(当人们相信已经揭示了拿破仑"不能够不"做出某项决定,情况可能仍然是,在做决定的前一夜,这位皇帝本有可能遭遇某种神秘的发作,或者是一次中风)。相反,一种流行很广的观念是,一种名副其实的和真正科学的历史编纂学,应该从"叙述的"历史转入"解释的"历史;比方说,在约瑟夫·格雷特(Josef Gredt)的亚里士多德-托马斯主义哲学教科书里,人们可以读到,历史在这个意义上并不真是一种科学,它的对象是它不能推断的事件的各种条件的整体;但是,通过把这些事件与它们的原因联系起来,它以某种方式变成了科学的。不过,怎样可以不把事实与它们的原因联系起来,既然所有的叙述一开始就具有某种意义,收集一个事实而不连带它的因果根由是不可能的,反过来,找到有关"一个"事实的一个新的原因,作为后果,也就是清理出"这个"相关事件新的未知方面? 找到法国大革命的经济原因,也就是揭示这场革命的经济方面。错觉来自于认为大革命是"一个"不同于名义上的事件;它也许不是一个事件就意味着,它不是一个**事件**,因为,"是(l'être)和一个(l'un)是可变换的":它是一个名称上的集合体。当然,当人书写"法国大革命的原因是什么?"而且为这一陈述着迷时,人们有一种感觉,事实就在那里存在,剩下的只是要为它找到原因;人们于是想象,历史成为解释性的,它不是一上来就可以理解的。一旦人们以它所遮盖的东西,也就是诸多小事件的一个集合体,替代大革命一词,错觉就会消失。几乎就如雷蒙·阿隆在他的《历史意识的维度》(*Dimensions de la Conscience historique*)中写的,"那些"被整体地理解的原因不会产生"这一个"大革命作为它们的后果:只存在**具体**的原因,每一个**具体**地解释人们以大革命之名汇集的数不清的事实中的一个。同样,当马克斯·韦伯把清教主义与资本主义的崛起联系起来的时候,他并不打算发现有关"这个"资本主义的"那些"或者是"那一个"原因:他只是简单地揭示了资本主义在他之前不为人所知的一个方面,关于这一点他同时指出了原因,也就是一种宗教的态度。这个方面并不是资本主义可能的实测平面图的一个视角,因为这个实测平面图并不存在;所说的这个方面只是一个新发现的历史事实,将会自然地纳入到我们称之为资本主义的集合体之中。换言之,在同一个资本主义的名义之下,我们将会连续不断地去指认一个历史事件,它实际上不再完全是同一个,因为它的成分更加丰富了。在第十章,我们将会看到,历史的进步不是从叙述转入解释(所有的叙述都是解释性的),而是把叙述在非事件性方面推进到更远。

为解释性的历史学对立起来是无用的;解释多一些,也就是叙述得更好一些,无论如何,人们不可能叙述而不加解释;一个事实的诸多"原因",在亚里士多德学说的意义上,金钱、物质、形式或者目标,的确,都是这个事实的各个*方面*。当下的历史编纂常常正是朝这种叙事的深化,这个对文献,对行动的目标与途径的解释转向;它通往分析(在那种人们谈论分析小说的意义上),即使不再是这一词语惯用意义上的叙述,它也还是情节,因为这些分析包含了相互影响、偶然和目的。人们习惯于以一种来自经济周期理论的隐喻,指称这种分析为不同时间节律的研究:在场景的正面,是日复一日的菲利普二世的政治;作为深度的背景,是地中海的环境,几乎没有什么变化;行动的中心因此用于构造一个有深度的临时性舞台装置,而且人们明白,一个巴洛克艺术家如布罗代尔(Braudel)对此应该会感到满意。同样,科学史将会是在一个学者的传记,他的时代的技术,以及他视野所及范围内这个时代的问题与范畴之间关系的历史[①]。

能够解释多种时间性节奏之隐喻的,是不同的行动中心对变化的抵抗力的不均衡。在每一个时代,一个学者或者一个艺术家都面对着一些无意识的架构,飘荡在时代的空气之中的一

[①] 格朗日,《历史作为作品分析与形势分析》(L'histoire comme analyse des oeuvres et comme analyse des situations),载 *Médiations*,1961 年第 1 号,第 127—143 页,指出:"人类所有的作品都是大于它的环境之产物的某种东西,不过,在另一面,这种东西也并不迫使我们把意识的环境实体化,以使对现实的全部理解都取决于它们。"

些传统主题(topoi),标记性形式(geprägte Formen),如对古典语文学在它的黄金时代所研究的①:这些"现成的形式",带着一种惊人的力量强加在艺术家们的想象力上,它们是艺术作品的材料。比如,沃尔夫林,在16世纪艺术家们如此富于变化的种种个性之外,揭示出一种古典主义的结构向巴洛克结构和"开放的形式"的过渡;因为并不是一切都可以在历史所有的时刻发生:一个艺术家总是通过他的时代的视觉可能性来表现自我,它们形成了一种艺术交流的语法,而这种语法有它自己的历史,它缓慢的节奏,决定着艺术家们的手段与风格的气质②。不过,既然一个历史的解释不是突然从天而降,就总是还要去具体地解释那些"现成的形式"是如何能够几乎是强制性地施加影响于某个艺术家,因为,那个艺术家不是"遭受"诸多"影响":艺术品是一种行为,它运用原始资料和"影响"作为质料因,就如同雕塑家使用大理石作为他雕像的质料因一样。所以,我们应该研究16世纪画家的教育,艺术作坊的环境,公众的要求,它们使得一个艺术家或多或少难以与时髦的风尚相隔绝,研究正在流行的与前一时代作品形成对照的新近作品具有的权威。这种视觉语法

---

① 经典的例子是由诺登(E. Norden)所作对圣保罗在雅典军事法庭上的演说的形式分析,《未识之神,宗教演说历史形式研究》(*Agnostos Theos , Untersuchungen zur Formengeschichte religiöser Rede*),1923年,1956重印。

② 沃尔夫林(H. Wölfflin),《艺术史的基本原理:现代艺术中的风格演变问题》(*Principes fondamentaux de l'histoire de l'art*),法译本,普隆出版社,1952年,第262页及以下,第274页及以下。瓦尔堡(A. Warburg)的作品,以及他对激情模式(*Pathosformeln*)的研究,与此有相近的含义。

则的影响,支撑16世纪形象艺术的"基石",并且沃尔夫林曾以高度才华对它加以分析,经由一些属于历史研究的社会心理学中介,艺术史学家对此不能无视。

但是,假如存在着中介和相互作用,其他媒介将会在相反的方向上起作用,而且解释在具象空间方面的巴洛克结构与开放性形式得以出现、持续和终结的原因;如果那些所谓现成的形式是作品的一种质料因,这个作品也是这些形式的质料因。这个形式的语法,在缓慢的持续中,也许会是一种现实的抽象物,如果它不只是由于和存在于通过不断地创造,在短暂的时间里,使它延续或者使它变革的那些艺术家那里。最多我们可以说,艺术行为的这两极以不同的速度发生演变,艺术形式比艺术家死亡得更慢一些,同样比之于艺术家的个性,我们也更不容易意识到这种艺术形式的基本法则的存在。

历史时间的多样性作为一种表述方式有两种含义:颠覆他们的时代既定条件的革新者远远少于模仿者;历史学家必须行动起来抵抗一种懒惰,这种懒惰会使他困守于指鹿为马的文献,或者局限于最为事件性的历史所认可的那些事实。

每一个事实都既是原因又是结果;物质的条件,是人们行为的结果,人们又是这些物质的条件造就的。因此,自从兰克(Ranke)的《华伦斯坦》(*Wallenstein*)以来,人们在传记中经常见到一个人与他的时代相互影响的叙述;相互影响,在今天就意味着"辩证法";这就意味着,其生平被书写的个人将会被看作是他所处世纪的产物(他怎么能够不是呢?),但是,他同时也在他的世纪中行动(因为人不能行动于真空之中),而且,为了做到这一点,他总是要考虑他的时代的已知条件,因为,人做事不能没有质料因。

偶然性、"物质"和自由

我们总结一下:历史的解释把对各种因素的解释或多或少地向前推进;再者,在这个尘世之上,这些因素分为三个种类。一种是偶然,人们也称之为表面的原因,意外情况,天赋或者机运。另一个叫原因,或者环境,或者客观的条件;我们将把它称之为质料因。最后一个是自由,意图,我们将称之为目的因。最微不足道的历史"事件"都包含着这三种要素,只要它是与人相关的;每个人在他出生的时候就置身于一种客观的条件,即他所在的世界,这些客观条件使他成为一个无产者或者一个富翁;出于他的目标,这个人利用这些条件作为质料因,他参加工会或者破坏罢工,把资本用于投资或者是吃掉它,这与雕塑家用一大块大理石去做一尊神像、一张餐桌或者一个盥洗盆是一样的;最终,还有偶然,克莉奥佩特拉的鼻子,或者一个伟人。如果强调偶然,我们就是持有历史如同戏剧的古典观念,在那里机遇发挥影响力来颠覆我们的计划;如果强调目的因,我们就抵达了所谓的历史唯心论观念:比如在德罗伊森(Droysen)那里,以伪黑格尔的术语表述的,其看法是,过去最终"由道德的力量或者观念"来解释[①]。

---

① 德罗伊森(J. G. Droysen),《历史知识理论》(*Historik*),1857 年;哈伯纳(Hübner)出版社,1937 年(1967 年重印,慕尼黑,奥登伯格),第 180 页。

人们可以选择强调质料因：我们的自由难道不利用所在社会的已有条件么？这是马克思主义的观念。延续这种观念上的冲突基本上是无意义的；这是一个自从足足两千年以来就已经解决了的问题；不管一个历史学家多么有创造力或是多么革命，他也将始终会重新发现同样的质料因和目的因。一切发生就如哲学真理的本性，与另一些真理形成对照，是一种非常简单的存在，简直可以说是不言自明的，如果它不是同样也具有在观念历史的压力之下不停地被误解的特性的话。为了决定人是否会更多地倾向于质料因或者更多偏重目的因，完全没必要在历史书上耗费苦心；每天的日常生活应该足以指引我们的选择，最具洞察力的历史学家也从来不会遇到其他东西，直到他工作的终点，只有他在开始时就已经遇到的："物质"和自由；如果他只发现这两个原因中的一个，那么他就偷偷摸摸地进入到了一种荒诞神学的彼世。希望穷尽马克斯·韦伯的问题是徒劳的（清教主义是资本主义的原因吗？），资料在握，人们最终会科学地确认，最后是物质决定一切，或者与之相反，是精神：无论历史的解释深入有多么远，它将永远找不到界标；它将永远不会通向生产过程的神秘力量，而是仅仅朝向如你如我这样的人，从事生产的人们，而他们为了这样做，使用质料因服务于目的因，如果偶然不来参与其中的话。历史不是一个一层层搭建的建筑物，在那里物质的和经济的基础支撑起一个社会的底层，以文化为目标的上层建筑（画室，游戏厅，史学家的工作室）可能置于其上；这是一块完整的巨石，对于它，各种原因、目的和偶然的区别，只是一种抽象的概念。

只要有人存在,就不会有没有物质手段的目标,手段只有在与目标发生联系的时候才是手段,而偶然性也只是对人类的行动而言才存在。对此可以总结为,每一次,当一个历史学家把他的解释专注于要么是目标,要么是物质,要么是偶然,他的解释肯定会被认为是不完整的;说实话,只要还有历史学家存在,他们的解释就将会是不完整的,因为这些解释将永远不会是无限的逆推。所以历史学家将会总是说一些表面原因,客观环境或者是精神气候,或者一些近义词,依据他们各自时代的风尚;因为,无论他们对原因的解释徘徊在哪里,无论当他们在放弃更深一步进入到非事件性历史的时刻他们置身何处,他们的关注点就必然出现在一切人类行为的这三个方面之一。根据不同的时代,对于他们会有不同的阐释性可能,去强调这些方面中的这个或者那个;心灵史的研究似乎是现在最为适时的,关于永恒的人的成见尚未消亡,唯物主义的解释对我们已经熟悉常见。在阐释性领域之外,最重要的问题是,不能认为行动的三个方面是三个层次或者三个彼此分离的本质;以"历史理性学科"的名义,我们研究与这三个方面对应的三种历史观念的起源:历史的唯物主义理论,心灵史,表面原因与深层原因的区分;我们完全没有打算反驳它们,而是要清晰地显示它们对于人类行为的相对性——这一行为本身是一个整体——和它们就历史解释而言的临时性,因为这一解释可以向无限延伸。

质料因:马克思主义的解释

当人们专注于对质料因的解释,而且想象由于这些原因这一解释已经完成,我们就得到了马克思主义的"唯物论":人是由他们的客观环境造就的;马克思主义产生于一种现实赋予我们意志非常强烈的抵抗情绪,对历史之迟缓的强烈感觉,它尝试以物质这个词进行解释。人们于是明白这种决定论把我们引入了怎样的悖谬之中:一方面,社会现实的确有一种压倒性的重量,人们普遍地从他们的环境获致其精神状态,因为没有谁自愿地流亡到空想、造反或者孤独之中;人们会说,底层结构决定上层建筑。但是,在另一面,这一底层结构,其本身也是人性的:不存在纯粹状态的生产力,而只有从事生产的人们。难道可以说是犁产生奴隶制,是风力磨坊引起奴役? 但是,生产者出于对效率的热衷,有选择采用风力磨坊的自由,或者出于习惯而拒绝它;那么,也许是他们的精神状态,敢闯敢干的或是因循守旧的,决定了生产力么? 就这样,这个不成问题的问题在我们的头脑里转起了圈子,围绕着一个马克思主义的轴(底层结构决定上层建筑,上层建筑反过来制约……),或者,围绕着韦伯的或是伪韦伯的轴(资本主义和清教精神,哪一个产生了另一个?);我们将以反复宣布原则(思想反映现实,或者反过来)和省略一个陈述的收束语(现实是一种挑战,人对此做出回应)来表述。总之,不存在一个恶性循环,而是向无限的逆推;生产者因为因循守旧拒绝风力磨坊? 在下文我们将会看到,这种守旧并非是一种**最后手段**(*ultima ratio*):它有自己的理由,这是以其自己的方式所做的理性的行为……

对于他们中的每个人来说,对现实的抵抗,历史的迟缓,不是来自于底层结构,而是来自于所有的其他人;马克思主义试图以一种新闻记者的形而上学去解释一个非常简单的、完全属于最为日常化理解力范围的事实。让我们看一下那些做不到"起飞"的不发达国家的人们正在经历的实际情况:投资现代企业获利的不可能性在那里延续了对这种投资的陌生情绪,而这种情绪又反过来使得这种不可能性持久流传;实际上,在这些国家,一个资本家,很少有去投资的兴趣,因为地产投机和放高利贷给他们带来同样高的利润,更稳定,而且没那么累人;他们中没有谁有兴趣去打破这一循环。不过,让我们设想,它被某一个叛徒打破,他"坏了规矩",着手去进行投资,并且改变了经济生活的环境,那么所有的其他人将不得不追随效法,或者是洗手不干。也就是说,每个人,轮流地,在对待其他人方面,采取的态度与其他人处于他的位置时充当发起人的一种不可能性相呼应;只要其他人不与他一起动摇,每个人都是无能为力的。所有这一切形成一个谨慎的联盟,在那里每个人互为囚徒,因此产生了一种铁律,与所有的历史唯物论一样不可改变;除了一个个人的发起——这在唯物论是不可解释的,可以打破魔法,给出另一个联合的信号。因此,最为经常性发生的社会进程之一,就是这一种,它能够拆穿所有的因果论的预见和解释,因为它是预测:宣布一个将要由其他人采取的行动,总是会改变基于它每个人寄予希望的已知条件,并且引导他去改变其计划。

目的因:心态与传统

不是专注于对质料因的解释,有时候,人们会看重目的因;如果我们把目的因看作是一种*最后手段*,这一解释就披上了两种神秘表象之中的一种:心态(民族的、集体的心灵……)和传统。这差不多就是在历史学家头脑里发生的情况。他以再一次体验严酷而日常的对决定的无力作为开始:为什么这个被压迫民族起而反抗,而另一个却没有这样做?为什么在希腊化时代的雅典出现了公益捐赠制度(évergétisme),而不是在15世纪的佛罗伦萨?我们试图解释第三共和国时期西部法国的政治态度与选举,但很快我们就遇到无法解释之处:"各种影响的结合,对它们的观察准确地告诉我们其意义,给候选人指点他们的游戏规则。在戈尔地区,只要有房产业主和农场主的支持就将足以:所有其他的可以由此带来。在西曼恩、安茹、旺岱地区,贵族与神甫的认可将可以基本上保证你在选举中不战而胜。在里昂地区,你可以满足于仅有神甫的支持;而与之相反,在下诺曼底你可以无视他们而几乎不会被惩罚,只要你有大量的耕种者而且自己本身也有非常好的体格。[1]"这就是来自经验的结论,既精

---

[1] 西格弗里德(A. Siegfried),《第三共和国治下西部法国的政治图景》(*Tableau politique de la France de l'Ouest sous la Toisième République*),1964年重印,阿尔芒·科兰(A. Colin)出版社。

辟又可靠。"但是,如果现在涉及到理论上的解释,我们就触到了最棘手、最难以破解的问题;我们或许能够估量各种不同因素的内在价值,但是我们同时看到,它在各处是不一样的。为什么安茹人被动地而且好像自然地忍受大产业主的政治干预?为什么布列塔尼人只是带着愤怒忍受它,而为什么在经常是同样的情况下,绝大部分诺曼底人则会断然拒绝?财产体制、社会结构、居民的组织形态、各种各样其他的条件是解答这些问题的开端,但是最终不得不回到(这是不是一种失败的自白?)当地居民性格的秘密。与每个人都有其脾性一样,也存在着省区的性格,民族的性格。"不过,也许这些心态只不过是一些传统?"我们举一个例子",另一个社会学家写道[①],"我们将观察一下把阿列省和多姆山省分开的选举阵线:在这条线的北边,人们投票给左翼,南边则是右翼。但是,现实的社会经济结构并没有多大的差异。不过历史告诉我们,这种阵线与在中世纪把奥弗涅(法国封建时代的自由地和农民式民主主导的地区)同波旁内(在那里盛行的是傲慢的封建制度,它为了开垦土地雇佣了大群一无所有的人)分开的阵线相重合。"

历史解释的关键因此可能就要在精神的"微观气候"的存在中寻找,这就意味着,对于我们,各种原因消失在集体心理的奥秘之中,而且相隔三十公里的距离,这种心态就改变了,而我们

---

① 孟德拉斯(H. Mendras),《法国乡村社会学》(*Sociologie de la compagne française*),法国大学出版社,1959年,第33页。

完全不能解释其原因;"微观气候"清楚地说出了我们的解释能力之狭窄。一个佛罗伦萨人和一个雅典人有着同样的城邦乡土情感,同样的乐于给予,同样的偏好竞争,同样的贵族态度,把城邦的管理看作是他个人的事业;然而,为什么在雅典曾有公共福利捐赠者而不是在佛罗伦萨? 它是雅典或者希腊城邦普遍特有的传统,起始于希腊过去的某个细节? 然而,这一公益捐赠制度在整个地中海流域传布:从波斯人、叙利亚人、犹太人到布匿人和罗马人。正是这里,看到我们求助于剩余法或者是共变法进行各种原因的全面盘点,该会是好笑的①。对差异的解释掩盖在佛罗伦萨和雅典的精神环境之中,这意味着,我们对它不了解,但是我们知道我们不了解它,而且我们能够具体地想象我们的无知:我们知道,在雅典,在公民大会上,一个演说者可以站起来,而且机敏地提议一个富人为公共财政做出牺牲;我们推测,在佛罗伦萨的一次艺术大会中,这恐怕是不可想象的。文献并不能保证对环境氛围差异的把握,不过,那些同时代人,如果我们能够向他们提问的话,可能会有最为有力的表述;他们并不比

---

① 求异法和剩余法并不能产生结果,因为阐明所有的原因是不可能的。很少幻觉具有与这一观点同样的顽固性,就是认为可以期待这一方法产生奇迹,而没有什么比在这方面更没有希望;同样,莫里斯·金斯伯格(Morris Ginsberg),《论社会学与社会哲学》(*Essays in Sociology and social philosophy*),Peregrine Books 图书公司出版,1968 年,第 50 页;L·利普森(L. Lipson),《政治研究的比较方法》(The Comparative Method in Political Study),载《政治学季刊》(*The Political Quarterly*),1957 年 28 号,第 375 页;柯恩(R. S. Cohen)在施尔普(P. A. Schilpp)《鲁道夫·卡纳普的哲学》(The Philosophy of Rudolf Carnap)之中,剑桥,1963 年,第 130 页。

我们更明白怎样阐释其理由,但是对在他们那里、在佛罗伦萨大胆做出这样提议的不可能性应该是毫不含糊的。我们的行为在无意识中被我们不能解释的微妙差异所制约,不过,我们知道的是决定性的:这种提议是或者不是不可想象的。如果一定要说为什么,两种回答是可能的。一个是"那些人就是这样",于是我们将会确认一种心态的事实。另一个说,"那个提议好像违反一切成规,人们还从未见过同样的东西",因此我们将会确认一个有关传统的事实。

偶然和深层的原因

我们在所谓表面原因和深层原因之间所做的区分,因此也可以在至少三个意义上来把握。一个原因如果它很难被意识到,如果它只是在付出了努力的阐释之后才得以显现,可以被称为是深层的;所以,所谓的深度是在认识的范畴中的:可以说,这一公益捐赠体制的深层原因是雅典人的精神或者是希腊人的精神,这样说时,我们会有一种触及一个文明的深处的印象。但是,在第二种意义上,所谓深度可以实实在在地是在存在之中:如果这一原因以一句话概括了整个情节,那么它可以说是深层的原因;法国大革命实际上通过资产阶级的崛起得到说明。如果人们研究 1914 年战争的起源,一旦情节组成,就可以对其投以锐利一瞥,接着得出结论:其实,这场战争可以由纯粹外交和列强政治的原因来解释,或者由集体心理学的理由解释,而不是由那些马克思主义者所考虑的经济原因来说明。是总体的才是深入的。

关于深层原因的观念最终还有第三个意义:所谓表面的原因都是最为有效的原因,在它们那里,其结果和代价之间的不成比例最为突出;它涉及一个非常丰富的思想,包含全部对特定行为结构的分析,其意义是战略性的:必须在战略上了解和判断一个特殊的局面,以便能够说出"这个意外事件足以引发冲突","这个巧合足以把一切搞砸了",或者还有,"警察如此简单的一个措施已经非常有效地终止了这场混乱"。因此这是一种虚构,如塞纽博斯一样,认为所有原因都有同等的价值,因为一个单独的缺席就可能等同于一次否决。它们在一个客观和抽象的进程中具有完全同样的重要性,在那里人们可以自认为已经把它们全部一一列数出来:不过这样一来,人们可能不会再谈论原因,而只是假定其法则及其方程式,未知事物可能依存于的可变项,以及可能是该问题相关数据的参数。当人们说,卡普西纳林荫大道的枪杀案只不过是路易-菲利普倒台的起因,人们并不是认为,要是没有这一次交火,路易-菲利普就一定会留在宝座上,或者是他一定会因为普遍的不满而下台:人们只是确认,这种不满寻求一个行动方式,而一旦决意如此,要找到一个机会从来不会很困难;对于历史的守护神,激发一次偶然事件,比起让整个民族被激怒总会少一些代价,而这两种原因,同样不可或缺,有着不同的代价。深层原因是最不经济的;由此产生了1900年流行的关于"带头闹事者"角色的讨论:谁该对社会动荡负责,是一小撮带头闹事者,还是群众的自发性?从一个巴黎警察局长表面但讲效率的眼光来看,是那些带头闹事者该负责任,因为只要把他们关进监狱,就足以破坏罢工;相反,必须要整个资产阶级社会的重压,才能使得一个无产者成为革命家。因为历史是一种战略的角逐,在那里,对手有时是人,也有时是自然,也会出现警察局长的位子被偶然所占据的情况:是它给了克莉奥佩特拉她的鼻子,而给克伦威尔,则是膀胱里的一粒结石;结石或者鼻子价值不大,而这些既经济也有效的原因将会被认为是表面的。

"经济的"意味着,不是"容易得到","很少不可能"(相反,一个偶然则会被认为是更加表面和不大可能的),而是"击中对手防御的薄弱部位":击中克伦威尔的膀胱,或者安东尼的心,工人运动的那些干部,1848年2月巴黎人群紧张的神经;如果最为不可能的偶然足以击碎一件护心甲的防御,这是因为护心甲留有人所未知的弱点。人们可以断言,没有林荫大道上的枪击案,最微小的事故也一定会导致这位开明君主的倒台,不过,人们自然不能判定这个事故一定会发生:偶然和警察局长有时候可以允许出现攻击薄弱环节的机会,但是,这种机会不是始终遇得到;列宁在1917年对此一定深有体会,因为他远比普列汉诺夫要聪明得多,对这种被称之为伟人的偶然之化身有着最准确的看法。普列汉诺夫,更多是科学家而非战略家,从假定历史有其原因着手:他打散了明智的战争部署,即历史的局面,而把它,如塞纽博斯一样,压缩为某种量级的小部队,以原因之名把它们一个一个地剥离出来；只是，与塞纽博斯不同，他认为所有的原因不具有同样的分量：如果所有的力量都有相同的意义，历史的火车头该会如何运转？让我们看一看它在1789年的运作：获胜的资产阶级的阶级利益，由于缺乏伟人而受挫，但是，这种利益的力量如此强大，以至于无论如何它将会战胜困难；即使波拿巴不曾出生，另一把军刀也可能会被举起以充当他的角色。

时机和深层原因之间的区别存在于对干预的看法。正因为如此，托洛茨基推论：有果断的警察部队官员，就没有1917年二月革命；没有某个列宁，就没有十月革命①；如果可以信任斯大林以便长期地等待历史的成熟，今天的俄国就会是一个南美类型的社会。在1905年，他没有做出任何举动，而1917年，列宁已经从成熟的因果观念转向"资本主义链条中的薄弱环节"的战略思想，这个薄弱环节就在因果关系上最不成熟的国家断开了。既然历史包容了表面的原因，也就是高效率，它是战略性的，是一系列的战役，包含着如此多的各种部署，是如此多的特殊组合；这就是为什么托洛茨基的《俄国革命》对一场伟大的历史战役的杰出分析，不是一部马克思主义的书，除了他所公开声明的信仰之外。不存在行动的规律，不存在

---

① 有关警察，托洛茨基《俄国革命》(*Révolution russe*)，卷I《二月》，"五天"一章(帕里亚宁[Parijanine]翻译，瑟伊出版社，1950年，第122页)；关于列宁，同上，第299页："尚有待思考，而这个问题并非不重要：如果列宁未能在1917年4月抵达俄国，那么这场革命的进展将会如何继续？……个人的作用在此对我们显示其巨大的比重：只是应该准确地理解这个作用，通过把这一个体视为历史链条中的一个环节。"

针对典型局面预先准备好的战略战术;那些使历史成为"教条主义"和试图从过去抽离出一些技术性方案的人,最终得到一些贫乏的结果,如我们在波利比乌斯(Polybe)那里所见识过的("永远也不要冒失地让一个重要的驻军进入一个地方,尤其是当那里是由野蛮人组成的")——是否还应该加上:还有在马基雅维利那里①?

深层的原因决定发生什么,它是否发生,而表面性的原因决定它是否将要发生。没有使得资产阶级革命爆发的皇家财政赤字,人们就不可能谈论崛起的资产阶级的推动;法国可能已成为一个保守的君主政体,在那里,知识渊博的贵族绅士和大资产阶级已然融为一体;资产阶级对贵族权势的不满可能留下来的痕迹也不过就是《费加罗》和某些轶事,如我们在萨克雷笔下的英国指出的那样。历史中的偶然,与庞加莱(Poincaré)给偶然现象下的定义相符:这是一些机制,其结果可以在最初的状态下被极为细微的变量彻底颠覆。当所讨论的机制处于某个阵营(不管它是叫旧制度、安东尼,或者沙皇制度),而微妙变量的责任者处于对立的阵营(财政赤字,偶然,或者创造漂亮鼻子、天才列宁的自然),在第一阵营所遭受的和第二阵营的省力之间的不成比例达到如此程度,以至于我们可以说,第二个阵营击中了第一个阵营防御体系的薄弱环节。

---

① 波利比乌斯(Polybe)2,7;马基雅维利曾注意提防一种类似的不谨慎,《论李维》(*Discorsi sopra la prima deca di Tito Livio*),I,27。

历史没有主线

既然表面的原因不意味着比另一个更无效,人们就无法发现演变的主线,也不会比人们在一场可能延续千年的激烈争斗中所能够发现的更多。当人们谈论历史的偶然或者其同义词(带头闹事者,共济会阴谋,伟人,密封的车厢或者"前进路程中出现的偶尔障碍或小小不顺")的时候,必须小心翼翼地把单个事件的情况与从整体上认识的历史情况区别开。某些事件,1789年革命和1917年革命,具有深层次的原因,这是完全正确的;而历史,最终毫无例外地,由深层的原因——资产阶级的崛起或者无产阶级的历史使命——指引,则是不正确的:这也许太美好了。因此,理解历史不在于去懂得辨别在表面的躁动之下大的暗流:历史没有深处。人们很清楚,历史现实不是理性的,但是还必须明白它更不是合情合理的;不存在某些可能是规范的出路,能够给历史,至少是时不时地,提供一个令人没有疑虑的、编织完整的情节面貌,在那里应该发生的以最终发生作结。历史的大致轮廓不是教训性的;过去的风景的确呈现出某些凸起的线条,比另一些要丰富得多:希腊或者西方的文明的传播,技术革命,某些民族联盟千年不变的稳定性,等等;不幸的是,这些山脉的绵延,没有表现出理性力量的作用,温和的或者渐进的;更确切地说,它们显示,人类是一种模仿的动物,而且是一种保守的动物(它也是其对立物,不过其结果因此有一种不同构造的面貌);这些线条的规模,与一种例行程序或者一场流行病一样无关乎意义。

所以,认为每个时代的历史有它自己的"问题",而且由这些问题得到说明是一种成见。实际上,历史充满了各种未及实现的可能性,众多未能发生的事件;如果不是感觉到,围绕在真实发生的历史周围,存在着不确定的大批同样可能的历史[①],大量的"可以是另一种样子的事",谁也不会做一个历史学家。论及塞姆(Syme)的《罗马革命》(*La Révolution romaine*),一个书报检查官差不多曾这样写道:"不能把历史归纳为日复一日的政治事件和个人的活动;一个时期的历史总是通过它的问题得到解释。"这是虚假的深度[②];因此,在历史教科书中,每个时代都被一定数量的问题所纠缠,它们以一些事件为结局,人们将其视为对问题的解决;不过,这种**事后的**过度清晰,并不属于事件的当代,因为它有充裕的时间去发现,令人喘不过气的问题或者如火如荼地酝酿着的革命最终可能会无声无息地消失在尘埃之中,而另一方面,始料未及的革命之爆发,总是回溯性地揭示人们之

---

① 席德尔(Th. Schieder),《科学史》(*Geschichte als wissenschaft*),慕尼黑,奥登伯格,1968年,第53页:"把历史作为对已经发生的事情的辩护,这就是威胁历史学家的最大危险。"

② 那位书报检查官责怪塞姆的人物传记方法,它把个人的角色放在前景。但是,人物传记从来不是一种方法:它是一个展示的进程;这种程序凭什么能够阻止塞姆去援引那个时代的重大问题,如果他原本想要这样做的话?而且,人怎么能够做到描绘这些个体和他们的行为,而在同时不对他们的社会环境及其问题有所描绘?

前没有怀疑过的问题之存在①。一个历史学家的荣誉,不是被视为深刻,而是了解历史学是在多么微不足道的层面上发生作用;也不是具有高妙的甚或实在论的观点,而是具有对庸常事物的清醒判断。

历史没有方法

历史是理解力的事情;它只面对细节方面的困难。它没有方法,这就是说,它的方法是天生的:为了理解过去,只需要使用足以让我们能够理解包围着我们这个世界或陌生民族生活的同样的眼睛去观察它就足够了。像这样观察过去就足以从中注意到自从我们睁开眼睛就在我们周围发现的三个种类的原因:事物的本性、人的自由和偶然机运。在逍遥学派信徒,特别是阿弗罗迪斯亚斯的亚历山大(Alexandre d'Aphrodise)看来,这些就是主宰地上世界的三种动力因,而威廉·德·洪堡(Guillaume de Humboldt),在人有关历史所曾书写的最出色的论文之一中,把它描述为世界历史的三种驱动的原因②。历史置身于这一实际

---

① 一个社会并非一只炖锅,在其中,不满的主体,在沸腾的作用下,最终把盖子掀翻;它是这样的炖锅,在那儿锅盖一次意外的移动引发动荡,它最终使锅盖被掀翻。假使最初的意外没有发生,不满停留在弥漫的状态,尽管是可以看到的,如果观察家是诚实的,而且不打算对一切视而不见的话(我对1953年8月在阿尔及利亚的穆斯林中间的不满有着最为清晰的记忆);观察者对从弥漫到爆炸的过渡什么也无法预言,这是真的。

② 关于这个在诸多亚里士多德的注释者中传统的三分法(自然,(转下页注)

经验的世界,对于它,亚里士多德哲学仍然是最佳的描述;这个真实的、具体的世界,布满了事物、动物和人,在那里,人创造并且希望,但并不是创造全部他所希望的,在那里他不得不赋予物质一种形式,而物质却不让自己可以被随意地赋予形式;这同一个世界,一些其他人,通过谈论"挑战",或者,通过信任马克思主义,用**实践**的世界之名,以一种比马克思的哲学更加忠实于现实的哲学①竭力地描述的,都没有那么好。

(接上页注)实践活动或创造[Poïétique],机运),参阅比如阿弗罗迪斯亚斯的亚历山大,《论命运》(*De fado ad imperatores*),IV(《亚历山大的其他著作》[Alexandri scripta minora reliqua],第 168 页,1—24Bruns,收入《亚里士多德补编》[*Supplementum Aristotelicum*],卷 2,第二部分,1963 年重印);忒弥修斯(Thémistius),《物理学释义》(*Paraphrasis in Physica*),第 35 页,10 Schenkl(《希腊文亚里士多德评注》[*Commentaria in Aristotelem Graeca*]卷 5,第二部分),它区分了**本性**(*physis*)、**运气**(*tyché*)、**技艺**(*techné*)和**选择**(*proairesis*)。这种三分法的传统可靠地解释但丁的诗句,《地狱篇》第 32 章第 76 行:**不知道由于天意,还是由于命运或机缘**(*Se voler fu o destino o fortuna, non so*)(命运与自然的同化,也同样来自于阿弗罗迪斯亚斯的亚历山大)。比较柏拉图著名的自然-艺术-机遇三分法,《法律篇》888e 和亚里士多德《形而上学》(*Métaph*)1032a10 和 1070a5(在技艺[*techné*]之上加上着眼于特殊目标的**选择**[*proairesis*]);《劝勉篇》(*Protreptique*),B12 Düring;《尼各马可伦理学》(*Éthique à Nicom*),1112a30,有圣托马斯的注释,《伦理学》(*In Ethica*)446(第 131 页,Spiazzi),它区别**本性**(*natura*)(由此月上世界的必要[*necessitas*])、**运气**(*fortuna*)和**个人的发展**(*quod per hominem fit*);请参阅《反异教大全》,3,10,1947b:**自然的**(*naturalis*),**偶然的**(*fortuitus*),**意愿的**(*voluntarius*)。在塔西陀著作中,人们到处发现常识的三分法:**自然**(*mores*),**机缘**(*fortuitum*),**命运**(*fatum*)。对于洪堡,参阅威廉·冯·洪堡《文集(五卷本)》(*Werke in fünf Bänden*),Cotta,1960 年,卷 I,第 578 页:《世界历史变化原因考》(*Betrachtungen über die bewegenden Ursachen in der Welt-geschichte*)。

① 既然读本正在流行,我就大着胆子说一下萨特的一个逍遥派哲学的读物《方法问题》(*Questions de méthode*),至少是第二章(《中介问题》[Le Problème des médiations])和第三章(《渐进-逆退法》[La Méthodeprogressive-(转下页注)

当然,历史学家必须首先重建过去;这种重建的逻辑方法或心理与自然科学的逻辑方法没有什么差异,因为逻辑方法本身不是一个非常多变的东西。在对真相的重建中,历史学家服从于与科学家同样的规则;在他的推理之中,在他对原因的探究之中,他与一个物理学家或者一个侦探同样遵循思想的一般法则。他并不比侦探更多采用什么特别的阐释工具去面对这些事件:他满足于用自己的眼睛来观察;他只是不拒绝去观察,不假装不懂得他理解的东西!实际上,可以说,存在着一种多余的方法论的诱惑,它迫使我们吃力地而且以艰涩的方法为代价,去重新发现我们甚至可能不会去寻找的理解的材料,如果我们没有对它们已经理解的话;这是重构直接性的唯科学主义的诱惑。不止一个社会学家"因此假装去着手讨论社会事实,如同它对他是陌生的,好像他的研究一点儿也不有赖于他作为社会主体拥有的对主体间性的经验;以社会学实际上还没有由这种经验构成,它

(接上页注)régressive]);在第二章,我将重新发现物质作为唯一的动力因(我们引述一下:"当我们说:除了人以及人与人之间的现实关系之外别无他物,为了梅洛·庞蒂,我还要加上:还有物和动物——,我们只是想说,对集体目标的支持必须到个人的具体活动中去寻找";"对战争匆忙而简略的解释,在立法机构之下,作为这个商业资产阶级的运作,使得我们非常熟悉的这些人消失了,布里索[Brissot],居阿代[Guadet],维尼奥[Vergniaud],或者在最后的分析中,使他们组成其阶级的纯粹被动的工具");在第三章,我们还会重新遇到因果关系,**预先选择**(*proairesis*),深思熟虑,目的性("我们坚持认为,人类行动的特征性,穿越社会阶层,同时保留确定性,而且在特定条件的基础上改变世界。对于我们,人首先通过对某种局面的超越,通过他能够对人们对他所为做出的回应而显示个性,即使在他的客观化中他从未认识自己")。

是有关这种经验的分析、阐述、客观化,它颠覆我们关于社会关系的最初意识为借口,他将会忘记这另一个明确的事实,我们只有通过与我们经历过的这种关系进行类比和对比,一句话,就是通过对它们的想象的变形,才能使我们有关社会关系的经验扩大,形成关于真实的社会关系的认识①"。因此,人们松了一口气,得知社会学家们刚刚制定一种方法,叫做内容分析(content analysis),它旨在从社会学角度研究一些文本的**主体**,阅读它们并且理解它们;当他们中的一个去学习新闻社会学或者是教育社会学,并且研究《鸭鸣报》(*Canard enchaine*)或者大学教师资格考试的报告时,他的方法就是去读这些文件,以便从中分离出观点和主题,与其他的读者做的一样。

因而,历史的解释旨在从历史当中重新发现一种在某种程度上我们"始终明白"的解释方式;这就是为什么人们可以把历史视为理解,为什么历史对我们来说是熟悉的,为什么在我们的身边到处都遇到它。历史编纂学不曾有某个伽利略或者拉瓦西埃(Lavoisier),而且也不可能有他们。此外,它的方法自从希罗多德或者修昔底德以来,从未有过任何进步,尽管这种断言看起来或许有一点令人吃惊;作为抵偿,有显著进步的,是历史的批评,尤其是,如我们在下文将会看到的,历史的论题(la topique

---

① 梅洛·庞蒂(M. Merleau-Ponty)《哲学颂及其他论文》(*Élogie de la philosophie et autres essais*),新法兰西评论(NRF),1968 年,第 116 页;对于胡塞尔式"想象的演变",图尔蒙(R. Toulement)《胡塞尔的社会之本质》(*L'Essence de la société Husserl*),法国大学出版社,1962 年,第 22、37、90、192、289 页。

historique)。归功于对历史运行的某些相关发现,人们曾经常试图超越对事物的天真看法;经济上的唯物论就是其中的一个经典代表。这些方法论的企图从未实现过,而鼓吹一种历史方法论的哲学家们,当他们让自己成为历史学家的时候,首要关切就是从那里回归明显的常识;大家熟知,作为历史学家,泰纳如何研究其他的东西,而且远比作为理论家做得好很多,人们清楚,马克思主义者们如何"缓和"他们的决定论,人们也知道,奥古斯都·孔德谈论历史的必然性,随即补充说,这是一种"可调节的必然性"。

历史的解释不能要求任何原则,任何持久的结构(每个情节有它特殊的因果设置);况且,懂行的历史学家对于历史的想法要比那些外行少得多。尽管这件事也许显得有些让人吃惊,历史方法论其实没有确定的内容:并不是因为历史展示经济、社会和文化,历史学家就比其他人更多了解这些东西是什么,又是如何彼此链接;所有人都明白这一点,或者,如果愿意的话,没有一个人明白。有时候公众对历史学家所关心的会有一种美化但却并不准确的想法;他们极少专注于想要知道是否经济学上的唯物论说的是真的,是否社会是有结构的,或者是否文化有一个知识形态的基石;他们顶多不过是觉得应该对这些美好的事情保持及时了解,但是,既然他们从未能够专业地找到认识它们的角度,他们最终得出结论说,这是哲学的问题,尽管肯定是启发性的,对他们却是过于艰深了。并不是因为历史学家普遍比那些文学杂志的编辑们知识狭隘:只不过他们在工作中从未遇到过这些问题,也不可能遇到它们。冒着使人失望的危险,不得不提醒公众,当你遇到一个有趣的社会现象或者文化事实,一定不要把它拿到历史学家那里鉴定,以为他懂得运用合适的方法,清理出基石,或者把这种文化跟经济联系起来。而且,没有什么比阅读历史学家的著作更令人失望了,特别是那些最伟大的历史学家:他们没有观点。人们知道,一个自然科学家要引人入胜得多,当他不是谈论那相当狭窄的物理学,而是对我们说,宇宙是否是弧线,偶然性是否最终获胜;同样,有一种非历史学家的历史学传统。一些重要历史学家的某些著作令人怀疑的知名度就是由此而来。伟大的马克斯·韦伯,在一本并非他最好的著作中,曾经因此提出一个被认为是经济的或者是宗教的至上权的问题;伟大的潘诺夫斯基(Panofsky),在他的《补遗》(*parerga*)中,有一天曾想象,在圣托马斯的《神学大全》(*Somme théologique*)和哥特式大教堂的结构之间存在一种同源:这就是我们所喜爱的历史的样子。可惜的是,在马克·布洛赫(Marc Bloch)、皮雷纳或者塞姆那里,就只有历史:人们也同样带着尊敬提及这些作家的名字,不过不会对他们进行长时间的讨论。

自康德以来,我们知道,研究一种科学必须注重其学者的著作,必须考察他们做什么而不是他们可能通常说他们做的;人们看到历史学家专注于纸草书或者是堂区教民登记簿,而较少挂虑提供一种历史的和社会的普遍概念。其实,他们要它能做什么?他们的职业是使尘世的世界被人们理解,然而,这一理解不容许任何其他种类的解释存在于其侧。我们向他们推荐历史唯物主义。二者必居其一：要么经济与社会之间的关系在这些事实之中是可以把握的，而唯物主义理论就变得无用，要么，它是不可理解的，而其理论就是一种神秘主义。因为，如果一定要设想，水磨坊由于一种对于我们来说与尿素过剩产生恐怖的幻觉同样的神秘运作而产生了奴役，在这种情况下，马克思主义应该是信条；但是它自称是历史的，而且声称磨坊与奴役之间的关系是以全凭经验的方式发现。在这种情况下，问题不再是主张底层结构决定上层建筑，而是能够去建构一种连贯的情节，它连接起第一场中的磨坊和最后一场中的奴役，而且，其中不能有任何"*解围之神*"(*deus ex machina*)的介入。如果马克思主义说的是真的，人们将会由于事实本身的逻辑被引向正途，从而建立这一情节；在等待这一幸福时刻的同时，让我们还是把马克思主义丢在人们放置神灵画像和虔信誓词的壁橱里。或者，马克思主义与奴役的具体解释背道而驰，因此它是不真实的，或者它与之相合，那么它就是多余的；除了具体的之外就不存在任何历史的解释；所有的其他解释，最好也不过是与具体解释的重复。马克思主义可能是一种正确的发现："穿越历史，人们发现，在研究事实的细节时，经济原因具有特别的重要性"；但是，它不能是一种可以取代理解的方法。它顶多不过是一种发现法(heuristique)。

历史学家的本体论

所谓一切历史的解释都是具体的，意思是：我们的世界是由一些因子、一些行动的中心组成,只有它们可以是动力因,抽象概念除外。这些因子,或者就是物(照耀我们的太阳,水,风力磨坊),或者是动物和人(一个农奴,一个细木匠,一个法国人)。为了使一个历史的解释可以被接受,它就不能在因果关系中出现中断,这些因果关系把相关的因子连接起来:细木匠,他的主人,磨坊。这些因子,换个词说这些实体,就如同支柱,解释的途径建筑于其上。我们没有权利去拿一个扮演**解围之神**角色的抽象概念来置换这些支柱中的一个;要是情节因此表现出一种障碍,解释就是不可接受的。以下就是这样的两个例子。

大家熟悉潘诺夫斯基那本书所产生的影响,在那里他披露了他认为自己所做的这一发现,在13世纪那些伟大的神学概论和哥特式大教堂之间有一种形式上的同源。我不知道是否这一同源确实存在,也不知道它是不是这种比对所产生的众多幽灵中的一个。不过,让我们设想它存在;那么,真正的、唯一的问题就是去具体地解释,这种同源性如何在一个神学家的著作和一个建筑师的作品之间能够产生;当然,潘诺夫斯基没有忘记去对它加以解释:也许是建筑师们和神学家们彼此经常交往,而一个建筑主事者总是想要在他的艺术中移入经院学派细分的方法,如修拉和西尼亚克想要在绘画中运用基本色彩的物理学理论(他们对此有误解,以致在他们的画上,这些色彩并没有重新组合,而造成一种具有浮雕感的单色画)那样?很多其他解释是可以想象得到的,但是,只要我们未能得到那个最好的解释,潘诺夫斯基的论文就将是一个未完成的篇章,对于人文科学诸学科绝不是一个可以追随的范例①。

第二个例子。在一支著名的笔下,人们见到不无赞美地引用以下社会学主义言论(sociologème):"18世纪的数学理性主义,由唯利是图的资本主义和信贷发展所支持,导致把空间和时间理解为同质且无限的所在。"什么样的情节,能够毫无困难地把我们从信用证引导到微积分? 如果这一场景发生在原始人那里,人们可能会设想这样的寓意故事:在一个村庄被围墙环绕着的部落中,一个出身名校的人种志工作者,调查当地土著人对空间所抱有的观念;一个老者,被视为怪人,具有自己独特的想法,

---

① 参阅沃尔夫林,《文艺复兴与巴洛克》(*Renaissance et Baroque*),法译本,新法兰西评论出版社,1968年,第169页:"从经院哲学家的隐居所通往建筑师作坊的道路并不是确定无疑的。"在对潘诺夫斯基的假设持有怀疑的诸多理由之中,一个是,这位历史学家似乎已经屈从于回溯的错觉。对我们而言,《大全》们的体量和不可抗拒的细分理论就是经院哲学的相貌特点。但是,在13世纪的人们眼中,它们又是如何? 一定不能忘记,这些《大全》当时不过是教科书,而中世纪产生的划时代哲学著作最为经常的只有简单的一卷,或者是小册子,就像我们今天一样。当潘诺夫斯基拿大教堂人为的庞大富丽和《大全》们的铺张加以比较时,他想到的显然是《神学大全》。然而,假设人们打开的是《反异教大全》,它不是一种教材,而是一部开拓性的专著,世界上最伟大的五种或是六种哲学著作之一——此外,它的真正标题本来是《论公教信仰真理驳异教徒大全》(*liber de veritate fidei*):不是哥特式的森林,人们将要见到的是由短小的章节组成的大部头的书,结构比较松散,在优雅的简明风格之中,没有受到学究式拘泥于细分的损害;简直可以说它是笛卡尔式的,如果它不是远比笛卡尔更为明澈的话。如此一来,潘诺夫斯基就像是一个学者,在3000年到来的时候,想着手把我们时代的艺术与哲学联系起来;通过把一部给大学第一阶段使用的哲学教科书作为样本,他可能会得出结论,标记段落和坚持凸版印刷的方法对我们来说,是一个哲学报告的结构性特点;这一点很容易与绘画方面在蒙德里安(Mondrian)、瓦沙雷利(Vasarely)笔下的结构主义和几何抽象派画家联系起来。

而且始终有一点生活在边缘状态,以他在自己的默想之中编织的一番胡言乱语作答,在其中任他的想象借助隐喻和通感的翅膀翱翔。他宣称:"说到环绕着我们的宇宙,它圆圆的跟所有的完美之物一样,比如一个坛子,比如子宫,比如一个村庄的围墙。"这位人种志学家当然会因此得出结论,原始人的心灵依据他所生活的村庄为模本来构想整个空间世界。只不过,当这一场景转移到18世纪的巴黎或者都灵,村庄的围墙换成了期货交易或者商业票据,而那位老者是达朗贝(d'Alembert),或者拉格朗日(Lagrange),他就变得很难编织一个令人满意的情节①。

如一个年轻的历史学家,不自知的亚里士多德弟子,以其年龄所具有的活力,在某一天说的:"任何一个历史命题,只要在其中不能放入*这些物*或者*那些人*这些词语,而只能是一些比如'精神'或者'资产阶级'这类抽象概念,就有可能成为一句废话。"为了汇票最终能够造成微积分,这个因果关系一定要经由计算器和商人,它将比与抽象的概念建立联系更加困难。抽象概念不可能是动力因,因为它们不存在;如《智者篇》所言,"唯有真实地存在的,才拥有对某物做出行动的力量,或经受某种事物带来的痛苦。"唯有这些伴随其自身意外事件的实体,这些拥有其自身

---

① 参阅康吉扬(Canguilhem)所做的博克瑙(Borkenau)批评,《生命的知识》(*La Connaissance de la vie*),第二版,弗兰出版社,第108—110页:"笛卡尔有意地将机械的技巧理性化,远超过他无意中解释的资本主义经济的实践。"不得不承认,极少著作如博克瑙的著作这样被过高评价(人们正在准备重印),或许除非是卢卡奇(Lukacs)的著作。

存在方式的具体生物,存在于世而且能够成为一个情节中的行动者。雪和天鹅是白色的,苏格拉底在漫步,这些都是实体;白雪可以引起雪盲,但是白色却没有这种力量。为了杀死苏格拉底,必须要有毒芹或者安尼都(Anytos):雅典蛊惑人心的宣传或是保守主义没有这种力量,因为存在的只是一些蛊惑人心的政客或者保守分子。法兰西没有进行战争,因为它没有实际上的存在;唯一存在的是一些法国人,对于他们,战争可能是意外事件。也完全不存在生产力,存在的只是一些人,他们从事生产。存在的只是一些有形体之实在,物或人,具体的、个别的和确定的。正如对每个人一样,对一个历史学家来说,完全可以确定是真的就是这些个体。它不是各种关系,如在牛顿以来的自然科学之中的那样。它也不更多是所谓的精神(Esprit)(在历史学家,这些地球之子中间,存在着一种天真的、笨拙的迷恋真相的态度;他们的座右铭是"唯实论第一"。举例来说,黑格尔学说的本体论作为一种发展中的本体论,在哲学家的眼中,由于它的严谨、它的活力和它的敏锐——黑格尔曾经以之使他思想的成功经验臻于完善——而不朽,但这一切皆是枉然:对于历史学家,黑格尔本体论是无用的和不能使用的,因为这是一种虚假的本体论;他没有看得更远)。

历史中的抽象概念

从历史主义继承的探讨哲理的传统给予历史可能是最为

虚假的观念。理论是最不缺乏的;在历史学中,问题的症结从来不是理论的(而在自然科学中可能是这样);也不总是在文献的考据中。要么是在于解释罗马帝国的倾覆或者美国南北战争的起源;各种原因在那儿,散落着;是否我们缺少一种学说,它可以指点我们如何追溯其机制,而且告诉我们哪一片材料承接那另一片?当这一机制被错误地追溯,一种概括是否有误差?事情并不是像这样发生的。历史的难题是,它把成千上万或者上百万的实体搬上了舞台,实际上完全不可能把它们一个一个地拿来以追随其因果的变化;历史编纂不可避免地是一种速记。然而,可以改变一切的微妙细节,常常会溜过这一简洁的网眼。在历史中,它的运作如在政治中一样:困难不在于起草一部法令或者是勾勒一幅发展规划,而在于使它们得以实施。然而,在事物的细节之中,这一法令可能刚跨越首都的大门就陷入消极的抵制;而发展规划可能是稳妥地符合了最为自由的社会主义者的标准或者是最为进步主义的自由企业;不幸的是,如果**管理者**缺少主动性,而工人们也没有**实际知识**,这一规划不过就是一纸空文。那位签署规划的经济部长将会失败,而根据这一规划做出判断的历史学家则会上当。

再进一步,这个速记以抽象的语言书写,由此产生诸多威胁它的危险。"人们一定不能低估在南北战争爆发中反奴隶制思想的力量";"封建社会产生于这一事实,中央政权薄弱而遥远,每个人自行寻找一个切近的保护者"。有关历史的书籍总是不可避免地以这种风格来写作。但是,真的一定不能低估反奴隶制思想吗?从哪里掌握这些思想呢?联邦政府的支持者们已经死了,况且,他们该是太多了,这些"思想"既被所有人持有,又没有人持有,而且他们是不大可能真正知道他们自己的想法;更加不大可能知道把它书写下来或者加以阐述,如果有人曾询问他们的话。"政权薄弱而遥远",哪一个权力机构不是这样呢?要远到哪一个程度,人们才会开始寻找另一个保护者?"遥远的政权",这可能是一个伟大的历史学家的直觉,也可能是咖啡馆里政治闲谈的对等物。

历史注定要努力在一种抽象概念的网中捕捉真相。同样,它也经常地面对使一个抽象概念物化的诱惑,给予一个存在于历史学家笔下的词以同样的原因角色(物和人所具有的)的诱惑;甚至认为这一抽象的原因本身不是被引起的结果,它是无动于衷的,没有什么历史的东西可以对它做什么:它将被假定由于一种不可解释的心血来潮而产生和消失。也就是说,历史学家们经常被诱惑,在构成历史之实体的相互关系的同质基础上,去拆解一些可能解释历史的变化,可能最后支配它,甚或是可能引起它而不必作为交换被引起的背景的种类。历史学的伟大理论通常不是别的什么:它们只在于承认历史的变化有一个结构,一种解剖性组织,人们可以勾勒推动它前进的机制的模式。值得注意的是,在每一个时代,这个活动都在重复进行,以利于在非事件性历史的追寻中达到最新高度;18世纪曾经确信在气候、法律、风俗之中找到了历史的推动力①;19世纪则把经济实体化为底层基础,而我们的世纪,其追寻更为精妙,倾向于把一个时代的面貌或者思想的背景加以物化。我们很自然地设想,每一个时代的文化是由其背景决定的(巴洛克的视觉规范,对自然世界的机械论解释,等等),这种背景对文化加以限制,赋予它某种风格上的一致;极少有观点与这一个同样得人心,因为它带来历史相对主义给予的那种本该拒绝却令人耽恋不已的快乐,而且给予历史以令人眩晕的深度。我们将提供一个具有这种背景框架的例子,以及人们对此能够正确使用的例子,同样还有几个对它们加以滥用的例子。

一个例子:希腊宗教

希腊宗教的演变,在希腊化时期开始之前和之后,以及罗马宗教在共和结束之前和之后的演变,与印度宗教从吠陀时代到印度教的演变,都是由同一个背景框架的变化所支配:在这三个例子中,我们首先面对的都是以所有民众为对象的祭礼所产生的宗教,而以官方历法的节奏重现;婆罗门教,雅典人在古典时

---

① 法律或风俗,哪一个占优势? 这个讨论可以上溯到柏拉图,《法律篇》,793a-d,参照 788b;还可以参阅比如伯克(A. Boeckh)《雅典的政治经济学》(*Économie politique des Athéniens*)这部伟大著作第一版的法译本,卷 1(巴黎,1817年),第 3 页;黑格尔讨论行为的某种相互关系(《黑格尔选集》[*Morceaux choisis*],列菲弗尔和古特曼[Lefebvre et Guterman],no.110)。

期的宗教,或者罗马共和国时期的宗教都是这样;我们随后过渡到一些这样的宗教,在其中每一个信徒,如果他想要这样做的话,为自己选择一个崇拜对象,对它贡献个人的虔诚,而它也仅为他存在:这就是"神秘的异教"的单一主神教,在它中间,但与它相对,基督教发展起来,这就是印度教以及它数不清的教派和它普遍的宽容。为了使用一种骇人听闻但是简便的语言,我们就是从一种"套餐"的宗教背景框架,过渡到了一种"点餐"的宗教背景;东方宗教在罗马帝国的侵蚀(在希腊影响之下成为奥义传授的宗教)只不过是一个方面,是这种背景急剧变化的后果之一,它同样影响了传统的崇拜对象。从一个背景到另一个,一个外表上相同的事实——对朱庇特的祈求——改变了内涵,尽管这种祈求可能是一字不差地相同的:在第一个背景中,人们向朱庇特诉说如同面对一个官方人士,在第二个,则像是面对一个能够触及信奉者心灵的选定的导师。

当一个信徒像这样拥有了一个选定的神,他并不因此否定其他神灵的存在:单一主神论不是唯一神论。这种宽容,说实话,在古代社会是普遍的;人们认为,诸神,对于所有人都是同样的,如同一棵杉树在哪儿都是一棵杉树;顶多不过是,每个民族以他自己的语言命名它们,也就是说,诸神的名字是可以从一种语言翻译到另一种语言的,跟普通名词一样。不过,当"点餐"的背景框架建立起来之后,这种宽容就改变了结构:一个选定神的忠实信徒,并未否定另外的神,相信他自己的神比所有其他的都更好,认为它对于他就是全部,其他的诸神都是以错误的名字存在的那一个神,就像是一个情人宣称他的爱人是世上最美的美女,她对于他就是所有的女人,而对她们,他不质疑其存在,也不质疑她们也有被爱的权利。这就可以理解,这种在个体与个体之间、民族与民族之间普遍的宽容,面对唯一神论或者基督教的排他主义时,必定转变为不宽容;理解人们总是想,那些基督徒怎么了,拒绝对其他人的神,尤其是对神性的皇帝表示尊敬,否定这些神灵的存在,或者毋宁说把它们视为魔鬼(因为这就是那时对基督徒们的看法)?在普遍的宽容中间,基督教的排他主义是不可理解的,而且因此带来恐惧;他们亵渎宗教的言行只能以一种被掩盖的邪恶,一种违反自然的恶来解释,而人们当年对犹太人的唯一神教的解读也正是这样。

当然,关于两种宗教背景的这一观点具有的只是一点说教价值;从一个背景到另一个的过渡并不是一蹴而就的,而是通过其渐进发展的事实本身得到解释;或者更确切地说,它只不过是一个词语,概括了这一渐进性改变本身。自从《梨俱吠陀》和荷马的时代,人们就看到个人的信仰存在于集体的宗教之阴影下,直到古代末期,人们将看到官方的宗教存活下来;如索绪尔也许会说,"人们不愿意从一种关系体转变为另一种;改变所触及的不是配置安排方面,而是被安置的各种要素[①]"。但是,滥用一种说教性抽象和进行如此推论的诱惑将是极大的:"为了使得东方诸神或是古老的异教徒的宗教能够仅被理解为一种个人信

---

① 《普通语言学教程》(*Cours de linguistique générale*),第 121 页。

仰的事件,其背景框架就必须首先被改变;不是东方宗教的入侵搞乱了这一体系,而是这种混乱使得入侵成为可能。"也许剩下来要解释的就是,这种混乱又是为什么;而这是人们避免去做的,这就等于又回到把这种变化归因于历史的某种悲剧性的飘忽不定。

背景框架:蠢话录

这一活动就是按照如下方式进行的。我们假定,我想要表示在 16 世纪钟表是罕见且不准确的,作为结果,人们习惯了他们在安排每天的时间方面的某种模糊状态;为了使这一情况的呈现更生动,我把它内在化并且写道,对于 16 世纪的人们,时间是漂浮的时间,静止的时间。对我来说,剩下的就只是去宣布,远非钟表的简陋使得人们以如此方式认识时间,相反,正是他们关于时间是漂浮的观念,阻止他们去改进或是去丰富他们的钟表。正因为如此,在勒诺博尔(R. Lenoble)看来[①],古代关于自然的观念是活力论的:只要人们想象自然如同一位母亲,要把这些自然现象理解为机械论的就因此是不可能的;首先一定得发生了从这些想象的一种到另一种的过渡。这种神秘的变革,作

[①] 《自然观念的历史》(*Histoire de l'idée de nature*),阿尔班・米歇尔(Albin Michel)出版社,1969 年,第 31 页。我们要立即补充说,它是这位现代科学史著名史学家的遗著。

者把它与生物学家们经常谈论的意外突变进行比较。我们看到,那些背景框架也许会是某种自治机制,这一错觉如何引出另一个错觉:一个时代有一个整体的风格,一个面貌,就像是在我们眼中翁布里亚的风景或者是巴黎各种不同的街区①。"人们真的了解它吗?"斯宾格勒揭示:"在微分学和路易十四王朝之间,在古代城邦和欧几里得几何学之间,在荷兰绘画中的透视法和通过铁路、电话和远程武器对距离的超越之间,在对位法音乐和信贷体系之间,存在着一种深奥的形式上的亲缘关系。"他把对这一亲缘关系的追寻留给其他人去做。在这之后我们可以进入到第三个错觉,历史决定论的相对主义。到现在已经是三十年了,在黑格尔之后,科林伍德通过发现米利都学派的物理学必须以一些隐蔽的原则为前提,从而掀翻了认识论的土壤:有一些自然的客体,它们形成一个独一无二的世界,而且它们是由同样的一种实体构成②;他把这些原则称为预设,它们通过限定人们将敢于对存在提出的那些问题,也预先决定了回答;科林伍德由此得出极端历史主义的结论:物理学是对一个梦的叙事,是人们有关自然界所形成的观念的历史。我们认出了已经见过一百次的推理:任何知识都以一个参考视域为前提,在它范围之外,任何观察都是不可能的,而这一背景并非由某种推理支持,因为它

---

① 关于风格统一性的错觉,参阅第二章,注释7(中文版第40页)。
② 沙洛姆(A. Shalom),《哲学家和史学家科林伍德》(*Collingwood phiolosophe et historien*),法国大学出版社,1967年,第107、172、433页。

是一切推理的条件;历史于是就见到一个接一个的世界观(*Weltanschauungen*)都具有同等合法性,它们的出现仍然是不可解释的,而它们,只是由于背景的断裂和改变,不再前后相续;也许会是无可辩驳的论据,如果它并不旨在使抽象概念物化的话。

历史学似乎在深信地理学自洪堡以来已经掌握的相互作用原则方面有一些困难。一切都是相互依存的,一个原因不可能没有它自己的前因,除非它本身就是第一原动力;马克思主义对此领会如此清楚,以至于不顾任何连贯性,刚刚才教导说经济基础决定上层建筑,又赶快补充说后者反作用于前者。在事件场中,并不存在断裂;一切在那里都处于渐进的弱化之中:不均衡的对现实的抵抗,不均衡的时间性的流动,不均衡的我们对之持有的意识,不均衡的我们之预见的可能性。

没有什么比历史更加具体实在。那些观点、理论和有关历史的概念化处理不可避免地是一部历史著作中无生气的部分,如同有关继承法的理论在某个小说家的作品中是了无生趣的部分一样。观点,这不是很有趣;它是某种学院派的练习,或者是社交场合的某种仪式,如同高级女装店的时装秀。历史既无结构也无方法,而且可以预先肯定,任何理论在这一领域都是注定要失败的。

第七章
理论,类型,概念

要么有理解存在,要么历史就不再是历史。但是在其中是否可以还有理解之外的什么? 在解释之中,我们是不是可以分辨出一种个体化的理论,而另一个时刻它可能会是概括化的? 奥托·辛策(Otto Hintze)①给历史学家指定把对"*anschauliche Abstraktionen*",对一些直观的抽象概念的统觉(aperception)作为

---

① 辛策,《国家与政体:一般政体史论集》(*Staat und Verfassung: gesammelte Abhandlungen zur allgemeinen Verfassungsgeschichte*),哥廷根,重印本,1962年,尤其是第110—139页:《西方封建政体的类型学》(*Typologie der ständischen Verfassung des Abendlandes*);同样可参阅席德尔(Th. Schieder),《过渡时期的国家与社会》(*Staat und gesellschaft im Wandel unserer Zeit*),慕尼黑,奥登伯格,1958年,第172页:"史学中的类型";维特拉姆(R. Wittram),《对历史的兴趣》(*Das Interesse an der Geschichte*);齐特尔(B. Zittel),《历史中的类型》(Der Typus in der Geschichtswissenschaft),载 *Studium generale*,5,1952年,第378—384页;亨佩尔(C. G. Hempel),《社会学中的类型学方法》(Typologiste Methoden in den Sozialwissenschaften),载《理论与现实,论文选》(*Theorie und Realität, ausgewaehlte Aufsätze zur Wissenschaftslehre*)(汉斯·阿伯特编辑),图宾根,Mohr,1964。

工具,如果不是目标的话,如开明君主制(他本身也曾是对此进行研究的历史学家);这些抽象概念有某种相对的一般性,没有像一个自然法则或是化学标本那样与现象的个别性彻底地分开,因而它们使得深入到事件的深层意义成为可能。这些直观的抽象概念,因此也就是从前人们称之为历史理论的东西:开明君主制,作为资产阶级之反抗的法国大革命、英国革命或者美国革命。这些第一眼看起来很吸引人、很有力量、很聪明、以解释某个历史运动整体为目标的伟大理论,它们由什么组成?它们除了普通的理解力之外还有别的什么吗?比如,罗斯托夫采夫①提出,贯穿3世纪之初罗马帝国的政治危机与"军事君主制"的胜利,可以通过以代表农民大众和效忠于皇帝的军队与城邦资产阶级和元老院议员之间的冲突来解释;一句话,这可以说是乡村和城市之间的冲突,而那些皇帝应该更多与列宁而非与黎塞留相比较……这一类的理论,其性质是什么?并且依据什么,"城乡冲突"能够被视为一个类型?我们将要看到,在它们的社会学者或者自然科学家的外套之下,理论与类型只是归结为永恒的概念问题;因为,"直观的抽象概念"还能是什么,如果不是一个尘世的概念?

---

① 罗斯托夫采夫(Michael Ivanovitch Rostovtzeff,1870—1952),美国史学家,著有《罗马帝国社会经济史》等。——译注

理论的一个例子

城乡之间的冲突没有解释2世纪的危机,像一个事件可以拿来解释另一个事件;这一危机,以某种方式被阐释:支持和赞成君主制的士兵们,可能出身于贫困的农民家庭,他们的政治行动或许由一种他们原本保持的与贫苦兄弟的利害一致所激发。罗斯托夫采夫的理论因此就是情节本身(或者一种写作方式,关于它的真相,不属于我们来做评判),以一种简明扼要的程式,暗示城乡之间的冲突在历史上是相当平常的一类,不值得获取一个特别的名字,而且,在公元3世纪遇到这一类型的表现不会意外。在概括情节的同时进行分类,就像医生在说:"您跟我描述的病状进程是一种普通的水痘。"罗斯托夫采夫的诊断是否正确? **从理论上说**(也就是说,通过从对原因的可能性比较出发的回溯性推理,如我们在随后的一章将要看到的),我们不大知道对它该作何思考:在我们的时代,在第三世界的不同国家,军队经常扮演着一个非常重要的政治角色,因为它是唯一依据宪法建立的政治力量,如它在罗马时代一样,不过,这种角色随国家不同而有彻底的变化:会出现军队代表农民的利益,也会有军队反而压迫农民,还会因为想要保障国家安全而使它支持资产阶级的国内政策,最后也会出现它由于官员的帮派对立,或者团体之间的对立而发动政变(在罗马本身,就是如此,在尼禄死后,在69年的危机期间)。无论如何,罗斯托夫采夫的理论其实不过是一个情节,跟其他的情节一样,我们唯有依据历史的标准才能够对它进行评判。

理论只是对情节的概要

如果3世纪的危机的确是罗斯托夫采夫所说的样子,那么它可能又是一种城乡之间的冲突:理论求助于一种类型学。在1925年,人们对这一类型的冲突谈论很多,而且人们用它来阐释俄国革命和意大利的法西斯主义;我们可以相信,在其他十余种同样有其真理一面的阐释旁边,这种阐释并非不合理:历史学难道不是一种描述性的科学,一种非理论性科学,而且任何的描述不都不可避免地是片面的吗?我们注意到,"城乡冲突"并非真的是一种类型;它只不过是——这回轮到了它,对可理解的情节的一种概括:当农业活动的组织者和受益者把从土地得来的收入再投资到城市事业中时,由此导致了一种农民对市民的敌意,可以说,这里有一种经济分离在地缘政治上的投影。读者因此可以猜到,在肯定不止一个参照这一理论或者这一类型的历史学家头脑中出现的想法:他落入了抽象物的陷阱。当一个情节被上升到了类型,而且获得了一个名称,人们就倾向于忘记去给它下定义,倾向于遵循定义;我们看到这里边有一个冲突,人们知道,在俄国、意大利和古代罗马,有一些城市,也有与之毗邻的一些乡村;于是这个理论看起来适得其所;当它第一次以一般性面貌被程式化表述时,它难道没有产生一种社会学上的揭示效果？于是人们相信它是解释性的，忘记了它不过是对预先准备好的情节的概要，人们把它运用于3世纪的危机，这就等同于，援引对同一事件的一个概要，作为对一个历史事件的解释。借此一举，人们忘记去把这个抽象的概要转化为一个具体的情节；忘记城市、乡村和军队并不是实体，唯一存在的是市民、农民和士兵。为了自圆其说，就不得不以这种确认开始，这些有血有肉的士兵还保留着农民祖先的阶级本能反应，在进入军队的同时也还没有忘记他们身在贫苦中的兄弟；不过，为了像萨特那样说话，人们就跳过了这些中间环节。

当然，人们理解有关历史理论的讨论，罗斯托夫采夫的，饶勒斯有关法国大革命的，理解围绕着它们的幻景：它们暗含着一种类型学，有某些一本正经的东西；正是归功于它们，历史变得既可以理解又神秘莫测，如同一部戏剧，在其中活跃着巨大的、既亲近熟悉而又不可看到的能量，总是拥有同样的名义：城市，资产阶级；读者被拖入一个隐喻的世界，如果如穆西尔（Musil）所说，人们由隐喻理解的是这种精神状态，在那里所有的东西都获取更多不是恰如其分地归属于它们的意义。我们只能对这种进行戏剧化的偏好抱有同感：亚里士多德说，戏剧的诗意，比历史更是哲学的与严肃的，因为它植根于一般性；因此，一贯想要深刻的历史学首先的关切，就是摆脱其无法预料的、轶事的平庸，以具有使悲剧产生全部激情的严肃和庄重。现在还需要明白的就是，类型学在历史中是否能够有什么用处；对于想要理解《克莉奥佩特拉》情节的人，评论说它跟《厄勒克特拉》的情节一样,而拉基德王朝让人想起弗里德里希二世的开明君主制,有什么用呢?一切迹象表明,一种类型学可以具有值得注意的启发性价值,但是,人们看不清到底它可能对历史的解释增加什么。况且,它是否能够成为一个不同于历史学的自足的学科?这是值得怀疑的,不过不应该使任何人气馁。

历史中的典型

在一个有关宋代中国的描述中,找到一页是有关个人关系的家长制,还有另一页有关手工艺者的团体,也许您可以原封不动地把它们移到一幅古罗马文明的图景中,这总是令人愉快的:古罗马历史对于您是完全写好了的,而尤其是研究中国的史学家可能会给您一些您从来不会有的想法,或者会让您发现一种有意味的差异;更重要的是:在许多世纪和无数相距遥远的地方重新遇到同样的事实,看起来好像排除一切偶然,并且确认,您对古罗马事实的理解肯定是真实的,因为与事物的神秘逻辑相符合。那么人们是否会因此在历史中找到很多典型?存在着一些学科,如医学或者植物学,它们以很多篇幅来描述一个类型:如此的植物,如此的疾病;它们有这样的幸运,两棵虞美人甚或是两颗水痘,远比两场战争甚或是两个开明君主制更为相像。但是,如果历史本身也适合于一种类型学的话,那它历来就早该知道。确实存在着一些不断重复的模式,因为对一个问题,可能的解决途径的组合不是无限的,因为人是一个会模仿的动物,因为他肯定有某些本能,因为行动也同样有它神秘的逻辑(如我们在经济学中所见的一样);直接税,世袭君主制,这就是熟悉的类型;不是发生了一次独一无二的罢工,而是许多的罢工,而犹太的预言学说拥有四个伟大的先知,十二个次要的,以及一群无名之辈。然而,最终一切都不是典型的,历史事件不像植物一样由于物种而得以复制,一个类型学不会完成,除非它的理解力非常薄弱,除非它让自己缩减为一种历史词汇的财产清单("战争:国家之间的武装冲突")——换言之,缩减为一些概念——,或者还有,除非它让自己沉迷于概念的通胀:当人们置身于其间,他会发现巴洛克、资本主义、*游戏的人*(homo ludens)到处都是,而"马歇尔计划"不过是一个没完没了的"夸富宴"的表现。人们已经不止一次地尝试,在历史学的旁边,建立一个历史的类型学[①]:这是以社会学宽泛的名义归并的多种行动之一;马克斯·韦伯的一部分作品也是同样,还有,在某种意义上,莫斯的著作也同样。经验似乎已经证明,能够被人们归结为典型的东西,常常过于简短而不能引起兴趣;类型学迅速地让位于历史学专著的并列;最终,这些类型学竟不完整到了不可使用的地步(其中包括,承认这一点是令人不快的,韦伯的那些);当一个研究古代文化的史学家查阅由古尔维茨(Gurvitch)编制的派别组织或者道德

---

① 参阅思想的演变在拉德克利夫-布朗(A. R. Radcliffe-Brown)《原始社会中的结构与功能》(*Structure et Fonction dans la société primitive*),马林(Marin)翻译,子夜出版社,1968年,第65—73页。

观念类型的名册时,他几乎是经常地发现,在那里没有什么对于"他的时代"是合适的。

这些失望的理由很简单:只有在生物学领域,在物种和个体之间的各种差异才明确地存在;在自然史中,类型得到实体的支撑,是一些活着的有机体;后者几乎是同样地自行繁殖,人们可以从中客观地识别典型和个体的特殊性;相反,在历史中,类型是人为地存在的;在马鲁的意义上,它是主观的:它是我们选择来在事件场中作为典型的。我们清楚地知道,历史的类型并不存在于它们本身,事件并不以活着物种的稳定性重现,历史中的典型是一个选择:你可以选择一个开明君主制整体,或者只是它的一个方面,或者是一个在其他方面是开明君主制的那些不怎么开明的方面;总之,每一种都将以各自的方式说明"开明君主制"这一类型的特性。一句话,类型在数量上是无限的,因为它们只是由于我们而存在。又一次,我们不得不以历史的唯名论作结。

在历史学中不存在天然的对象,如一个植物或者动物那样天然,它可以产生一个类型学或者是一种分类;历史的对象是人为的,可以根据价值不相上下的无数不同的标准重新切割。这样过大的自由使得历史学家无法不无困惑地使用类型学:当他们把几个事件在同一个局部的标准下重新组织起来时,不由自主地要赶快补充道,这些事件的其他方面并不符合所选择的标准,这好像是不言自明的;如果他们中的一个宣称,雅典公益捐赠制度,被认为是一种捐赠,在这一点上与印第安的夸富宴近似,他又很快补充说,在另一方面,这又更像是一种税收;如果相反,另一个历史学家研究各种集团获取他们的必备资源的方式,而在这一点雅典公益捐赠与课税近似,他也留心很快地补充说,这种比较"缺少历史的意义",雅典公益捐赠在其他方面更多地让人想起印第安人的夸富宴。

类型是一些概念

然而,既然是人构成一个类型,而不是去找到现成的,既然类型是一种因选择而存在的东西,其结果就是求助于类型并没有给解释增加任何东西,而且,经过如此格式化表述,"使用类型学"的理论只不过是一个科学主义的神话。远非给解释添加什么东西,借助于典型使得解释可能变得简短,如我们将要看到的。谈及3世纪罗马危机而宣称它是典型的,就意味着:"我们清楚地了解这一类型的冲突,这就是人们以城乡冲突的名字已经描述过的那种。"不过,面对典型,历史学家不能具有与博物学家同样的态度;后者没有什么重要的东西可以添加,当见到一棵虞美人时,他说"这不过是一棵典型的虞美人"。历史学家,他呢,首先一定要长时间地核实拉基德君主制是不是完全符合开明君主制的类型,或者是否文献没有显示其他可能的解读。得出结论说这完全是一个开明君主制,他将会赢得什么?除了他已明白和已经验证的之外,别无他物:不过,通过说"它具有开明君主制的所有特点",他可以缩减有关拉基德政体的描述;还剩下需要他做的就只是,作为称职的历史学家,去填补空白,去说明这一君主制开明的特点在怎样的环境中显现,而作为开明君主制它有哪样自身存在的特殊方式。因此,类型或者理论并不能提供缩减描述之外的其他用处;人们使用开明君主制或是城乡冲突是为了简练,就像我们说"战争"以取代"国家之间的武力冲突"。理论、类型和概念是同一个东西:对已有现成情节的概要。因此,要求历史学家建构或使用理论或者类型是无用的:他们历来都在这样做,他们不可能不这样做,除非一言不发,而且他们并不因此而更进一步。

历史应该成为概括的,建构诸多类型而且借助于它们来解释个体的事实吗?当人们见到实际上它们指涉的,也就测知了这种科学主义语言的空洞。"运用一种类型"是什么意思,借助于开明君主制以便理解托勒密王朝的公益捐赠?这可能就是借助于一个开明君主制的公式,一个四行字的定义,以求逐字逐句地验证它是不是与这一君主的统治吻合,是否能解决也许是其统治提出的问题?难道不是更应该先读关于弗里德里希二世或者约瑟夫二世的专著,理解了那里边叙述的情节,从中提炼出一些观点以便理解托勒密王朝,并且提出有关它人们永远也不会想以其他的方式提出的问题么?而且"建构一个类型"意味着什么?如果这个表述不是指这一学术性活动,它包括以一个相当醒目的格式(而且有一些勉强,因为任何一个18世纪的开明君主制都不与另一个相似,而每一个历史学家可以依据他有材料支持的规划"分解"这一多样体)概括一本书,建立一个类型并非其他，只是对弗里德里希二世或者约瑟夫二世的政治的理解。的确，为了把这一政治中的某一个观点探究到底，人们可能被引导去发现这些君主的活动中被忽视的方面：所谓的类型的建构也就归结为一个发现性的进程；由于理解加深，弗里德里希二世的政治将会给予一个研究托勒密王朝的历史学家一些想法；类型的使用并非其他，只是那种人们也称之为比较历史的东西，而它既不是一个不同种类的历史学，甚至也不是一种方法，而是一种发现法。总之，所谓的概括性历史并没有比历史本身多做什么：理解和使人理解；那倒是真的，我们也感觉到它要把对事实的理解推向比传统的历史编纂学可能满意的更远的执着意图；"概括性的历史"一定是德国名字，而法国人更多称之为结构历史学或者非重大事件的历史。典型究竟从哪里开始？如果开明君主制是一种类型，难道君主制本身不也是同样吗？历史中的一切都不会是典型的，那么类型学是不是将会与词典混为一谈？事情完全就是这样：这些类型不是别的什么，只不过是一些概念。

比较历史学

如果是这样的话，眼下人们很感兴趣，看起来有充足理由大有希望的学科——比较历史学，即使有关它的理论可能还远不够清晰，它作为一个学科的位置又能够怎样？思考希腊化时代的君主制时，头脑里同时有诸如从弗里德里希二世的历史凸显出来的开明君主制的类型,这就是在作比较历史。那么究竟什么是比较历史学?历史学的一个特殊变种?一种方法?不,是一种发现法[①]。

困难在于说出历史学本身在哪里终止,比较历史学从哪里开始。如果为了研究福雷(Forez)地区的领主制,有人并列地提及与各种不同的领主制相关的事实——而且如何能不这样做?——那么他就在书写一部比较历史吗?如果研究的是整个欧洲中世纪的领主制呢?马克·布洛赫在他的《封建社会》(*La Société féodale*)中,比较法国的封建制与英国的封建制,但他只是在拿西方的封建制与日本的进行比较时才谈到了比较史学;与之相反,海因里希·米特斯(Heinrich Mitteis)以《中世纪早期的国家,比较历史学概要》(*L'État du haut Moyen Age, esquisse d'histoire comparée*)为标题出版了一部在罗马帝国、法国、意大利、英国和西班牙的中世纪国家史。当雷蒙·阿隆研究铁幕时期这一边或那一边工业社会的政治生活时,他谈论社会学,大概因为它所涉及的是当代社会;作为抵偿,帕尔默(R. Palmer)的书,分析"欧洲和美洲民主革命的年代,1760—1800"的历史,则享有比

[①] 有关比较史学,它是当代历史编纂学最具活力和最有前途的方向之一(的确,在法国少于在英语国家),但是关于它的各种观点还处于不甚明晰的状态,参阅席德尔(Th. Schieder)的《作为科学的历史》(*Geschichte als Wissenschaft*)的参考文献,慕尼黑,奥登伯格,1968 年,第 195—219 页。罗萨克(E. Rothacker)《人文科学的比较方法》(*Die vergleichende Methode in den Geisteswissenschaften*),《比较法学杂志》(*Zeitschrift für vergleichende Rechtswissenschaft*),60,1957 年,第 13—33 页。

较史学经典的声誉。这是否意味着,在历史学家们中间,一些人想要强调国家民族间的差异,而另一些人则要抽离出共同性特征? 然而,如果工业民主制有如此多的共同性特征,为什么它们的历史要比福雷地区不同领主制的历史更多是比较的? 要么就是两种领主制、两个民族、两场革命有如此多的共同特征,以至于我们不再能够谈论比较历史,要么就是它们有着彼此完全不同的历史,那样,把它们组织起来到同一卷书中的事实和反复在彼此之间进行这些比较或者对照的事实,在对作者有一种发现的功能之后,对于读者尤其具有一种教育的功能;您看米特斯,他一个接一个地贡献一章给每一个欧洲国家,然后,在总的可以称之为欧洲历史的一章里,他总结概括了所有这些国家共同经历的演变,同时揭示了其中的类同和对比。因此,通过对这些结果的评判,我们几乎看不到一本比较史学的著作与不是比较史学的著作之间的差异:仅有被考察的地理背景或多或少更宽广一些。

事实上,比较史学(对于比较文学也可以这么说)的独创较少由于其结果,那只是历史学的,而更多在于它的设计;更准确地说,"比较史学"含糊不清和貌似科学的表述(而居维叶[Cuvier]和比较语法则远非如此),意指二种或者三种不同的步骤:借助类比以填补一种既有文献方面的空白,出于发现的目的比较取自不同民族或者不同时期的事实,最终研究一种历史范畴,或者跨越历史的一种类型的事件,而不考虑时间和地点的统一性。人们借助于类比以便解释一个历史事件的意义或者原因

(下文我们将称之为进行回溯[rétrodiction]),当被研究的事件在另一个时间和另一个地点重新出现,而在那里收集到的有关文献资料使得理解其原因成为可能。自弗雷泽(Frazer)以来的宗教史就是这样做的,当它解释古罗马的事件时,其意义由为人熟知的对印度人或者巴布亚人事件的解释之类比所湮没①。当既有文献缺乏使得我们对历史事件本身完全无知时,人们同样求助于类比;关于古罗马的人口统计我们几乎没有任何资料,但现代对前工业社会的人口统计学研究几十年来已经有如此的进步,通过与它们的类比,使得有关古罗马的人口统计书写可靠的几页从此成为可能,古罗马时代保留至今的贫乏事实在这一事件中起到了最初证据的作用。

比较历史学的第二种方法,发现性的联系对照,是所有不坐井观天和不自我封闭于"他的时段"的历史学家所擅长的,当他研究希腊化时期的君主制时,他"想到要考虑"开明君主制,当他研究希腊化世界的奴隶起义时,要考虑中世纪或者是第三世界的千禧年学说,以便通过类似或是通过对比"找到想法"。然后,

---

① 参阅马克·布洛赫《历史杂论》,卷一,第16—40页:"关于一种欧洲社会的比较历史",特别是第18页。我们将小心翼翼地区别这种弗雷泽式的宗教比较史与杜梅齐尔式的宗教比较史,前者在比较史学的意义上是比较的(比较服务于完成一个事实),后者在比较语法的意义上是比较的(比较使得重建一个宗教或者语言的先前阶段,它是被考察的不同语言或者宗教的起源)。一般说来,有关根据类比所进行的历史推理,参阅德罗伊森《历史知识理论》,哈伯纳出版社,第156—163页;席德尔,《作为科学的历史》,第201—204页;维特拉姆,《对历史的兴趣》,哥廷根,万登出版社(Vandenhoeck und Ruprecht),1968年,第50—54页。不过,这个研究应该在一种回溯和归纳的理论内部重新进行。

他可以很从容地或是在其研究受益于他在此过程中提出的全部问题之后保留他的比较记录①；或是平行地描述诸多奴隶和农奴的起义，并且给书题名为《论比较历史》。接近于是第三种路径的，就是**专题**历史的方法；事实上，经常会出现可以走得更远的情况：不是把专题论述并置在他的头脑里或是在同一个册子里，人们可能经常书写有关封建制或者跨越历史的千禧年说的总体研究；只要共同的特征足够鲜明，或者是差异表现为对一个共同问题尽可能多的不同解决方法就足以了：这是一个机会的问题。马克斯·韦伯在他关于世界史中的城市的著名研究就是这样做的；在一个依据空间（《英国史》）或者时间（《17世纪》）切割的历史之后，继之以按照**专题**切割的历史：城市，千禧年说，"诸民族之间的和平与战争"，旧制度下的君主政体，工业民主制；在本书的结尾我们将会看到，历史体裁的未来或许就在这一路向。但是，即使如此，"专题"的历史，或者"比较"的历史，仍然还是历史：它旨在理解可以由质料因、目的和偶然得到解释的具体事件；仅有一个唯一的历史。

这是一种发现法

我们看看在哪些方面比较史学似乎区别于普通的历史学：

---

① 参阅巴林顿·摩尔（Barrington Moore），《专制与民主的社会起源》（*Les origines sociales de la dictature et de la démocratie*），法译本，马斯佩罗出版社（Maspero），1969年，第9页。

一方面(它借助于类比弥补资料短缺的空白)是有关文献资料的收集;另一方面是有关这一体裁的成规(它打破了时间和地点的统一性);在这本书随后的部分,我们将会有很多场合,并列地说出这两个词语,"文献的收集"和"体裁的成规",我们将会看到,很多虚假的认识论问题,只不过是由原始资料或者成规的本性激发的假象(faux-semblants);而比较史学本身就是这些假象之一;它还是在进行史学家的工作:不要让自己囿于约定俗成的框架之中,而是依据事件的尺寸对它们重新剪裁,并且要千方百计地追求理解;为什么巴布亚人去那里,是否这一解释对古罗马人则不够充分。然而,其结果并不是一个可能与其他不同的历史,更具解释性、更一般或者更科学的;比较史学没有任何发现,是人们不能够通过一种非比较的研究有权利发现的;它所做的只不过是使得发现更容易,它是一种发现法,但它不会促成找到另外的什么。让我们避免去认为在比较史学和比较语法之间的确存在着细微的关联;当后者比较两种语言,比如梵语和希腊语,它并不是为了通过相似或者对立的类比,使得深入理解这两种语言的这一个或是那一个更容易;而是为了重新建构一个第三种语言,即印欧语,正是从那里派生出来这另外的两种。与之相反,当比较史学谈论千禧年主义或者是城市时,它没有说出任何其他的东西,除了它选定为考察对象的各种千禧年说和各种城市真实存在的事实;通过对照,认识更加容易产生,不过,一个足够敏锐的头脑,以一个专题研究,也完全可能得出对比能够更容易获得的全部东西。

因此,比较史学与"差异理论"毫无关系。发现公益捐赠制度存在之原因的正确方法,将会是比较存在这一体制的希腊化文明的特殊性和不了解这一体制的佛罗伦萨文明,以便通过减法,找到这些特殊性中曾经作为原因的那些? 这既不可能,也毫无用处。不可能,因为这就会要求所有这些特殊性都能够得到解释;然而,有很大的可能性,它们对于我们绝大部分也许属于非重大事件;换句话说,我们的比较探索也许会得出这样的结论:"在希腊存在公益捐赠制度与它在佛罗伦萨缺失的原因,植根于这两个社会不同的传统和心态。"相反,我们是否有可能触及正确的原因? 在这一个案中,比较性调查研究,在启示性方面是适当的,按理说不会毫无用处。让我们设想,它发现公益捐赠制度存在的重要原因是直接税的缺位:佛罗伦萨有这一税种而无公益捐赠,在雅典情况则相反;然而,谁没有*理解*这里边从原因到结果的关系? 一个城邦有日常的金钱需求,它从金钱所在的地方,即到纳税人的钱袋,或者,在缺乏的情况下,到公益捐赠者的钱袋拿取。因此,只要有一些关于雅典人的思考就足以找到合理的解释;那么,除非想要使工作容易一些,使用一种所谓的比较方法有什么益处呢? 它并不能使人发现除了比较的术语所包含的之外的东西①。

---

① 相反,比较语法把希腊语和梵语加以对比,是为了从中找到另一种东西,也就是印欧语,甚至是最具洞察力的头脑,仅仅通过仔细观察其中的一种语言,它也不可能被发现:不管你可能是多么敏锐,仅在希腊语中也将永远不会意识到印欧语的存在。

比较史学因此并不能比历史本身获得更多的结果;在上文我们已经看到概括的历史也是同样。我们还看到,理论和类型是同一种东西:对现成的情节的概要,是各种类别的概念。换句话说,只存在一种历史学,它所要做的从来都只是去理解,并且使用词语去书写;不存在几个种类的历史学或者几种不同的智力活动,其中的某一些可能比其他的更一般或更科学。除了去理解各种情节,我们还做什么? 而且,也不存在两种理解的方式。

概　念

唯一的真正难题是历史中的概念问题,因此我们要在这一点上长久地驻足。与所有的言语一样,历史不是通过仅出现一次的词语讲话,它通过概念来进行表达,即使是最干巴巴的大事记至少也要说,在这个时代有过一次战争,在那一个时代有一场革命。这些普遍现象,有时候是永恒的理念,如战争和国王,有时候则是新近的名词,看起来更为学究气,如夸富宴或开明君主制。这种区别是表面的,而且,说1914年的战争是一场战争,并没有让自己置身于一块比谈论夸富宴更加有利的领域。为了理解在社会进化的某个阶段一个与战争这一说法同样简单的观念如何能够在人们的头脑里第一次产生,以及它们的关系,只需看一看近些年那些概念,如革命日或者冷战是如何产生的就足够了;战争完全是一个理想型(idealtype),当不得不把它与私下的纠纷、与无秩序的混乱、与游击战、与"百年战争"或时打时停的战争区别开时，人们意识到这一点，更不用说玛雅人的"鲜花之战"和原始人族内婚制部落之间的争斗；说伯罗奔尼撒战争是一场战争，已经是很有点冒险了。

历史是通过普遍现象对个体的描述，按理说，这不会引起什么异议：叙述伯罗奔尼撒战争在陆地和海上展开，并非在与不可表达作战。不过，人们还是同样发现，历史学家们不断地被他们所使用的概念或者类型所拘束和愚弄；他们指责它们，有时候作为秘诀，对一个时期是有效的，而对另一个则不再起作用，有时候则不明晰，而且与它们连带产生一些相关联的观念，延伸到一个新的环境，致使它们出现时间上的错误。作为后一种分裂的例子，我们引述"资本主义"和"资产阶级"，只要把这些观念运用到古代文化（一个希腊化时代或者古罗马的贵族，完全没有一个资本主义时代的资产阶级的脑袋，如一个美第奇时代的佛罗伦萨人），它们就发出不和谐音响；作为第一种不合适的例子，几乎所有的宗教史的词语，民间传统、虔敬、节日、迷信、上帝、牺牲和宗教本身，从一个宗教到另一个宗教都在改变其意义（在卢克莱修那里，信仰[*relitgio*]，意思是"惧怕诸神"，翻译自希腊语[*deisidaimonia*]，我们自己，因为缺乏更好的译法，将之译为"迷信"，而这些在语义划分上的差异反映了对事物理解上的差异）。一般来说，这些源自概念方面的难题使那些熟手——不愿意抱怨他们的糟糕工具的好工人——恼火；他们的职业不是去分析革命的理论，而是去讲述，谁制造了1789年的事件，什么时候、怎样和为什么;过分考虑概念在他们眼里是新手的小毛病。概念工具仍然是历史编纂进步的所在(拥有概念,意味着对相关事物的认知);不恰切的概念给予史学家们一种特有的困扰,是其戏剧性职业生涯中固有的插曲之一:每个熟手都会在这一天或那一天体验那种词语不贴切所产生的这种印象,它听着不对劲,它含混不清,这些事实不具备依据概念人们期待其拥有的那种风格,而它们被安排在这种概念之下;这种困扰不安是一种警报的信号,它表明某种时代错误或者接近时代错误的威胁存在,但是,有的时候要等许多年过去,一个防御对策才可能在一个新的概念类别下被发现。历史编纂学的历史,不就部分地是由各种既成观念造成的充满时代错误的历史吗?奥林匹克大会并不是体育竞赛,古代的哲学派别并非学派,唯一主神论并不是单一神论,一群被解放的古罗马奴隶不是新生的市民阶级,古罗马的骑士不是一个阶级,各行省大会不过是经过皇帝认可的城邦文化团体,而不是各行省和政府之间的中间机构……为了纠正这些误解,历史学家打造了一些专门的类型,随后轮到它们本身也成为同样的陷阱。这种接近宿命的曲解被认出来的同时,构思新概念将成为历史学家的本能反应:当我们看到,一方面,泰勒(L. R. Taylor)解释说,政党在罗马只不过是一些团伙和一些被保护人,而在另一面,某些人坚持认为,它们对应于社会的或者意识形态的冲突,我们可以预先确知,这不是一个将会推进论争进展——即使只是一毫米——的对原始资料的仔细研究。我们可以一开始就假定,这一困境将要被超越,必须关注穿越历史的各种政党的"社会学",并且通过启示性的比较方法,致力于创造一种为古罗马共和时期政党定制的"社会学"。

一个例子:古希腊的民族主义

为了说明概念的作用,下面一个例子我们将会作较长的论述,因为从中可以看到一个概念或者理想型,就是民族主义,如何使得更好地理解一种历史的演变成为可能,一旦人们想到把它归入这一概念之下;但是,同一个概念,在另一方面,又是如何以妨碍这种理解为开端。在公元 100 年左右,在罗马帝国全盛的黄金时代,生活着一位在其所处时代著名的希腊政论家迪翁·德·普吕什(Dion de Pruse);他在成为帝国"行省"(可以说差不多是殖民地)而且忠诚于他们的征服者的希腊地区声望卓著。然而,这位政论家不断地发展着一些观念,在经历了几个世纪的罗马人统治之后,它们看起来特别地不合时宜:对独立的古代希腊的乡思,对古老的希腊风俗的崇拜,对罗马礼仪规范的敌意,对希腊特性重获自我意识和自豪感的召唤;此外,我们还要指出,他把生命的一部分时光用于寻找一个城邦,它可以扮演希腊特性的引导者的角色(对雅典失望之后,他最终把希望寄托于罗德岛)。把这些愿望作为只能在文人头脑里滋生的空谈废话来谈论——不过更多是在法国而不是在日耳曼诸国——已经是长久以来的固定模式。实际上,这些愿望完完全全是一个希腊民族主义者的憧憬,而迪翁·普吕什则是希腊爱国主义在罗马帝国的代表。这是不是仅仅是把贬义的空谈废话换为高贵的词语爱国主义？不，改变的是事实本身，因为它使得希腊爱国主义思想，承载了民族主义这一概念所暗含的、汲取自它出生的那片土地——19世纪欧洲的全部内容：迪翁的民族主义将通过搅扰上一世纪中东欧的那同一种深刻的激情来解读；政治方面的后果同样重大，公元1世纪末前后被称之为第二诡辩学派的希腊文化的复兴，甚至那时出现的语言纯净化的猖獗（甚至走到了把拉丁专有名词希腊化的地步），可以与19世纪各个民族语言和民族文学的复兴相比较；希腊人在罗马帝国的处境，则可以与捷克人和匈牙利人在哈布斯堡王朝统治下的地位相对照。通过否定城邦国家古老的爱国精神，自从罗马人的征服把希腊特性湮没于奴隶状态，它已经不再有理由存在，迪翁让我们见证了一种泛希腊民族主义的诞生，它预示了拜占庭爱国主义和西罗马帝国与希腊帝国之间的断裂。

但是理解和概念之间的辩证法并没有在那里停止，因为民族主义观念似乎与迪翁在其他方面的态度有矛盾。这个反罗马人的政论家怎样能够做到，在另一面又被确信是帝国权力——他认为这个君主可以说是一个外国主人——的拥护者，而且，由于不总是轻视低微的工作，他把自己另一部分的活动用于以口头的威胁去劝诫亚历山大的希腊人顺从罗马皇帝？于是，我们注意到这种民族主义观念有多么混乱：在漫长的几个世纪里，祖国和国家并非一体；一个马扎尔贵族是奥地利做派不共戴天的仇敌，但却至死忠于他的皇帝，即使这皇帝是个道地的奥地利人;霍布斯(Hobbes)谈论有一个外国人做君主的好处和弊端,以这样一种口吻,让我们从中观察到在一个国家的经济生活中应该给外国资本留下的位置。胜过法国的文献学家,日耳曼学者更好地理解了忠实于他的希腊祖国的迪翁,如何能够同时也忠实于他的罗马皇帝①。

三 种 概 念

历史的概念因此是奇异的工具;它们使理解成为可能,因为它们富有一种超越任何可能的定义之限定的意义;出于同样的

---

① 有关在祖国和国家之间重合的最新特点,帕瑟林·登特里维斯(A. Passerin d'Entreves),《国家的观念》(*La Notion de l'État*),法译本,西雷(Sirey)出版社,1969 年,第 211 页。——迪翁的著作就这样分处于对希腊民族主义的宣教和对罗马皇帝的鼓吹两者之间。因此,人们可以把迪翁忠诚的民族主义,与一个不同的、大众的,也许是社会的活动(犬儒主义者以苦行道德为借口谴责财富)区别开来,它是那些受欢迎的街头雄辩家,也正是那些犬儒主义者的活动,他们鼓吹起义反抗帝国:正值安东尼时代盛期,犬儒主义哲学家佩雷格里诺斯·普罗透斯(Pérégrinos Proteus)"尝试去说服希腊人拿起武器反抗罗马人"(吕西安[Lucien],《佩雷格里诺斯之死》[*La Mort de Pérégrinos*],19);他以印度哲人的方式,在人群前自焚。对照米尔曼(W. Muhlmann),《第三世界的革命救世主降临说》(*Messianismes révolutionnaires du Tiers Monde*),伽利玛出版社,1968 年,第 157 页:"在我们的时代,在伊斯兰国家,马赫迪的革命千禧年说与民族主义那种官方的和理性化的教义是相对立的,前者是在围绕着深孚众望的宣教者的底层阶级流传甚广,后者是一种奢侈的学说和上层阶级的所长。"——在迪翁的奢侈的民族主义之上,在犬儒主义者的民众的或者极左的民族主义之上,我们再加上一个第三种态度,另一个政论家艾利乌斯·阿里斯蒂德(Aelius Aristide)的"合作主义",他感谢罗马懂得如何通过联合地方精英的力量来巩固它的统治。

原因,它们也是曲解永恒的刺激者。一切就这样发生,好像它们自身包含了被归入它们名下的事件全部具体的丰富性,好像民族主义的观念囊括了人们所知道的关于每一种民族主义的全部东西。情况完全就是这样。来自尘世经验的概念,尤其是在历史中人们应用的那些,非常不同于自然科学中的概念,无论是演绎科学如物理学或纯经济学,或者是正在建构中的科学如生物学。因此,有各种概念,而一定不要把它们全部混同起来(如普通社会学所做的,谈论某些来源于一般常识的概念,那些有关社会角色或社会控制的,就好像它们是科学术语一样的严肃)。为了重复一种即将成为约定俗成的分类,首先就有一些来自演绎科学的概念:力,磁场,需求弹性,动能;这些是同样的抽象概念,由一种可以建构它们的理论无懈可击地加以定义,而且它们只有通过长篇大论的理论解释才可以显现。另一些概念,在自然科学领域,带来一种全凭经验的分析:我们完全可凭直觉知道一个动物或者一条鱼是什么,但是生物学家则要寻找一些准则使得辨别动物和植物成为可能,并且他可以说出鲸鱼是不是一种鱼;到了最后,生物学家的鱼将不再是常识意义上的鱼。

历史的概念的批评

历史学的概念,无一例外地属于常识范畴(一座城市,一场革命),或者,即便它们来源于学术(开明君主制),它们也并不因此更有价值。这是一些自相矛盾的概念:我们凭直觉知道这一个是一场革命,而那一个只是一场骚乱,但是我们也许不能说出骚乱和革命是什么;我们谈论它们而并没有真正地认识它们。给它们一个定义? 这恐怕是专断的或不可能的。革命,是在国家政治与政体中突然而剧烈的改变,利特雷(Littré)说,然而这一定义既没有解析其概念,也没有穷尽它;实际上,我们对革命这个概念的知识就包括知道人们通常把这个名词用于一组丰富而混乱的事实,我们可以在关于 1642 和 1789 那些年的书中找到;对于我们来说,"革命"具有我们已经读到、见到和听到的有关各种不同的其知识能够被我们了解的革命的全部东西的面貌,而正是这种知识的资源支配我们对这一词语的使用①。而且这一概念也没有准确的界限;对于革命,我们知道的远比全部可能的定义要长得多,但是我们不知道我们知道什么,这一点有时候会令人不快地感到意外,当那个词在某些应用中听起来是虚假的或者是犯了时代错误的时候。但是我们对它的了解足以让我们去说,即使不是一场革命是什么,至少是某个事件是或者不是一场革命:"不对,先生,这不是一场骚乱……"如休谟(Hume)所说,"我们没有给所有我们使用的那些术语添加清楚而完整的思想,当我们谈论政体、教

---

① 维特拉姆,《对历史的兴趣》,第 38 页:"在回响整个 19 世纪的民族性这个词语中,读者听到苏法利诺(Solferino)的大炮,维永维尔(Vionville)的喇叭,特赖奇克(Treitschke)的嗓音,他看到军队制服和盛装,他想到整个欧洲的民族斗争……";这同一位作者注意到,那个在我们时代如此经常地读到的句子,"这个词对于这个时代的人们跟对我们不具有同样的意思",比我们认为的更为新近。德罗伊森(Droysen),在人本主义传统之中和黑格尔影响之下,仍然活在固定概念的理智世界里。

会、谈判、征服的时候,我们很少在头脑里考虑那些构成复杂理论的简单观念。然而不得不注意到,尽管如此,我们避免对所有这些话题胡说八道,而且我们感觉到这些观念可能出现的矛盾,即使我们对它们的理解是无懈可击的:比如,人们对我们说,他只能求助于征服,而不是说,在战争中战败者只能求助于停战,这些话的不合逻辑会让我们感到震惊[①]。"

一个历史的概念容许,比如,指明一个事件可以称为是一场革命;人们并不因此而通过使用这个概念就知道一场革命"是什么"。这些概念不是与这个名词所包含的各种必不可少的元素铰接的复合体相配的概念;它更准确地说是一些由不同成分拼凑成的代表,它们给人理解的错觉,而实际上不过是一些同属一类的形象之统称。"革命","城市",产生于已经被了解的所有的革命和所有的城市,而且仍然以明确的开放姿态等待着我们以未来的经验去丰富它。因此人们可以看到这样的一个历史学家,17世纪英国史专家,抱怨他的同事"居然讨论社会阶级而没有对这个世纪有所保留;在谈论上升的阶级或者没落的阶级时,他们头脑里,显然有一种完全不同性质的冲突[②]";同样,对中等

---

① 《人性论》(*Treatise of humain nature*),第31页(人人文库)。
② 拉斯莱特(P. Laslett),《我们失去的世界:前工业时代英国的家庭、社群与社会结构》(*Un Monde que nous avons perdu : famille, communauté et structure sociale dans l'Angleterre pré-industrielle*),法译本,弗拉马利翁(Flammarion)出版社,1969年,第31页;也请参阅第26和27页("资本主义,诸多构成历史学语汇的不准确的词语之一");第30页("不幸的是,一个像我们所做的这样的初步研究也不得不担心一个与社会阶级同样困难的、有争议的技术概念");第61页("观念联合")。

阶级(classe moyenne)的表述,引出"太多欺骗性的联想,当人们把它运用于斯图亚特时代的社会状态时";"有时候(不过更为罕见,确切地说由于这一语言的模糊特点)人们甚至到了把等级群体与一个社会阶层混同起来的地步,而且还继续进行推理,好像这样的群体可以增长、衰落、彼此冲突、意识到自身存在、拥有自己的一种谋略"。一句话,如同《纯粹理性批判》所说的,"一个经验的概念完全不能被定义,而只能简单地被解释;我们永远也不能以一种可靠的方法知道,是否在指称同一个事物的名词下,人们不是想到有时较多有时较少的特征。同样,在黄金的概念里,除了重量、颜色和韧度,这一位可能还想到黄金拥有的不会生锈的属性;而那一位则可能忽略这个属性。人们只是使用某些特点,以刚好能够区别它,但是,新的观察会使它们消失某一些,同时增加另一些,以这种方式使得概念从未封闭在一个稳定可靠的界限之内。更何况,给这类概念下定义有什么益处呢?比如说,当它是关于水的时候,实际上,人们并不局限于通过水这个词所领会的东西,而是诉诸于经验,在这种情况下,这个词与这个词中附着的特点,只不过构成了一种*名称*(*désignation*)而不是这个物的概念;作为结果,所谓的定义并非他物,只是对这一词语的解释[①]"。当人们也许愿意保留革命一词只给那些转移了所有权的变革时,肯定会给法兰西语言神圣的花园增加一点秩

[①] 康德,《纯粹理性批判》(*Critique de la raison pure*),特莱姆塞伊戈(Tremesaygues)和帕考德(Pacaud)译本,法国大学出版社,1967年,第501页。

序,不过,恐怕并不会给有关革命现象或1789年历史的理论和类型学带来一丝一毫的进步。那种经常被表达的,想看到历史学准确地定义其使用概念的愿望,与这种准确是它未来进步之首要条件的确信,都是虚假的方法论和无益的精确之绝好标本。

然而,最隐蔽的危险是,那些在我们的头脑里激起虚假的本质的词语,它以并不存在的共相充斥历史。古代的公益捐赠制度,基督教的慈善爱德,现代的援助和社会保险,实际上没有任何共同之处,不给同一社会阶层的人们带来利益,不满足同样的需要,没有同样的机构,不能由同样的动机来解释,也不受同样的理由保护;然而,人们还将同样地研究各种不同时代的援助和慈善,从法老时代的埃及到斯堪的纳维亚民主制;剩下就将只是下结论说援助是一个恒久的范畴,它在每一种人类社会担任一种必要职责,在这种恒久性之中一定掩藏着某个神秘的整合所有社会群体的终极目的;人们将因此给这个功能论社会学大厦添加自己的一块砖石。正是通过这种方式,历史中那些骗人的连续性、滥用的系谱学得以建立;当我们说出这些词,援助、捐赠、牺牲、犯罪、疯癫或者是宗教,我们就被诱导去相信,不同的宗教有足够多的共同特点,所以跨越历史时代的宗教研究或可合理正当;存在着一个实体叫做捐赠或者夸富宴,它拥有持久而明确的属性,比如引起回赠的特性,或者使得捐赠者享有声望而且获得相对于受益者的优势的特性。过去的社会学经常会落入观念的陷阱;它以比较历史开始,最终以产生合理性为结束;出于对一般性的热爱(只有一般的才可能是科学的),它想象一个叫做犯罪活动的社会学范畴,并且在这同一个口袋里放进了工业社会全部的持械抢劫,法外之地的殴斗和强奸,科西嘉岛或者文艺复兴时期意大利的族间仇杀,以及撒丁岛贫民的强盗习气。

集 合 体

看到一些书命名为《宗教史论》或者《宗教现象学》,人们会感到不安:因此,也许存在作为"总称的"(la)宗教的某种东西?但当我们发现,尽管它们的标题具有一般性,这些专著,如果它们有可以论述古代宗教的背景范围,实际上对基督教闭口不谈,反之亦然,我们很快就会得到安慰。这是可以理解的。不同的宗教一样是分属于异质范畴的现象的集合体,这些集合体中没有一个拥有与另一个同样的构成成分;这个宗教包容各种仪式、魔术、神话,另一个则聚合了神学哲学,与政治、文化、体育机构,与精神病理学现象相结合,衍生出具有一种经济维度的机制(古代的颂词[panégyries],基督教和佛教的修道制度);再有另一个"截取"到这样或那样的活动,在另一种文明之中,可能成为一个政治运动或一种对风俗史的好奇;说嬉皮士让人们有点儿想起来最初的方济各主义,这未免庸俗:至少人们看到一种社会心理的可能性如何能够被一个宗教的集合体所获取。区别开一个宗教与一种民间传统,一种集体的狂热活动,一个政治的、哲学的或者个人崇拜的宗派之间的微妙差异,将会是感觉不到的;在哪里安置圣西门主义,或者是斯蒂芬·格奥尔格(Stefan George)

的小集团？由于小乘佛教，我们拥有了一个无神论的宗教。研究古代文化的史学家知道，在宗教与集体活动（奥林匹克竞赛）之间的界限可能是多么不确定，而宗教改革家们，在天主教徒的朝圣中，看到一个异教徒的旅行；那个著名的句子，"在古代文化中，一切是集体的都是宗教"，并不是想要抬高古代希腊罗马文化的宗教因素，给它一种人们在基督教中所熟识的强度：它意味着，叫做希腊宗教的集合体是由许多民间传统构成的。

一个宗教的"平面图"与其他任何一个的都不相似，就像每一个居民点的布局区别于其他的一样：一个包含一座宫殿和一个戏院，另一个则有一些工厂，第三个只是一个小村庄。这是一个等级的问题：从一个宗教到另一个宗教，各种差异相当大，这就使得实际上编撰一部宗教史的教科书是不可能做到的，如果它不是以一种类型学为开端的话，这就跟一本题名为《城市》的普通地理书一样，始终是以分辨城市的类型并且承认城市与村镇之间的区别仍是模糊的为开端。这倒并不因此否认，在不同的宗教之间肯定还是有一些共同的东西，使得人们可以把它们组织在同一个概念之下；同样确定的是，历史学家不得不把这些东西视为主要方面，否则事实上就可能会完全不再理解宗教。但是困难可能在于说明这个基本的内核：神圣性？宗教感？超越性？我们还是把这个区域性本质问题留给哲学家去考虑吧；作为史学家，只要被预先告知集合体的基本内核只是它的内核对我们就足够了，我们不能预料这内核在一个特定的宗教里将会是怎样，这内核不是一个不变体，它从一个文化到另一个文化总是在变("神圣性","神"都不是单义词;至于宗教感,它们自身没有任何特别之处:出神是一种宗教现象,当它与神圣的事物发生联系,而不是像在某个伟大的当代诗人身上,与诗歌发生联系的时候,或者与陶醉于天文学知识相联系,如在托勒密的天文学家身上出现的那样)。一切都还停留在相当模糊和言语的层面上,以至于宗教的概念本身也还是漂浮的和表面的;史学家因此必须以全凭经验的方式行事,而且避免在产生于一个特定宗教的观念中,注入宗教这个概念从其他宗教获取的全部东西[①]。

分类的概念

我们看到了危险在哪里:在分类的概念中。找到一些词来描述撒丁岛上的抢劫,芝加哥的强盗行径,佛教或者是 1453 年的法国,是完全可能的,但是,一定不要谈论"犯罪行为","宗教",也不要谈论从克劳维斯到蓬皮杜的"法兰西";我们可以谈论那些被希腊人叫做疯癫的,或者在这个时代,那些我们将以疯癫定性的客观症状,但是一定不要说"总称的"疯癫和"它的"症状。我们并没有从中得出尼采式的或者是悲剧的结论;我们仅是说,每一个分类的概念都是错误的,因为没有一个事件与另一

---

① 参阅斯塔克(R. Stark)和格洛克(C. Y. Glock),《宗教信仰的维度》(Dimention of religious Commitment),载罗伯特森(R. Robertson)编《宗教社会学文选》(*Sociology of Religion*, *selected Readings*),企鹅丛书(Penguin Books),1969 年,第 253—261 页。

个相似,而历史也不是同一些事实的经常性重复:只是分类概念引致的错觉使我们相信这一点。存在和身份认定都只是通过抽象概念而存在,而历史只想要认识具体事物。要让这一意图完全满足是不可能的,不过我们还是可以做到很多事情,如果我们终于下决心永远不要谈及宗教或者革命,而是仅仅谈论佛教或者1789年革命,以便让史学世界只充满独一无二的事件(尽管如此,它们可以或多或少地彼此相似)而决不是单一不变的对象。无论如何,所有历史的概念总是可能在某些方面产生曲解,因为一切事物都在变化生成的过程中;不过,只要它们不是在被选定的情节方面产生误解就足够了:去谈论"14到20世纪的资产阶级"问题不大,如果我们对资产阶级理解的是整体的平民,但它并非人民;而如果通过这一词语我们理解的是一个资本家阶级,那问题就更加严重了。不幸的是,由于没有很好地认识这一点,人们普遍地同时在各种意义上理解这个词,因为这就是尘世上的概念之宿命。

我们的意图并非因为对资本的奴性而不承认资产阶级的任何客观性,或者由于反教权主义,去否定宗教是帕斯卡尔意义上的范畴,或一种无可争辩的本质;更为谦卑地,我们想要阐明,人们在资产阶级或宗教问题上要找到在历史上所有时代都有效的辨识标记时所遇到的困难。因此,如果"宗教"是一个我们提供给一组彼此之间非常不同的集合体的约定俗成的名词,与之相随,历史学家为了建立一定的秩序所使用的范畴——宗教生活,文学,政治生活——并不是永恒的框架,而是从一个社会到另一个都在变化;不仅每个范畴的内在结构将各有变化,而且它们的相互关系和彼此间对事件场的分配也不会是一样的。这一边有一些宗教的也可以说同样是社会的运动,而在那一边,哲学宗派更多是宗教的,此外,也有政治-意识形态的运动是哲学-宗教的运动;在一个社会中,通常被归入"政治生活"里的东西,在另外的地方,为了最准确的对应,将会是更加符合在习惯上被排列到"宗教生活"里的一些事实。也就是说,在每个时代,这些范畴中的每一个都有一个确定的结构,从一个时代到另一个时代在不断变化。因此,当在一本历史书的目录上发现一定数量的陈词滥调,"宗教生活""文学生活",好像这些是永恒的范畴,无动于衷的储存所,在那里也许要做的工作就只是去在其中放入一列列的神和礼仪、作家和作品,我们心中多少会有些不安。

我们姑且来看一下穿越历史的"文学体裁"这一范畴。对我们来说,沉痛的哀歌以它长长的丧服而为人熟识;对于我们,所有是散文的就不是诗,所有是诗句的就不是散文。但是,在古代的文学中,区别诗歌种类的是格律;因为,在印欧语系中,长音节和短音节之间对比的音值给韵律带来如此的重要性,使得一个古代诗人面对格律的态度可与我们的作曲家面对舞曲节奏的态度相比较。哀歌因此是全部以哀歌的韵律书写的诗,不管它是写哀悼、爱情、政治、宗教、历史或者是哲学。而且,在散文和诗之外,还存在一个另外的种类——艺术散文,它远离日常的语言,通常非常晦涩:要读懂修昔底德、塔西陀(Tacite)或者是吠陀,古人跟我们一样费劲;马拉美的散文可以给人提供一点接近于这种艺术散文的认识(这就是为什么,在人们研究文学文本时,古代语言显然要比研究现代语言更加困难)。现在让我们考察一下现实主义或者是长篇小说的概念。正如奥尔巴赫的读者非常清楚的那样,在古老的文学中,在印度或者在希腊罗马都一样,有关日常生活的叙事,有关那些严肃的东西,既非悲剧也非喜剧的叙事,在文学上是不被承认的;谈论生活中的严肃性只有讽刺或者戏拟的语调才是可接受的。结果,两个具有巴尔扎克秉性的古罗马作家,一个是佩特罗尼(Pétrone),在长篇小说中半途而废,另一个是塔西陀,粗俗而非凡如巴尔扎克,也像他一样,能够使一切东西如暴风雨中突如其来的闪电那般涌现,成为历史学家。

任何历史的命题,有诸如"这个事件属于文学,属于长篇小说,属于宗教"这样的形式,都必须要在一个形式为"文学,或宗教,在这个时代是如此或者如彼"的命题之后出现。把事件排列在范畴之中,就要求把这些范畴预先历史化,否则就可能出现归类错误或者是时代错误。同样,使用一个概念的同时以为它是自然而然的,也冒着犯暗含的时代错误的危险。这样的失误的原因,在于尘世间的概念模糊与不言明的特点,在于观念联想形成的光环。当有人说出社会阶级这些无辜的词语,他在读者心中唤起这个阶级应该有一种阶级的政治的想法,而这并不是在所有的时代都是真实的;当我们说出"罗马的家庭"这些词而不作其他的限定,读者会被引导去认为这个家庭是永恒的家庭,也就是我们的家庭,而事实上由于它的奴隶,它的被保护人,它的被解放的奴隶,它的宠儿,它的同居者和它放弃新生儿(尤其是女孩)的行为,它是如此不同于伊斯兰教的家庭或是中国的家庭。一句话,历史不是在一张白纸上书写:那儿,在我们什么都看不到的地方,我们设想曾经存在着永恒的人;历史编纂因此就是对我们不符合时代的曲解之倾向所进行的一场不间断的斗争。

变异与概念

尘世的概念永远是不确实的,因为它们是模糊的,而它们是模糊的,是因为它们的对象本身不停地变动;我们把概念取自基督教家庭和路易-菲利普时代资产阶级的特征,提供给路易十六治下的资产阶级和古罗马人家庭;发现从古代罗马到基督教,从路易十六到路易-菲利普,家庭和资产阶级已经不再是同样的。不仅是它们已经改变,而且它们不包括可以穿越这些变化来支撑其身份的不变量。在所有的宗教观念和历史上所有的宗教之外,不存在或可作为宗教本质的可确定内核;宗教性本身也和其他一样处于变动之中。让我们想象由彼此边界可能不断改变的民族共同分享的世界,其首都也可能不会是同一个;人们阶段性地绘制的一些地图可能会一一记录这些国家,不过,很显然,从一个地图到另一个,"同一"民族的身份认定只能以一种外在面貌的或是因袭的方式决定。

《斐莱布篇》(*Philèbe*)说,"普罗塔克,事实上,一与多的认定,通过语言运作,徘徊在我们所说的一切周围;这是一种今日还没有开始而且永远也不会终结的东西。"一与多之间的分离,存在与变异之间的分离,造成两种途径在历史上具有同等的合法性,而且将永远处于敌对之中;这就是一段时间以来流行的,借助于英语化的表述,叫做逆推的方法(la méthode régressive)("法兰西统一体的形成")和循环的方法(méthode récurrente)("历经千年政治兴衰的阿尔萨斯灵魂的稳定性")。在第一种路径中,人们把边界作为一个特定时代的"民族"的标志:人们因此可以研究这一概念上的领土的形成与拆散;在第二种路径中,人们把诸"省份"之一作为标志,它被设想为在观念上的版图历经变化后保持了它的个性。比如,在文学史上,第一个路径将要研究一个体裁的演变:跨越各个时代的"讽刺诗",它的起源,它的变形。第二个路径将要采取"现实主义"或者"戏言"为标志;人们将以轻微地嘲笑前一路径幼稚的目的论为开端;嘲笑在一种体裁演变与一个有生命的物种演变之间的类似性;人们将对它的物种不变论大发雷霆:"谁还不知道讽刺文体只不过有一种虚假的连续性,无视这一体裁能够没有思想而用于其他的用途,而讽刺精神则在另一种文体中得到重新体现,比如长篇小说,它因此将成为讽刺诗的嫡系子孙?"这是一场恶战。对于讽刺文体的不变论,人们同样代之以现实主义或者是戏言的不变论;对逆推方法的目的论,人们代之以循环路径的功能论:透过掩藏在那些最出人意表的文体之下的无数变形,人们重新发现对于现实主义的偏爱;也有可能会出现,在某些时代,这一爱好找不到文体可以倾注其热情,不过这种缺席因此会衍生出补充论事实,或者文化病理学现象,将作为对这一现实主义的一种功效的神秘连续性的致敬。

第一种方法因此采用一个特定的划分作为标志,第二个则以一个被认为在几个不同的切分中重复出现的元素为标志;这两种方法不相上下,在两者之间的选择只不过是一个机会的问题:在一个使得"逆推"的方法更为令人熟悉的时期之后,紧接着是另一个时期,对它而言,"循环"的方法更受欢迎。在这两种路径背后,人们重新遇到了那同一个不可逾越的悖谬:依据柏拉图的教导,人们不可能认识作为纯粹变异的变异;人们不可能思考变异问题,除非从取自于存在的标志物出发。历史学家的不幸就是来自这里:历史知识是对具体物的知识,具体物处于变异与互动中,但是它需要概念;既然存在(être)与身份(identité)只有通过抽象才能存在。比如,让我们透过各个历史时代来看一看疯癫史①。人种志学者从开始就意识到,从一个民族到另一个民族,人们称之为疯癫的精神状态,或更准确地说,对待这些状态的态度,各有不同:同一个精神病,根据不同的民族,曾经分别是精神错乱,乡下人的头脑简单,或者是神圣的妄想;他们也发现相互作用的存在,对待疯癫的态度可以改变它的后果和症状;他们最终认识到,作为

---

① 巴斯蒂德(R. Bastide),《精神疾病的社会学》(*Sociologie des maladies mendales*),弗拉马利翁出版社,1965年,第73—81、152、221、248、261页。

问题的"总称的"疯癫几乎并不存在,正是出于成规,人们在它的各种历史形式之间建立了一种同一的连续性;在这些形式之外,不存在"原始状态的"精神病;原因不必说:没有什么是存在于原始状态中的,除了那些抽象概念;没有什么同一地且孤立地存在。但是,精神病的内核并非以同一的形式存在这一事实,并不意味着它不存在;人们不能回避精神病的客观性问题。疯癫这一个案,远非拥有特权,只是历史学家的常事;所有历史的存在无一例外,精神病,阶级,民族,宗教,人和动物,在一个发生变化的世界中变化着,每一个存在物能够促使其他的发生改变,而反之亦然,因为,具体事物是变异与相互影响的。这就提出了为希腊人所更新的概念的难题。

没有哪一个宗教与另一个相像,说出宗教这个词就足以有引起误导性联想的危险。一个对于研究古代文化的历史学家来说可贵的习惯显示,他们对这一危险是多么警觉:这就是只使用该时代的名词的习惯;他们不会说卢克莱修憎恶宗教,西塞罗热爱独立自主和慷慨捐赠,而是说,前者不喜欢**希腊宗教**(*religio*),而后者喜欢**自由**(*libertas*)和**慷慨**(*liberalitas*)。这并不是说这些概念的拉丁文形式的内涵或许一上来就比与之对应的现代概念更清晰:因为说到底,在拉丁人那里,尘世的概念并不比我们这里较少尘世的特点;问题更多在于,历史学家信赖这些拉丁词语在熟悉拉丁文表达方式的同事们那里激起的联想,作为该时代的保证,将使他避免犯时代错误,而不必更多解释这些概念的意义。

概念是历史知识的一块绊脚石,因为这一知识是描述性的;历史学不需要解释的原则,而是需要一些可以说明事物是什么状态的词语。既然事物变化得比词语要快;历史学家永久地处于历史古迹的那些描画者所在的位置,他必须不断地从一种风格跳跃到另一种风格,忘记在美术学院习得的东西,让自己在面对底比斯的浅浮雕时画上一笔埃及铅笔画,而在面对帕伦克(Palenque)石碑的时候,来一笔玛雅的铅笔画。真正的解决方案也许是一种对所有概念和所有范畴的全部历史化;这就要求历史学家控制出自他笔下的最细微的名词,要求他注意到他所使用而未加思考的全部范畴。宏伟的规划。人们知道应该要以怎样的目光去看待一本历史书:应该在那里看到在始终变动的真相与永远背离时代的概念之间一种搏斗的场地;概念和范畴必须不停地被重新塑造,完全没有任何预定的形式,必须以它们在每一个文明之中的对象的现实为模型。

在这方面的成功不怎么完全;每一部历史书都掺杂着历史化的概念和时代错误的残余,它属于无意识的永恒论成见。克罗齐曾出色地表述了对这一混杂和不纯的典型印象[①];他写道,有关历史的书籍,过于经常地提供一种真实叙述与一些概念的古怪混杂物,这些概念既未经过透彻的思想,也没有可靠的支撑;在历史的权威色彩之上,添加了一些反时代的观念和常规俗

---

① 克罗齐(B. Croce),《作为思想和行动的历史》(*L'Histoire comme pensée et comme action*),谢-吕意(Chaix-Ruy)翻译,德罗兹出版社,1968 年,第 40 页。

套的范畴。相反,当概念和范畴终于能够与要加以阐释的事实相吻合时,这种纯正就使历史成为一个艺术作品,达到了几乎是道家的完美境界,如庄子所言,可以"能胜物而不伤"。

附 录
理 想 型

读者也许有理由感到吃惊,我们几乎没有提到一个著名理论的名字,也就是马克斯·韦伯的理想型理论;我们之前没有必要谈论它,是因为理想型归属于一个与我们所处的位置完全不同的问题体系。它处于一个系列综合的阶段,远高于我们将要以编制系列为名研究的阶段;而且,说实话,即使为了讨论和评判它的有效性,也可能应该从搞清楚自狄尔泰以来,人们叫做阐释学的整体丰富性与复杂性开始,而它,对我们来说似乎是历史主义在批评层面的对应物。在一个历史被理解为个体知识的提问法体系中,理想型实际上是一个解读和阐释的工具。

在我们的时代,理想型一词经常(不是始终)在一种有点庸俗化的意义上被使用:人们把每一种历史描述叫做理想型,在那里事件被简化,并且被以某种角度观察——历史的最微末的一页都是这种情况,因为人们不可能进入所有的细节,而且总是从某种连贯之中去观察事物。然而,这一意义不是韦伯原本的,对于他,理想型不是历史学家工作之结果,而仅仅是一个分析工具,它不应该离开研究室,而且它的使用毫无例外地是启发性的:最终的叙事不是一种理想型,它超越其外。理想型,它真的是一种理想,是一个过于完美的事件,它可能穷尽其逻辑,或者是它的各种逻辑之一;使得这个历史学家可以更深地理解一个具体事件的逻辑,能够阐述非重大事件历史,即使随后去测量理想与现实之间的距离。韦伯的原文是非常明了的:理想型(教派,城邦,自由经济,手工业者)是"一个极限概念"(un concept-limite),一个"乌托邦",它"在哪里也不会现实化",但是"用于衡量现实在多大程度上接近或者是远离理想的图景";它只具有"启发性的"价值,而不是历史编纂学的目标:"它仅仅作为认识的方法被考虑在内",并且"一定不要把理想型与历史混为一谈"。然而,没有它,历史知识"可能还是深陷那种仅仅是针对模糊地感觉到的东西的状态"。理想型不是一种平均数,远非如此:它使各种特点突出,而且是类属统称的对立面:人们完全可以为某个个体设计理想型[①]。

对于今天的欧洲人来说,这一理论是很难理解的;不是韦伯不够清晰,而是很难看到这一切能够作何用处。人们既没有领会其精神上的真实,也没有看到这种行事方式在方法论上的必

[①] 马克斯·韦伯,《论科学的理论》,佛伦德译本,第179—210和第469—471页,包括以下所有的引文。——关于理想型,特别要参阅雷蒙·阿隆《当代德国社会学》(*La Sociologie allemande comtemporaine*),第二版,第103—109页。

要性。人们倾向于得出结论,要么是韦伯不经意间对他自己的心理、对他作为研究者的个人习惯进行了描述,要么就是他的理论在1900年代的德国,应该有过一些我们已不再能够领会的和声。第二个推测是正确的。如莫里诺(J. Molino)让我注意到的那样,整个德国的思想领域,从施莱尔马赫(Schleiermacher)到狄尔泰,到迈内克和列奥·斯皮泽(Leo Spitzer),都曾不停地面对这一个体性之谜;"我给你送了一句格言,从那里我认识了整个世界:**个体性是无法言喻的**(*individuum est inefabile*)",歌德给拉瓦特尔(Lavater)写道①。狄尔泰曾经首先是一个天才的传记作家,是施莱尔马赫与青年黑格尔的精神传记的作者;对《精神世界》(*Monde de l'esprit*)的阅读,有时候是有一些令人狼狈,如果不了解这一背景就着手开始的话,而当人们知道狄尔泰不停地在思考的过程中援引的榜样是对个人业绩的理解②,这一阅读就会变得引人入胜;他在解释与理解之间拟制的对照,对人文科学差不多是命中注定的,在他那里是一种传记作家的观念。其实,在传记作家而且也经常在文献学家那里,"编制系列"——作为最微末之理解的真正基础——如 *rosa* 意思是"玫瑰"(rose)

---

① 歌德写给拉瓦特尔的这些话是迈内克《论历史主义的兴起》的题词。
② 雷蒙·阿隆,《历史的批评哲学,论一种德国历史学理论》(*La Philosophie critique de l'histoire, essai sur une théorie allemande de l'histoire*),弗兰出版社,再版,1969年,第108页:"传记被(狄尔泰)视为一种地道的历史体裁,因为人物是直接与终极的价值所在,各个时代只有通过那些给予一个集体之各种弥漫的丰富性以完美形式的天才们才可能得以实现。传记归根结底是透过一个人所看到的一个时代。"

和荷马以诗行写作——,仍然最经常地是不言明的,因为它们被视为最初的直觉;而人们作为问题感知的则在于它的独创性的结果。

理想型的问题,是对被领会为整体的个体的理解问题,而不是简化为编制系列作为对它们理解的支持。不过,有关一种个体的发展(我们说,有关一个情节,无论它是城邦,是自由经济,或者是歌德的教育背景)从来不会走到底,而总是被物质的困难或者是偶然所阻挡;恰如歌德的《太初之言》(*Urworte*)所说,这是每个人身上的魔鬼与他的命运女神的竞赛。于是我们想象一种个性,它可以让自己达到自身逻辑的极限,任何"困难"或者任何事故都不能抑制或者不能中断其增长:这种个性应该就是一个理想型。在韦伯理论的深处,有一种个体的全面发展的思想:"理想型是一种想要在基因的概念中抓住历史的个体的企图",因为,"当人们打算给一个概念的内涵提供一个起源性定义的时候,除了理想型,没有别的形式"。理想型方法的基本思想因此就是,只有完善的个体才使得理解不完美的个体成为可能。

第八章
因果关系与回溯

历史学不是一门科学,它进行解释的方法是"使人们理解",去讲述事情是如何发生的;它没有以与我们习惯的日常生活——每天早上或是每个夜晚——所做的不同的某种实体的东西为结果:这是属于综合概括的(其余的是考据,是博学研究的部分)。如果情况是这样的话,历史综合怎么会是困难的,它怎么会渐进地并且充满论战地进行,历史学家怎么能够在罗马帝国衰落的根源或者美国南北战争的起因上达不成共识?之所以出现这种困难有两个原因。一个,像我们刚刚看到的,是难在以概念体现具体事物的丰富性。另一个,我们现在就要看到,历史学家只是以微不足道的比例,也就是他可以使用的文献资料给他提供的信息,直接地接近这个具体事物,对于所有其他的,他不得不填补那些空白。这种填补只有非常微弱的份额是有意识地进行的,也就是理论和假设的部分;对于远为庞大的份额,是无意识地完成的,因为那是自然而然的(这并不意味着它会是可靠无误的)。在日常生活中也是这样;如果我在一份文献中清清楚楚地读到,国王喝水,或者是我看见一个朋友正在喝水,那么我接着会就此推断,他们喝水因为他们那时渴了,对这件事我可能会出错。历史的综合并非其他,它不过是这样的填充活动;我们把它叫做回溯(rétrodiction),通过借用有脱漏的知识的理论——它是或然性理论——的这个词语。当我们把一个事件视为将要到来的时候,预测就存在了:我有或者我曾有多少机会在打扑克时拿到 4 张 A?回溯的问题与原因的或然性问题,或者说得更正确一些,与假设的或然性问题相反:一个事件已然发生,对它最合适的解释是什么?国王喝水,是因为他渴了,还是因为礼节要他喝?有关历史的问题,当它们不是考订的问题时,就是回溯的问题[①];这正是解释一词在历史学家那里非常受欢迎的理由:对于他们,解释就是找到最佳说明,填补空白,发现阿拉伯东方与西方世界之间某种关系的断裂,以使随后的经济衰落可以被理解。所以,每一个回溯都牵扯到因果关系(干渴使国王喝水),或许甚至是(至少人们宣称如此)一种真正的规律(无论谁渴了都会喝水,如果他可

---

① 我们将避免推动在历史性回溯与假设的或然性估量之间非常有争议的对照;参阅赖兴巴赫(H. Reichenbach),《科学哲学的来临》(*L'Avènement de la philosophie scientifique*),韦伊尔(Weill)翻译,弗拉马利翁出版社,1955 年,第 200 页。我们同样注意到皮尔斯(Peirce)对或然性与历史考据的研究,《历史的逻辑》(Logic of Histoty),载《皮尔斯论文集》(*Collected Papers of Charles Sanders Peirce*),哈佛大学出版社,1966 年,卷 7,第 89—164 页(人们会注意到,皮尔斯遵循或然性原理的"频率的"观念)。

以做到的话)的解释。研究历史的综合,或者回溯,也就是探讨归纳法在历史中扮演的角色,以及"历史的因果关系"由什么构成;换句话说,既然大写的历史并不存在,在我们日常生活中的因果关系,是尘世的因果关系。

因果关系或者回溯

让我们从最简单的历史命题开始:"路易十四变得不受欢迎是因为税赋过于沉重。"必须明白,在历史学家的职业活动中,一个这样的句子可能以两种非常不同的意义来书写(奇怪的是,如果我们没有搞错的话,人们从来不提这一点:难道人们已忘记历史是通过文献获得的知识,因此是有脱漏的知识?);历史学家不停地从其中一个意义过渡到另一个而不作任何提示,甚至并没有注意到这一点,而对于过去的重建就正是在这样的来来往往中编织着。以第一种意义书写,这一命题的意思是,历史学家通过文献知道税赋就是国王不得人心的原因;可以说,他亲耳听到了这一点。在第二种意义上,历史学家只是知道税赋很重,此外,国王在他的统治末期变得不得人心了;他因此猜想或者是明显认为,这种不得人心的最明显的解释就是税赋的影响。在第一种情况中,他给我们讲述一个他在文献中读到的情节:税收制度导致国王失去民心;在第二种情况中,他进行一种回溯,从不得人心的事实,他追溯到一个假定的原因,一个说明性的假设。

尘世的因果关系

确切地知道税收制度使得国王不得人心就意味着,比如,已经遍览路易十四时代手写的回忆录,在那里村庄的本堂神甫记录了穷人因为人头税而抱怨,并在私下里诅咒国王。这一因果进程因此是立即可理解的:如果情况不是这样,这个社会的破译就可能根本无处着手。对一个孩子而言,一旦他长大到了可以把某些意义与战争、城邦或者是政治家这些词语联系起来,只要打开修昔底德的书就可以理解;这个孩子不会自发地具有这样的观念,每一个城邦都偏爱控制而不是被奴役:他将从修昔底德那里学习到这一点。如果我们因此理解一些结果的原因,这完全不是因为我们自身经受同样的东西。我们一点也不比路易十四的臣民更喜欢税赋,不过,即使我们热爱它,这也许并不妨碍我们理解他们怨恨它的理由;总之,我们完全理解一个雅典富人对荣耀而繁重的税赋的爱,它以承担公共福利的名义压在这些富人身上,而对它,这些富人则以他们的自尊和他们的爱国情感去出色地履行。

一经确认税收制度导致国王失去民心,就会看到程序重新开始:本质上,因果关系总是超出个别的案例,不只是一个偶然的重合,而是意味着事物中的某种规律[①]。但是,这完全不是

---

① 施太格缪勒(W. Stegmüller),《科学理论与分析哲学的问题和解答》(*Probleme und Resultate der Wissenschftstheorie und analytischen Philosophie*),(转下页注)

说,它可以达到稳定性出现的程度:这就是为什么我们永远也不能知道明天可能会发生什么。因果关系是必然的和不规律的;未来是偶然的,税收制度能够使一个政府失去民心,但是,它也可能不产生这样的结果。如果这一影响发生了,没有什么让我们觉得比这一因果关系更自然,不过,我们将不会因为看不到它的发生而过分惊讶。我们首先明白可能会有一些例外情况,比如,如果面对国土被入侵,一种爱国热情使纳税人激动;当我们说税收使路易十四不得人心时,我们未加言明地考虑到了那一时代的整体局面(对外战争,战败,农民的精神状态……);我们感觉到这种形势是特殊的,它的教训不可能移植到另外一个形势下而没有出错的危险。然而,那是不是说,我们始终处于这样的境地,要去明确哪一种情况下这些教训可以被移用,或者相反,去确知哪些特殊性使得它们不可能被借用? 并非如此;我们很清楚地知道,无论我们如何努力,我们将永远也不能够以可靠的方式明确指出,哪些特定的情况将会使这些教训有效或者无效:我们没有无视,如果我们企图做到这一点,我们可能会很快被迫去乞灵于比如法兰西民族性格的秘密,也就是说,被迫承认我们对预卜未来和解释过去的无能为力。因此,我们总是保留一个模糊的边缘,同样也是一个未定的边缘:因果关系始终与意中保留(restriction men-

---

(接上页注) 卷一,《科学的解释与论证》(*Wissenschaftliche Erklärung und Begründung*),柏林与海德堡,施普林格(Springer)出版社,1969年,第440页,以及第429页以后。我们要指出,这部重要著作的第335—427页从那以来已经成为任何有关历史认识论的思考之起点。

tale)相伴随;中世纪的经院哲学很明白这一点,它教导说,在月亮之下的世界,自然界的法则只是通过不精确的事物发生作用,因为,"物质"的多样性阻止它们确切地运行。

它是无规律的

这些道理并不是,如我们将要看到的,在有关历史的因果关系的讨论中毫无意义;每一个历史学家都能够重复塔西陀在他的《历史》中做出的、第一眼看起来有些矛盾的这个宣言:"我将要使读者了解,不仅是那些已经发生的和最为经常的是偶然的东西,而且还有那已发生的事件的原因。"这就是说,一切都是一个层级的问题:历史事件或多或少是令人困惑的,或可预见的,因果关系或多或少依据不同情况有规律地发生作用。因此,我们对未来的指望也有不均等的机会刚好言中。经验已经告诉我们这一不均等性;我们肯定一个物体将会坠落到地上(当我们差不多有五个月大的时候,经验就教会了我们这一点),除非这是一只鸟,或是一个红气球;如果我们穿得太少上街,我们将会感冒,不过,这种或然性是不那么可靠的:如果我们真的感冒了,我们将会确定其原因,但是,如果我们出门没有穿大衣,我们对这样做的后果就不大能够肯定。如果政府提高了税收,或者是冻结了工资,人们将很有可能不满意,但是这种不满意可能发展的程度不一:骚乱也许是一种危险,但也只是一种危险。在我们的行动中,同样也不少某些稳定性,没有它们的话,我们就可能什么也做不成了;当人们拿起话筒给女厨子、给传达员,或者是给刽子手下指令的时候,总是期待会有结果;然而,也会遇到电话机出现故障,于是服从的秩序抛锚。这一大致稳定的方面,使得一部分的历史进程归结为某些配方的运用,历史学家对它闭口不谈,既然历史事件是不同的。历史事件构成一个情节,在其中一切都是可解释的,但不是同等地有可能。骚乱的原因是赋税的沉重,但是,并不能肯定情况可能一直走到发生骚乱的程度;事件有其原因,而原因又并非总有其结果,总之,不同的事件所遭遇的机会是不均等的。人们甚至能够进行提炼,并且区别风险、不确定和未知的事物。当有可能去估量,至少是大致上,不同的或然性的机会之数量时,存在一种风险:就像是我们穿过一处有一层雪遮盖了裂缝的冰川,而人们知道在这一块地方裂缝的分布是相当密集的;有一种不确定,当人们不能说出不同的或然性的相对可能性时;当人们不知道正在穿越的多雪的表面是凶险的冰川,还是无害的冰晶的时候,就是这样;当人们甚至不知道或然性是什么,不知道哪一种意外事件可能会发生的时候,有一种未知:当人第一次踏足于一个未知星球的地面时,就是这样。这是事实,**历史的人**(*homo historicus*)通常更喜欢巨大的风险而不是轻微的不确定(他是相当墨守成规的),他痛恨未知的事物。

它是模糊的

如果每一个因果关系因此或多或少是稳定的,如果我们只能带着意中保留(restriction mentale)援引它,这是因为,对于它我们所能有的,只不过是一种总体的和模糊的感知。因果关系过于模糊,使得人们不可能以两个弹子简单地撞击的例子来对它进行推理[1]。当我们看见它们相互撞击的时候,我们相信因果关系,因为这一进程的逻辑与我们看见旧的不去新的不来差不多是同样明显的;相反,我们不把白天视为黑夜的原因,尽管它不能更有规律地紧随其后。如果在一个不熟悉的机器里,我看见一个操纵杆落下来,而且听到了一支乐曲,我并不因此推断这个操纵杆是它的原因,而是推定操纵杆的移动和音乐是同一个隐藏机制的两个相继出现的结果。不过,实际上,人们有没有经常地想到谈论原因呢?涉及到电器转换开关或者是戽斗水车的功能,难道我会议论它?当我打开电灯,我意识到它产生了一个整体的进程,但是我没有对它分解为结果和原因表什么态。一切在进行,就好像因果关系只不过是一堆数目众多的模糊的微小推论的整体结论,跟莱布尼茨的"细微的感知"一样不可捉摸。如果一个男孩向我的窗户扔了一块砖头,打碎了玻璃,我将完全明白这结果的原因;我甚至能够说,如果我的语汇是高贵的,那块砖头是这块打碎的窗玻璃的原因;可是,如果我从中得出一个定律,即砖头总是砸碎窗玻璃,那就可能是滥用[2]:如果

---

[1] 参阅米肖特(A. Michotte),《因果关系的感知》(*Perception de la causalité*),第二版,鲁汶(Louvain),心理学研究(Studia Psychologica),1954年。

[2] 参阅加德纳(P. Gardiner),《历史解释的性质》(*The Nature of historical explanation*),1961年(牛津,平装本1968),第86页和第80—98页;德雷 (转下页注)

我这样做了的话,可能仅仅表明,人总是能够把一个句子变成复数形式。日常生活中的因果是由单数的因果关系组成的,在它背后人们隐约见到某种一般性,不过是模模糊糊地。当然,事实上,各种投掷物能够打碎窗玻璃并非一个生来就有的知识;一个新生儿就要通过学习去了解玻璃是易碎的。至于我本人,我已经见过石头、弹子或者是螺栓打碎窗玻璃,但不是砖头;不过我对结果并不怀疑,正如我知道,与之相反,一个软木块大概什么也打不碎;通过一种模糊的推理,我考虑到物体的重量,它的大小,它的弹性,窗玻璃的厚度,但是没有它的颜色。

只是我做不到准确地说多大重量、多大的弹性等等能够导致窗玻璃的破碎;我也不知道是否有其他的我所不知道的条件:因为它是一个结论,而且是一个模糊的结论,因果关系始终在它的稳定性中伴随着不明确,伴随着意中保留,而我们始终只能多多少少地肯定它的结果。因为,如果说每一个结果都有它的原因,但并不是每一个原因总会有它的结果;经院哲学同样也发现,研究因果关系更合适的方法,不是从原因出发去预测一个结果之令人怀疑的可能性,而更多是从结果去追溯一个原因,并且思考"这一变化从何而来",最初的变化从何而来(*unde motus primo*)的必要性。

我们以之围绕预测的这一意中保留还有第二个理由:人们

(接上页注)(W. Dray),《历史中的法则与解释》(*Laws and explanations in history*),牛津,克拉伦登(Clarendon)出版社,1957 年(1966),第 3—4 章。

叫做原因的从来也不过是在进程中可切分的原因之一,可切分的原因的数量是无穷尽的,而它们的切分只不过在言语的层面有价值;在"雅克没有能坐上火车,因为火车已经挤爆了"中,如何分解出原因和条件?人们大概会列出一千零一个可能的方法去讲述这个小事故。窗玻璃打碎的原因可能是那块砖头,那个扔它出来的男孩,那窗玻璃的厚度,或是我们生活其中的忧郁的时代。如何清点使得一块砖头打碎一块窗玻璃的所有必要条件?路易十四变得不得人心是由于税收制度,但是,由于一块国土被侵犯,一个更爱国的农民群体,或者如果他的身材更高,他的体型更有威严,说不定他就不会失去民心。同样,我们也避免去肯定,任何国王都将会以路易十四曾经有过的简单原因而变得不受欢迎。

回　溯

历史学家不能以可靠的方式预见,一个国王是否会因为税收制度变得失去民心;作为补偿,如果他亲耳听到一个国王是由于这个原因而不得人心,在这一点上就不再有什么可以吹毛求疵,硬说"这些事实并不存在"(他顶多可以在纳税人的心理分析方面钻牛角尖,如我们在下一章将看到的)。只是,因为我们对过去的知识是不完整的,历史学家会经常面对一个非常不同的难题:他确知一个国王的不得人心,但是没有任何材料使他得以明白其原因;于是他不得不通过对结果的回溯,追寻他的假定原因。如果他确定这个原因应该是税收制度,那么"路易十四因为税赋变得不得人心"这个句子,就会被他以我们见过的第二种语义来书写;这时的不确定就是这样的:我们对结果是肯定的,但是我们是否追溯到了正确的解释?那原因究竟是税收制度,是国王的战败,还是某个第三种我们还没有想到过的事情?对支持者为了国王的健康所做的弥撒的统计清楚地显示,在其统治末期精神上的疏远;此外,我们知道,税赋变得更加沉重,而且也知道人们心理上是不喜欢税赋的。人们,也就是说,永恒的人,换个词说,是我们本身和我们的成见;一个有关该时代的心理分析可能会更有价值。然而,我们知道,在 17 世纪,很多骚乱是因为新的税赋、货币的变更与谷物的昂贵引发的;这种知识不是我们自身固有的,我们在 20 世纪也不再有机会看到很多这一类的骚乱:罢工则有其他的理由。但是,我们读过有关投石党人的历史;在那里税赋与骚乱的联系立即可以感觉得到,对因果关系的总体知识给我们保留了下来。税赋因此是引发不满一个很可能的原因,然而其他的是不是也可能是完全同样的?什么是在农民内心中的爱国主义力量?战败对于国王失去民心难道没有起到与税收制度一样的作用?为了可靠地进行回溯,必须清楚地认识那个时代的精神状态;人们也许会追问,是否其他的不满案例有税赋之外的其他原因;更有可能的是,人们并不通过一种同样漫画式的归纳进行推理,而是会思考,根据人们了解的那个时代的全部氛围,是否存在着一种公众观念,是否民众把对外战争视为国王与一些专家主宰的有关荣誉与个人的事务之外的什么,并且它与臣民无关,除了当他们承受由它所带来的肉体上的痛苦时。

这样我们就得到了多多少少像是可靠的结论:"这一骚乱不大为人所知的原因,很有可能是税赋,一如既往,跟这个时代在同样的环境中会出现的一样。"言下之意:如果事情是这样有规律地发生;回溯由此就与通过类比进行的推理类似,或是与这种形式的合理预测——因为有条件限制,人们称之为预言——类似。通过类比进行推理的例子:"历史学家们,这些人中的一个写道,经常地使用一概而论;如果理查德让人在伦敦塔杀死小王子们的事实不是不容置疑,历史学家们将会自问,也许更多是无意识地而非有意地,是否除掉王冠可能的竞争者是这一时代帝王的惯例;他们的结论将会非常有理由地受到这一概括的影响。[1]"这种推论明显是危险的,理查德作为个人远比他的时代风俗所能容忍的更为残忍。历史预测的例子:我们想知道,如果斯巴达克斯打败了罗马军团,而且成了南部意大利的主人,可能会发生什么;奴隶制的终结?在生产关系的上升中过渡到更高一阶?一个对照暗示一个更好的回答,我们有关那个时代氛围所知道的一切似乎使之得以证实;自从我们知道,在斯巴达克斯之前的一代,当西西里奴隶大暴动时期,这些起义者确立首都并推举了国王[2],我们可以估计,如果斯巴达克斯赢得了胜利,他

---

[1] 卡尔(E. H. Carr),《历史是什么?》(*What is History?*),1961年(企鹅丛书,1968年),第63页。
[2] 罗贝尔(L. Robert),《法兰西公学院年鉴》(*Annuaire du Collège de France*),1962年,第342页。

可能会在意大利建立又一个希腊王国,在其中,奴隶制毫无疑问还会存在,即如在那个时代它到处存在一样①。在这一对照缺席时,另一个对比,不过不如这一个合适,可能是埃及的马木留克王朝(Mamelouks)的历史。使这个西西里的对照具有价值的是,人们看不到有什么特殊的理由推动西西里的奴隶去建立一个王朝,而这一理由在斯巴达克斯的情况中可能是缺席的;对君主制政体的选择,在这个时代,不能被视为一个独特现象:君主制曾是所有并非城邦的国家正常的政体;另一方面,同一个神赐予的和千禧年说的光环肯定围绕着斯巴达克斯和西西里起义者的王:人们非常熟悉这种"反抗的原始状态"的千禧年主义。

回溯的基础

因此,对一个特定时代,我们最终将以形成某种共同性的观念,知道对这个时代的人可能或者不可能期待哪些东西为结果;这也就是所谓具有历史意识,理解古代的心灵,感受那

---

① 我们要赶快补充说,奴隶制这个词是模棱两可的;奴隶制,有时候是一种用于仆役关系的古老的法律束缚,有时候指的是种植园奴隶制,如美国南部在1865年前。在古代希腊罗马文化中,第一种形式显然是最普遍的。种植园的奴隶制学说,只有它关注生产力和生产关系,在意大利和希腊化晚期的西西里纯属例外,正如种植园奴隶制在19世纪的世界是一个例外一样;对于古代希腊罗马文化,在耕地方面的惯例,如罗丹森(M. Rodinson)所说,是自由农民或者是农奴。斯巴达克斯,在摧毁了种植园的经济体系之后,显然会接受家庭奴隶制,如整个他的时代一样。

个时代的气氛:全部的这些结论最经常地是无意识的,或者,出于严肃的精神或者文种的成规,至少是心照不宣的。只有碑铭学家有清醒的头脑去谈论"编制系列"。实际上,与回溯最为相近的推理就是编制系列;当一个碑铭学家,一个文献学家或者一个图像工作者,想要知道 rosa 这个词是什么意思,或者是,在浅浮雕上,一个躺在床上的罗马人在做什么,他收集 rosa 这个词出现的所有的其他情况,和其他的躺着的罗马人情况,从这样得以形成的系列,他得出结论,rosa 这个词意思是一朵玫瑰,而那个罗马人是睡觉或是吃饭①;这一结论的依据是,如果一个词不是总有差不多同样的意义,而罗马人也不是如

---

① 至于编制系列,它似乎值得哲学家们的注意,有关它,在斯宾诺莎(Spinoza)《神学政治论》(*Traité de Théologico-politique*)的第一章和第七章有许多好的例子,最简单的就是去研究一个使用它而对其未加命名的语文学家的著作,如爱德华·诺顿(Eduard Norden),或者研究一个历史学家,他使用它的同时给它命名,比如罗贝尔(L. Robert)。以下就是这种非常复杂的推理的一个例子。希腊词语 *oikeios*,在古代语言中,意思是"特殊的,专有的";然而,在古罗马时期的那些碑铭中,人们非常频繁地遇到这样的表述,*oikeios adelphos* 或者是 *oikeios pater*,一开始人们想要以"他自己的兄弟""他自己的父亲"来翻译;但是那个形容词出现频次如此之高,使人们很快猜出来,随着时间的推移和词义的减弱,它已经变成了单纯的主有形容词,因此应该简单地翻译为"他的兄弟""他的父亲"。这里不言明的推理是这样的:人们编制 *oikeios* 这个词出现情况的系列,并且证实,它比碑铭能够合乎情理地需要强调这种兄弟关系或是父子关系的情况出现得更为频繁。但是,"合乎情理"又是什么意思? 这是一种未言明的编制系列:为了 *oikeios* 仅是一个主有形容词而不再包含坚持强调的意味,就需要碑铭是以一种简朴的风格拟写,而不是以晚期罗马帝国这种"卡夫卡式"的修辞风格,把全部的重量都压在最微末的词语之上;翻译 *oikeios* 因此就意味着要评估整个语境的风格,也就是说要把它与那一时代其他的风格相比较……这就是支撑着最简单论断的微型推理的不同寻常的复杂。

他们的时代习俗所希望的那样去吃饭或是睡觉,大概会是令人吃惊的。于是我们看到了什么是回溯的基础;它不是假定的稳定性,依据它结果紧随原因之后,它也不是归纳的原理,自然现象的规律性;相反,它是某种全凭经验的东西:在历史中存在着习俗、成规、类型。这里是一个躺着的罗马人,他为什么躺着?如果人们的为人处世是随意的,只不过是心血来潮,那么可能性答案的数量也许会是无法确定的,因此回溯那个正确的解答也大概是不可能的;但是,人们总是有一些习俗,而它们有一些相一致之处;人们能够回溯的可能性原因由于这一点而变得有限。情况也可能并非如此,人们也可以无视任何习俗惯例,只是出于天性或者是出于狂热而生活,历史也可能由只出现过一次的词组成:这样的话,回溯也许就变得不可能,不过,自然法则的规律性并不因此减少,认识论的结构也可能不会因此而有微小的改变。

幸好,人类或者至少是每个时代总是有一些重复,而有关这些重复的知识使得回溯可以进行。作为语言符号的词语总是在同样的意义上被使用;习俗要求人们站着、坐着或者是躺着吃饭,而不是由人们随心所欲;每个社会的音域是有限的,一个手工制造业的文明很难同时具有骑士风度,因为人们没有时间做所有的事情,也没有头脑应对一切;人类有它的本能,比如,它接受团体内部的暴力,以老鼠的方式,甚至是以狼的方式。这就是人们可以信赖的常量。其他的方面,相反,以更不容易编制系列为人所知。情况对于历史学家如同对于侦探①:当侦探面对一个与模型一致的"中常之人",他知道他能够预期什么;相反,他永远也不会知道所谓"知识分子"能够创造什么。谬误、怪癖、放纵、天才和疯癫都是一些回溯在那里会有风险的领域。一个品质不佳的雕塑可以被归入系列,一个杰作,则极少这种可能;文学文本的重建比行政管理的表格较少可靠性。战争对于一切人类所知的历史都是事实,不过,商业帝国主义是时间推定非常严格的现象,因而,最好不要以它去追溯伯罗奔尼撒战争②。重要的事情总是在于,要辨别我们是否处于一个重复性起作用的领域,或者我们是否不能信赖它;进一步说,存在一些脱离常规或者是富于创造的时代,在那里这些差距比在其他的时代要大很多。现实的情况是,历史学家不停地在两个极端之间摇摆:编造一些虚假的规律("一个这样的事实是这个时代所不能接受的,它在18世纪之前绝不会出现");或者是一切放任自流,觉得一切在任何时代都是可能的,习俗并不是人们所说的暴君。一种

---

① 在历史考证与侦探调查之间的比较是必要的:在赖兴巴赫(Reichenbach)(注释1,引述)或者在戈布洛(Goblot)的《逻辑论》(*Traité de logique*)中可以找到它。我们并不深入到什么是历史推理的本质这一问题,它既非推演,也非归纳;参阅戈布洛,以及埃克塞诺博尔(A. Xenopol),《关于历史的理论》(*La Théorie de l'histoire*),1908年(它完全不应该被轻视,尽管见到它被征引的情况越来越稀少);对于这一推论性质的阐释,看起来要去皮尔斯的著作和他有关**不明推论式**(*abduction*)的描述中去寻找。

② 在这一点上参阅维达尔-纳凯(P. Vidal-Naquet)《古代希腊的经济与社会》(*Économie et Société dans la Grèce ancienne*)中的具体一页,《社会学的欧洲档案》(*Archives européennes de sociologie*),6,1965年,第147页。

未来的历史批评的任务之一,可能就是开发一种有关回溯的决疑法。

回溯,就是"综合"

这不是第一次我们确认这一点,而且这也将不是最后一次:历史知识的问题之根存在于文献、考证和博学的层面。历史认识论方面的哲理化传统追求过高的目标;它想要知道历史学家是否通过原因或者通过法则进行解释,但是它忽略了回溯;它谈论历史的归纳,而无视编制系列。然而,一个特定时代的历史通过编制系列,通过在文献与回溯之间的来来往往得以重构,而那些表面上最可靠的历史"事实",实际上是包含相当比例的回溯所得的结论。当一个历史学家依据某个村镇本堂神父的手稿说,税赋制度使得路易十四不得人心,他是通过认可这一证词对那些邻村同样是有效的而进行回溯,也就是假定一次大规模的调查,如果他希望这一归纳真的可以成立,抽样能够被拿来作为代表的话。最初的回溯,说实话,是把一个手稿——在1969年对这个历史学家的视觉和触觉实实在在地存在着的——向后带回三个世纪[①]。回溯、解读的这

[①] 我们不会进入由对过去发生事件的预测所检验的提问体系,我们会把符合礼仪的陈述问题,如它在历史中表现的,原封不动地留给职业哲学家们;我们将仅限于参考阿瑟·丹托(A.C. Danto)的《分析的历史哲学》(*Analytical Philosophy of history*),剑桥大学出版社,1965年(平装本1968年),第四、第五章。

一巨大的比例,在某些领域,使得人们可以料想所有令人惊讶的事情;在两个世纪之前,人们最终以承认罗慕路斯(Romulus)是传奇为结果,自 1945 年起,日本历史学家可以提出,他们的天皇世系的起源是神话的。实际上,在历史的经纬之中,存在着巨大的空白,原因就是,在人们称之为文献资料的这类非常特殊的历史事件之中它们大量地存在,而历史是通过痕迹获得的知识。

我们在前边已经看到,在任何情况下,一个文献,即使是由鲁滨孙·克鲁索讲述的鲁滨孙·克鲁索的一生,也不会完完全全地与事件重合。所以,事件的迂回曲折不能如同马赛克一样被重新拼接组织;不管其数量多么众多,文献材料必然总是间接的和不完全的;必须把它们投射到一个选定的背景,并且使它们彼此联系起来。这种局面,如果说对于古代历史特别容易觉察,却并不是它特有的:最为当代的历史也有同样大的比例是由回溯形成;差别在于这里的回溯实际上是确定的;不过说到底,就算这些文献是报纸或者档案,也仍然需要去在它们之间建立联系,而且,根据我们从其他方面对这些报纸的了解,不要赋予一篇《人道报》上的文章与一篇《辩论报》的社论同样的意义。一份 1936 年的小册子和一些剪报为我们保留了在城郊某工厂发生的一次罢工的记忆;因为哪一个时代都不可能同时发生所有的事情,如同人们不能同时进行"静坐罢工","未经工会批准的罢工"和"破坏机器的罢工",这个1936 年的罢工显然将被回溯为同一年内其他罢工的同类,在整个人民阵线的语境中,或者毋宁说是,在所有使我们了解这些罢工的材料的语境之中。与之相反,在古代历史中,表面上最为确切的文献(或者它看起来如此,因为人们对回溯的比例考虑不足),在缺乏语境的情况下也仍然是模糊不清的。这是小普林尼(Pline le Jeune)的一封信,孤立如天外来客,它确切地告诉我们,在 2 世纪之初,在小亚细亚的某个地方,基督徒众多;由于没有背景语境,我们甚至不能够确定(假定我们只是想知道这一点)是否这一封信证明,仅在基督死后三代,至少在文化发达的地区,基督教已经几乎实现了对灵魂的征服;或者,是否不应该仅是认为小普林尼和罗马当权者的注意力刚好被一个暂时性事件的插曲所吸引:在亚洲发生的一阵突然的皈依热潮,可以与盎格鲁-撒克逊的信仰复兴运动,或者与早年传教士曾经失望地在日本遭遇过的皈依热潮相比较,大规模但却短命的、当权者任何细微的举动都足以把它扼杀(不过,如同潮汐回落之后,在岸上还总是留下一小片被征服的灵魂)。宗教的潮汐有规律地涨起,或者是潮起潮落?如果人们局限于古罗马人的文献,在这一点上的回溯是不可能的。

逐渐地,较少缺漏的文献使人们可以想象一个时代的语境(他"熟悉他的时代"),而这种想象使人们可以校正对其他空缺更多的文献的理解。在这里没有任何"历史综合的恶性循环",与并不存在文学文本解读方面的"阐释循环"一样。人们假定有一个循环的存在,一个上下文语境的解读取决于细节,而细节则具有人们赋予语境的意义①。事实上,循环根本不存在,因为依据它们建立对语境的即时性解释的细节,并非需要去解释的新的细节;解释因此将以一个千足虫的方式渐进。如果它是另外的样子,我们在今天就没有可能破译任何文本,除非通过神秘的直觉。

与"历史循环"并不存在一样,也没有逃往无止境的回溯;这些推理被文献的已知材料绊住了。但是,如果这些推理不能达到无限,它们至少走得很远。直到在每个历史学家的头脑里编织一个小小的个人的历史哲学,一种职业的经验,依据它,他分配这样那样的分量给经济原因或者是给宗教需求,考虑或是不考虑这样或那样的回溯性假设,正是这种经验(以人们议论一个临床医生或者是一个告解神父的经验的意义上),人们把它视为历史学的著名"方法"。

"方法"是一种经验

因为,与一个最微末的事实都暗含着一系列的回溯同样,它最终以同样暗含范围更广的回溯,形成一个有关历史与人的观

---

① 伯克(A. Boeckh),《百科全书与科学哲学方法论 I,科学哲学的形式理论》(*Enzyklopädie und Methodenlehre der philologischen Wissenschaften*, I, *Formale Theorie der philologischen Wissenschaft*),1877(托伊布讷[Teubner],1968),第 84 页起,与狄尔泰的文字对立,《精神的世界》,雷米(Remy)翻译,奥比埃-蒙泰涅 Aubier-Montaigne 出版社,1947 年,卷 1,第 331 页。

念为结果。这个职业的经验,通过研究与它密不可分地联系着的各种事件获得,是修昔底德称之为**永恒财产**(*ktèma es aei*)的同一个东西,历史的永远有效的教训。

对于他们所处的时代或者是对于那个历史阶段而言,历史学家因此将最终成为一个智者,而且获得马利坦称之为"一种有关人的健全的哲学,一种对于人类的多样性活动与它们的相对重要性的准确把握"①。革命的突然爆发究竟是一种频率很低的现象,必须以一种十分特别的社会与意识形态的准备过程为前提,还是它的发生就像交通事故一样,不需要历史学家花费力气去进行复杂的解释?产生于社会剥夺与不平等的不满情绪是这种变革的关键性因素,还是实际上只扮演一个次要的角色?一种强烈的信仰只属于宗教精英,还是也可能成为一种群体性现实?著名的"诚朴人的朴实信仰"究竟与什么类似?一种如贝尔纳诺斯(Bernanos)所想象的基督教民族是否从未存在过(勒布拉斯[Le Bras]对此深感怀疑)?古罗马人对于表演的集体狂热与南美洲人对于足球的集体狂热只不过是一种掩盖政治冲动的表象,还是它的意义自身对人来说也是合情合理的?对于这些问题,并不总是能够从"他的时代"的文献中提取出答案;与之相反,这些文献将获取每个人对这些问题的回答可能提供的意义,而且这一解答将取自其他的时代,如果那个历史学家有学

---

① 马利坦(J. Maritain),《关于一种历史哲学》(*Pour une philosophie de l'histoire*),儒尔内(Journet)翻译,瑟伊出版社,1957年,第21页。

问，或者有他的一些成见，也就是说当代历史的景观。历史的经验因此是由历史学家在他的生活、他的阅读和他的交往中，到处所学的全部东西组成的。因此，也就不奇怪，没有两个历史学家或者是两个临床医师会有同样的经验，而无休止的争论在病人的床边也并不罕见。更何况，头脑简单的人想借助于各种箭头标示技术，贴社会学、宗教现象学标签等制造奇迹；好像那些相关科学是从天上演绎而来，好像它们不是被归纳的，好像它们不属于一个不怎么一般的历史的某个方面，一句话，好像它们不是其他人的经验，从它那里历史学家总是会得到好处，如果他懂得不要让自己被那些与事实不符的陌生标签所羁绊的话。这就是为什么，那些头脑简单的人是本质上真正精明的人，他们自己并不以社会学可能不是历史为借口，拒绝接近这种经验，而那些嘲笑他们的人只不过是一些半聪明人。历史的经验是对历史上所有的一般性与规律性的通俗了解，以某种也许正在流行的包装来对它们加以呈现。

历史客观性的两个限度

如果历史是这种已有材料与经验的混合物，如果它是通过不完整的文献和回溯获取的知识，如果它的重建是以与一个孩子通过来来回回的推断一点点地形成对他周围世界的看法同样的方法，那么，我们就会看到，什么会合情合理地是历史客观性的限度；它与文献资料收集的残缺和经验的多样性是相应的。

I. 文献资料的收集

这就是独一无二的限度。实际上,人们可以一上来就承认历史是主观的,如马鲁所说,既然大写的历史并不存在,既然一切都是情节的材料;人们也可以一开始就承认阿隆谈论的历史客观性的限度,在这些情节是尘世的这个意义上,它们有某种真理,然而不是科学的真理,一页历史始终是更加类似于一页记叙文,而不是一页物理学。并不能因此得出结论说,一种精明学者的怀疑态度,以旧时的风格,是合适的,或者,以新式的时尚,事实并不存在,它们取决于有关历史意义的一种正确的观念。我们只能下结论说,历史并非以自然科学那样的方式是客观的,它的客观性跟我们眼睛所见的这个世界的客观性同属一个范畴。

诚如夏特莱(F. Chatelet)写的那样,"如果人们观察当代历史学家的工作——而不仅是这些历史学家所写的对历史的思考,人们会意识到,关于历史真相的不可能性,历史学推测的特点,主观性的不可约系数的争论,在今天已没有什么意义。如果对历史事件的好几种表述都是可能的,那就是说它们中的每一个都从新的角度去阐明这些事件"。我们将不把在客观性的局限之中那些来自于思想的派别分野包括在内;一个马克思主义者将会发现经济原因具有首位重要性,其他人则会谈论寻求权力或是社会精英的流动。不同于在化学家或者物理学家之间的争论,这种派别的分野有另外的学科起源,而且散发着无聊的气息。我们也将不计入历史的未完成状态,任何不是直接的知识都是如此;也不包括这种人们可以把分析或多(陶里亚蒂)或少(赫鲁晓夫)在非重大事件性历史之中推得更远的事实,这只是表明,有一些称职的历史学家,而另一些则不那么高明;还表明,历史的经验也在增加。所有的这一切被接受,我们就看不到有什么会阻挡各种思想在塞琉西帝国或者是 1968 年五月风暴的问题上达成一致,除了缺乏文献资料;历史的实践,通过它的存在本身,破除在客观性方面可能会有其他局限的认识,而且人们还从来没有见到过,历史学家之间的讨论最终以发现一个不可超越的悖谬为结果:人们只是发现混乱的概念,没有预先估计的那么简单的提问方式和没有想到过的问题;历史不是不可认识的,但是它极端复杂,要求一种远比我们现在所能得到的更为圆熟的经验。这就是说,甚至表层原因与深层原因之间的差别也不是个人趣味或者视角的问题。当然,对同一个时期的两个历史叙述通常会相当不同;不过这些差异来自于观点,来自一种对于诸事实的这一或那一方面在编写上的强调,或者对那些避而不谈部分的一种不同选择;人们在两份数学报告中可能会发现相同的差异;或者,它也可能涉及到真正的分歧:但是,在这种情况下,一个讨论可以非常客观地建立,而且是有效地建构,它从来也不会通向一些悖谬,而只不过是通向一些不和。

II. 经验的多样性

因为客观性的第二个限度——不过它与其说是确定的限度不如说是一个制动的、迟缓的作用——也就是个人经验的多样性,它是很难被传递的。两个宗教史的史学家将不会就"罗马人葬仪的象征性"达成一致,因为其中一个拥有关于古代碑铭、布列塔尼朝圣、拿波里人的虔信方面的经验,而且他读过勒布拉斯,而另一位则基于古代文献、自己的信仰和圣特蕾莎(Sainte Thérèse)形成了一种宗教哲学;游戏规则是永远也不要试图追问作为回溯之基础的经验的内涵是什么,他们所能做的只是相互指责缺乏宗教敏感,这并没有什么意义,但是却很难彼此原谅。当一个历史学家,为了建构他的解读,借助于当下或者是另一个历史时代的教训,他习惯这样做是以之阐明他的思想,而不是作为证据:或许一种羞耻心使他推测,在有逻辑头脑的人眼里,历史的归纳显得极不完善,而历史学是一种可怜的类比的学科。因此我们尽可以相信,人们以他的个体性,也就是说,以某种混杂的知识所得经验书写历史。当然,这种经验是可以传递和可以累积的,因为它尤其是书本上得来的;但是,它不是一种方法(每个人拥有他能够和想要的经验),首先因为它的存在未被正式地认可,而且它的获得不是有组织的;其次还因为,如果说它是可以传递的,它又不是可明确表达的:它通过对具体的历史局面的认识获取,对于它,还要每个人从各自的角度去提取教益。伯罗奔尼撒战争的*永恒财产*(*ktèma es aei*)是暗含在对这场战争的叙事之中的,它不是文本之外微缩的教理课本;历史的经验是在实践中获取的,它不是研究的结果,而是当学徒的结果。历史学没有方法,因为它不能够以定义、法则和定律的形式把它的经验写出公式。因此,对不同的个人经验的讨论永远都是间接的;随着时间推进,学徒们相互交流,并最终达成一致,以一种观念最终形成的方式,而不是人们提出一个定律的方式。

原因还是法则,艺术还是科学

历史学是一门艺术,它意味着对一种经验的习得。使人在这一点上弄错,使人不停地希望某一天我们将最终把它引入真正科学的阶段的,是它充满一般性的概念,充满大概的规律性,像日常生活一样;当我说税赋使路易十四受到憎恨,这句话本身也就让我承认,人们见到同样的事情由于同样的原因发生在另一个国王身上可能不会惊讶。我们由此就触及了目前在盎格鲁-撒克逊国家中历史认识论的最重要问题:历史学家到底是通过原因还是通过法则进行解释?是否可以说税赋使路易十四被憎恶,而无需求助于一种**覆盖率**来为这一特殊的因果关系提供基础,并且断定一切过于沉重的税赋都会使征收它的政权不得人心?这种提问法的关切表面上看或许是相当有限的,但是它实际上隐含了历史的科学特性或尘世特性的问题,甚至是科学知识的本性问题;本章剩余部分将对此进行探讨。每个人都知道,存在着一般科学,而历史充满了一般性,不过,这是"好的"一般性吗?我们先说一下覆盖率理论,因为在它对历史解释的分析中有不止一种东西需要考虑。我们只是否认,除了某些外表,上述的解释与在自然科学中事实上所进行的解释有一丁点关系;

因为,与每一个格朗日①的读者一样,我们只能盲目迷信在"实际经历过的"(我们已经把它叫做:尘世的)和"形式上的",即一切配得上科学之名的科学可以用公式来表述的特点之间的对立。格言的真理,"任何过重的税赋都会使一个政府令人憎恶,除非它不这样做",它与牛顿的公式有一丁点关系么?而如果没有,又是为什么?

依据逻辑经验主义的解释

历史学中的这个覆盖率理论要归功于逻辑经验主义②。这

---

① 格朗日,《形式思维与人的科学》(*Pensée formelle et Science de l'homme*),奥比埃-蒙泰涅出版社,1960 和 1968 年;参阅《人的科学中的事件与结构》(*Évènement et structure dans les sciences de l'homme*),载《应用经济学学院丛刊》(*Cahiers de l'institut de science économique appliquée*),第 55 号,5—12 月,1957 年(47)。关于物理学的理论,关于社会学的伪理论,关于人文科学作为人类行为学,参看阿纳托尔·拉波波尔特(A. Rapoport)非常明晰的文章,《"理论"的多种含义》(*Various meaning of "theory"*),载《美国政治科学评论》(*The American Political Science Review*),第 52 期,1958 年,第 972—988 页。

② 基础性的工作是亨佩尔(C. G. Hempel)所做的,《一般规律在历史学中的作用》(*The Fonction of general laws in history*),1942(载费格尔[H. Feigl]和塞拉斯[W. Sellars]的《哲学分析读本》[*Readings in philosophical analysis*],纽约,Appleton Century Crofts 出版社,1949 年;以及在加德纳编辑的《历史学理论》[*Theories of history*],格伦科[Glencoe],自由出版社[Free Press],1959 年);在同一方向上,谢弗勒(I. Scheffler),《科学的剖析》(*Anatomie de la science*),特维利尔(Thuillier)翻译,瑟伊出版社,1966 年,第七章;参阅波普尔,《历史决定论的贫困》,卢梭翻译,普隆出版社,1956 年,第 142 页。参阅加德纳所持的非常微妙的立场,《历史解释的性质》,德雷,《历史中的法则与解释》,已征引,以及丹托(A. C. Danto),《历史的分析哲学》(*Analytical philosophy of history*),第十章。但是,对亨普尔(转下页注)

一学派信奉理性的统一性。依据它对自然科学中的解释的分析,每一种分析都等同于把事件归入一些法则之下。更准确地说,假定有一个事件需要解释:将要去解释它的,一方面,由已有条件或者既往状况构成,它们是处于确定的时间和地点之中的事件(这就是,比如初始条件或者是物理学家范围内的条件);另一面,则是科学的法则。对一个事件(热力沿着这一铁杆的传播,这一年小麦价格超乎比例的下跌)的任何解释都因此包括至少一种法则(对于小麦,这就是金氏定律)。无可指摘的分析,的确,让我们把它运用到历史学中。假定这是罗马教廷与皇帝的冲突①。因为不想沿着事件的轨迹卷入无限的回归还原,历史学家们以协调起步的既有条件为开端:在11世纪,存在着一个罗马教廷和一个神圣罗马帝国的政权,它们有着这样那样的特点。作为历史大戏中的演员,这一个或那一个随后所做的每一个动作都将被一个法则解释:任何权力,即使是精神上的,都自称是完全的,每一个体制都有走向僵化的趋势,等等。尽管如此,一定不能以为,如果每一个特别的插曲都可以通过一个或几个法则和通过之前的插曲得到解释,所有的插曲彼此互为后果,因此整个链条是可预见的;事情并非如此,因为体系不是孤立

(接上页注)理论最好的阐述,是施太格缪勒《科学理论与分析哲学的问题和解答》,卷一,第335—352页。逻辑经验主义和新实证主义关于这一问题做了多样化的研究,而我们当然不敢自认为对它们全部了解。

① 比较施太格缪勒,第353—358页和第119页;对于自然法则演绎的解释理论,同前,第82—89页。

的:新的材料不断地进入到场景之中(法兰西的国王和他的法律顾问,亨利四世皇帝的短暂性,国家君主制的建立)修改了原来的已知条件。于是,如果每一个环节都是可以解释的,它们之间的联系却并非如此,因为对每个新材料的解释可能把我们拖到对它们所从来的链条的研究中,走得太远。

但愿人们容忍我们满意于把历史比作戏剧化情节:逻辑经验主义要求如此。已知条件就像是戏剧中的人物;也有一些原动力,促使这些人物去活动,它们是永恒的法则。在剧情进行中,经常会有新的演员闯入,他的到来,就其自身是可以解释的,但并不因此减轻观众的意外感,因为他们看不到在场景之外发生的事情:他们的到来明显地改变了剧情的进程,它一场接一场是可以解释的,却并不是从头至尾可以预测,以致它的结局同时既出人意外又合情合理,因为每一个片断都可由人类内心永恒的法则来解释。因此,人们就看到了为什么历史不会重复,为什么未来不可以预测;这并不是像人们可能要推测的,因为一个如"任何权力都自称是完全的"的法则,可能不是最完美和科学的。不:这只是因为,体系并非孤立的存在,它不是基于原始的已知条件就完全可以解释的。这就是一个不确定性的体裁,最严苛的科学头脑也不会对承认这一点而感到不快。

逻辑经验主义的批评

但是,在展示这个概要的时候,我们觉得自己做了什么?

使用连喻。不要误会①：这并不是我们对狄尔泰在进行"解释"的自然科学与只是使人"理解"的人文科学之间所做的对比有哪怕是些微的怀恋，它是自然科学的历史之中最为值得记忆的死胡同之一。不管它有关物体的坠落，还是人类的行为，科学的解释是同样的，它是演绎与自然法则论的；我们只是否认历史可能是一种科学。这个边界行走在科学的自然法则的解释——无论它们是自然的还是人类的——与日常生活和历史的解释之间，后者是因果律的，而且太模糊，不能够概括为法则。

说实话，困难在于精确地认识，逻辑经验主义对历史学家可能使用的这些"法则"的理解是什么。它是科学的法则，在每个人所给予这个表述的意义上，物理学的或者是经济学的定律？还是，它也是复数形式的不言自明之理，如"任何过重的税赋……"？人们发现，根据不同的作者和段落，在这一问题上存在着踌躇。原则上，它所涉及的只是科学的法则；不过，如果逻辑经验主义的模式只是应用于历史学求助于这些法则之一的那些篇幅，这种情况真的可能是非常少的。于是乎，人们一点一点地退守于以法则的名义向格言的真理致意；历史是一门严肃的学科，有它的方法和它的主题，它提供给人们的完全不只是到处

---

① 施太格缪勒，第 360—375 页："所谓理解的方法"；参阅布东（R. Boudon），《社会事实的数学分析》（*L'Analyse mathématique des faits sociaux*），普隆出版社，1967 年，第 27 页。

可以见到的解释,这一信念是如此天真。当人们不得不因此把自明之理称为法则,人们到希望中去寻找安慰:它涉及一个简单的"解释的提纲①",不完整,不言明或者是暂时的,随着科学的进步,那些自明之理将被品质更好的法则取代。一句话,要么认为历史通过真正的法则进行解释,要么把不言自明之理命名为法则,要么希望这些自明之理是未来法则的草图;这就犯了三个错误②。

依据逻辑经验主义,历史解释的理论不能说错误但是却极少益处。在历史方面的因果论解释与自然科学中的自然法学论的解释之间当然会有一种类似;在这两种情况下,人们都要求助于已知条件(税赋,路易十四)和一种一般的联系(法则)或者至少是可以一般化的联系,除了例外(原因);正是由于这一类似,历史学家可以同时利用原因和法则:小麦销量的下滑由金氏定律和法国民众饮食习惯得到解释。区别是,如果一个因果关系是可以重复的,人们却从来也不能够确切地

---

① 关于"解释的草图",施太格缪勒,第110、346页。

② 我们在第十章将回到这一问题的整体,只有在那里讨论可以全面地展开。在我们看来,最重要的问题是对实际生活经验的划分(火,伊斯兰教,百年战争)与对形式的抽象切分(量子,磁场,运动的量化)毫无共同之处,在*看法*(*doxa*)和*知识*(*épistémé*)之间存在鸿沟,经验的划分甚至不允许在历史学中运用自然论法则,除了对于一些细节:这恰是施太格缪勒从本质上所认识的,当他显示在历史中存在着法则(也就是说在日常生活之中:掉在皮洛士[Pyrrhus]头上的瓦片肯定是顺从物体坠落的法则),但不是历史的法则(第344页);不存在一种可以解释第四次十字军东征进程的法则。我们与格朗日意见一致,《形式思维与人的科学》,第206—212页。

肯定它什么时候和在什么条件下将会重复;因果关系是混杂且整体的,而历史只认识人们不可能建立定律的因果关系的个别情况:历史的"教训"永远伴随着意中保留。正因为如此,历史的经验不可以被格式化,*永恒财产*不可能从它在那里得到验证的特殊场合被剥离出来。我们取这些特殊事件之一,不顾一切常理,着手把它的教训一般化为法则,甘心于提前把已得的自明之理命名为法则:还是必须从中获得一个法则,这不是那么简单的,因为因果关系是整体的;而我们完全没有什么标准可以去分析它:可能的分解在数目上因此将是无穷尽的。我们看看这个常用的例子:"路易十四由于税赋而不得人心。"它看起来简单:原因是税赋制度,后果是失去民心;至于说法则,读者在心里肯定是明白了。但是,这里边难道不是可能有两个各自区别的结果和两个不同的原因么:税赋引起了不满情绪,而这不满则成了失去民心的原因?更细致的分析,人们可以从中引出一个补充的*覆盖率*,它将会宣称,一切不满都将会转到产生这一不满的那个事实的原因(如果我的记忆没有骗我的话,这一法则在斯宾诺莎的著作中可以读到)。那么对于仅有的一个失去民心我们是否将会有两个法则?我们将会有的更多,如果我们仔细探查"税赋过重"和"国王",而且,如果我们不及时地认识到,我们所谓的分析实际上只不过是对已经发生的事情的一种*描述*。

其实,不管我们给它什么格式化表述,我们的法则都将会是错误的:在爱国主义热情或者是任何或多或少不可解释的原因之下，它将不起作用。有人说过[1]："要是我们增加条件和规定，法则最终将会变得准确无误。"让我们试试。我们将以把爱国主义热情的场合排除在外作为开始，将会增加语义细微的差别；当这一法则的陈述长达几页的时候，我们将重建路易十四任期历史的一章，它将会呈现一种以现在时和复数书写的引人发笑的特点。在已然如此重建这一历史事件的个体性之后，我们将还是处于要给它找到法则的状态。

历史不是科学的草图

这就是在尘世的具体而不规则的因果关系与科学的抽象而公式化的法则之间的差异。无论人们以怎样的详尽为前提，一个法则永远不会预见一切；人们将把未能预料的不可预见之事称为意外，偶然事件，不可想象的巧合，或者是超乎预想的最后一秒的结果。合乎情理地，一个社会学家不能希望以物理学家预言最平常的摆锤实验结果的较高可靠性来预测一次选举的结果。甚至物理学家对于这些结果也并非完全肯定：他知道实验

---

[1] 舍夫勒(I. Scheffler)，《科学的解剖，解释与确认的哲学研究》(*Anatomie de la science, études philosophiques de l'explication et de la confirmation*)，瑟伊出版社，1966年，第94页："我们可以另一个真实的概括替代(一个不成功的概括)，包含着补充的条件。"——我们还需要补充说，在一个如施太格缪勒的读者眼中，这一进程只能达到一种有关类型的伪-解释(施太格缪勒，第102页)：恺撒渡过了卢比孔河，由于一种法则，每一个刚好处于恺撒所面对的那种身份和处境的人，都会毫无例外地依据它渡过任何类似卢比孔的河流。

可能失败,摆锤的线可能会断掉。当然,摆锤的法则并不因此而减少其真实;不过这种缥渺的安慰并不能使我们的社会学家满意,他希望预言一个尘世的事件,那些选举的实际结果;这就是滥用。

科学的法则并不预言阿波罗 XI 号将会着陆于静海(然而,这却是一个历史学家期望了解的);依据牛顿力学,它们预测它将会在那里着陆,除非抛锚或者是意外事故①。它们设定它们的条件,而且只在这些条件下进行预测,"此外一切都是相等的",依据对于经济学者重要的惯用语。它们确定物体的坠落,但是在真空条件下,确定力学体系,但前提是没有摩擦,确定市场平衡机制,但前提是完全竞争的环境。正是通过这样对具体情境的抽象化,它们能够如同数学公式那样肯定地发生作用;它们的概括性是这种抽象活动的结果,而不是来自于对单数情况的复数化处理。这些事实肯定不是新的发现,不过它们阻止我们追随施太格缪勒,在一部可说是重要、明晰和朴实的书里,他主张在历史解释与科学解释之间的差异只不过是细微层次上的差别。历史学家对承认他们以法则进行解释的抵触情绪可能来源于,要么是他们应用它们而并没有意识到这一事实,要么是他们局限于"解

---

① 这是波普尔在预言(prophétie)和预测(prédiction)之间所做的区别:《社会科学中的预测与预言》(Prediction et Prophecy in social sciences),载加德纳编《历史学理论》,第 276 页。

释的草图",而在那里法则和已知条件都是模糊地、非常不完全地被表述出来的;这种不完整性,施太格缪勒继续道,有不止一种理由;法则可能不明说地被包含在解释之中:当人们通过其性格或者动机来解释一个历史人物的行动,情况就是如此;在别的情况下,进行概括被普遍认为是自然而然的,尤其是当它们来自于日常心理学的时候。同样也会有历史学家认为,他的工作不是去挖掘一个历史细节的技术的或者科学的方面。但尤其是,在科学的现实状态下,准确地格式化表述法则往往是不可能的:"对于隐藏的规律性人们只有一个近似的表述,或者由于它的复杂性,人们还不能格式化表述这个法则①。"我们完完全全同意对于历史解释所做的这一描述,只是我们没有很清楚地看到,把它看作科学解释的"草图",人们从中得到了什么;在此意义上,有史以来人们所思考的一切,都是科学的草图。在历史解释与科学解释之间,不是有一个细微的差别,而是存在着一个深沟,因为必须跳跃才能从一个到另一个,科学要求一种转换,科学法则并不从日常生活的准则中提取。

---

① 施太格缪勒,第347页。为何不想到施太格缪勒本人对休谟的批评,在第443页(参阅第107页):"这是一个令人绝望的事业,隶属于日常的表达方式,未摆脱这种日常方式的层级,而想要从它们中间提取它事实上并不包含的更多准确性。"让我们也引述他的一些坦白,在第349页(随着科学的进步,一个不完整的"解释的草图"更为经常地是被替代而不是被完成),还有第350页("一个解释的草图被完整的解释所替代依旧差不多永远是一个柏拉图式的愿望")。

历史的所谓法则

历史的,或者社会学的所谓法则,由于是非抽象的,因此没有物理学公式那样无懈可击的明晰度;而且它们也没有很好地产生作用。它们并非存在于它们自身,而仅是通过与具体语境暗含的参照而存在:每一次我们陈述一个法则,都做好准备要加上:"我是大体上说,不过当然要对例外以及出乎意料的情况留有余地。"它们也和一些尘世的概念,"革命"或者"资产阶级"同样:它们带着人们从那里把它们提取出来的全部具体事物的重负,而且没有切断与它的联系;概念和历史-社会学法则只有通过与它们控制的具体事物继续维持偷偷摸摸的交往才有意义和趣味①;恰恰是从这些交往,人们识别出一个科学是否尚未成为科学。当我谈论静力学中的功(travail)时,我能够而且必须忘掉"travail"(工作)这个词在日常用法中的意思;物理学家们的"功",仅仅是指力和位移在力方向上投影之间的乘积,之所以具有这样的称呼是因为它必须被赋予一个,正如所有的科学概念一样,它也是人们下的定义。科学以它自己的抽象概念为对象;发现一个科学的法则,也就是,在可见之物之外,发现一个产生

---

① 我们从莫里诺(J. Molino)对罗兰·巴特(R. Barthes)饶有趣味的讽刺中借用了表述和观点,《罗兰·巴特的古老方法》(La méthode antique de Roland Barthes),载《语言学》(La Linguistique),1969年,第2号。

作用的抽象之物。与之相反,实际经验中的"工作"不可能被定义;它只不过是人们提供给一个具体事物的名字,关于它人们顶多以现象学的精湛笔触展现其令人困惑的丰富性。人们给它下定义只是为了使读者记起这一具体事物,它仍然是唯一的权威。因此,**永恒财产**不能独立于一个历史事件的语境而被公式化表述;我们设想这个永恒财产教给我们有关大革命、资产阶级或者贵族的法则:相关的概念没有确定的意义,而且得不到一个意义,除非针对一个应用它的事实,没有语境这个**永恒财产**甚至可能是不可理解的。

如果一个人想要知道一个在真空坠落的物体穿过的空间距离,他运用力学上恰当的公式,并没有根据人们对苹果所了解的一切,思考什么动机能够推动一个苹果穿越与所用时间的平方成正比的距离。相反,如果一定要知道,被大资本威胁的小资产阶级将要做什么,我们将不去求助于相应的法则,即使它可能是唯物主义的,或者毋宁说我们仅是作为信条或者提醒物来援引它;不过我们将重复讲述那些促使小资产阶级在同样的场合通过与无产阶级的联合战线寻求依靠的原因,我们会依据对这些小资产阶级的了解去解释它们,将会理解是什么推动他们,而且将保留那个情境,在那时,过于个人主义,或是看不清自己的利益所在,还是天知道的什么,他们可能并没有做那些人们期待他们做的。

历史是描述

历史的解释不是自然法学论的,它是因果的;因为是因果的,它包含一般的东西:并不是偶然的重合具有再现的使命;但是我们既不能够准确地说出,谁将会再现,也不知道在哪些条件下再现。面对科学——自然或人文的特有的确切的解释,历史看起来就像是一种简单的对已经发生的事情的描述①;它解释这些事情是*如何*发生的,它使之被人们理解。它讲述一个苹果如何从树上落下来:这个苹果已经成熟了,风刮了起来,一阵风摇动了苹果树;是科学揭秘苹果为什么掉落的原因;我们可能徒然地编写一个苹果掉落的最为详尽的编年史,也不会在那里碰到地球引力,它是一个隐藏的必须去发现的法则;我们顶多达到那个自明之理,也就是没有支撑的物体会坠落。

历史描述真实的、具体的、经历过的、尘世的东西;科学发现隐藏的、抽象的、可以被公式化的东西。科学的对象对我们的世界是陌生的;这些对象不是物体的坠落,彩虹或者磁石——这些只不过是调查的出发点——而是确切的抽象概念,引力、量子或者磁场。

把实际经验的因果关系与科学的因果关系归并到同一个逻辑,就是宣布一个非常贫乏的真相,就是对分隔*看法*(*doxa*)与*知*

---

① 关于解释-描述的对立,施太格缪勒,第76—81页,参阅第343页。

识(épistémé)的鸿沟认识不足。当然,一切逻辑都是推演的,而且必须承认一个与路易十四相关的论断合乎逻辑地意味着一个大前提:"任何税赋导致失去民心";从心理学角度,这个大前提对于历史目击者的头脑来说是陌生的,但是,把逻辑和认识心理学混同起来是不合适的。不过,把逻辑和认识哲学混同起来就更加不合适;事实是,把这一哲学用于逻辑学或者心理学是经验论不变的特点之一。

逻辑经验主义带有所有经验论的弱点,它不承认分开**看法**与**知识**,"经历过的"历史事实(这一苹果的掉落或者拿破仑的倒台)与抽象的科学事实(引力)之间的鸿沟①。我们现在于是有

---

① 参阅恩斯特·卡西尔(Ernst Cassirer),《符号形式的哲学》(*The Philosophy of symbolic forms*),卷三,《知识现象学》(*The Phenomenology of knowledge*),曼海姆(Manheim)翻译,耶鲁大学出版社(平装书),1967 年,第 434 页:"经验论者有关科学的论断非常远离科学实际上的真实存在;与真相相符的唯一共同点是否定性质的:拒绝知识的某种形而上学的理想;现代物理学,作为经验论的,已经放弃了深入自然奥秘的希望,如果由奥秘这个词我们理解的是基本的终极之源,从那里产生经验感知的现象。但是,在另一方面,物理学在易感的表象和科学经验之间勾勒出一个比经验论学说的体系,洛克的体系,休谟、米勒或者是马赫的体系所做的要清晰得多的边界。如果我们从物质方面,从这些体系所描述的**事实问题**着眼,我们在理论科学的事实与历史的事实之间看不到什么方法论的差异;然而,这种统一回避了物理学事实之属性的真正问题。物理学事实不等同于历史的事实,因为它们被置于预先假定的前提之下,而且思考的途径与历史学的完全不同。"同样,在第 409 页,卡西尔使那著名的"无地王约翰将不会从那里重新经过"的说法原形毕露;不应该说一个历史事件是不可重复出现的(拿破仑倒台),而一个自然的事实是可以重复产生的(一个苹果坠落);这两种坠落是同等的,两者(拿破仑倒台,这个苹果掉落)都是历史事实。其中可重复出现的不是那个事实(一个王权的倒塌,一个苹果的掉落),而是基于事实获取的抽象概念(重物坠落的法则);通过抽象,物理学使得此后被视为事实的抽象概念 (转下页注)

可能显示,历史解释不是一种尚未完善的科学"解释的草图",并有可能说出为什么历史学将永远也不会成为一门科学:它受到它所从来的因果解释的束缚;即使人文科学明天会发现数不清的法则,历史学也不可能因此被颠覆,它依然会是它所是的样子。

科学作为参预

然而,人们会说,难道它不是已经求助于一些法则,一些科学的真理么? 当我们讲述一个由铁器武装的部族打败了一个由青铜器武装的部族,难道不是可以推论出一个金属学方面的知识,可以准确地说明铁兵器的优越性? 难道能够不借助于气象科学来解释西班牙无敌舰队的覆灭①? 既然适用于这些科学法则的事实存在于实际经验的世界——事实上,它们又能存在于哪个别的星球呢?——,是什么妨碍我们在叙述它们的时候援引这些法则? 因此,随着科学的进步,只需要

(接上页注) 成为可重复出现的;"根本不存在纯粹状态的原样的事实;与之相反,被我们叫做一个事实的,始终必须指向这样或那样的理论方向,并且在与一个不言明地决定它的确定的概念体系的联系之中来认识。这些确定的理论手段并非被添加到某个原始的事实之上,而是构成它;因此物理学的事实一开始就由于它们特有的知识视角而有别于历史的事实"(第409页)。我们将要看到,在历史中,那里的参照体系是情节,因果关系的视角是特定的,而我们除非通过对体系的彻底改变,就不能达到合法性。

① 这是施太格缪勒提供的两个例子,第344页。

去完成或者是校正历史学家的这些解释的草图就足够了。这个希望很不幸地偏离了关键点。历史学的确借助于法则,但却不是自动地去这样做,因为这些法则已经被发现:**它只是当它们在那里承担原因的角色时才援引这些法则**,并且参与到尘世的情节结构之中。当皮洛士(Pyrrhus)死于一位老妪投在他头上的瓦片,我们不会援引动能来解释这些结果的原因;作为抵偿,历史学家会完全正确地说:"一个今天人们熟知的宏观经济学法则可以解释人民阵线在经济上的失败,它对其同时代人还是一个谜团,不懂得去避免它①。"历史学求助于一些法则,只是在它们能够来完成因果关系的行列,也成为原因的一部分的时候。因果关系不是一种未完成的合法性,这是一个自足的、完成的体系;它是我们的生活。我们的眼睛所看到的世界,是经验的世界,但在那里我们使用科学知识是以一种技术配方面目出现的;历史学家为了解释实际经验而对法则的使用,与此是同一类型:在这两种情况下,史学家或者技师都从尘世出发,通过借助于一种科学的知识以求达到尘世的结果。如同我们的生活一样,历史学,从大地出发,也回归大地。

如果法则没有起到一个原因的作用,如果它所做的只是对

---

① 关于人民阵线的经济史,参阅索维(A. Sauvy)的《两次大战之间的法国经济史》(*Histoire économique de la France entre les deux guerres*)第二卷,1967年;这部杰出的著作阐明历史与一种人文科学可能维系的关系。

已经理解的一个事实加以解释,它只不过是一个无用的注解,与历史毫无关系;"拿破仑雄心勃勃;雄心,如人们所知,可以通过脱氧核糖核酸中的某一链环出现过多来解释",只是一个注解,跟动能在皮洛士的事例中一样;对雄心的科学解释是一种来自天上的知识,在这一事件中只是勉勉强强有一种理论上的益处。在另一方面,"科西嘉岛在襁褓和断奶方面的习俗,使得未来的拿破仑成为人们所知的野心家"则可能是一个恰切的历史学的解释:一个尘世的事实,过早的断奶,通过某个人类学学科某一天大概会发现的线路,得到一个同样尘世的结果,科西嘉的吃人巨妖的野心,而且,可以说是落在我们的头上。借助于原子弹道学的优雅语汇,历史学,作为技术方法,接受地对地弹道(拿破仑的野心解释其政策)和地-空-地弹道(断奶是这一野心的科学解释),但是不接受空-地弹道(皮洛士被打破了头?这是动能)。

我刚刚见到一部有关人民阵线的文献纪录片上映;我手里还有索维的《两次大战之间的法国经济史》,以及赖克(W. H. Riker)的《政治联盟理论》①。我着手叙述人民阵线的成功与失

---

① 耶鲁大学出版社,1962 和 1965 年;说实话,我们在这里是用隐喻在谈论,因为赖克的书,其目标是理论方面的,只处理联盟的零和博弈,所以不能运用于人民阵线,既然激进党有一些彼此共同的利益,因而利害关系总和并不是零。不过我们知道,非零和博弈从数学家的角度看是非常困难的,更何况对于一个非专业人士,如这段话的作者。我们将会在罗森塞尔(H. Rosenthal)那里发现对这一问题的一个不同的、补充的方法,《政治联盟:一个模本的组成部分与对法国立法选举的研究》(Political coalition: elements of a model and the study of French legislative elections),载《有关人的科学中的计算与形式化》(*Calcul et Formalisation dans les sciences de l'homme*),国家科学研究中心(CNRS)出版社,1968 年,第270 页。

败;1936年见证了一个大选联盟的组建和成功,它的经济政策将是失败的。组建这个联盟的原因很清楚:右翼分子和法西斯分子的推进,通货紧缩,等等。在其中添加20页篇幅关于联盟中相互博弈的数学计算,或可解释为什么这些联合起来的人们做他们所做的事情,可能是对已经清楚的事实加注脚;赖克的理论因此对历史学是无用的——或者至少是对于我所切分的这一情节而言。在另一方面,如何解释这个经济方面的失败? 我看不到它的原因;索维让我知道,这些原因要到1936年还不知道的宏观经济法则中寻找;由于被这一法则所控制,一个尘世的事件(一周四十小时工作制)最终还是引发尘世的结果。

但是,让我们假设我选择的不是人民阵线,而是一个比较历史学的主题:"跨世纪的政治联盟";我将思索这些联盟是否吻合由博弈论测算的最佳状态,而赖克的书从历史观点看将是合适的。动能对解释这一异乎寻常的历史事件是恰当的,最古老的技术之获得,即这个投掷技术的获得,被北京猿人,甚至是高等级的猩猩所知。情节的选择最终决定什么在因果关系上将会是恰切合理的或者将不是;科学能够取得它想要取得的所有进步,历史则遵循它的基本选择,依据这一选择,原因只有通过情节才存在。因为这就是因果律观念的奥秘。实际上,让我们设想,一定要说出什么是一场交通事故的原因? 一辆汽车在湿滑而凸起的路上紧急制动之后失去控制;对于警察,原因是超速或者轮胎磨损;对于桥梁公路工程学校,原因是路面过度隆起;对于一个驾校的主管,是未被学生掌握的规则,它要求刹车距离的增加要超过相应车速所需要的比例;对于那一家庭,这是命运,它要在那一天下雨或是要这条路存在,使得这个驾车的人来死于此地。

历史永远不会是科学的

但是,有人会说,真相不是非常简单么,所有这些原因都是真的,最好的解释就是考虑到全部原因的那个? 恰恰不是,而且这一点正是经验论的诡辩:相信人们可以通过积累的科学抽象来重建具体事物。可切分的原因之数量是无穷尽的,其原因就是尘世的因果律的理解,即历史,是一种描述,而对同一个历史事件的可能性描述的数量是不确定的。在这一特定情节中,原因将是"马路湿滑"的信息在那个现场的缺位,在另一个情节中,是旅游车没有制动减速伞这一事实。二者必居其一;当人们希望有一个完整的因果关系的解释,要么人们谈论尘世的原因(没有相关的信号,驾驶员行驶过快),要么谈论法则(动能,轮胎与地面的附着系数……)。在第一个假设中,完整的解释是一个可媲美对事件的实测平面图的神话,它可以纳入一切情节。在第二个假设中,完整的解释是一种标准,一个与宇宙决定论类似的控制性观念;人们不可能把它付诸实践,而且,如果人们可能做到的话,这种解释也许立即不再是容易操控的。(一个例子:人们甚至不能够计算汽车悬架在凸起的马路上的运动;人们当然可以就这一问题写出二重积分和三重积分,不过却是以这样的简化为代价——悬架将被假定为没有弹力,而车轮则是彻底磨平——以至于这理论将是不可用的。)如果有关经验的一种完全的确定性是可能的,那么书写历史也许就变得不可能,而且毫无趣味。不可能,是因为解释的众多和复杂也许使它们不再是可操控的。毫无趣味,因为主宰思维的神秘经济法则要求,一个人们从中提取法则的事件对于我们不再是一个轶事插曲:物理学是一个法则的集合,不是一个练习和问题的汇编;一部科学史可能由于某个物理学问题而产生荒唐的影响,这个问题以"溅上了泥点的骑车人问题"为一代代的学生所熟知:计算在骑车人后背的哪一部分落上了由车轮溅起的泥点(假定是在真空,不变的速度,一条绝对平坦的马路)。或者毋宁说,这种平淡无奇可能不会出现:既然实际的经验,不顾所有的解释,会继续在我们的眼中保留它的可靠性,人们也许会继续像从前一样书写历史。在历史与科学之间设置壁垒的,不是对个体性或者对价值关系,或者对无地王约翰将不会从那里重新经过的事实的依恋;而是,*看法*、实际经验、尘世是一回事,科学则是另一回事,而历史学属于*看法*的这一边。

因此,面对一个事件,存在着两种极端的解决方法:要么把它作为一个具体事实来解释,使它被"理解",要么仅只解释它被选择的某些方面,不过是科学地解释它们;简言之,解释很多,但是解释得不好,或者解释很少的东西,但是把它们解释得很清楚。二者不可能同时做,因为科学只考虑具体事实极小的部分。它从它已经找到的法则出发,而在具体事物中只认识吻合这些法则的那些方面:物理学只解决物理学的问题。与之相反,历史学从它所切分的情节出发,以使之整体被理解为目标,而不是从中剪裁出一个特定的问题。科学家会细心考虑人民阵线的联盟中非零和博弈的方面,史学家则叙述人民阵线的组织,并且只在极少的为了更全面的理解而必要的情况下求助于各种定理。

科学仅有的位置:无意影响

不过说到底,是什么妨碍这两种极端的解决方案结合起来?妨碍人们及时了解科学的进步,并且逐步由科学的解释取代理解的解释,如逻辑经验主义所期待的那样?没有什么阻止这样做,除了这样所得的混杂物可能会是不连贯的这一事实,它可能有违一种对完美形式的智力需求,对它而言仅有命题真实是不够的;我们重新考虑那些有关于皮洛士的脑壳和有关于动能的命题,对于这一点我们将会明白。一个真理被发现是不够的,它还必须进入到尘世的历史体系之中,而且未经变形。我们在这里注意到一个带有艺术性的层面,它是任何智力活动的前提基础:一切是这样发生,仿佛思维的运作不仅仅从属于真理的标准,而且同样从属于一种好的管理准则,它要求被采用的解决方案应该是连贯的,稳定的,经济的。很可能就是在智力活动的这一经营层面上,与那种既不可定义也不能回避的观念,比如一种语言或一种哲学之"美",或者还有数学之美相关联:在数学结构无法穷尽的相互作用,无数的可共存体系中,某一些结构比其他的更有趣,更有教益,更丰富——真不知道还能使用哪些形容词——,丰富和美在这里似乎由一些神秘的纽带结合起来①。同样是这一智力管理的艺术,它阻止把历史学与科学混同起来,除了在科学被历史本身的体系所吁求的那些情况下。

但是,究竟这是哪些情况呢?历史的规定格式围绕什么准则运转?围绕我们的意图的准则。社会生活最令人震惊的特点之一是,从来没有什么如预期的那样发生,在我们的意图与所发生的事件之间,总是会存在一个或大或小的距离;换句话说,我们的意愿并不直接与历史事件发生接触。把婴儿波拿巴的襁褓束得太紧的那位奶妈**不曾知道**她可能在为 1813 年的灾难做准备,布吕姆(Blum)也**不曾知道**他正在使得经济复苏成为不可能。这种意图与结果之间的距离是我们留给科学的地方,当我们书写历史和当我们创造它的时候。为了投掷这草稿纸到废纸篓里,或者是它的附近,只要我想这样做就足够了;为了把火箭发射到月球上去,只有意愿就不再够了:我们要求助于科学;为了解释布吕姆不可思议的失败,我们则借助于经济学。

作为沉思,科学致力于给我们提供对一切的解释,即使它的解释对我们并没有用处;不过,在我们的活动中,同样也在有关我们活动的知识,也就是历史中,我们只是在意愿不再足以解决问题的时候才求助于它②。这是不是说,历史学故意地采取了

---

① 李希纳罗维兹(A. Lichnerowicz),《逻辑学与科学知识》(*Logique et connaissance scientifique*),收入"七星百科丛书",第 480 页。

② 参阅波普尔,《假设与反驳:科学知识的增长》(*Conjectures and refutations, the growth of scientific knowledge*),Routledge and Kegan Paul 出版社,1969 年,第 124 页。

这样的立场，使用人类的眼睛观察人，把人类的目的视为不可缩减的现实，去对它经历过的事情进行一种简单的再认识？完全不是：我们不要把一种管理方面谨慎的措施视为一个自为目的；我们也不要赋予现实存在的态度一种更多属于智力审美标准的取舍。一方面，有尘世的视角，它，在我们眼里，本质上是与我们的意图相联系的；在另一方面，存在着*知识*（*épistémé*）的视角，对于它，这些意图理所当然地也不回避。选择什么呢？理性的运行服从于两个标准，真理与管理的艺术。很清楚，如果我们有办法认识有关我们自己的所有真理，看到我们的意图掩盖之下的冲动，我们也许不会回避这一景观并且好心地扔给它一件挪亚的外衣；当我们可能想这样做的时候，我们也许不能做到：从一个历史的*知识*成为可能的那一时刻起，历史的*看法*对于我们也许只是轶事和错误。于是，当我们有一个完备的人文科学可以支配的时候，历史学所能够做的就将只有尽快地远离它现在的*看法*。但是什么时候我们将能够拥有它呢？只要一个批评的门槛达不到（不过，它永远也不会达到），在那里经验将能够大量且方便地转换为确切的公式，在那里科学的解释将足够完整，同时还保持足够的可操控性（这是矛盾的），健全的管理将会禁止历史学搬家，因为这样做得到的可能只会是混乱。

历史学不是一门科学，因为它是在*看法*一边，而且出于一种连贯性的法则它还依然留在这一边。自然科学与人文科学能够取得可能的一切进步：历史学将不会因此改变它的正常状态；事实上，它只是在一种非常明确的场合会使用它们的发现：*当这些*

发现使得解释一个在当事人的意图与结果之间的距离成为可能的时候。

附 录
日常性与编制系列

"编制系列"(这一方法包括,为了阐释一个事实,收集尽可能大量的有关这一事实的情况:收集一个特定词语在所选文本中所有的使用,或者是一个习俗的全部例子)对于史学家和文献学家是珍贵的,出于很多原因(即使他们未经察觉地使用它,甚至是,如不止一个"文学工作者",不愿意察觉)。但是,在这些原因中,有一个原因的重要性,在给予亲身经历以日常的外表,给历史编纂学以它的权威性戳记方面,是如此值得注意,我们不得不对它加以认真审视。这一原因是,依据所汇集到的出现频率的多寡,人们从中得出结论,对于所研究的时段,那个已经收集到有关它出现频率的事件、习俗、词语,是否与其时代的*规范*(*norme*)形成鲜明的对照。然而,鉴于人们有他自己特定的时代,这一规范的观念具有巨大的重要性:它给予周围的世界以亲近的、日常化的氛围;对于他们,这一日常化的意识来自于他们未来的史学家书写历史将要使用的同一个编制系列的方法:归纳法教会他们,在包围着他们的世界里,去区别平常的现象与显得突出的独特性。这一日常化印象的重要性如此巨大,所以,说历史编纂学可以被归结为重建过去之日常的平淡无奇,并不算是夸张。让我们进一步说,具有对平淡无奇的感觉,可靠地区别了一个好的史学家与一个不那么好的史学家。

在我们对自然世界与我们自己的社会的认识之中,所有的规定性都"**与经验的正常状态**有关,它从一个到另一个领域可以是变化的。在热带地区的'寒冷的'天气所指的与在温带是两码事;一个'快速的'交通方式,在公共马车的时代,与在赛车的世纪也完全是另一回事儿①"。构成我们文明一部分的人与物在我们眼里是按照类别排列的;正是从那里产生了它给我们的熟悉印象。通过对比,一个意外的对象在这一类型学中被凸显出来,它在那里"进不去系列"。实际上,预先判断的归纳使我们可以组成大量的社会类型、职业类型、地域类型……依靠它们,我们只需一眼就足以给一个新来者归类。此后,一切对象都将不再只是它原来是的那个:如果它没有进入系列,它还将具有一种典型的不正常的感觉。

因此,理解过去就将意味着史学家在他的头脑里重建那个时代的正常状态,而且他能够使它让读者容易接受。一个历史事件只是在与那个时代的规范相联系时才成立;面对所有他在

---

① 胡塞尔(Husserl),《经验与判断,逻辑的系谱学研究》(*Expérience et jugement, recherche en vue d'une généalogie de la logique*),苏士(Souche)翻译,法国大学出版社,1970 年,第 233 页;参阅图尔蒙(R. Toulement),《胡塞尔论社会的本性》(*Essence de la Société selon Husserl*),法国大学出版社,1962 年,第 70、188—192、239 页。

历史中读到的奇特事实,读者会考虑:"这对于他们是不是跟对我们一样的离奇?"一个高明的史学家,不管是用一个词语,还是通过他特有的表述方式,将会对此提供信息。即使是在当代历史之中,也经常会有重建正常状态的需要:一个史学家近期写道,为了让 1970 年代的大学生理解 Ems 电报所能激起的不快,教师不得不把它放进那个时代数不清的谦恭礼仪的外交风格系列之中。正是从这一角度必须寻找这个经常被错误地理解的论断的真相,依据它,评判一个时代必须以它的价值观来进行。

我们因此提请注意一种方法,它经常被用来激起读者对时代的这种正常状态的印象,而它的意义可能被夸大了。假定我写了以下句子:"占星术,在有教养的罗马人那里,与在我们这里精神分析在超现实主义时代所占有的地位差不多";"古代人热衷于竞技场表演,即如我们热衷于汽车一样";是不是由此我认为竞技场和汽车满足了同样的人类学意义上的"需要"? 或者,如果必须,以人种志为榜样,发明一个历史学的范畴叫做叙述视点[①],它将作为储物柜以便安置一切集体热情的现象,它们拥有唯一的共同特点,就是使不能分享这一激情的社会感到吃惊? 完全不是这样:我不过想要通过对比占星术或竞技场与当代的事实(它们与这些现象有一些也许非常模糊的相似性),在读者

[①] 关于叙述视点,参考赫斯科维茨(M. J. Herskovits)杰出的著作,《文化人类学基础》(*Les Bases de l'anthropologie culturelle*),帕约出版社,1967 年,第 XV 章;林顿(R. Linton),《论人》(*De l'homme*),德尔索(Delsaut)翻译,子夜出版社,1968 年,更愿意谈论"投资"。

那里激起这样的印象,占星术与竞技场之于罗马人的感觉就像是我们对于汽车或者精神分析的迷恋同样是**正常的**;读者没有什么可以大惊小怪:"一个人怎么能够是罗马人?"一定不要误入歧途,走向对**大众媒体**和古代的"现代性"虚浮的思辨①。必须体会到,从它的内部来看,"是罗马人"只不过是很平常的。

有许多历史著作在重建这种日常性,也就是说在使它们生动再现方面非常出色;马克·布洛赫就在此方面出类拔萃。另一些,人们可能不大喜欢,给我们提供一个与之相反的过去,更加离奇,有时候更加美妙,另一些时候则更加可疑:无论谁读过,一方面是尼尔森(Nilsson)或者诺克(A. D. Nock)的书,另一方面则是居蒙(Cumont)的书,不用明说就懂得我的意思。如果正常状态被无视,如果日常性的感觉被轻视或者是被系统地避开,这样做就会产生《萨朗波》的世界;这样做也会产生奇妙与一个比人种志的描述更加晦涩的混合物,它在我们眼中唤起一个与福楼拜笔下的迦太基人同样"野蛮"并且与包法利夫人的幻想同样不可能实现的原始人的世界,在那里好运、那不勒斯和月光具有金属的密度。

然而,这样做与读者没有什么关系,因为历史的读者知道,历史如我们的日常生活一样平常。他**先验地**知道,如果一个神

---

① 参阅布迪厄(P. Bourdieu)与派斯龙(J. C. Passeron)对现代性的社会学所做的有趣的讽刺,《神话学的社会学家与社会学家的神话学》(Sociologues des mythologies et mythologies des sociologues),《现代》(*Les Temps modernes*),1963 年,第 998 页。

灵着手把他放逐到另一个历史时期,那么他也不可能预见在这个时期他会做什么:举办夸富宴,或者是参加鲜花大战狂欢节,或者参加十字军,或者从事管理。相反,他可以肯定,他会在到处重新发现同一类型的日常性,同样的暗淡单调,同一种相对于自我和世界的距离,这个世界在他的灵魂里不断发出永远是未来的空洞声音。同一个鲜花大战或者是同一个十字军,在一分钟之前对他还是令人吃惊的,当神灵把他安置在他新的身躯里,一旦他在那里安顿下来,对他就显得是不能再正常的了。从这里产生了那种不完全的错觉,人类对于人有一种天赋的理解力;如果说我们解释自然,我们是"理解"人,我们能够把自己放在他的位置……在这个观念里,真实的是,我们模糊地或者明确地知道,正常状态的感觉在我们的同类和在我们自己的意念里扮演了同样的角色;与之相反,任何的内省或者是理解力都无法让我们知道,对于一个特定的时代这种正常状态是什么。

第九章
意识不是行动之根基

在刚才见到的对因果关系的研究中,我们在物质界的因果关系(新的取代旧的)和人类的因果关系(拿破仑发起战争因为他有野心,或者是为了满足他的野心)之间未作任何区别;因为,如果我们只考虑这些结果,进行这种区别并无任何意义:人和自然力是一样稳定的,相反,自然力与人一样没有规律,一样心血来潮;有青铜般的灵魂,也有一些心血来潮跟波浪没有区别的男人和女人。正如休谟所说,"如果我们观察自然现象和精神现象是以怎样的准确性结合,为了只是组成唯一的理性的链条,我们将毫不犹豫地接受,它们有同样的性质,来自于同样的本原;一个囚犯,当有人把他引向断头台时,同样肯定地预见他的死既是狱卒之威严也是斧头之坚硬的后果"。

不过在斧头和狱卒之间有着极大的差异:我们不认为斧头有任何的意图,除了也许在我们的童年时代,而另一边,我们知道,人有意愿、目的、价值观、思虑、目标或者还有什么其他我们愿意来命名它的方法。其结果是,在史学家的经验里,人类的行动占据特别的位置,并且提出众多棘手的问题;这是我们目前最强烈地感觉我们的经验仍然是过于混乱与粗略的领域之一;这就等于说,它正处于对自身提炼和精确化的过程中。这些问题是为数众多的:知识的社会学,意识形态与底层结构,历史中的价值判断,理性的与非理性的行为,心态与经验结构;一句话,在历史意识与行动之间所有的关系问题,它们在当下的关切中,占据一个与灵魂和肉体的关系问题在古典哲学中同样重要的地位。我们将要读到的这一章还远不是这一问题系列中某些方面的一个概要,对它的简单陈述也还需要长篇大论;我们只是力求提出两件事:对一种二元论的视角(底层结构与上层建筑,精神与现实),必须以对特定局面的差别描述来取代,在那里,思想与行动的关系从一个场合到另一个是不断变化的;简言之,应该建立一种决疑论,我们希望它是精妙的,以便应对那些本身同样精妙的问题。其次,一个史学家的使命不在于使人们认清意识形态的真相,把它们掩盖着其他东西这一事实揭露出来,或者是去指出它们所掩盖的是什么,而应该是去调整历史批评的新的一章,它通过把意识形态、心态和所有其他的表述都视为一些痕迹,可以确定从这类痕迹出发,哪种类型的事实能够或者不能够重建:人们不以一种理论研究或者一种出卖了说话者本人语调的同样方法,研究一个口号或者一个谚语[①]。

---

① 同样主题的参考书目是无法确定的;我们仅提请注意处于 (转下页注)

理 解 他 人

但是,既然我们知道一个斧头没有意愿,而一个人有,既然我们本身是人,是不是因此应该首先下结论说,我们对人及其所作所为的认识与我们认识自然并不追随同一个途径,而且道理不是一样的?"我们解释事物,而我们理解人",狄尔泰这样说;在他的眼里,这一理解是一种*自成一类的*(*sui generis*)直觉。这是我们必须首先审视的问题。

除了人类中心论的魅力之外,狄尔泰的理解力理论的成功要感谢我们有关人的经验矛盾的特点:它不停地使我们惊讶,而在同时,它又让我们觉得完全是自然的;当我们努力想要去理解一个古怪的行为,或者一个异国情调的风俗,会出现那么一刻,我们宣称,"现在,我明白了,我不需要再去更远处寻觅";一切都在表面上发生,就好像在我们头脑里存在着某一个关于人的固有观念,只有在人的一个行为中重新发现它,我们才会停止。我们没有觉察我们的态度在面对事物的时候是一样的(度过一瞬间的惊讶,我们采取接受所发生的一切的立场);所谓明白了的

(接上页注)历史领域的两种概括的研究:乔治·杜比(G. Duby),《心态史》(Histoire des mentalités),收入"七星百科丛书",《历史与它的方法》(*Histoire et ses Méthodes*),1961年,第937页起;施太格缪勒,《科学理论与分析哲学的问题和解答》,卷一,《科学的解释与论证》,施普林格出版社(Springer-Verlag),1969年,第360—375、379—427页。

印象,抓住了要害的感觉,是一个错觉,在有关数学认识论的讨论中也扮演某种角色①:我们把历史或数学语汇的阻力视为真实的抵抗,而我们把最终准确地表述出一个句子以体现我们对事物的观念所获得的满足,视为一种直觉;最后,我们并没有想到,尽管我们自诩理解人类,我们对它的理解只是在事后,如同我们对自然界一样,而且,我们的任何所谓直觉也没有允许我们预见,或者回溯,或者判定哪一种习俗(或者哪一种自然奇观)是或不是不可能的。我们心甘情愿地忘记,正如马尔罗坦率地说,认识人就是不要在事件之后对他们感到惊讶。由于忘却这一点,我们自认为能够通过一种也许不可运用于自然的直接方法去理解他者:我们可以置身于我们同类的地位,进入他们的处境,"复活"他们的过去……这种观点激怒了一些人,正如它对另一些人似乎是显而易见的;就是说它混合了好几种不同观点,不得不尝试着把它们区别开来。

I. 史学家不停地面对我们的不同心态,他们很了解内省对于书写历史不是合适的方法;我们对他人固有的理解力(一个婴

---

① 布尔巴基(N. Bourbaki),《数学史基础》(*Éléments d'histoire des mathématiques*),巴黎,埃尔芒(Hermann)出版社,1960 年,第 30 页:"无论在这样那样的哲学家或者数学家那里装饰数学对象之概念的哲学差别是什么,至少存在着一个已经达成一致的观点:这就是,这些对象对于我们是*已知条件*,我们完全没有能力去赋予它们任意的属性,如同一个物理学家不能改变一个自然现象。实话说,它无疑部分地进入了这一心理学层面反作用的范畴,每一个数学家都很熟悉,在他徒然地竭尽全力想要找到一个似乎在不断逃避的论证时;在这一点上,把这一阻力与可感知世界用来对抗我们的那些障碍相比较,只不过一步之遥。"

儿从出生起就知道微笑意味着什么,而且以微笑对之做出回应)这么快就遭遇了它的局限,以至于肖像研究的首要任务之一,就是破解一个特定文明中手势的意义和情感的表达。人类的行为**在事后给我们的明显印象**是不可否认的,但是,自然现象给我们的印象也是同样;如果有人对我们说,一个骄傲的人常常过度补偿他的羞涩,一个胆怯的人常常抵抗他骄傲的冲动,或者饥肠辘辘的肚子不长耳朵,我们非常清楚地理解它,我们也同样理解相互碰撞的两颗弹子在做它们所做的事情①。心理学意义上的理解,既不允许推测也不接受批评;它是乔装改扮的对一种常识,或者是对永恒的人的祈求,自从整整一个世纪以来的历史学和人种志,它所经历的只有失望。"置身于他人境地"的努力可以有一种启示性价值;它使人们得以找到想法,或者更为经常地是,找到一些漂亮话,以"生动的"方式表达这些想法,也就是说,为了把相异性的情感变形为一种对我们来说熟悉的情感:不过,这不是一个标准,一个验证的方法②;真理一定是**检测它自己和检测错误的试金石**,在有关人的领域并非真的。狄尔泰式的理解方法不过是通俗心理学的或者是我们的偏见的面具;日常生活充分显示,有多少笨拙的人着手解释他们邻人的性格,由于赋予他们的受害者以他们自身的动机,尤其是他们恐惧的幻觉,最终结果则是背离其目标。

---

① 参阅布东,《社会事实的数学分析》,普隆出版社,1967年,第27页。
② 施太格缪勒,第368页。

不得不承认,最简单的历史性解释(国王发起战争出于对荣誉的渴慕)对于我们中的大多数人不过是一个空洞的句子,我们知道它仅是因为在书里读到过;我们极少能够切实感受或者**亲眼目睹**地确认这种皇家趣味的现实,从而确定它是真实的,或仅是传统心理学的一个说辞。当我们读了路易十四时代的文献,在那里它的真实获得支持,或者是当我们可以确认对某些战争没有其他可能的解释,我们将会相信它的真实性。于我们自身,所有我们找来以便阐明论争的,是虚荣和野心的诱惑,由它们出发,恐怕必须得是一个莎士比亚才能够推论这种在国王的处境下所体验的情绪;我们可以在大众化的书中利用它增加生动性,但是却不能用来决定一个历史的点。模拟是太容易了,我们会使自己置身于不管哪一个角色的处境,只要有人把它预先描绘出来;这就是为什么宗教史学家无法做到去确定,人们对于皇帝之神性的古代信仰所说的东西从人的角度出发是否是可信的;他们由此在私下里互相谴责,一些人,是缺少宗教的敏感,另一些,则缺少现实的意识。非常幸运的是,我们并不需要本身具有第三者的灵魂才可以理解它,圣特蕾莎令人钦佩地使那些从来没有过神魂超拔经验而且可以说是不计其数的人们理解这种神秘体验。人理解人的观念仅仅意味着,对他,我们准备好相信一切,如同对自然一样;如果我们学习到一些新的东西,我们会把它记录备案:"因此,第七宫的精神上的婚姻确实存在,由《灵魂的城堡》作为见证;在我们工作的进程中,我们将有机会记起它。"理解是一种回溯性的幻觉。

II. 使他人"复活",重新体验过去?这只不过是一个词语(在写一部有关古代罗马史的书时,我多么想要,哪怕只是短暂一刻,以一个获得自由身份的罗马人的想法与关切换掉我作为拉丁教授的,但是我不知道怎样才能做到这一点),或者更确切地说,是一个虚幻的、令人失望的经验。重新体验一个把他的头生子献祭给神灵的迦太基人的情感?这一献祭可以由这些迦太基人从他周围的人所看到的榜样得到解释,也通过一种普遍的虔敬来解释,它的强度足以使人面对这种残忍而不却步;这些布匿人是由献祭他们头生儿的环境所造就的,恰如我们是由在人们的头上投掷原子弹的环境造就的一样。如果为了理解迦太基人,我们要考虑什么动机可能促使我们自身,生活在我们的文明中,做出像他们那样的行为,我们就要猜想对于迦太基人来说不过只是遵从习俗的那些强烈情感;这是书写宗教史的某一种方法中最常出现的错觉之一,也就是在这种错觉中,人们不知道任何行为都是在正常状态的背景下,在他的时代的日常性之中得以凸显出来。我们不可能重新体验那个迦太基人的精神状态,因为只有最小的一部分意识参与了活动,而总体上几乎没有什么可以去重新体验:如果我们有可能进入他的思维,我们在那里也许只是找到神圣的敬畏之紧张与单调的感觉,一种平淡的恐惧与一种厌恶的滋味,沉重地伴随着一种不由自主的意识,它几乎是我们全部活动的背景:"这个就过去了"或者"还能有什么别的做法吗?"

我们知道人有目的……

III. 对他人的了解是间接的,从我们邻人的行为举止和表达方式,我们会推断他,并把我们对自己和对我们生活于其间的社会的经验考虑在内。但是,这还并非全部真相:必须加上,人对于人并不是像其他的对象一样的一个客体。人,与同一种类的动物一样,在他们彼此之间认为是同类;每个人都知道他的邻人在内心里是与他自己相似的家伙。而且,特别是,他知道他的邻人,像他一样,有意愿,有目的;所以他可以表现得好像别人的行为是自己的行为。如马鲁所说,人在人类的一切事物之中感觉像在自己家里一样,他**先验地**知道,过去的行为与他自己的行为同处于一样的视域,即使他不知道一个特定的行为可能准确地意味着什么:至少他预先就明白这个行为曾有一种意义。同样,我们的倾向是把自然人格化,而不是去做相反的事。就是这种理解力,马克·布洛赫在一个片段里将其指定为历史科学的标准,它使史学家们震动以拯救他们,如圣保罗的一句话让路德震动那样[①]:"在这片风景,这些工具或者机器容易感知的特征背后,在外表上最为冷淡的文字和表面上最为彻底地脱离它们的建构者的机制背后,就是史学家们想要理解的人。那些达不

[①] 《为史学或史学家的职业辩护》(*Apologie pour l'histoire ou métier d'historien*),阿尔芒·科兰出版社,1952年,第4页。

到此目标的人,充其量将永远不过是一个博学的苦工。一个高明的史学家,就像是传奇中的食人妖;在他嗅到人肉气息的地方,他就知道那儿就是他的猎物所在。"

理解力不是一个发现的仪器,一个女巫师的三角支架(这个支架是编制系列),也不是有关正确与错误的一个判断标准,但是,它使重构人的目的与"思虑"成为可能。曾遭受毁谤的泰纳有一段话,说的与此近似:"历史学进程的第一步就在于把自己置身于所要评判的人的地位,去进入他们的本能,他们的习性,追随他们的情感,重新思考他们所思考的,在自己身上使他们的内心状态重现,细致地具体地想象他们的社会环境,通过想象力去追随……"我们想在这里中断引文,因为一个唯科学主义的阐释现在将占有思虑和目的的位置:"去追随形势和感受,它们通过与他们天生的特性相结合,确定了他们的行动,并且引导他们的人生";一部这样的著作,"通过把我们放在我们正在讲述其历史的人们的视角下,使我们得以更好地理解他们,而且,因为它是由分析组成的,它也就与所有的科学活动一样,能够得到验证和改进"。

……但是我们不知道什么目的

然而,如果说我们先验地知道人有目的,与之相反,我们不能猜测到它们是什么。当我们知道他们的目的时,我们可以让自己设身处地,理解他们曾想要做的;考虑到在那一时刻他们可能推测未来(他们仍然可以希望格鲁希会及时地出现),我们就能重构他们的"思虑"。可是,必须以他们的行为准则是理性的,或者至少假定我们知道他们的态度是非理性的为前提……与之相反,如果我们不知道他们的目的,内省从来不会把它交给我们,或是给我们一个有关它的错误结果;**对立的证据**:来自于一个人的任何目的都不会使我们惊讶。如果我发现,当拿破仑发起一场战役时,他努力去打赢它,对于我没有什么比这更容易理解了;但是,人们跟我议论一个奇特的文明(不用说,是想象的,不过几乎并不比许多外来的文明或者我们自己的更奇特),在那里,当一个将军遭遇敌人,习俗要求他想尽各种办法去丢掉这场战斗;短暂的困惑之后,我将很快发现一个解释性的假设("这件事应该是差不多如夸富宴那样得到解释;无论如何,这里边肯定有一种符合人性的可理解性")。不对这一文明使用"任何军事首领都偏爱打赢战争"的定律,我会对它使用另一个更为一般化的定律:"任何首领甚或是每个人都做他所在人群的习俗规定他去做的,无论它或许看起来是如何令人吃惊。"不知不觉地,我们对人的理解可以归结为这样一个命题:"人是他所是的,必须认定此理,这才是去理解他";这就是历史学、社会学、人种志和其他很少演绎的学科的奥秘。

因此,理解的方法唯一的价值就是给我们展示其角度,通过它,一切行为对我们都将显得可解释和很平常;不过它没有使得我们可以说出,在几种或多或少平庸的解释之间,哪一个是最合适的①。实际上,如果我们不再给予"理解"这个词以狄尔泰所赋予的技术术语的价值,而且,如果我们重新回到它在日常生活中的意义,我们看到,理解,要么就是基于我们对别人价值观所了解的去解释一种行为("面对这种傲慢自负,杜朗生气了;我理解他,因为对于傲慢自负我有与他同样的想法";或者:"我还是不觉得我对他在这一方面有什么了解");要么理解就是调查清楚他人的目的,这应该是通过回溯与重构进行的:我看见波利尼西亚人把锡纸板扔进珊瑚岛的潟湖里,感到惊讶;人们告诉我,"这是一种威望竞赛,毁坏财富的竞赛,对于他们,这一竞赛非常重要":就这样我知道他们的目的,我理解他们的心态。

历史中的价值判断……

因此,最重要的问题就是:知晓什么是人们的目的,他们的价值观,以便破解或者是回溯他们的所作所为。这就是说,我们将逃避不了历史中的价值判断问题。问题提出来,有时是以认识论的形式(历史编纂是否结构性地包括价值判断?不加评判地书写历史是否可能?),有时以一种职业道德的形式:史学家是否有权利去评判他的主人公?他是否应该保持一种福楼拜式的冷漠无情?在这第二种形式下,问题很快沦为说教性考量:史学家必须使自己成为过去的律师以便理解它,如果他是一个研究

---

① 施太格缪勒,第365页;布东,第28页。

古罗马的历史学家,应该书写《罗马颂》,应该抱有同情,等等;或者还有,人们将要自问,是否有权利做党的人,是否有权利"不给活着的人和死去的人以同样的重要性",因为人们热衷于或者曾经热衷于为党说话,是否有权利去让他的情节以无产阶级为中心而不是第三等级,同时鼓吹这种重心的选择是比任何其他的选择更加"科学的"。为了让我们在讨论这一问题时坚持第一种形式,也就是纯认识论的,我想把问题分为四个方面,其中第四个非常复杂,我们将放在这一章的最后再来探讨。

1. "历史学家不需要去评判。"的确,从定义来看:历史就是去讲述已经发生过的事情,而不是去高谈阔论地评判这些已经发生的事情是好是坏。"雅典人做了这些,波利尼西亚人做了那些":加上说他们做得不好好像也没有增加什么问题,而且也许偏离了主题。事情是如此显而易见,如果我们在一本历史书中,见到了一大段称颂或者指责,我们的视线会从那里跳过去;或者毋宁说它是这样无足轻重,以至于有时候可能会人为地避免这些详述,而只是去说阿兹特克人或者纳粹非常残忍;简言之,所有这些都只是一种风格的问题。因此,如果我们书写比如军事史,研究一个将军的调兵遣将,发现他做了一件又一件蠢事,我们可以无动于衷,要么以一种冷漠的客观态度谈论它,要么更为好心地说出蠢事这个词[①]。

[①] 列奥·施特劳斯(Leo Strauss),《自然权利与历史》(*Droit naturel et Histoire*),内森(Nathan)和当皮埃尔(Dampierre)翻译,普隆出版社,1954 与 1969 年,第 2 章。

既然历史关注的是已经发生而不是本该发生过的事情,它对于价值判断这一令人讨厌的永恒问题完全保持漠不关心的态度,也就是说,对了解是否德行是一种知识,是否存在一个有关目的的科学这个古老问题漠不关心:人们能够论证一个目的而不依据一个后面的目的吗?每一个目的难道不是归根结底依存于一个纯粹的意愿,它甚至不必保持与自身的一贯性或期望它自己的生存?(并不是因为最终的目的是意图,是价值观,因此我们不能对它们比对趣味或者色彩讨论得更多:这是因为它们是终极的[①];无论想要它们或是不想要它们,这就是全部。)对这一问题漠不关心,历史学因此也对更加棘手的问题,即把同一个价值判断付诸"司法审判的"使用,同样漠不关心。因为一个行动本身或许不好并不足以使得它的发出者因此要被认为是坏蛋。圣路易是真的如人们描述的那么至善至美吗?为了证实这一点,去论证宗教裁判所确曾很糟是不够的(或者断言它很恶劣而并不论证);实际上,去确认路易九世是宗教裁判所的始作俑者也是不足的:还必须衡量,在多大的程度上这位被告路易九世能够被认为对他的行动负责,而没有什么比评估一种责任的等级更加微妙棘手的了。这位国王的大多数同时代人,而且尤其

---

① 基础性文本是《尼各马可伦理学》(*Éthique à Nicomaque*),卷 VII,8,4,1151a 10;圣托马斯对它如此归纳:"在欲望和活动领域,目的以与不可论证的原则在思辨方面同样的方法运行"(《反异教大全》,卷 I,80 章,参阅 76 章);他接着说,"在原则上出错的人不能够被更确定的原则拉回到正确的路上,而人们能够把在结论上犯错误的人拉回到正路上来"(《大全》,4,95,参阅 92)。

是他的教育者,都曾赞成烧死异端分子这个事实,是否成为一个可减轻罪行的情节,又是在多大的比例上?而且,如果那一时代整体上全都曾经赞成它,那么这个国王的责任最终可能还留下什么?这个问题既不容易,也非徒劳无益,这是我们的历史性与我们的限度的问题;不过,它没有吸引史学家的兴趣,他将满足于给法庭提供事实(圣路易的道德养成,他所处时代的道德观念),而不评价这位国王的犯罪程度,也不评判宗教裁判所好的或者坏的特点。

……是间接引语的价值判断

2."历史学家不能放弃价值判断。"的确:差不多就等同于打算写一部小说,在那里价值观在那些人物的行动中不扮演任何角色;不过,这些价值观并不是这个历史学家或者小说家的:这是他们的主人公的。历史中的价值判断问题完全不是以事实判断反对价值判断;这是以间接引语进行的价值判断的问题。

让我们回到我们那位愚蠢的将军。对于历史学家,唯一的问题是去了解那些他认为是蠢事的在将军同时代人的眼里是不是:这些荒谬的操作是依据那个时代幕僚团的准则,或者,与之相反,完全不符合当时的战略知识?根据这一回答,我们对思虑与目的的重建将会彻底地改变:人们不能指责庞培没有读过克劳塞维茨(Clausewitz)。当然,庞培或许能够有一些天分,超越他所处时代的水平,而且预感到克劳塞维茨的出现:在战略上存在一种真理,如在物理学、经济学和可能其他的领域也一样;史学家因此将用真理标准判断这个将军未能与其时代的平庸形成对照;不过,这一真实评判并非一个历史命题:它并不参与到对思虑的重构,而将仍然是理论层面的。史学家因此将仅限于去发现那个时代的人们以这样或那样的方法进行判断;他可以补充说我们对它的判断是不同的。

最重要的是不要把本身矛盾的两种视角混同起来,如人们在断言必须以时代标准去"评判"过去的人们时所做的那样;我们仅能够,要么从我们的价值标准去判断(不过这不是历史学家的职责),要么叙述那个时代的人们从他们的价值标准出发可能如何判断或者本该如何判断。

3. 然而事情并不是如此简单。我们的将军从其所处时代认为正确的战略原则出发进行了慎重考虑,如我们刚才说的;不过事实依然还是,这些原则,它们是错误的,实际上就是他溃败的原因:人们不能解释这一溃败的事实,而不带有是或者看起来像是一种价值判断的东西,而它,更确切地说,是对一种差异的衡量:为了理解这一溃败,史学家会说,要明白这个时代的战略不是我们的战略。说庞培在法尔萨利被打败是因为他的战略本就如此,只是陈述一个简单的事实,如同去说他被打败是因为他没有空军。因此,历史学家持有三种明显的价值判断:他叙述什么是那个时代的价值标准,他基于这同一些标准解释那些行为,他补充说,这些价值标准与我们的不一样。但是,他从来不会补充说,这些标准是很不好的,我们有充分理由否认它们。说出什么是过去的价值标准,就是编制有关一些价值标准的历史。以对正确的战略原则或者对道德的无知,来解释一次溃败或者一种献祭幼儿的残忍,同样也是一种事实判断;这就像去说14世纪之前的航海所处的那种状况是由对指南针的无知来解释一样:它的意思仅仅是,它由天体导航法的特殊性来解释。记载某些价值标准与我们的之间的差异并不是判断它们。确实,某些活动、伦理、艺术、法律,等等,只有与规范联系起来才有意义,而这就是事实的经常性状态:比如,人们历来都把合乎道德法则的行动与暴力的行为加以区别;但是历史学家满足于作为事实报告他们的标准判断,没有打算证明它们或者是撤销它们。在狭义的价值判断与转述的价值判断之间的这个区别,在我们看来对我们的问题非常重要。在其出色的著作《自然权利与历史》中,列奥·施特劳斯有力地提醒,一种权利哲学的存在可能是荒谬的,如果它不是暗含着对一个超越权利的所有历史状态的真理准则的参照;这个作者的反历史主义(anti-historisme)让我们想起《几何学的起源》(*L'Origine de la géométrie*)或者是《哲学作为严格的科学》(*La Philosophie comme science rigoureuse*)中的胡塞尔:几何学家的活动可能变得荒谬,如果不存在一个超越心理学至上论和社会学至上论的**纯粹几何学**的话。如何能够不相信它呢? 然而,还不得不补充说,历史学家的态度仍然不同于哲学家或者是几何学家的态度。列奥·施特劳斯说,历史学家不能够不表达出价值判断,否则他甚至不可能书写历史;我们更准确地说,他转述价值判断,对之不加以评判。一种真理准则在某种活动中的存在,足以去解释借助于这种在场并且寻找这一真理是什么的哲学家;对于历史学家,超验在人的心中的存在,实际上,只不过是一种事实;超验给予哲学或者几何学——或者历史学,它有自己的真理标准——一种特殊的面貌,对于它历史学家不能不重视,以便理解那些耕耘这些学科的人曾经想要做什么,当他们着手书写有关它们的历史的时候。

我们因此可以坚定地维护韦伯的原则:历史学家永远不以他自己的名义,对价值判断发表意见。由于想证实韦伯自己的矛盾,施特劳斯差不多这样写道:"韦伯对没有艺术修养的人感到气愤,他们看不出在格雷琴与一个轻佻女子之间的区别,他们对前者心灵的高贵和后者的缺乏心灵毫无知觉;他因此表达了价值判断,不管他怎样不愿意。"我提出异议,他在那里所表述的是一个事实的判断;价值判断可能是裁定自由恋爱好还是不好。浮士德的情人和一个轻佻女子之间区别的事实表现在她的行为所有的细微差异之中;这些细微差异可能变得与人们所能够想象得到的一样难以捉摸,让没有艺术修养的人无法察觉(与之相反,我们记得斯万,没有见到她就轻轻闪过奥黛特是个妓女而不止是一个轻佻女子的念头),但它们必须是可辨认的,能够以某种方式加以验证,否则就不存在:在这一种情况下,价值判断甚至可能不再有赖以存在的事实基础。

4. 我们是不是费力到了尽头?历史学家能否永远免除去进行价值判断?那么他是否可能就此沦落到如列奥·施特劳斯所说,"毫无怨言地向他所研究之人的官方阐释低头。他可能会被禁止谈论道德、宗教、艺术和文明,当他阐释一些民族或者部落的思想时,而对于他们,这些观念是闻所未闻的。同样,对道德、艺术、宗教、知识和国家,他可能不得不接受一切被宣称如此的东西。由于这种限制,我们有可能成为来自我们所研究之人的各种欺骗的牺牲品。面对一个指定的现象,社会学家不能够满足于在它所发生的那一群体中流行的阐释。人们不能强迫社会学家去支持那个相关群体从未有勇气将其视为简单虚构的合法的虚构;相反他不得不区别这一群体对控制它的权力的看法,和作为问题的权力的真实特点①"。人们看到了这几行所提出的这些问题的广度;它们在我们看来至少是两种类型②;首先,在狭义的历史之外,还存在一种价值论的历史,在那里,在写这些事物的历史之前,要以评判什么是真的可称之为道德、艺术,或者是知识为开始;另一种类型的问题已经浮光掠影地触及,当

---

① 列奥·施特劳斯,第 69 页。如有关价值论的历史我们已经看到的,纯粹的历史学家,如韦伯说,满足于在对象中意识到可能的价值判断的嵌入。他觉察到,在某个古代宗教中,在一个通过丰富的献祭博得诸神好感的信徒的态度,与另一个献上他心灵之纯洁的态度之间,有一种区别,他可以说:"另一种宗教,比如基督教,在这两种态度之间看到一个鸿沟"(很自然,他也可以以价值判断的形式记载这一事件的区别,而且写道:"在这个卑劣地追求利益的宗教里,人们几乎不辨别这种不纯洁的态度与这种高洁的态度之间的差异";没什么要紧,这只不过是一个风格问题:因为历史学家,人们阅读他是为了了解这个宗教的性质是什么,而不是为了学习如何对它加以评判是合适的)。

② 我们暂且把可能的第三个问题搁置一边,它与各民族这一句子相关联,对于这些民族来说,道德的观点或者文明的观念可能是未知的;这是一个虚假的连续性问题和在第七章已经讨论过的范畴问题,它也同样是"区域性本质"的问题(政治,艺术……),它们将是第十一章的问题。

我们看到,一定不能根据言论去相信当事人对他们自己的社会给出的解读,一个文明的历史不能透过它的价值标准去书写,那些价值标准是诸多其他事件之中的历史事实,而不是那一社会团体的精神对偶物;因为关于社会群体和历史意识,我们可以重述笛卡尔有关个体意识所写的:为了了解人们的真实观念,必须更加提防注意他们所做的而不是他们所说的,因为他们自己对它并不知晓,因为使人们相信一件事的思维活动,不同于使人们认识他们所相信之对象的思维活动。一句话,历史意识不是行动的根源,它并不始终是一个允许人们以可靠的手段去重构一个历史行为整体的痕迹;下面的几页将要展现这个历史批评与决疑论问题的某些方面。

一种意识形态-现实的二元论……

让我们从一段轶事开始。在上一次战争期间,在一个被占领国,流言在人们中间传布,说占领军的一个装甲师被盟军的轰炸机歼灭了,这个消息激起了一阵欢喜和希望;然而,这是一个假新闻,占领军的宣传机构毫不费力地证明了这一点。但是,人民并未曾因此有任何受挫的感觉,而且他们抵抗占领者的情绪也未因此有所衰减:装甲师的摧毁对于他们来说不是抱有希望的理由,而是希望的象征,而且,如果这一象征被证实是不能使用的,人们会采用另一个作为替代;敌人的宣传机关(很有可能是由一个群体行为的心理学家指导)为此承担广告的费用。这种激情推论的反向逻辑似乎是用来证实帕累托(Pareto)的社会学:人们的推理最为经常地表现为他们隐藏的激情的日常合理化,而这些潜藏的"残余物"准备好去乔装打扮,把自己伪装成自己的反面,只要它们仍然还在。这是真实的,不过还应该补充说,它们不是隐藏的,而是可见的,与其余的一样构成经验之物的一部分:人们将会承认,在被占领的人们中间,当一个人向另一个传播那个好消息的时候,他的声音、他的态度和他的热切,比他若是传播坏消息或者是宣布发现了一个新的行星,流露着更多的激情;一个观察家有一定洞察力就足以猜出在那里充满激情的逻辑,以及如果假象被戳破可能会发生什么情况。

马克思主义的意识形态批评①是历来表现为谚语、不需要多少理解力的实用真理的膨胀;我们愿意相信那些与我们的利

---

① 意识形态借口的批评,人们把它不适当地限制在集体意识(或者甚至是限制在阶级意识,好像阶级一词不只是一个模糊的、令人怀疑的尘世的观念),实际上应该被归结为两个哲学命题(Philosophème)的被滥用:辩护的诡辩理论(《尼各马可伦理学》卷 VII,3,8,1147a 17 起)与关于一个意识视野、一个精神共同体的康德哲学观点:为什么酒徒或者是资产阶级会需要在思想上为自己辩护,并且从自己的行为中提取普遍性前提,如果他不是非常唯心主义地感受到去说服其他的理性动物的需要,至少是在法律上?人们需要旗帜:意识形态的诡辩,激情的逆向逻辑,是不义向道德之城的某种致敬。由此人们可以避免做出一个假定,说意识形态借口有某种功能,服务于某种对象,欺骗它的人民(实际上,它首先回应的是面对理性动物的思想法庭一个自我辩解的需要);显而易见的是,一个意识形态的借口通常不服务于任何东西,既然它没有欺骗任何人,它根本没有征服已经被征服者以外的人,而**历史的人**(*homo historicus*),当他的利益受到挑战的时候,不会由于思想上的争论而向他的对手做一点让步。

认为意识形态有一种防御功能的观点是一个马基雅维利主义的虚构,它把这一研究引向了死胡同。

益和我们的成见一致的东西,我们发现我们够不到的葡萄太酸了,我们混同保卫我们的利益与保卫价值标准,等等。我们将乐意承认,如果一个烧酒和酒精饮料的商人解释说,酒精有害是由政府恶意传播的一种神话,他的断言掩盖着一种行业的利益;我们只是认为,意识到这一点并不难,而且这些并不值得为此而产生出来一个历史哲学,甚至也不值一个知识社会学。而且这一类型的伪装并不专属于社会政治学思想,因为,阶级利益的领域为什么可能比所有其他的领域有更多无法解释的特权去使我们的思想被扭曲?自古以来格言就告诉我们,这些谎言到处存在,在对酒精感兴趣是为了喝酒的酒徒和对酒精感兴趣是为了卖酒的资本家那里都是一样。意识形态借口的观点并非其他的东西,只不过是在《尼各马可伦理学》卷 VII 中找到的诡辩学派有关辩解的陈旧理论:想喝酒的酗酒者原则上认定让自己精神焕发是健康的,而这个三段论的大前提,恰如所愿是一般的,是他的意识形态的借口;与此类似,资产阶级以世界性原则的名义维护其利润,而且援引大写的人作为他论证的前提。马克思给历史学家帮了极大的忙,把亚里士多德通过借自个人伦理偏好的例子加以解释的辩护的诡辩学派批评延伸到政治观点;他由此鼓励史学家要提高他们的批评意识,具有对他们的主人公之言论的怀疑精神,丰富他们作为过去的倾听者的经验;简言之,去以一种实践经验的无限多样性取代意识形态借口理论的宗派主义二元论。

……替代以具体的多样性

因此,所有的问题都成为具体的,而且只不过是一种敏感度的问题;场地向具有历史意识的拉罗什福科(La Rochefoucauld)们敞开。历史上的十字军东征到底真的是十字军东征还是带着面具的帝国主义?一个十字军骑士参加十字军是因为他是破产的小贵族,他有冒险的性格并且怀有对信仰的热情,还是因为冒险的潮流:在所有的志愿者群体里都能找到这两种人。一个布道者把十字军东征说成是上帝的史诗。这一切在日常生活中比在概念上更容易彼此调和;如果那个被问及的十字军骑士,回答说他是为了上帝的荣耀踏上征程,他也许是真诚的:他感到需要摆脱走投无路的境地;没有地租危机,那个布道者的成功大概会减少,但是,没有十字军东征的神圣性,也许只有一些迷茫的年轻人会离家上路。当他出发时,他感到有一种踏上征途并且投身于战斗的愿望,他知道人们告诉他十字军东征是一部上帝的史诗,于是他通过他知道的去表述他感受到的,如同所有的人一样。

不存在也许是上层建筑理论的万能的解释工具;断言一个意识形态的固有谎言从来也不能免除通过具体的途径进行解释,一种情况和另一种是不同的,民族主义或者是一种经济利益可能最终以宗教领域的问题为结果,因为在那里不存在精神的炼金术;存在的只是具体的解释,完全可以用日常生活的心理学术语表述。两个民族难道真的是为了搞明白是否必须在那两种圣物之下领圣体而发生战争吗？同时代人他们自己对此毫不相信，即使他们是诚实的；培根说得非常正确，那些"纯然思辨性的异端"（他把社会政治活动与宗教构想相对照，比如某个托马斯·穆恩泽[Thomas Münzer]的）并不引发麻烦，除非当它们也许变成了政治对抗的借口时①。只有那些神学家，忧虑神学的利益，以及那些论战者和支持者，他们更关切使意识形态上的对手哑口无言而不是描述事实的真相，似乎把这场战争简化为一次宗教的战争；至于那些战斗者本人，对于作战，承认他们这样做的真正理由对他们是无用的：对他们，只要有理由就足够了；但是，既然游戏规则是不能作战而没有一面旗帜，他们就任由他们的神学家提供其理由中使他们最少分歧的那个规则作为旗帜，或者是他们所处的虔诚时代认为是具有旗帜之神圣性的那个。因此就出现一小撮"头目"发出战争的信号给有其本身参战原因的民众，而且它保留了战争的命名权：我们依据官方的名目对一切进行判断的倾向将产生的结果是，我们是依据作表述的少数人的理由来解释作战的多数人的原因；我们将因此陷入虚假的二难困境：肯定人们不能为了普通的神学借口去打仗，相反，又肯定一次宗教战争必然有一个宗教方面的原因。

无数其他的特殊情况都是可以理解的。人们看到，或者是人们以为看到②，在美国，反奴隶制的运动在南北战争之前发

---

① 《随笔集》(*Essais*)，《论事物的变化更替》(Sur la vicissitude des choses)。
② 看起来人们越来越不相信这一点；在最近的一期《年鉴》上，可以见到今天人们认为在南北战争的时候奴隶制还完全没有耗尽它的经济能量。

生,与奴隶制经济的某种衰退重叠;它表现了经济与思想的某种神秘的联系？小资产阶级的理想主义客观上有益于联邦政府拥护者的资本主义？是历史的法则希望见到"人类只提出它能够解决的问题"而"猫头鹰只在夜晚醒来"？如果这些事实是真的,它们最多能够证明,为了攻击一个还处于良好状态的机制,就得是一个空想主义者,而不是一个简单的理想主义者,空想主义者比理想主义者更为稀少,也更少引发人们对他们的谈论。然而,不可否认的是,一伙保卫他们最为物质化利益的人,经常会炫耀他们最为理想主义的华丽辞藻;那么,这种理想主义可能是一种谎言还是一种手段？不过,首先,讲道理的辩解不是最普通常见的情况;恼怒、傲慢或者挑衅至少是同样经常发生的。其次,这个理想主义骗不了任何人,而且只说服那些信服者;它不是一种骗局,而只是一种对环境的掌控:它扮演了一个"威胁的信息"的角色,目的在于让敌手和可能的盟友知道,他已经准备好借助于一切手段保卫他认为神圣的理由。是否不得不说,当人们停止对他们的理由之神圣性的认定,也就意味着自我放弃和接近被打败？更准确地说,情况是其反面:当他们感觉不再能够捍卫它的时候,就停止挥动这一神圣性旗帜;理想主义的风格于是就变成了不合时宜的,而休战的时刻就快要到了。

意识不是行动的关键

那是太真实不过了,我们有关我们自己所说的一切,都背叛——在这个动词的两种意义上——我们的**实践**；我们活着，却并不知道如何表达我们行动的逻辑，我们的活动对此比我们自身了解更久，人类行为学在其因子那里不言自明，就像语法规则在母语使用者口中；情理上，我们也不能去要求，一个普通的十字军骑士、多纳图派信徒或是资产阶级，他们能够表达出，对于十字军东征、教会分裂和资本主义，一个历史学家也可能会很难表述出来的真理。思想和行动之间的距离是一种普遍的经验；如果其中存在谎言，那就可能到处都是：在艺术家那里，他主张一种并非完全是《判断力批判》中的审美观，在研究者那里，他并没有有关他的方法的方法论。这就是为什么这些当事人、艺术家、研究者或者是小资产阶级很愤慨，当人们责怪他们出于自身理由所给出的表述的时候：作为"了解自己"的他们，清楚地知道，他们没有欺骗，甚至当他们无法做到准确地表现那个他们的行动对他们自身所形成的无法砸碎的黑暗之核的时候。

人类的行动大大地超出了其所能具有的意识的范围；他所做的大部分活动并没有思想或者是情感的对应物。否则，人们可能会把一些"社会团体稳定性"巨大的整体，诸如宗教或文化生活简化为只有少数精英们灵魂最敏感部分断断续续的激情时刻来作为真正的对应物。一般说来，人有一种本质，且不能整体上由他的历史加以解释；他的类别和他的作为始终而且到处都差不多是同样的，或者，更为准确地说，他的活动和他的态度的变化幅度，没有人们可能曾经**先验地**期待的那么宽,而他想要走出它的难度则要大很多;他不是一个偶然的存在;然而,我们在意识中看不到产生这个局限的充分理由,意识承受、利用或者更为经常地使之合理化,而不是在深知底细的情况下对它起决定作用。我们将不会知道,哪些本能的程序,哪些人类行为学意义上的计算在不为我们所知地管控着大部分我们的行为。我们随处可见人们以群体、部落、城邦或者是国家形式而生活,无需这些划分符合社会学上可能是一劳永逸地固定下来的条件(自然边界,语言共同体,经济上的相互关联……);这些划分的每一个看起来都是联盟共处面对"利益矩阵"(matrice des enjeux)的最初反应,它的内容从一种情况到另一种总是变化多端,而且在那里这些赌注看起来有一种不是绝对的,而是彼此相对的重要性。一切就好像政治生活的普遍存在可以由这些本能的"程序"中的一个来解释那样发生,如我们今天所了解的动物行为学,不是作为对确定性刺激的单纯反应,它自发地搜寻某些可以对之提供刺激价值的东西。此外,如何解释历史的缓慢、民族和阶级的稳定性,以及所有托洛茨基称之为群众的深度保守主义的东西,归根结底,它是历史最为令人吃惊的特征?

因此,我们大部分行为是由微妙的差异决定的,它们是现实的非官方部分;我们常说,我们有本能,有怀疑,有一种不可解释的反感,或者相反,这个家伙的脑袋让我们喜欢。这些差异经常带来巨大的间隙,分离开一个政治或者宗教事件的官方名目和在那里起着决定作用的氛围;这一氛围由那些参加者亲身经历过而未被理解,没有被那些其关切之事更为科学的社会学家们所观察到,也没有留下任何文字的记载。对于想要确定存在于多纳图派教义中的宗教、民族主义和社会抗议各自份额的人,与一个出色的多纳图派信徒一小时的交谈,可能会远比阅读米利夫的奥普塔图斯(Optat de Milev)①和那一教派的神学家们更有用;不过,条件是同时考虑到语调和词语的选择与话语的内容。去观察在工作状态中的实践者可能会更好:当人们出于宗教的幻想去进行屠杀时,与人们出于社会仇恨进行屠杀,不是完全一样的。

即使我们完全不能把这些微妙的差异概念化,我们的行为,却非常清楚地知道对此做出反应。不管人们怎么白费力气,托马斯·穆恩泽的一个宗派信徒或者南特的一个大学生的脑袋不是路德的一个听众或者一个青年冶金工人的脑袋;当那些神学家们书写他们的《致德国绅士的信》的时候,以及全国工会联合会断绝与学生组织的关系的时候,时间不再拖延。对这一断绝并非没有提供数不清的神学的或者是列宁主义的解释。简单的托辞,一般的合理化,意识形态的掩饰?不,不过,首先,无力清晰表达出真正的原因,除非通过约定俗成的象征;其次,一种传统要求政治论战永远披上一件民间形式的、一成不变的外衣,与动物界对战斗的摹拟,夫妇间的争吵,或者是南部意大利邻里之

---

① Optatus,4世纪主教,著有《驳多纳图主义》(*Against the Donatists*)等。——译注

间的纠纷一样特别惯常①;很可能这是一种力量的巡游,在其中风格的暴力使得肌肉在表面的原因之下突显出来;同时,出于外交家的谨慎,并且也为了避免最坏的情况发生,一种谨守合乎习俗程序的欲望突显出来。

但是,由于过去的冲突,它存续下来主要依赖文本,因此要担心的是,世界历史的绝大部分对于我们恐怕只可能是一个骨架,那上边的肉已经永远地失去了;行动者们本身就是忘记他们所做的不符合因循守旧的事实真相,并且以被视为合理存在的修辞法则去看待过去的第一批人;诺尔顿·克鲁的书②,作为第一次世界大战的见证人的回忆录,清楚地显示了这一点。在历史的危机之中,这些行动者,如果有时间和兴趣去相互观察,他们会因为所见到的和自己正在做的事情而感到不知所措;如果

---

① 例如,在古罗马,政治论战在共和末期采用一种低级的斥骂形式,矛头指向个人生活和性风俗(来自西塞罗[Cicron],萨卢斯特[Salluste]……的猛烈抨击);这是一个刻板的行为而不是一个*逻各斯*,昨天的敌人,在被斥骂之后,能够恢复名誉,成为世界上最好的人;那些侮辱性的指控,未曾欺骗任何人,比本该被遗忘的充满尊严的政治控诉更容易被遗忘。在现代印度,人们了解党派之间同一类型的言论激战,关于它贝利(F. G. Bailey)给出了一个很有趣的描述(《谋略与劫夺,政治的社会人类学》[*Stratagems and spoils, a social anthropology of politics*],牛津,布莱克威尔[Blackwell]出版公司,1969年,第88页)。在我们这里,无需一秒钟的怀疑,我们的提案和请愿书的类型、风格和纠纷更多地呼应了一种成规,而不是符合它们的意图的要求。

② 克鲁(J. Norton Cru),《见证》(*Du témoignage*),伽利玛出版社,1930年。特别是他关于刺刀攻击的**话题**(*topos*)的批评:这一话题出现在几乎所有的证人那里,然而,如果我们在这一点上信任诺尔顿·克鲁的话,刺杀攻击从未付诸实施,或者准确地说差不多是随即就被放弃了;但是,在战前,它曾经是军人勇敢的重要象征性主题。

他们没有被人们提供的或者是他们自己提供的官方解释所欺骗,对于他们,在事件发生之后,剩下的只是惊讶于自己曾置身于如此的境地;更为经常地,他们相信他们所说的一切和他们的神学家宣称的一切;这个版本,作为记忆的朋友,将成为明天的历史真相①。

对心态概念的批评

面对这种看起来经常侵害意识圣地的临床经验的多样性,我们体验到一种困惑和不安;如何归还给人他内在的光与他对自我的掌握? 通过制定一种二元论:人们所做的一切与他们在精神上可能有的情感相一致;一个作战出色的军团之所以如此是因为它具有爱国主义心灵;一个社会所做的一切符合它的价值观:这最后一词应该把它泛音的丰富性归功于它对之起作用的含混。对价值一词,人们同时理解到的是一个被物化的抽象

---

① 比如,人们惊讶于在抵抗者或者军人的回忆录中极少看到这些权力的冲突是问题,但它却是地下组织的(或者宗教教派的)祸患,而从它那里,暴力经常汲取比反对阶级的敌人、殖民者或者是占领者的斗争更多的能量;这一忘却,不必说,是诚实的,或许可以由一种无意识的羞耻感和尤其是由这一事实来解释,就是这些当事人,在那一时刻本身,他们处于这些狂怒行为的折磨之中,不理解在他们身上发生的事情,因为这些冲突不是产生于他们的意图而更多是来自于一种组织的缺失;不过,记忆轻易地忘记了它未曾理解的东西,对于这些东西它无法给予被确认的身份。但是,参阅 J. H. 德罗(J. Humbert Droz),共产国际前秘书的一段文字:《从莫斯科到巴黎所见》(*Oeil de Moscou à Paris*),朱利亚尔(Julliard)出版社,1964 年,第 19 页,带有一种与修昔底德相称的在观察家和信奉者之间的两重性。

概念(一支部队的爱国主义)和既定的伦理所切实传授的价值标准;通过其价值观解释一个文明,就是同时使一个抽象概念物化,把这一想象与确定的价值观等同起来,最终把它整体地运用于这一文明:一个这样的社会将是资产阶级的,而那样的另一个则会是贵族阶级的。

我们现在面对一种传统的心理学,经常被谴责,它旨在物化心灵的实质。是否还必须再一次提醒,在我们的脑袋里,什么都没有,所谓心态(les mentalités)不过是行为的另一个名字?在我们的精神中没有触发我们行动的动机,如果我们还是要尝试去表述它们的话,也只是勉勉强强的;远非比其他的人具有优势去更好地了解我们所想的,我们本身成为我们自己的史学家,承受这一职业所有的风险。凡尔登的战士们为什么坚持战斗?爱国主义?惧怕军事法庭?战友之间的团结一致?如果了解它的最好方法是去问询幸存者的话,在这种情况下,我们得能够说出是不是道德观念,是不是缺少杀人的勇气或者害怕警察,阻止我们去杀死那个其电视烦扰我们的邻居才行。1916年军队的爱国主义肯定是一种现实,正是它可以解释为什么法国的前线得以保住:当我们把它与1940年代的部队加以比较就会看得更清楚,后者士气已经崩溃,而且长官们不是不知道这一点;不过,这种爱国主义未曾以能够通过词语表现的价值观的形式出现在行动者的精神中(当他们尝试表达它们的时候,像阿波里奈尔所做的,它听起来会不对劲,不是因为它也许不诚实,而是因为它是一个唯心理主义者的神话)。在凡尔登的战士们的头脑里,我们找到的也许只是对下一场进攻的焦虑和这个夜里送水的勤务兵还不能到来的念头;人们不会心里想"我要出于爱国主义而战斗",如同人们心里想"我要上好闹钟以便明天早起"。

至于尼采哲学的价值观一词,它适用于那种不很明确的意义。没有一个社会可以同时什么都是,每一个社会都遵循它的价值原则一览表,的确,但是在哪里找到这个一览表?比如说,这一被普遍接受,而且有明确的文本支持的看法,即古代社会不重视劳动的价值而且觉得它是让人看不起的,究竟能够意味着什么?相反,我们的社会,觉得它是可尊敬的。但是,古代社会这种对劳动的鄙视是通过什么表现出来的?古代社会并不是伊甸园,而是跟我们的社会差不多一样劳碌辛苦的蜂巢,"不劳动"实际上想说的尤其是"组织、领导其他人劳动";民众用双手干活,与我们这里一样,而上层阶级管理公共事务,并且作为生产资料的主人,管理前者的劳动。对劳动的轻蔑归结为人们毫不犹豫地去说"劳动是可鄙的"这一事实,而我们则总是有点腼腆地说所有的行业都是高尚的,以此抵抗我们本能的反应,它会去想它们并不是那样完全平等。古代对劳动的蔑视对研究谚语和社会羞耻感的历史学家来说是一个有趣的主题,但是它不是给我们打开古代社会劳动组织之现实的钥匙①。从它的价值标准出发去描述一个社会,往往会导致去描写一些具有异国情调的

---

① 关于古代对劳动的蔑视,尤其要参阅柯瓦雷很少因袭的文字,《哲学思想史研究》,阿尔芒·科兰出版社,1961年,第292页注释2,以及第296—301页。

奇特特征,这些特征到处都找得到而且在我们自己的社会中也找得到,只是在那里没有被看重,或者是以另一个方式存在。在古代社会,如在我们这里一样,指导其他人劳动比自己从事劳动得到更高的评价;如在我们的社会里一样,为了消遣去研究一个学科比为了养家糊口而去研究它总是来得更为高雅[①]。

与一种传统的心理学完全一样,价值观是一种传统的社会学。一个社会所信奉的道德并不给它的所有行动提供动机和理由;它只是一个局部化的领域,与其余的部分维持某种从一个社会到另一个各有不同的关系。有一些道德信条不超出学校和选举讲台的范围,其他的想要使一个社会变得与它现在所是的不同,一些把它的现实存在神圣化,另一些则安慰它那已不再存在,另一些是包法利主义,如许多贵族气派的道德所处的状况。比如在上一个世纪的俄国:家喻户晓的俄国贵族的"疯狂挥霍",或许是贵族具有的体面生活方式之观念的一个组成部分,"但是也许实行它的人并不是很多。通过社会的模仿,有关它的这一观点在贵族社会传播,不过大部分成员不得不满足于只是模仿

---

① 一种传统的博学研究,对词语和观念的研究,因此只能使人们了解词语和观念,或者口号,或者合理化:它不能使人们懂得人的行为和目的;如果我研究西塞罗著作中的*和谐*(*concordia*)或者*自由*(*libertés*),我将会了解他对此所说的,他对这一论题所主张的,他想要使人们相信的,或者甚至就是他认为是他的行为之真相的东西;但是我将不会了解这个行为的真实目的。当一个现代法语的专家研究第三共和时期竞选宣言的词汇时,经验使他知道其中的弊端所在;不过,一个研究古代文化的专家不具有这种经验,被深入钻研的传统推动着去照字面的意思理解古代社会对它们自身勉勉强强提供的那些阐释,如我们自己所做的那样。

其思维的方式,并未分享其生活态度。从另一方面说,在外省的偏僻地区,它可以从容地想象,无论是私下里还是公共场合,它的阶级中某些成员所拥有的美妙的生活方式,作为所有属于它的一分子的人们的最大荣誉[①]"。其他的道德准则不是包法利主义的,而是矫揉造作地恐怖主义的,比如清教主义:"清教徒在性关系方面的专制主义倾向,可以由他们面对现实威胁和诱惑进行自我抵抗的必要性来解释:他们没有天主教教士可以支配的制裁手段。[②]"

如我们所见到的,我们对伦理社会学的描述正在变得相当地灵活,就像是希腊雕塑,大约 470 年前后,在形体的逼真之处,迅速地从生硬变得圆融灵巧;当一本书如耶格尔(Jaeger)的《教育》(*Paideia*)浑然一体地谈论"总称的"贵族道德、作为前古典时期之"总称的"希腊之关键的时候,它就具有一种其生硬很有一点古风的代表作的效果。

一种决疑论:四个例子

历史的唯实论要求我们获得这种灵活性,以便避开历史批

[①] M. 康菲诺(M. Confino),《17 世纪末俄国的领地与领主,土地结构与经济思想研究》(*Domaines et Seigneurs en Russie vers la fin de XVII siècle, études de structures agraires et mentalités économiques*),斯拉夫研究所(Institut d'études slaves),1963 年,第 180 页。

[②] P. 拉斯莱特,《我们失去的世界》,第 155 页。

评最棘手的问题之一:在何种情况下,我们可以相信一个社会对它本身做出的表述?又是在何种其他的情况下,历史意识的透明性是似是而非的?这一问题已是当今一代史学家的绊脚石:马克思主义者纠结于解决上层建筑非自主的自主权问题,年鉴学派则是关于往昔心态史的敏锐感觉,宗教现象学则与表现仪式的或者象征的类型作斗争。由于被赋予了人类事务经验的多样性,历史批评在这一领域具有一种决疑论的形式,它更多是理解力的问题,而不是理论的问题。我们将分析历史意识个案的四个例子:仪式,就像一种谁都不思考的思想;一种极具情感性的结构,服从于年长者权威的群体的结构,在那里形成一些合理化和一种"次要的"忧虑,它是一种结果,同时看起来却是最初的原因;那个我们将约定俗成地叫做"机制"的非常重要的社会类型,在那里必要变成德行,而且在那里社会的关系与心灵的关系是颠倒的;最后是常规惯例,它外表的荒诞却反而包含着被遮盖的理性。

I. 仪式

在时间和空间上,差不多到处都有,村里的或者是部族的小伙子们仪式性地捉弄新婚夫妇,或者是向新郎索要照例必有的礼物;在时间和空间上,差不多到处都是,人们埋葬死者连带整套用具和对他而言珍贵的个人物品,珠宝,武器,烟管,嫔妃,而且还把吃的带到他们的坟墓:在荷马时代,在古罗马最为文明的时期,人们就曾这样做,在我们时代很有天主教特点的卡拉布里亚人也是这样做①。这些仪式的含义是明确的：**一切这样进行，就好像**，人们认为死者在他的墓里继续生活，一切这样发生，就像村里的小伙子们觉得那个新郎抢走了他们一个可能的配偶，因此想要复仇或是索要赎金。但是有谁真的像这样思考呢？不是那些当事人；捉弄某个人或者是得到赎金显然是令人愉快的，而如果这一礼仪并不存在，村里的小伙子们很有可能会去发明它，如果赞成这样做的人数足够多的话；况且，本来一定就是他们第一次发明了它。但是，准确地说他们不再发明它：他们把它当作是约定俗成的仪式来搬演，而且，如果这种捉弄没有被传统所约定俗成，他们也许没有足够的胆量或者创造力去即兴创造它。同样，要是问他们为什么要实施这种捉弄，他们可能回答说："因为这是习俗，因为这是通行的②"；仪式的意义恰好足以出现在他们的头脑里，给他们的回答提供一种自我辩护的色彩，而且使他们在热心顺从于传统的戏弄时感到快乐。但是他们的主导性情绪还是去虔诚地遵从习俗；遵从在他们身上产生了一种特殊的满足，这种崇礼主义是人类学研究的一个维度。我们

---

① 下面是一首若干年前由马尔蒂诺（D. Martino）发表的卡拉布里亚哀歌："现在我必须告诉你，女人中最可珍贵的，我给你放进棺木里的东西：两件女式衬衫，一件全新的和一件补过的，你的毛巾给你在另一个世界洗脸，而且我还给你放上你的烟管，因为你对烟草是那么的迷恋！而现在，怎么给你往那另一个世界送雪茄呢？"也参阅古伯察神父，《中国纪行》（*Voyage en Chine*），阿尔德纳·德·迪扎克出版，卷 4，第 135 页。

② 参阅列维-斯特劳斯，《今日的图腾崇拜》（*Le Totémisme aujourd'hui*），伽利玛出版社，1962 年，第 102 页。

看到,如果把仪式,没有人思考的思想,作为一种实际经验的思想,可能会犯怎样的错误,而这是宗教现象学所犯的错误,它的语言甚至在它说字面上正确的东西时刺耳地喊出虚假;这是无论谁,由于从某个仪式得出某种意义,把这种意义作为可能解释这一仪式的信仰所犯的错误①:人们给死者带去吃的,是因为相信死者在地下生活。当然,仪式的意义对于那些行动者或多或少是可辨认的(与它们对历史学家是可辨认的一样):不过,那些行动者作为仪式,作为一种**特殊的**行为体验它;如果对新婚夫妇的捉弄不是仪式般规定性的,被捉弄者可能会发起反抗。这一意义不是以普通行为同样的方式被感受,经常有可能发生,一个仪式是与这些行动者在另一面所信奉的宗教或者思想相互矛盾的。徒劳无益地为了避开这种矛盾的外表,宗教史创造了一种有关仪式贬值蜕化的理论;2世纪的怀疑论与神秘论的罗马和当代的卡拉布里亚显然肯定不相信死者继续在他们的墓里过活;荷马已经对这些不再相信②;那么,为什么埋葬死者要连带他的家用物品呢? 如何解释这个没有信奉者的信仰? 所能做的只是假定在我们有文献记录的时代以前,在古老的宗教中,从前,**在当时**(*in illo tempo-*

---

① 关于仪式比神话居先,参阅卡西尔(E. Cassirer)《符号形式的哲学》(*The Philosophy of Symbolic Forms*),曼海姆(Manheim)翻译,卷二,《神话的思想》(*Mythical Thought*),第39、219页。

② 罗德(E. Rohde),《普赛克,希腊人的灵魂崇拜与他们对不朽的信仰》(*Psyché, le culte de l'âme chez les Grècs et leur croyance à l'immortalité*),法译本,帕约出版社,1953年,第15页。

re),人们真的相信过这一点,而这一信条从那时以来不停地衰退贬值,仪式成了留下来的唯一幸存者;人们几乎是在最初的时候就把它想象地移用于一种不同范畴。这些仪式作为仪式而产生,如所有那些忍受过——无论是在巴黎高师的乌尔姆街还是在营房里——预留给"新来者"的捉弄的人们可以证实的。完全不能确定,最初的原始人曾经真正地相信死者在地下吃喝与生活;仔细想想,这甚至是不可能的事。但是,他不能够甘心于认为他们真的是死了,而且他也知道献祭品增加荣誉,成为象征,仪式使之庄严隆重;对于这些仪式,他尽其可能去表现它们,并且使它们合理化,比如通过宣称死者会饿。我们发现,原始人是宗教史的最初发明者。

II. 年长者的权威

说实话,既没有什么原始人,也没有古风;没有任何人类事件有绝对的日期,一切都能够唤起在无论哪个时代的存在。让我们看一看这一古老的政治体系,也就是前辈的权威;如人们所知,某些社会的组织(澳大利亚的部落是它的经典例子)或者某些机构的组织,以年纪的等级差别作为基础,把权威以及某些特权(甚至,在澳大利亚人那里,对女人的所有权)留给年长者。陈旧过时的现象,见证了人类演变中一个已经过去的时代? 这是把社会视为有其自身年龄的有机体,而实际上它们是延续着的创造物,在那里一切都是当代的。实际上,让我们想象一下某个等级制标准缺乏或者是不足或暧昧不清的组织,作为结果,在那里成员们或多或少地被放任由其个性主宰:这种状况或许将促成一种更为严格的等级制的需求,如果这一机构的运行这样要求的话;如果它可能没有这一要求,分散的个体将会为某些成员创造在他们中间达成联盟并且建立一种有利于他们的等级制的可能性。在这两种情况下,哪个标准可以充当联盟的旗帜和等级制的基础?这是不能先验地说出的,换句话说,好几个可能的标准将具有一种彼此相对的价值,而那个最佳者(最普通的和最少暧昧不清的)将占上风。现实中这一标准将很可能是年龄;在兵营里就是这样:军官的等级是一个足够完善的体系,不再需要补充的等级制;与之相反,在无组织的普通士兵群体里,面对"新兵蛋子","老前辈们"总是会团结一致。同样,在一个不完善的等级化社会里,年龄将在等级制留下模糊空间的地方占上风,比如在同级的关系中;事实上,需要有一个规则,只要它是显而易见的。

在这里必须警惕任何唯心理主义:把这个年龄的标准和年长者的权威强加于人的,不是一种对老年人的狂热,对过去时代的崇拜或者是对年轻人崛起的不安;相反,是一些出于组织上的理由而使之建立的这一标准的确立,产生了这种恐惧症。年资的标准不是陈旧过时的:它得以施加,因为它相对而言是最佳选择,它有理由如此,而且只要这一理由存在,它就继续有效。如列维-斯特劳斯所说[①],制度产生忧虑,

---

① 《今日的图腾崇拜》,第 98—103 页,细微差别分析要归功于拉德克利夫·布朗,《原始社会中的结构与功能》(*Structure et Fonction dans la société primitive*),马林(Marin)译本,1969 年,第 239 页。

而不是相反;没有制度,在年龄群组之间的心理紧张不存在,或者很难超出某种轶事的层级,打耳光,低声埋怨和谚语;但是当年龄的差异被应用于某种等级划分,这种紧张就增加了,因为任何等级制都能感受到某种危险。在此我们看到,意识在多大程度上扭曲了现实:结果被认为是原因;起因于等级制的焦虑变成对年龄的偏执;总之,当年长者着手为这一机制辩护,他们将援引"年资"的自然权威,这是一种常见的合理化运作,在那里年纪作为标准的真实功能不为人所知。

既然一切都是连续性的产物,人们也将会看到,年轻人对这一制度的某种反抗只是在年资不再行使其职责(也就是去建立一个秩序,不论它可能是什么,只要有一个秩序)的时候才发生,或者是它不再有什么职责可以去行使,比如当白种人在村子里安排了新的权力机构;悲剧的时刻,因为,长者的权威只不过成了岌岌可危的幸存者,对年纪的偏执由此而进一步增加。也许,对于我们,只要证实在这一领域不存在建立机制的绝对时间,也没有更多的**历史惯性**就足够了:这些标准继续维持运作,只要它们的相对价值允许它们得以维持,而且当这一相对价值重新出现的时候,它们也会重新出现。

III. 惯例成规

因此,在这个社会的某个地方,存在着惰性、习惯、各种习俗,它们延续着因为它们存在? 那么,是否可以把这一问题以某种准确性加以表述? 是否可以认为心态(les mentalités)是人们所养成的习惯①?现在对这些问题做出严肃的回答是不可能的,即使是社会学家;人们顶多能够有一种倾向,是支持传统还是赞成进步。但是,不管他投票的方式如何,历史学家一定持有他的原则:把他的解释尽可能向后推,穿透到非重大事件性历史中,超越他的前人们所曾达到的自由的极限和偶然的极限。

让我们想一想,比如常规惯例,是否它只不过是某种惯例?以下是两个微末的真实事件,容许我们可以对此提出质疑。在1941年发表的一篇文章里,马克·布洛赫(他,从巴黎到克莱蒙费朗和里昂,已经选择了那条必定要把他引向酷刑和死刑柱的道路)写道:"如果农民的日常习惯不可置疑地存在,它也没有任何的绝对性;在大多数情况下,我们看到新技术已经足够容易地被农村社会所采用,不过在另一种氛围下,这同一个社会,却与之相反,拒绝其他的新生事物,它们乍一看来,似乎并不一定较少对他们产生诱惑的力量";人们发现,一方面,罗马人未知的黑

---

① 与社会惰性的观点相反,参阅巴林顿·摩尔(Barrington Moore)明智的文字,《专制与民主的社会起源》,法译本,马斯佩罗出版社(Maspero),1969年,第384页,它揭露了这种恶性循环(精神状态造成组织结构,组织结构产生精神状态)和这一问题字面上的特点(精神面貌从何而来? 从天上?)。他把自己的批评指向塔尔科特·帕森斯(Talcott Parsons)有关惰性的观点;严格地讲,这一指责没有充分的理由:帕森斯事实上强调这一事实,他的惰性理论不是一种全凭经验的概括,而是一个理论上的原则(《社会体系》[*The Social System*],纽约,自由出版社,平装书,1968年,第204、251、481页)。实际上,情况毋宁说更糟糕一些:帕森斯的描述是如此地咬文嚼字,更关心盯住词汇使用而不是描述一种进程,结果是他所接触的仅是词语的问题;况且,一旦出现在纸面上,这些词都是惰性的,即使它们所指称的事物并不是如此。

麦自从中世纪早期在我们的乡村已到处被接受;而另一方面,18世纪的农民拒绝取消休耕地,并且由此拒绝整个农业革命。这种差异的原因很简单:"用黑麦代替小麦和燕麦,这完全没有触及社会体制";相反,"18世纪的农业革命则预示着要摧毁农民生活于其中的整个社会体系。小农户对于增加国家生产力的观点感觉不灵敏。他只是平庸地想要眼前自己的产量的增加,或者至少,是这产品中用来出售的那一部分;他感觉到,在市场上,有某种神秘而且颇有些危险的东西。他的首要关切毋宁说是保持他惯有的生活水平不受损害。几乎在各处都是一样,他把他的命运与古老的集体地役权联系在一起;而这些惯例以休耕地为前提①"。

另一个例子,借自工业领域。人们发现②,当管理部门调整工作方法的时候,工厂里的工人对这个改变的抵制,是一种群体行为:一个新来的工人降低生产率,为了向群体里其他成员的生产率看齐,为了不超越由群体自身不言明地定下的群体每一个成员默认接受的标准。事实上,一个产出过高的工人有被管理者作为提高全体成员标准的一个借口;对于这一群体来说,难题在于控制工作节奏,使之生产刚好超出可能导致降低单位薪资危险的数量;这是非常复杂的经济学问题,因为有大量的变量需

---

① 马克·布洛赫,《法国农村史的特性》(*Les Caractères originaux de l'histoire rurale française*),卷二,阿尔芒·科兰出版社,1956年,第21页。
② 取自第二手材料,因为刊载它的《人际关系》(*Humain Relations*)杂志1948年第Ⅰ期,我未能得到。

要被考虑,但是同一个车间里的工人却能够凭着直觉通过控制下午的产量相当好地解决,如果他们意识到他们在上午已经做得太多了的话,反之亦然;在他们的手段与目的之中,这种成规惯例是非常合乎理性的。

一切惯例都有它的逻辑,很显然,其规则通过被叙述将会更清楚,而且足以解释为什么在这个世界上所有的事物可以存续:为了降低风险或者不确定性,**历史的人**(*homo historicus*)从不行进在**空白状态**(*tabula rasa*)(这种情况,只是以极大的代价出现在科学研究中);他仅限于选择一个可以满足某种最低条件的方案①,而这一方案在他看来于事物的本性之中得到了显示:"人们也许可以找到更好的,不过,事物总是它们所是的,这一方案的长处来自于存在和被接受:让我们从此遵从于它,超出可能就是冒险。"这就是为什么历史不是乌托邦②。行为几乎从来

---

① 参阅 M. 克洛泽(M. Crozier)给 J. G. 马奇(J. G. March)和 H. A. 西蒙(H. A. Simon)的序言,《组织机构,社会心理学问题》(*Les Organisations, problèmes psycho-sociologiques*),迪诺出版社,1964 年,第 XII 页;或者奥克肖特(M. Oakeshott),《政治学中的理性主义》(*Rationalism in politics*),梅图恩出版社(Methuen),1967 年,第 95—100 页。我们知道柏拉图以创新的**知识**(*Épistémé*)与墨守成规的**技术**(*techné*)相对照。

② 关于经济平衡,参阅熊彼特(J. Schumpeter)《经济发展理论》(*Theory of the economic development*),牛津大学出版社,1967 年,第 40 页:"价值体系一旦建立,特定的经济手段一劳永逸地永远是每个新的经济周期的起步点,而且可以说,具有某种对它们有利的推定。这一稳定性对于个体的经济行为是不可或缺的;在日常生活中,在大多数情况下,他们不能进行必要的思考以重新阐述他们的经验。我们发现,在实践中,前面那些周期过程中的财富之数量与价值为随后每一个周期决定其数量与价值。但是,这唯一的事实也许不足以解释(**转下页注**)

没有以一个人们可首先设定目的的形式出现——为了它人们寻找适合手段——而是作为一个传统的方法,按照希望它获得成功的那样被采用,或者在必要时,慎重地予以调适。问题最少的已知材料也是如此复杂,致使并非每一次都能够被重建:更妙的是,如果这个配方不存在,人们甚至可能想不到去追求这个目标;或者,它也许一直是灵机一动或者是一时冲动的体制。因此,如果说,那些政治议会,甚至当它们是由精英组成,普遍地做出如勒庞①所认为的那样平庸的,而且在他看来与一种低贱的下等人相称的决定,这完全不能证明存在着一个也许有某种特殊性质的"群体心理学":而只是表明人们聚集到议会中要彻底解决的那类问题,只接受比在工作室的孤寂中得到解决的问题更为平庸的解决方案,人们有时候把后者叫做煎锅。

既然一种常规惯例,而且也许是任何行为,可以追溯到一些

(接上页注)这一稳定性;首要事实显然是,这些行为的规则已经接受了经验的检验,而这些个人认为总体上他们除了遵从它不可能做得更好。因此,人们全凭经验行事的态度不是一种偶然,而是有一种理性的基础。"——有关导致一种理性行为的同样的无意识计算的存在,参考格朗日,《形式思维与人的科学》,第101页(学习的理论);达维德森(Davidson)、萨珀斯(Suppes)和西格尔(Siegel)在《决策制定,文选》(*Dicision making, selected Readings*)(爱德华兹和特维尔斯基[Edwards et Tversky]编辑)中,企鹅丛书1967年,第170页;施太格缪勒,《……问题和解答》卷一,第421页。当下的人文科学表现为有效的干预手段,追求最佳效果,对人类行为的研究包括考虑到理性的参与行为,是一种隐藏的**人类行为学**,而那部分"非理性的"行为,也就是在它们与我们当下的干预模式不一致的意义上,由此属于一种描述性的"**动物行为学**",就是说,是个不能清晰表述的一种残余物。

① 勒庞(Gustave Le Bon,1841—1931),法国社会心理学家,医生,著有《乌合之众:大众心理研究》(*Psychologie des foules*,1895)。——译注

隐藏的道理而不是一种习惯,那就必须抵制这一诱惑,即把多样的行为简化为一般的**习惯**,它可能被视为一种本性而且可能产生一种历史性格学:依据桑巴特的说法,就是贵族,资产阶级。这种性格的单一性并不存在;贵族的精神与对利益的合理性心态的对照来自于传统心理学;在贵族精神习惯于在某一领域所作的慷慨举止之后,并不使它不能在某些其他的方面表现出唯利是图。确实有一些大领主始终非常有教养,除非涉及金钱问题时,而一些对金钱贪婪冷酷的大鲨鱼,在城里,就是文学艺术的资助人。我们的价值标准从一个领域到另一个是彼此矛盾的,因为它们是辩护的反向逻辑从我们的行为中提取的"前提";然而,这些不同的行为是由本能、传统、利益、人类行为学强加于我们的,没有任何理由组成一个连贯的体系。因而,我们可以同时信奉阿波罗预言未来并相信他的先知已卖给了波斯人,或者想望"天堂,不过尽可能晚一些"。一个印度抵押放债人也许有一种还有一点"原始的"精神面貌,他不懂得复式记账法,而且有一种可能是"质的,非理性的,传统的时间概念"(至少,如果有人把他在宗教或者哲学方面信奉的观点延伸到他的真实生活的话;除了这一点,他跟我们所有人一样:在日常生活中,他必须等待"糖溶化");但是这个时间性视角显然一点也不妨碍他以借据到期的名义要求支付利息,不管时间观念是质的还是不是①。

---

① 与作为一般习惯的心态相对,参阅康菲诺(M. Confino)的异议,《俄国的领地与领主》(*Domaines et Seigneurs en Russie*),第 257 页。

IV."机制"

我们在这里采用机制(institution)这个词是在社会学家给予它的意义上;它不代表通过正式的文本所建立的某物,与之相反:法定社团只不过是其中一个特殊情况。通过机制一词,我们理解的将是所有有关人们谈论的集体理念、团体精神、群体传统,所有那些体现着个人野心与集体压抑的混合物,它使这个群体实现比它的成员想要个别地追逐的那些目的更加无私的(不管好坏)目的;政府、军队、神职人员、大学、医疗机构、艺术或者技术学校、集中营、先锋派文学、各种各样的教派、登山运动队,等等,就这样得以运作。这些机制服务于目的,而且由价值观推动其发展;我们并不因此下结论说,这些价值观给这一机制提供基础,因为这毋宁说是相反的事:机制是一个这样的陷阱,被它捕获的人没有职业意识之外的其他出路;在这一意义上,莫拉斯(Maurras)说这些机制让我们最好的东西延续并没有错,而塔尔科特·帕森斯(Talcott Parsons)也书面记录了这种思想[1];它们同样也使最坏的东西延续,不过归根结底,它们促成延续。

机制这一组织有如此巨大的重要性——历史极大的方面要归功于它——以至于必须在此展开说明。让我们再次以希腊和

---

[1] 帕森斯(T. Parsons),《行为理论原理》(*Éléments pour une théorie de l'action*),布里科(Bourricaud)翻译,普隆出版社,1955年,第193页起,参照第40页。关于在这些机制中思想与组织的分离,参照盖伦(A. Gehlen)《人类学与社会学研究》(*Studien zur Anthropologie und Soziologie*),柏林,卢希特汉德(Luchterhand)出版社,1963年,第196页以下。

罗马的公益捐赠制度为例,关于它,我们已经与读者谈论过。在亚历山大大帝的时代,一切都从这一事实开始,在那些城邦里,富裕的显贵性格慷慨而且是爱国者,重新创造了古老的贵族阶级仁慈与竞争的理念;在希腊城邦中,他们给城市贡献时间与金钱,给它提供建筑物,在公共服务中施加影响;在罗马,他们给平民提供演出和筵席,好像大家长所应该做的那样。它创造了一种传统,我想说的是社会福利的权利和国家的义务;在此之后,一种炫耀性捐赠的持续竞争在名人显贵中间形成,可是,平民开始要求这些礼物如同一种应得之物,而且开始向所有的富人索要,甚至向那些没有慷慨个性的富人;在古代城邦所处的狭小社群里,拒绝是困难的,在那里富人和穷人有日常的往来,而且在那里不和谐的喧嚷随时都是可能的。对社会和谐的渴望,在这些不存在警察的城邦国家,使得显贵阶层最终把公益捐赠制度强加于它的每一个成员,作为其社会地位所要承担的义务;他们同时也使这一义务内在化,因为决定性的角色,不仅是人们的公共行为,而且同样还有他们的内在态度,考虑到生活在纷争的状态中是不舒服的:所有的社会学家都将会对你们这样说。一种个人的品质——慷慨大方,于是变成了一种公共的机制;若非如此,参与公益捐赠行为的人们可能从来不会去这样做。城邦的气氛因此而得到调节,政治体制变成了温和的贵族制,在希腊是高傲俯就的,而在罗马是家长式的;对社会和谐的想望,使它们把慷慨捐赠上升为义务,甚至是准则,因此,回溯性地带有了马基雅维利式的气度:面包和竞技场用于使平民非政治化,或者更准确地说,使他们麻痹于某种卑劣的物质主义享受;事实上,远非筹划过这样巧妙的计算,那些显贵们所做的只是追随一条最少阻力的路线。古代的城邦在这一基础上存续了五百年;掌控城市的显贵们通过从他们自己的钱袋拿钱让机器得以运转。这并不是说,他们所有的人都是心甘情愿地这样做;承担义务并不总是令人愉快,不过,即使有人躲避,他也不得不对逃避怀有内疚;就是在这一点上我们认识到一种机制。

一个机制是一种环境,在其中,人们从不一定是理想主义的动机出发——成就职业生涯,不与环境发生冲突,不生活在痛苦的状态——被引导去完成理想的目的,如此地一丝不苟仿佛他们是出于个人的趣味对这些目标感兴趣;我们因此看到,这些存在于一个机制的开始和最终的价值观,并不是使它得以延续的那些东西。从那里产生一种持续的张力,在机制所设定的目的之大公无私和其成员本性的利己主义之间;在那些公共福利捐赠者中间,一些人不断提高慷慨力度,因为是贵族就得名副其实,另一些人试图回避并且逃到乡下去,但是不无内疚之心,另一些以野心家的精神状态去实施,另一些最终逃脱痛苦而且通过扮演"伟大良心"的角色,成为所有人的一个榜样,他并没有比其他人多做什么,只是出于纯粹的信念,出于一种公益捐赠者的职业意识去做这件事。这些分裂的起源是"所有人"和"每个人"的辩证法,在历史上是如此频发:如果使公益捐赠的机制运转良好和让平民满意是所有显贵的利益,不牺牲准则同样也是他们中每个人的利益;他们通过形成一种阶层的道德准则,公益捐赠的准则,避免这一分裂,以便摆脱这个战略博弈理论家曾以两个囚徒的困境命名的著名困境①:每个人都在其他人所承担的义务中有个人的利益,但是只有在他可以肯定其他人实际上将要这样做,才同意承担自己的义务。

据此人们会得出结论说,心理学的解释既是正确又是错误的。当一个机制存在的时候,意识形态的动机是真实的:每个时代都制造并且鼓吹那些制约它和激励它的东西;由于公益捐赠制度,人们成了公共福利捐赠者,由于十字军东征,成了十字军骑士,由于施舍,成为乐善好施的人。但是,人们也同样看到,去进行一项民意调查,或者是去询问人们是否愿意做公益捐赠者及原因,可能会是徒劳的;这些动机是这个机制(面包和竞技场赎买社会和谐)的一种合理化,或者是对这一机制的一种适应性反应(承担公益捐赠的义务比逃避义务体面很多,尽管也困难很多)。公益捐赠制度创造了捐赠者,而不是相反。这种位置变换的关键是一种如此强大的合乎人性的反应,以至于它看起来像是出于自卫本能的计算:心甘情愿地做不得不做的事,改变他的准则不如变更他的财产,做出他的职责应有的姿态。然后,随着一代又一代不断传承,他们就更容易去追随那些经受过考验的榜样,而不是去重新创造世界。

---

① 两个嫌疑人知道,如果他们两个人都保持沉默,他们将会有较轻的处罚,但是,如果其中的一个人招供了,他将会被释放,但是他的同伴将因为没有首先坦白而被判重刑;是第一个开口说话,还是可以去信任另一个人?我们将在第十一章回到这一问题,在那里将找到一些参考。

还有一些话,读者将在第十二章理解它的适时性。刚刚读过的对机制的分析毋庸置疑地让你们觉得有一点社会学气味;其实,它是以某种对塔尔科特·帕森斯并无恶意的戏仿为出发点。然而,读者可以发现,我们并没有做任何比历史学家的工作更多的什么:解释过去发生的事实,而且是通过理解去解释它们;一旦历史的材料和可理解的情节被排除,作为更一般和更纯粹是社会学的残余还剩下什么?一个概念,我们宁愿说,是一个约定俗成的、伪科学的术语,也就是机制的概念,和一个配得上法国伦理学家的牢固准则:人们心甘情愿地做不得不做的事,对此普通社会学以一个更加有学问的形式表述:社会身份与职责角色普遍地被内化为姿态,除非它们不复存在。我们将会记起这一点,当我们要研究历史学与社会学的关系时。

一种有关人的新知识

这个决疑论可以没完没了地继续下去:为了增加例子,只要从历史编纂学和当下的社会学中汲取也许就足够了;它表现出一种转变,或者毋宁说是我们对人的经验的一种充实;它也同样使人想起有关历史批评的一个新维度的观点。

帕累托式的批评或者马克思主义者的意识形态批评的时代已经过去;物质和精神、激情与借口的二元论,已经替代为众多的特殊情况,它们要求一个具体的解释和某些集体心理学的经验。其实,对集体心理学的这种熟悉是当前文化既有的收获之一；它是有关人的知识的一个新领域的发现。在教科书中,我们将找不到从这一发现所得的系统化的果实,因为它涉及到一种"文学的"或者日常生活的心理学,而不是一种可约减为公式的知识;但是,我们将会在甚至是报纸里找到这个新熟悉度的证据。这一充实是跟在另一个转变,也就是个体心理学由于卢梭、陀思妥耶夫斯基和弗洛伊德所带来的转变之后;事实上,这是当代文化的另一个特性,有关自我与它本身在侮辱与损害中的辩证意义,以及良心的搏斗,补偿与铤而走险的悖论。与这种个体和集体心灵的新经验相比,有关人性矛盾的古老的心理学,塞内加和基督教伦理学家的,以及有关人民心理的古老的格言,从此以后将显得贫乏和生硬。因此,在有关人的经验的知识获得中存在着节奏的不均衡,偏好的断裂。

这就必定导致历史批评的扩大。作为通过文献获得的知识,历史是过去给我们留下来的不同类型的痕迹造就的产物;然而,似乎人们只不过仅仅意识到一半的考据任务。思量一些文献是否权威,是否真实可靠,是否可恰当地还原,是一回事;思考我们可以有权利从这样或那样的线索中提取哪一种真相,这是另外一回事,这里边还有许多要做的;因此看起来,有大量的历史错误来自于对文献进行了过度阐释,来自于对它们提出了它们注定不能回答的问题。我们不能从一句话推断出一个准则,从一个准则为一个机制下结论,从一个口号推断一个事件,从一个谚语推断一个行为方式,从一个仪式推断一个信仰,从一种神学教理推断一种个人信仰,从信仰推断一种保守主义,从语言的特殊表达方式推断一个民族的心理。或许就是像这种类型的历史批评,一般社会学——它是当今社会学中的"病夫",可能找到它真正的使命:于是它可能重新转换为历史批评,如我们刚才所见到的,或者转向历史的论题,如我们在下一章将要看到的。

历史学的主要困难

还剩下意识与行动的关系是历史概括的最大难题,因为它们是其中最重要的组成部分;历史以我们的目的为中心,然而,这些目的对我们自身却是晦暗不明的。在这一领域,没有什么可以被体系化:既没有简化法(修道士不属于政治家,相反亦然),也没有纯然的目的(有一些宗教战争也是政治的战争,有一些政治家也是笃信宗教者),也没有意识形态借口与真实动机的二元论。现实中,人们总是返回到在一种合理化的阐释(常规惯例是隐藏的理性)与一种本能的阐释("机制"的内在逻辑归根结底取决于生存的本能反应:心甘情愿地做不得不做的事;常规惯例就是纯粹的习惯)之间徘徊;其实,依据历史学家的意愿,两种阐释往往都是可能的,而且这些事实不容许去干净利落地决断。以下是一个非常简单的例子,我们借自一场相关文献既超量又不足的著名论战:美国南北战争的起源。

这场战争的诸多原因中没有一个足以真正地解释为什么在南方和北方之间爆发冲突;北方佬的资本主义与南部联盟的种植园主之间经济利益的对立,似乎是编造的,围绕黑奴制度的争端过于理想主义,很难有政治的分量,海关税则不如说是一个借口,或者一个细节而非**开战理由**,生活方式的对比无论如何不是彼此厮杀的充足理由……让我们尝试对这场战争进行一种合理化阐释,并且首先假定我们的错误是去寻找先前的原因。那么,我们假设,完全说得过去地,这个冲突爆发不是紧跟在这样或那样的特别事件之后,而是因为南方阵营自问是否它不想失去对联邦政府政策的全部控制,是否它不愿意将由此被判决,在或多或少可见的未来,去忍受北方佬的无限权力;那场战争因此可能是一场权力冲突,有**预防性**的特征。让我们继续设想,在这一冲突中,南方联盟不是为它自己寻求权力(一个社会不是一个统治阶级),但是它想要保留通往权力操纵杆的入口,以便保障它未来的**安全**;最终我们设想,南方联盟并没有感觉到这一安全受到某个明确的风险的威胁(比如,海关税则的崩溃),而是被未来的**不确定性**,被那种感觉所威胁——北方和南方的生活方式极为不同,在北方佬那边总是会"发生某些事情",所以它不得不警惕,"以防万一"。这些假设没有一个像是真的:但是,如何核实它们? 到文献中寻找什么? 非常可能发生的是,没有一个政治家,没有一个南方联盟的记者曾经通过书面或者是口头上展开过这些论题;事实上,谈论它们有什么用处呢? 为什么要说服确信不疑的人? 甚至也可能发生,那些曾确信有作战必要性的人们没有一个在内心里表达过这些理由,也没有对自己说"这下子我们败在北方佬脚下,任其摆布了";对未来的威胁,不确定性的感觉,不一定非要通过一种意识的产生来体现,而是通过一种强烈的情感性:当来自西方的殖民化问题使得未来的权力冲突显露时,紧张骤然升温,人们激动起来……为什么?那些人他们自己并不知道;不比一个猫科动物更多,退缩到笼子的一个角落,不"知道"为什么,它本能地害怕,因而变得凶恶,即使那位驯养者此时并没有威胁到它。

我们因此可以不加区别地把这类动机的这一个或者那一个给南方支持者:要么是一个非理性的,本能的动机(可能会是对一个外来主人的恐惧,或者对过于不同的生活方式的厌恶,或者还有对既有环境狂热的依恋……);我们同样可以把他们的行为解释为完全理性的,同时是直觉的反应,在不确定性中寻找安全。然而,这种模棱两可在历史学中到处都存在;成规惯例或许可以是如我们已经说过的那样理性,但也可能只是简单的习惯;对那些机制的忠诚是精明的计算,还是动物般地依恋于养育他的*母亲之神*(*alma mater*)……从来没有一个事实可以允许在这两种类型的解释中进行选择;因为这就是解释:我们的目的从来不会被立即了解,必须对它进行推论。我们的意识不是我们的意图忠实的证人;至于说我们的行为,它表达它们只是以一种模糊不清的方式,而不是把它们交付给准确的公式。目的既不是有意识的,也不是以纯粹状态可观察到的。

然而,在真实的维度上观察这个困难,它是与世界历史(histoire universelle)同外延的:无处不在,而且特别是当有流血事件的时候无处不在,我们看到,十字军骑士、胡格诺教徒、波希米亚人、旺岱保皇党人或者是阿尔及利亚人,被同样强烈而又模糊和短暂的激情所煽动:他们确切地想要什么？必须要看清楚困难是在哪个层次;这里所能做的,还只不过是对那些把宗教斗争缩减为阶级斗争和那些想要宗教斗争就是纯粹宗教的人都不表示支持;如果我们不带偏见地着手面对这一问题,而且如果我们专注于行为方式中那些具有启发性的细微差异,我们最终将弄清楚在十字军东征或者是宗教战争中存在的贪婪、政治和虔敬的份额。但是,那样也就要开始真正的难题:如何准确地表述那些因此得以理清的目的？为什么是这些目的？那些阿尔及利亚人对法国统治指责什么？说它是一个外国人的统治？是种族隔离？经济控制？旺岱叛军对共和国指责什么？指责它是共和国而不是国王？事件的结局本身将并不揭示目的,因为它只有透过种种妥协,种种机制和失败表现出来。历史的激情为了采用福柯的表述,因此从来不会以"野性的状态"出现;它们永远是穿着该时代的装束:虔诚属于十字军东征,反殖民主义……而且对此人们不能够说出为什么,在人们不能把它们归结为一个人类学结构,从它们那里认出一定数量的人类永恒目的的意义上,否则就会因此回到民族智慧:获胜的欲望,占有意识,祖国之爱。世界历史于是呈现为对一连串注明日期的心血来潮的叙事(《19世纪与民族主义运动》),关于它的奥秘我们并不知情,一旦陈述它约定的名字,所能做的只是按照其影响去加以描述。

事情就是这样,因为没有哪一个具有历史重要性的激情是深思熟虑的;了解占领者或者老板是否令人憎恨并不是学术论争的关键,而且我们不必使憎恨他们的理由被承认:我们只要有这些理由就够了。因此,行动的条理不可能被缩减为知识的条理,在此意义上,历史意识是对方法的思考,而不是对目的的说明。我们公开宣称的观点与官方的价值观不过是辩护,是合理化,是安慰;充其量也只是澄清问题的企图:当个体或者社会着手理清他们自己的行动理由时,他们与历史学家从其角度所进行的处于同样的水平。《灵魂论》(De anima)说,不是智力决定欲望;相反,它以欲望为原则,而只是对方法深思熟虑。此外,如我们现在就要做的,通过研究那些有关历史知识的可怀疑的进步,我们将会得出一个可以说明问题的见解:人文科学(我指的是真正配得上科学之名的那些)是与行为的方式相关联的学科,是人类行为学。这是一些有关方法之组织的科学(或者艺术),而且它至少同样是起规范作用和描述性的;相反,关于人类的目的,它们始终没有教给我们任何东西。

第三部分
历史学的进步

第三部分

商史命集方

第十章
提问方式的拓展

历史学家的首要职责是确认真相,第二个是使情节被理解:历史学有一种批评,但是它没有方法,因为不存在一种用于理解的方法。因此,每个人都能让自己即兴成为历史学家,或者准确地说有可能即兴成为历史学家,如果由于没有方法,历史学并不以人们有一种文化为前提的话。这个历史的文化(我们同样也可以称之为社会学的或者是人种志的)不停地自我发展,而且近一两个世纪以来已变得相当可观:我们关于**历史的人**(*homo historicus*)的知识比修昔底德或者伏尔泰的更加丰富。但是,它是一种文化,不是一个学问;它在于处理某个论题,在于能够提出有关人的越来越多的问题,但并不在于知道如何回答这些问题。正如克罗齐写的,历史思想的建立即在于此:对历史的理解从古希腊到我们的时代不断地丰富;这并不是我们知道人类活动的原则或者目的,而是我们从这些事件中获得了一种远为丰富的研究方法,一种决疑论(casuistique)①。这就是历史编纂学也许能够期待的唯一进步。

渐进发展的概念化

人们很难想象,一个圣托马斯或者库萨的尼古拉(Nicolas de Cusa)的同时代人能够写出《封建社会》或者《中世纪西方经济史》:不仅是因为在历史体裁的相关背景下研究经济事件和社会关系还没有先例,而且还因为人们缺少这样做所必需的范畴与概念;还没有谁对这些事实有足够的观察使得这些概念可以在他的眼前清晰浮现。实际经验的观察,事实上是这一观察缓慢和累积的进步之所在,类似于私人日记所可能带来的对自我认识的进步,或者类似于在认真的观察过程中对一片风景的渐进性发现。当艾因哈德(Eginhard)在撰写他的保护人查理大帝的生平之前,重读由苏埃托尼乌斯(Suétone)所作的罗马皇帝的传记时,他尤其注意到在查理大帝和这些罗马巨头之间的相似性,而不是我们所见到的那些巨大的差异;这是不是意味着,他的看法是原型的,他对历史的理解是,历史事件是作为标本典型的重复出现? 是否更准确地说,它所以是原型的是因为他对历史的看法是贫乏的? 拉罗什福科说,必须得有非常的智慧,才可以理解人们是多么的独特。对个体的感知力,充实的观察力,需

---

① 克罗齐,《历史学的理论与历史》,迪富尔翻译,德罗兹出版社,1968年,第53页。

要以能够针对一个历史事件给自己提出比普通人更多的问题为条件;一个艺术评论家,在一幅画中看到比一个普通的游客多得多的东西,而布克哈特就是以这样丰富的观察力凝视意大利的文艺复兴。

艾因哈德当然知道查理大帝不同于奥古斯都,知道没有一个历史事件与另一个是同样的,不过他没有注意这些差异,或者是没有对这些细微的差异说什么;他对它们没有理解。新概念的形成是一种思想的活动,通过这一运作,观察力随之得以丰富;修昔底德或者圣托马斯也许还不懂得,在他们那个时代的社会中,去发现所有这些我们已经懂得在那里寻找的东西:社会阶级,生活方式,心态,经济姿态,理性主义,家长式统治,*炫耀性消费*(*conspicuous consumption*),财富与特权和权力的联系,冲突,社会流动性,资本家,土地食利者,战略集团,由"短路"引起的社会提升,城市贵族和乡村贵族,可动用资源,闲置资源,寻求安全,资产阶级王朝。他们以一个几乎从未考虑过他的犁具、他的磨盘、他的田地形状的农民的方式,经历了现实的这些方面,而这些对一个地图学家是三个研究和比较的对象。就这样我们一点一点地拥有了对这个人类社会越来越详细的看法,而某一个时刻到来,我们惊讶于我们的前人没有"清楚认识"到这些在他们眼前跟我们一样有过的东西[①]。

历史学从对事物的朴素看法开始就是普通人的,《列王纪》

---

① 这一惊讶曾被拉斯莱特很好地表达,《我们失去的世界》,第13页。

和《法国大事记》的编者的那种。渐渐地,由于一种与科学和*持久不断的知识探究*(*philosophia perennis*)的发展可比较的同样缓慢和不规律的演变,对经验的概念化在继续进行。这一演变比科学的或者哲学的演变更不容易领会;它不是通过人们可以公式化表述、对照和讨论的定理、论题或者理论来表达;要理解它,必须把韦伯或者皮雷纳的一个片段与公元 1000 年某位编年史作者的一个片段进行比较。这一进步,与学徒训练一样是极少推论的,仍是历史-文献学学科存在并且为它的自足辩护的理由;它是对这个世界之错综复杂的发现的一部分。我们可以谈论人类对它自己所持有的越来越清晰的意识,如果它不是更为狭窄地涉及到历史学家和他们的读者对历史持有的总是更加准确的知识的话。这一进步是唯一的,围绕它可以理所当然地去谈论古希腊的天真或者世界的童年;在科学和哲学方面,成年的价值并非由于后天所得的知识汇集的延伸,而是由于创建的行为;它与发现世界的错综复杂的情况不一样:希腊人是天才的儿童,对于他们,缺乏的是有经验;作为抵偿,他们得到了欧几里得的《几何原本》……难道米什莱不是从现代史学家那里辨认出"如此有力和如此丰富的现代性格"来作为其优势的工具?对希腊史学家的领域,没有一个现代人能够比修昔底德更深刻,因为经验没有深度;不过,修昔底德也可能从阅读布克哈特和尼尔森(Nilsson)关于他自己的文明和他自己的宗教所写的学到东西;如果他本人曾尝试就此发表言论,他所说的恐怕远比我们的要更加贫乏。因此,一部历史编纂学的历史,要想走入其对象的中心,就不能专注于比较容易的对每一个史学家的观点的研究,而要更多地专注于他的系列产品的清点盘查;说出这个史学家的叙述是单薄的,或者那一个对其时代的社会方面几乎不感兴趣是不够的。因此,得胜者名单可能会被颠覆;老年的教长弗勒里(Fleury)凭借《犹太人风俗》(*Moeurs des juifs*)和《早期基督徒风俗》(*Moeurs des premiers chrétiens*),因此会显得至少与伏尔泰同样丰富;人们也许会惊讶于马克·布洛赫的丰富与米什莱的贫乏。经常发生的情况也许是,这种史学史并不是在史学家著作那里,而是在小说家、旅行者或者是社会学家那里展开。

不同等的感知困难

这种古老的对视野的训练之存在理由是一个极大地塑造了历史体裁面貌的特性:不同类型的历史事件并非同样容易感知。在历史中,战役和条约,一般意义上的事件,比心态或者经济周期更容易看到:一个"非重大事件历史"的、"先锋派历史"的理想,注定要让历史学家产生对困难的爱好和努力的意识。在政治方面,我们容易区分战争、革命和内阁更替;在宗教方面,分辨宗教学说、诸神、主教会议和教会与国家之间的冲突;在经济方面,辨别经济体制,以及有关农业缺乏劳力的谚语。社会是法定规章、日常生活或者社交生活;文学是伟大作家的画廊;科学史是科学发现的历史。这一也许会让年鉴学派的一个代表人物因恐惧而晕倒的罗列,是对历史的自发印象。历史学的进步就在于从这种状态中摆脱出来,而标志性的著作是使新范畴——从土地史到心态史——得以概念化的那些。从此以后,就可以通过简单地查阅目录去判断一部文明史教科书:它已经显示哪些概念是这位作者所拥有的。

感知历史事件的难度不同,如果我计算的不错的话,至少有七个原因。历史事件是不同的,然而,历史是根据原始资料书写的,而这些资料的编制者觉得他们自己的社会如此自然,因此并没有对它进行命题。其次,所谓"价值标准"并不存在于人们的言论之中的,而是存在于他们的所作所为,而官方的命名往往是谎言;心态并不是内心的。第三,概念是曲解不枯竭的源头,因为它们使对象平庸化,还因为它们不能够不加提防地从一个时期移用到另一个时期。第四,历史学家有一种倾向,让他对原因的解释专注于最先的自由,最初的物质原因,最早出现的偶然现象。第五①,现实对新事物有某种抵抗;不管是政治事业还是一首诗的写作,追随看起来如此自然以至于全无意识的传统轨迹,总是使成绩更快地产生。第六,历史的解释是向无限的回归;当我们抵达传统、常规惯例、惰性,就很难说这是一种现实还是一种其真相深深地掩藏在非重大事件阴影之下的表象。最后,历史事实经常是社会的、集体的、统计学上的:人口统计学,经济学,习俗;人们只是在一个旁注栏的底部注意到它们;要不然,人们就看不到它们,或者,人们犯下与它们相关的最为奇特的

---

① 此节第五、第六,原文为拉丁文,*quint* 和 *sexto*。——译注

错误。

人们看到这一列表混杂的特点,每个人都可以根据自己的意愿去完成它。这一混杂也许足以提醒我们,对历史事件理解的困难之不同等,是认识的特性,而不是存在的特性;并不存在历史的地下层,它可能要求去挖掘才能够被发现。更准确地说,我们的微型列表就像是一个有关历史批评的研究结构的背面,它在我们看来也许是关于历史知识(其余的,其中包括本书研究的问题,只不过是冰山显露的部分)的一个研究的真正对象。至少,我们的列表或许有某种发现的用途。历史学需要一种发现法,因为它不知道自己的无知:一个历史学家必须从学习去观察文献中摆在他眼前的东西开始。历史的无知不会自己招认,对历史事件天真的看法,在它本身看起来跟最为深入细致的视角一样充分而完整。事实上,正是在那里它没有认清事物的独特性,没有发现历史思维被置于违反历史时代的老生常谈,永恒的人的位置。如果我们在拉伯雷的书里读到了有关僧侣们的玩笑,根据我们的时代判断他的时代,我们与勒法兰克(Abel Lefranc)和米什莱一起想象,拉伯雷是一个自由思想家,而不得不由吉尔松(Gilson)来教导我们,"那个时候在开玩笑方面,甚至是有关宗教的,被许可的或是过分的规则,我们已经不得而知,这个规则也不再能够根据一个在 1924 年阅读拉伯雷文本的教授所体验到的印象来决定[①]"。历史学有使我们不习惯的属性;它

---

① 吉尔松,《思想与文学》(*Les Idées et les Lettres*),弗兰出版社,1955 年,第 230 页。

不停地使我们面对相异性,而在它的面前我们最自然的反应是不去看;远非认识到我们没有合适的钥匙,而是我们甚至没有觉察到在哪里有一个锁要去打开①。请允许我们在这里引用一个涉及个人的例子。对我来说,我总是感觉对结识同一楼层的邻居有一种抵触情绪,当我们在电梯里相遇,我只是在远处跟他们点头致意,而不想跟他们交谈;甚至发生过这样的情况,我以一种有一点让自己吃惊的相当满意的语调宣称,我甚至不知道他们的名字;在五年里我住过四个公寓,这种情况始终如一。我有一个出色的同事,跟我一样是碑铭学家,我本该会很高兴地更为经常地拜访他,但很可惜我们住的地方相距并非只有一层楼。我有关这方面的**认识你自己**(*gnothi seauton*)也许会停留于此,如果最近我没有在某个社会学家那里读到,使我们得以最为方便地从平民阶层中区别出中产阶级的标记之一就是:在老百姓中,人们相互认识,邻里间相互帮助,而中产阶级则干脆拒绝留下使人们决定拜访他们的可考虑空间。我刚一读了这个,就坚定地打算要由此去说明庞贝古城的选举广告,在那里古罗马平民以这样的话推介某个贵族候选人:"请任用某某人为市政官,他的邻居们请求这样做";因为,社会学家的那个断言对于我们这个

---

① 参看德罗伊森,《历史知识理论》,哈伯纳出版社,第 34—35、85 页:"发现的艺术当然并不能招致原始文献中不存在的信息,不过,只是在第一眼看去的时候这些资料不存在,而研究者的技巧就将在他于其他人一无所见的地方发现它们的手段中显露出来,后者则除非当有人指给他们,就不会觉察已经在他们眼下的东西。"

时代是真实的,对于其他时期却并非如此。从其街道组成来看,庞贝古城比今天的城市更加类似于一个中世纪的城邦,或者是旧日的圣日耳曼郊区,在那里盖尔芒特公爵与做背心的裁缝朱皮安保持良好的邻里关系。

历史的论题

历史学思想数百年的充实,通过与我们把过去平庸化的自然倾向所做的斗争而完成。它表现为史学家可支配的概念在数量上的增加,作为结果,也体现为他能够向他拥有的文献提出问题的列表在拓展。我们可以想象这个理想的提问方式,效法"老生常谈"的或者是*传统主题*(*topoi*)的列表,以及古代修辞术编制来给演说家用的"各种可能性"(可以毫无讽刺地说:修辞术曾是一件大事,而它的人类行为学意义肯定是可观的)的列表;归功于这些列表,演说家在某个特定场合,可以知道,他应该"想着去思考"问题的哪个方面;这些清单并不解决难点:它们清点排列所有已经被意识到必须去思考的难点。在我们的时代,社会学家有时候也以检查清单(*checklists*)为名编制这一类的传统论题①;

---

① 比如,在马奇(J.G. March)和西蒙的研究之结尾,《组织机构,社会心理学问题》,法译本,迪诺出版社,1964年。在始终值得认真一读的老代表作让·博丹(Jean Bodin)有关《历史学的方法》(*La Méthode de l'histoire*)的书里,梅斯纳尔(Mesnard)翻译(阿尔及尔文学院[faculte des lettres]出版,1941年),第三章题名为"如何准确定位老生常谈或者是历史中的专题"。德罗伊森的"体系"(systematique),实际上也是一种*传统主题*(*topoi*)的图表:种族,人类的目的,(转下页注)

另一个出色的位置列表是马塞尔·莫斯的《人种志教程》(*Manuel d'ethnographie*),它教给初学者们从他们将不得不考虑的现场调查开始。一个史学家在他的经典作家阅读中也会遇到与之相当的东西,尤其是当这些经典不是有关"他的时期"的时候,因为,由于收集文献资料的差异,各种文明的传统论题彼此相互补充;他的位置列表越长,他就将越有机会从中找到合适的解决方法(或者更准确地说,是觉察到哪里存在着问

(接上页注)家庭,民族,语言,神圣的事物(《历史知识理论》,第 194—272 页)。或者还有,参阅艾森斯塔德(S. N. Eisenstadt)在他的大部头著作《帝国的政治体系》(*The Political systems of Empires*)末尾所编制的论题列表(很有学问地被叫做"可变参数"),格伦科(Glencoe),自由出版社,1967 年,第 376—383 页(这本书是一种比较行政管理史研究,名之曰"社会学分析";它旨在推动一种"历史社会学")。说实话,很少有观念与论题是同样有用和同样被忽视的,这一类型的索引旨在使发现变得容易;维科(Vico)在他的时代已经抱怨,研究政治的史学家和哲学家疏忽了论题而只偏重考据。对于论题在人文学科中的复兴,参阅亨尼斯(W. Hennis),《政治与实践哲学,对政治科学重建的研究》(*Politik und praktische Philosophie, eine Studie zur Rekonstruktion der politischen Wissenschaft*),柏林,卢希特汉德出版社,1963 年,第六章:《政治学与论题》,与库恩(H. Kuhn)的辩驳,《亚里士多德学派与政治科学的方法》(Aristoteles und die Methode der politischen Wissenshaft),载《政治学杂志》(*Zeitschrift für Politik*),XII,1965 年,第 109—120 页(这一讨论有极高的水准和价值)。哪里事物没有以几何学的方式(*more geometrico*)组织起来,哪里就有一个论题存在的必要。论题的目的是使人们有可能去创造,也就是说去(重新)找到在特定的情况下所有的必要论述;它并不能使人发现新东西,而是可以去激活一个累积的知识,不错过合适的解决方案,或者不错过合适的问题,不遗漏任何的东西。它是知性、审慎的问题。——社会学产生于这样的观念,关于社会事件有某些东西要说,而这些东西并不与这些事件的历史混为一谈。很不幸,如我们将要看到的,这些事实既不接受被分类,也不接受除历时性的、历史的之外的解释,因此不能够产生一种科学:有关它们所能够说的一切都是论题的一部分;社会学是一个不被它自己了解的论题。马克斯·韦伯的社会学正是一个论题。

题)。正如马鲁所说,"史学家越是勤奋,越是学养深厚,越富有生活经验,越是向人类所有的价值标准开放,他就越是能够在过去重新发现东西,他对资源和真相的认识就越加敏感"[①];我们在上文不是已经看到,历史综合的工作就在于进行一种回溯,而这样做是通过一种可能性假设的列表的方式,以从中汲取最大的可能来实现?

有关前工业社会的论题

历史的*传统主题*不只是对概括有用处;在考据方面,它们能够提防任何文献资料的缺漏状态具有的最令人迷惑之处:一些缺漏变化不定的位置。某个特征为好几个文明共有并不直接表明,处于它们中的一个之内,如果人们限于这一文明自身的材料,也许就永远不用考虑对它进行一个回溯。让我们设想,史学家研究一个前工业时代的文明:他将拥有一个论题,使他能够先验地知道他将必须追问的有关一些特征的缺席和在场,对它们我们将要列举一定的数量。经常发生的情况是,这些社会的人口状况、婴儿死亡率、平均寿命以及地方病的影响,也许是我们已经不再可以想象的。手艺人的产品相对而言如此昂贵,以至于在今天可能会被列为半奢侈物品(服装、家具和家居用品出现在继承清单上,而穷人的衣服是二手货,与我们这里民众的小汽

---

① 马鲁,《论历史的知识》,瑟伊出版社,1954年,第237页。

车是二手汽车一样①)。日常的"面包"并不是一种修辞上的借代。人们通常选择的行业是其父亲的职业。进步的远景是如此缺乏,以至于这些社会认为世界是成年的、完美的,而他们置身的世界接近于老年。无论是否专横,中央政权是软弱无力的;一旦远离首都,它的决定便迅速地遭遇人们的消极抵抗而陷入困境(《狄奥多西法典》不是徒劳地发布专制法令的软弱皇帝的一个作品,而更多是以主教谕令式颁布准则的意识形态的皇帝的作品)。边际生产率比平均生产率较少重要性②。宗教生活、文化生活和科学生活通常组织为宗派,忠实于一种**权威话语**(*in*

---

① 以下是亚当·斯密的一个段落,可以使每一个在一座房屋里找到家具痕迹的考古学家感兴趣:"这些住宅、家具、富人的服装,在一定时间以后,服务于中产阶级或者下层百姓;它们是那些能够购买它们的上层阶级不再愿意使用的。如果您进入这些房屋,您在那里还经常能够看到极好的家具,尽管式样是老式的,但是非常好用,不过它们不是给这些使用它们的人们制作的"(《国富论》[*Richesse des nations*],加尼埃·布朗基[Garnier Blanqui]翻译,卷一,第435页;在上下文里,斯密谈到了被分成套房并且现在被平民居住的贵族宅邸)。

② 如人们所知,平均生产率是一个生产单位获得的平均效率,而边际生产率是"还值得"让人去生产的最后一个生产单位的生产率。当技术粗放、产品不足以满足基本需求的时候,处境最差的生产者对于集体的生存是必要的;人们不能没有它们,即使它们的效率比平均水平低很多;平衡状态不是固定在下游的边缘,而是平均效率决定价格和工资。会有这样的情况发生,一个生产者不能靠它的产品生存,但是它的产品是集体为了生存而必需的,所以会靠其他的财源来供养;请参照维克塞尔(K. Wicksell),《政治经济学导读》(*Lectures on political economy*),罗宾斯(Robbins)编辑,Routledge & Kegan Paul出版社,1967年,卷I,第143页;杰奥尔杰斯库-罗根(N. Georgescu-Roegen),《经济科学,它的问题与困难》(*La Science économique, ses problèmes et ses difficultés*),罗斯唐(Rostand)翻译,迪诺出版社,1970年,第262页和268页;于尔莫(J. Ullmo),《经济平衡研究》(*Recherches sur l'équilibre économique*),载《亨利·庞加莱学会年报》(*Annales de l'Institut Henri-Poincaré*),卷VIII,第一分册,第6—7、39—40页。

verba magistri)的正统观念(在中国和古希腊哲学中也是同样)。很大比例的收入来源来自于农业,而权力的重心通常就在那些土地的所有者手中。经济生活相对于理性主义的事务更多是权力的问题,地主看起来尤其是像一个首领,役使他的人手干活。被排除出公共生活,或者是生活在社会边缘这一事实,奇特地促成了对经济生活的沉浸(外来移民,异端分子,异族人,犹太人,古希腊和古罗马获得自由的奴隶)。相反,另一个**传统话题**比人们可以相信的更少被提及。比如,我们无法预断人口的规模(除了大量的人类聚集之外,我们发现古罗马的意大利,拥有差不多 700 万居民);我们也无法预断城市的存在及其重要性,以及各地区间贸易的强度(在现代中国非常高,而且在罗马帝国无疑也是)[①]。生活的水平同样可能是高的(古罗马的非洲和亚洲的生活水准有可能接近于我们在 18 世纪的水平),甚至是在人们认为对于先进的经济而言必不可少的机制,如信用货币或者至少是汇票缺席的情况下,也并不排除人口普遍地接受了扫盲(明治之前的日本)。这些社会并不必然地是一成不变的,而且社会的变化不定可能会有一种意料之外的重要性,并具有令人困惑的形式:它可能经历过

[①] 它促使对罗马帝国经济高水平有清醒认识的罗斯托夫采夫由先进的经济体系本身解释它,而且把人们有关现代资本主义起源所知的搬移到古代社会;如人们在最近一期的《语文学杂志》(*Revue de philologie*)可以读到的,罗斯托夫采夫按照一种当代的资本主义经济模式去想象古代经济,"一点也没有减少"。只是必须要注意到历史的一个特殊性:发展路线的复杂多样。在经济学中"唯一道路"的问题可以休矣,这一次是具体而言,当它涉及到一个第三世界的民族的发展:它的发展一定要通过工业化这条唯一的道路吗?杰奥尔杰斯库-罗根在前面引用的那些篇幅中对此表示怀疑,而且对于研究古罗马社会的史学家,这些篇章的价值是值得注意的。

奴隶制时代(古罗马,土耳其帝国);宿命论和今不如昔论(laudatio temporis acti)可能与对每个个人有能力凭借敢做敢为的精神改善他的生活条件的确信结盟;这些社会"稳定的贫困"使得没有人对他的地位感到不体面,不过也不是没有一个人想要获得提升。政治生活在那里也可以像在更加繁荣的社会里一样是动荡不安的,但是,冲突并不总是经济学上分化的阶级之间的搏斗;更为经常地是彼此相类似的群体之间纯粹的权力斗争(两个军队,两个贵族集团,两个省份)。动荡在那里具有一种出乎意料的形式,有关末世论的著作和虚假的圣言占据了传单和标语口号的位置;经常会发生,一些坚定的人(普加乔夫)或者单纯的冒险家,通过把自己说成是皇帝或者是皇帝的一个人们认为已经死去的儿子来鼓动群众造反:这就是在俄国和中国的"伪德米特里"(Faux-Démétrius)的类型,与人们在古罗马重新找到的假尼禄一样,也许值得进行一个比较历史的研究[①]。

---

① 一个研究,人们可以想象有一点类似于艾瑞克·霍布斯鲍姆(E. Hobsbawm)所做的《原始的叛乱》(Les Primitifs de la révolte dans l'Europe moderne)。在古罗马,人们知道一个假的提比略的儿子(塔西陀,《编年史》,2,39)和一个在苇斯巴芗(Vespasien)统治时期寻求使安息人折服的假尼禄。这种企图的便利可以由这一事实解释,就是意大利和实际上整个的帝国根本没有警察:要么是军队,要么就是什么都没有(塔西陀,《编年史》,4,27。阿普列尤斯[Apulée],《金驴记》[Métam.],2,18)。不得不想象群众是准备被最离奇的流言煽起暴动(参阅迪翁·卡修斯[Dion Cassius]令人惊讶的插曲,79,18),并且准备去"烧死女巫"(菲劳斯特莱特[Philostrate],《阿普罗尼乌斯传》[Vie d'Apollonios],4,10)。最初的"伪德米特留斯",出现在希腊化时期(亚历山大·巴拉斯[Alexandre Balas],伪菲利普[Andriscos d'Adramyttion]),有关它们可以读梅里美的书。在英国,我们提及波金·沃贝克(Perkin Warbecken)(1495)。

非重大事件性历史

起草这类论题并不是一个学生的普通练习:那些传统主题不是去采集,而是去抽取,它必须以一种分析、思索的工作为前提;它们是一种非重大事件性历史编纂的结果。因为,通常来说,一个时代的突出特征,那些面对着你直视的,那些足够重要值得作为传统主题被记录,用于各种启发性目的的,是人们领会最少的东西。从这一理解最重要的东西的难度产生了关键性的后果:大多数有关历史的著作有一个好像只叙述事件的最低水位,在它之下的东西它们甚至不再考虑去追踪解释,而任由它们浸没在非重大事件性中。这一最低水位记录的存在,构成我们的年鉴学派嘲讽地称之为条约-战役史,或者是"只叙述事件的"历史的特征,也就是一种更多是编年大事记而不是对结构加以分析的历史。历史研究在所有的西方国家里当下的演变,就在于从这种只叙述事件的历史转向一个所谓的结构的历史的努力。

这种演变可以用图解法这样表示:一个只叙述事件的历史将提出这个问题,"路易十三的宠臣是哪些?"一个结构性的历史将会首先考虑去追问"一个宠臣是什么?如何分析旧制度下君主政体的这一政治典型,而且为什么会存在类似宠臣这一现象?"它会把进行一种有关宠臣的"社会学"作为开始;它将在原则上假定没有什么是自然而然存在的,因为没有什么是永恒的,于是,作为结果,它将致力于提取出有关它要书写的全部东西的各种先决条件。在把宠臣这个词写到纸面上,以便讲述路易十三的宠臣是哪些和路易十四唯一承认的一个宠臣是维勒鲁瓦(Villeroi)元帅之前,它将意识到它在使用一个未经分析的概念,因此这里边肯定有许多东西需要去说明。对于它,宠臣这个角色不是对维勒鲁瓦的历史的解释,而是相反,是需要去进行解释的事实。国王的身份,由于君主与亲信之间、统治的必要性与个人情感之间的共谋,由于君主对个人公共角色的内在化,由于每一个组织在其每个成员心中产生的冲突,由于君主强有力的个性在宫廷舞台上的产生,在这些国王那里滋生了一种完全特殊的心理,而且它不再容易被"复活";国王把他的一个支持者作为自己的宠臣,是因为迷恋于他?还是由于统治的必要性迫使他拥有一个可以信赖的人("这些宠臣是反对大领主的野心之最好药方",培根写道)?那么,是这些必要性诱使他对宠臣怀有热烈的情感,以使一个没有任何公职的个人在他的身边所承担的公共角色具有正当性?

是什么原因使得历史编纂学,如果它顺从于它的自然倾向,普遍地专注于"战役与条约"或者"路易十三的宠臣的名字"的最低水位线?是同时代人对他们所亲身经历过的历史的看法。是通过文献资料的代言传递给历史学家的看法;只叙述事件的历史来自于冷却了的时事新闻。在 17 世纪,讲道者和道德家对宠臣,对他们的怪癖,对他们的悲剧结局谈论得很多,但是并不描述其制度,因为所有人都沉浸其中。随着现实的发展,编年史作者记下了前后相续的宠臣的名字,孔奇尼(Concini),吕依纳(Luynes),维勒鲁瓦,而历史学家还继续去做同样的事。相反,因为土地所有权的分配或者人口统计方面的变动从来都不是时事的一部分,史学家们要花费时间才可能想到对它们加以关注。只需去看一看我们自己是如何书写当代历史。有这样一本书,标题是《民主与极权》①,它描述20世纪工业社会的政治体制:但是它的作者是一位社会学家,因而人们说他的著作是一种社会学研究。那么,还将有什么留待20世纪的史学家去做?去说出工业民主制,或者是多元论的民主制这些词——不使用它们也许会很不容易,但同时要避免说这些东西是什么,它们可能被普遍认为对我们是显而易见的事实;相反,他们将叙述发生在这些实体上的意外事件:在这里是一个内阁倒台,在那边是中央委员会被推翻。

事件性的历史因此使自己具有各种要素——罗马皇帝和元老院之间的冲突②,3世纪的政治不稳定,旧制度的君主政

---

① 《民主与极权》(*Démocratie et Totalitarisme*),雷蒙·阿隆著,1965年,伽利玛出版社。——译注

② "皇帝与元老院之间的冲突",既不与权力冲突完全相似(这并不是如人们可能想象的,两个天然的敌对力量——帝国君主制和古老的贵族共和制之间不可避免的冲突),也不完全类似于不同政治倾向之间的斗争,或者反映在国家机器中的阶级斗争,也不单纯地类似于政权利益分配的宗派之争;这毋宁说是一种政治病理学的现象,一种误解的悲剧,如在铁幕另一边的1950年代的那些"审判"(但不是莫斯科的那些审判,在那里有不同倾向的斗争)。在那里斯大林让人们处决的不是反对派,而是那些他认为是反对派的人,即使他们根本不是,而且也许完全不明白发生在他们身上的这些事情。这种误解必须以满足(**转下页注**)

体——并且对它们的种种变形保持编年史记录。它将讲述,一个执政官接着一个执政官地,那些元老院议员的自杀和判决,而我们完全无法得到哪怕不那么清晰的有关这个统治者内部令人迷惑的冲突的原因和规律的看法;它将编制一个 3 世纪军事政变和元老院政变的严格的年表,但是却没有对这种不稳定的分析,如我们分析法国的共和政体或者南美洲的某些政体那样。它将重述尤西比乌斯(Eusèbe)关于教会古代史所说过的话,但是不会提出重要的问题:当一个上亿居民的人口可能群体地皈依一个新的宗教,是什么原因推动它的?这是有关改变信仰的社会学问题,传教士们自从 16 世纪以来已经对此形成某些观点;人们因此能够理解,历史学家从做一个有关群体皈依的论题(或者一种社会学,或者是比较历史学,如果更喜欢的话)开始,

---

(接上页注)两个条件为前提:统治机器假设或许是这样的,它有一些执行者,出于利益或者是单纯的职业意识,可以被用来去执行独裁者的意愿;独裁者处于或者是自觉处于一种如此不舒服的政治局面,或者他是如此地被一种对先前的反对派的记忆所纠缠,以至于每时每刻他的神经都有崩溃的危险,并且让他到处都看见阴谋。于是,如果仅仅一次,他因此失去了理智,恶魔式的机制被启动,而且再也停不下来。每一个皇帝,在古罗马,都有启动或者是不启动它的自由;同样,在塔西陀或者普林尼那里,人们感觉到对这种恶魔式机制的恐惧,而且人们推测到一种充满焦虑的关切,让在任的皇帝提防不要犯下启动它的致命错误(他们对他一再地重复,他是一个好王子,而这些致命的错误属于一个已经结束的过去);在哈德良(Hadrien)时代,在他的统治初期,与四执政事件相伴随,人们认为一切要重新开始了。使得这种恶魔式的机制成为可能的是以下事实:统治者群体不是由它自己分配权力的利益,而是从皇帝那里获得;还有,这个群体中的成员并不由于报复的威胁而相互"支持"(在那种情况下,如果 A 对我的一个同盟者使坏,我将会对 A 的一个同盟者以牙还牙)。因此,一个宗派可以簇拥在皇帝的周围同时摧毁另一个宗派,而无需害怕报复。

因为从那里出发,他试图借助于想象力对基督教的古代史做一个回溯。

抵抗原始资料的观点

我们看到,赋予非重大事件性历史的不同方面以统一性的是:一种对原始资料强加的观点的抵抗。一方面,年鉴学派已经产生了一些量化的历史研究(经济和人口统计);另一方面,则有心态史研究,价值观和社会学的历史研究。在第一眼看上去如此相异的研究工作之间,能够有什么亲属关联? 在15世纪下普罗旺斯地区的价格演变曲线和对同一时代的时间性感知的研究之间呢? 这一学派的统一性何在? 我们不去在历史变异的结构中去寻找它(这个结构并不存在),不去在这个学派想要着手探查长时段的时间节奏这一事实中去寻找:在历史中辨别不同的时间性只不过是一个隐喻。对于他们,这些不同的研究之间的统一性来自于对收集到的资料文献的构型;价格曲线与对时间的感知在15世纪的人们那里有共同之处,就是15世纪的人们对这一个和那一个都没有意识,而那些历史学家要是满足于通过这些人的眼睛观察15世纪,也就不大可能对那些人没有意识到的东西产生更多的意识。我们再一次确认:历史认识论的真正难题是批评的问题,任何对历史知识思考的核心应该是这样的:"历史知识是在原始资料对它的作用中产生的";过于经常发生的情况是,人们给历史事件的存在本身一种其实完全属于知识的特性(比如对几种时间性的区别),即如原始资料使它成为的样子。

当历史最终得以摆脱原始资料的观点的时候,当对它所谈论的一切加以阐明的考虑在它那里将变为本能反应状态的时候,历史的教科书将会与今天所是的样子大不相同:它们将长时间地描述这种或那种旧制度中君主政体的"结构",述说一个宠臣是什么,一场战争为什么和怎样发生,而且它们将会迅速地略过路易十四的战争的细节和青年路易十三的宠臣的结局。因为,如果历史学是寻求真相的斗争,它同样也是与我们惯于把一切看作是不言而喻的倾向的斗争。这一斗争的场所就是论题;随着史学家代代相继,这些定位目录不断地丰富和完善,而这就是为什么,与不能让自己即兴成为演说家相比,人们也同样不能让自己突然成为历史学家:必须知道哪些问题存在,也必须知道哪一些提问法已经被超越;人们不是以个人名义对这一问题所持有的可尊敬的、唯实论的或者激进的观念去书写政治史、社会史或者宗教史。有一些陈旧的东西必须丢弃,如民族心理学和乞灵于民族精神;尤其是大量独到见解有待去获取;书写一个古代文明的历史不能在唯一的人文主义文化的帮助下去实现。如果历史学没有方法(这就是为什么人们能够让自己即兴地成为历史学家),它有一个论题(而这就是为什么还是不要让自己即兴地成为历史学家好些)。历史学的危险在于它看起来容易,而实际上并不是如此。没有人敢说自己可以即兴成为物理学家,因为每个人都知道为了成为物理学家必须有数学的修养;为了不那么耸人听闻,某种历史经验的必要性对于一个史学家也同样的重要。只不过,在这一方面不足的情况,其后果将会是更加险恶的:它们的产生并不依据全有或全无的规律。历史书将会有些瑕疵(无意识地犯时代错误的概念,不能兑现的抽象难题,不加分析的只叙述事件的残余),但尤其是有些缺漏:它不是由于它所断言的犯错误,而更多是由于它没有想到去问自己而犯错误。因为历史编纂的困难不在于找到答案,而更多在于寻找需要回答的问题;物理学家犹如俄狄浦斯:斯芬克斯提出问题,他必须给她拿出合适的答案;历史学家犹如珀西瓦尔(Perceval):圣杯就在那儿,在他面前,在他的眼皮底下,但是,除非他想到提出正确的问题,圣杯将不会属于他。

历史作为对现实的清理

为了使历史学家可以给他的问题一个解答,文献资料的存在是必须的,但是这个条件还不够充分;人们可以详尽地叙述 7 月 14 日、6 月 20 日和 8 月 10 日,而没有产生一个关键的启动机关,没有觉得法国大革命具有"重大日子"的形式不是自明之理,这里边一定有它的原因。如果根据这个通俗的例子,我们的读者试图去认为,让论题得到发展是一个无用的编写工作,我们想提请他记起来,希罗多德和修昔底德曾拥有对于建构社会史和宗教史的所有必需的事实(其中包括与未开化民族的发现性比较),而他们并没有建立;难道说他们缺少"理智的工具"?但是,我们没有其他的东西可说。

概念化努力的理想,是给外行的读者散漫地提供使得他能够重建事件之整体性的所有材料,其中包括它的"色调"和"氛围"。因为,开始时,在一个我们陌生的文明中出现的一个事实对我们包括两面性;一个是在文献和我们的教科书中明确地显示的,另一个是专家从深入的文献接触中汲取的某种看不见的**气韵**(*aura*),但是他却不能够把它用文字表达出来(同样,常言说文献也是不可穷尽的);与这一**气韵**的亲近因此同样把专家与外行区别开来,而且使他可以清楚地发现时代错误的问题,发现对时代精神的误会,当门外汉大着胆子依据他在教科书中清清楚楚地所读的去重构一个历史事件的时候,把它重新组织得歪歪斜斜,因为他没有找到这个拼图游戏必不可少的一块。

人们理解我们已经在第四章得出的,什么是历史知识的两个原则之间的联系:历史知识的价值在于自身和一切都配得上历史;不同于实践的兴趣,它执着于它特定的目的,纯粹理论兴趣的特性是到一个存在物的整体性的知识中去实现。这是思想的一种一般法则;非重大事件性历史的演变在地理学中也同样清晰地存在。后者不断地把兴趣集中在数目始终越来越庞大的地貌特点的类别;分隔开公元 1000 年一个编年史作者之贫乏与当下的史学家的丰富的距离同样也分隔开一个古罗马地理学家和一个当下的地理学家。艾奥尼亚人以 *historia* 这个名词,指称专注于清点世界的历史-地理学调查,而这一清点需要理智的努力,因为意识的现实取向使得对现实的概念化在初期是非常受限制的。这种努力由某种推论的结果得以体现,最终达到某种累积的效果,而且再重新推动研究;已经提取到在利益面前态度的观念,也就是打造了一个普遍通用的观点,它产生于对中世纪末期西方资本主义的认识,将会立即被放到所有其他的时期去接受验证。由于它的无动机性、它的困难、它的论题和它的累积所得的普遍性特征,历史学是一种半科学,一种理性的活动,而它的真正兴趣就在这里;正如人们非常好地表述的,重建过去之努力的"目标不是奇情异想,而是合情合理①",而这种合理性"是人们投向历史之兴趣的基础;真实,有条理,可理解,这样的过去变得令人感兴趣②"。这种合理化表现为对经验世界的概念化,表现为论题的某种拓展。

历史知识的进步

定位目录的丰富化是历史知识所能取得的唯一进步;历史将永远不能提供比它现在提供的更多教益,但是它将能够继续增加它的问题。它确定地是叙事的,而且局限于讲述亚西比德(Alcibiade)已做的和已在他身上所发生的事。远非达到一种科学或者一种类型学,它不断地确认,人是多变的物质,对于它不

---

① 夏特莱(F. Châtelet),《历史学的诞生,古希腊史学思想的形成》(*La Naissance de l'histoire, la formation de la pensée historienne en Grèce*),子夜出版社,1962年,第14页。

② 埃里克·韦伊(Éric Weil),由夏特莱引述,1.c。

能够加以固定不变的评判；它没有比最初的时候更好地明白经济领域和社会问题如何连接，而且它还是与孟德斯鸠的时代一样，不能断言，由于事件 A 已知，事件 B 将会与它一样。因此，为了凸显一个史学家才华的特点，他的观点的丰富和他对细微差异的感知力要比他对历史的理解占据更为重要的分量。历史学家信奉或者不信奉上帝在历史中的干预，理性的诡计（la Ruse de la raison），或者历史作为圣灵显现，原因论或者是阐释学：这都没关系。一个犹太教或者是基督教的修昔底德可以给令人赞佩的叙事戴上一种无害的神学帽子，而他对这一情节的理解并未因此而有所改变；反过来，可以发现大多数历史哲学对历史的兴趣更小①。这就是历史叙事的王家大道，如悲剧的真相一样：这些东西几乎很少能改变；本质上，一个事件不会由一个现代人和某个希罗多德或者傅华萨（Froissart）依据另一种方法来叙述；或者更准确地说，几个世纪能够在这些作者之间所造成的唯一差异，将不会在他们所说的中去寻找，而更多去在他们所想到或者没有想到要去说的中间去寻找。只要比较一下在《撒母耳记》

---

① 作为抵偿，这可能是一个给读者推荐一本被遗忘的书的机会，我了解它要感谢莫里诺（J. Molino）：四部出色的《有关历史哲学（也就是说方法）的论文》(*Mémoires sur la philosophie* [c'est-à-dire sur la méthode] *de l'histoire*)，一个莱布尼茨信徒，魏格林（Weguelin），于 1770 到 1775 年间在柏林的《皇家科学与美文学院新论文集》(*Nouveaux Mémoires de l'Academie royale des sciences et belles-lettres*)上发表；其中，可以找到一个有关历史归纳法的研究（1775年，第 512 页），有关历史中的惰性（这个词在 1772 年出现，第 483 页）的研究。魏格林似乎很快就沉没在被遗忘中：德罗伊森已经不知道他。

和勒南(Renan)著作中大卫王的故事就足够了。圣经的叙述和我们在《以色列人的历史》(*L'Histoire du peuple d'Israël*)中读到的叙述是非常不同的,但是人们很快就发现,最为明显的差异不在于内容和兴趣较少是史学家的而更多是语文学家的;它与叙述的手段,与叙事文本的构思,与习惯程式、措辞的选择、词汇的丰富性有关;一句话,它归因于形式的演变,由于这些时尚的原因是如此的专横,致使过去时代最生动可见的符号是一种过时的服装,致使一个我们能够相信书写于20世纪的希腊的或者是路易十四式文本的长度,极少超出几行,即使它的内容一点也不陈旧过时。让我们把这些差异搁置一边,它们本质上微不足道,但是如此引人注目(它们制约了文学的和知识的生活,在那里现代性服装有这样的重要性),而且语文学或者是艺术史还远没有能够使它们得到完全的概念化。让我们同样把适宜于《撒母耳记》和勒南的历史哲学,接受或者是拒绝奇迹,接受或者拒绝对历史的神学解释搁置一边;我们也把可以给予大卫王的历史"意义"丢开,它可以指向犹太民族主义、耶稣复活,等等。还剩下什么?那就是本质。

因为,归根结底,内容的差异有两类:历史视野在那里不太深入,某些对犹太史学家是显而易见的东西对一个现代人就不再是了。古时候的史学家不大富有独到见解,当大卫王放弃西布伦而选择耶布斯,也就是未来的耶路撒冷为都城的时候,他并没有想到要在这一选择中看到勒南在此中意识到的一切:"说出什么让大卫王决定离开有如此古老、显然的权利的西布伦,而选择一个如耶布斯那样的破旧小城,是不容易的。很有可能是他发现西布伦过于专一地是犹太人的。它涉及到不要触碰各个支族的敏感之处,尤其是便雅悯支族的。必须要有一个新的没有过去的城市。"随后,由于事件的不同,解释之光来自于对照,犹太史学家没有意识到反而可能对一个局外人产生冲击的这些特性;他将不会书写,如勒南那样:"当然,一个大的都城在耶布斯的位置可能并不大方便;不过,诸多大的城市都既不符合人民的趣味也不反映其人民的态度。他们所想要的,就是一些城堡,在那里防卫比较容易些。"古代的史学家显然不会拥有这一有关都城的论题。当我们说,透过圣经的叙事,勒南重新发现了大卫王的真正形象,我们并不是由此想说综合的方法取得了进步,我们对国王和人民进行解释的态度已经成为科学的,而只是说,一方面,勒南能做到阐明那些对于以色列人极为不言而喻的东西,而且,另一方面,他懂得给自己提出那些古代史学家较少政治性的头脑没有想到过的问题。我把明显最大的差异放在一边,因为与这本书的主题无关,它就是考证(以圣经考证作为最初的形式和永远的样本)。撇开考证不谈,撇开哲学的或者神学的观念不谈,从专业的视角看,它们没有多大的意义;撇开语文学或者思想上的方式不谈,而为了固守于历史综合的领域;《撒母耳记》和勒南之间的鸿沟,一方面,是区别开一个本地人和一个游客对同一个事件所做的叙述的那种不同,另一方面,则是一个普通人与一个政治新闻记者的差异;这个差距是在独到见解的数量方面。

在历史综合方面没有进步;人们或多或少地理解事物,但是始终采取同样的态度去理解它们。简单的描述没有方法,历史学不能有这些革新,它们是自然科学与人文科学的辩证法。因此,人们不能宣称,据最新消息,历史学变成了这样或者那样,它已经发现了深度的时间性,或者是它已经认识到断裂比连续性更加重要,如人们可能发布物理学已经成为量子的,或者经济学转向宏观经济学那样。历史学唯一可能的进步,是它的视野的扩展,它对事件特性的感知力更加精细敏感,而这一类的进步都细腻微妙,并非显性的存在;除了这种经验宝库的增加,所有其他的都是这一文种的常规惯例、当下时尚或者发现机会的各种变形。历史学没有进步,它在扩展;这就意味着,它没有丢弃它早先占据的领地。因此,只去重视历史编纂学的先锋领域也许是势利的;牛顿物理学或者是马克思主义经济学已经被超越,但是修昔底德或者戈德弗罗伊(Godefroy)所具有的书写历史的方法对我们而言始终是同时代的;历史学根本上是博学多识,而马尔坦·尼尔松(Martin Nilsson)或者路易·罗伯特(Louis Robert)的名字,对于概括20世纪历史学的特征,具有与韦伯或者年鉴史学派的名字完全同样的意义。

在哪些方面历史是艺术的产物

历史综合可能并非实证主义之外的什么?情况实际上就是如此,即使最著名的那些著作也不包括更多的东西。人们很容易忘记,概括的观点在那些有关历史的著作中占据多么有限的地位；在《封建社会》中，它简化为什么？简化为土地是财富的唯一来源的观点，以及某些篇幅去解释，而不是去分析，每个人找到一个保护人的需求和中央政府的弱点。况且，或许也没有什么更多要说的。《封建社会》这本书的美妙之处，来自于它让人们看到，在一个社会最不可争辩而同时也最日常化的独创性中，这一社会与它的人群类型，它的种种习惯和它的种种约束；这一概述之朴素，没有任何抽象使之晦涩不清（很少有著作比它更少抽象），使我们上当：既然布洛赫使一切可以理解，在我们看来，他比其他人更有力地进行了解释。这一朴素也同样是塞姆的《罗马革命》或者由路易·罗伯特揭示的希腊罗马文明具有的，在他们的著作中，西塞罗、奥古斯丁或者哈德良的同时代人，是通过与一个旅行者去观察他最终得以很好地认识的相邻民族同样的现实态度来得到展现；这些人物尽管穿着那个时代的装束，他们的外衣还是同样地被每天的生活弄皱弄脏。因此，过去就变得跟我们生活的时刻一样，既不更多也不更少一点神秘。

一部历史著作的兴趣就是在这里；它不是在那些全部打包以便交给哲学家的理论、观点和历史的观念中；它更确切地说是存在于这本书所产生的文学价值之中。因为，历史学是一种艺术，如同雕塑或者摄影。去断言它不属于科学，而是一种艺术（一种次要艺术），不是迁就使人厌烦的老生常谈，或者为了保全大局而牺牲局部利益：它也许会是这样，如果人们断言，不管人们怎么做，不顾它朝向客观性的种种努力，历史将是艺术的产物，作为装饰的艺术或不可缩减的边缘的艺术。而真相是有一些不同的：由于它朝向客观性的种种努力，历史是艺术的产物，以出自一个历史古迹描绘者的杰出画作同样的方式，它使得历史文献被看到，而并不把它平庸化，它是一个在某种程度上的艺术作品，而且要求它的作者具有一定的天赋。历史不是那些认识的艺术之一，为了引述吉尔松，在那里，只要懂得方法就可以去运用它；这是一种创作的艺术，在其中仅仅知道方法是不够的：它同样必须要有天赋。

历史是艺术的产物，因为，在保持客观的同时，它没有方法，也不是科学。况且，如果人们尝试去准确地说明一本历史著作的价值所在，人们将会发现自己使用一些应用于艺术作品的词语。既然大写的历史并不存在，存在的只是"……的历史"，而且描述事件的元素是情节，有关历史著作的价值，首先就依赖于对这个情节的切分，取决于它所包含的行动的统一性，它所具有的人们凭借它可以透过更加传统的划分得出这个统一性的果断处理，简言之，取决于它的独创性。既然历史不是科学的解释，而是对具体事物的理解，而且这个具体事物是单个的且并无深度，一个可理解的情节将会是一个连贯的情节，没有中断或者*解围之神*。既然具体事物是变化的，而概念则永远过于固定，历史学家的那些有关的观念和范畴也将必须努力通过它的柔韧性赶得上这个变化。既然变化总是独特的，就必须有足够丰富的独到见解以便于去领会它的全部独特性，并且能够进一步提出更多的问题。既然事件场总是被一种我们尚未能够认识的阴影带所包围，对于解释这种非重大事件性,并且领会那些不言而喻的东西,必须有更多的敏锐性。最终,历史如同戏剧和小说,展示行动中的人们,而且要求某种心理学的观念以使他们鲜活起来;不过,由于某种仍然处于神秘中的原因,在人类心灵的认识和文学的美之间有一种关系。新颖,连贯,柔韧,丰富,敏锐,对他人心理的理解,依据兰克的表述,这些对于客观地叙述"那些真实地发生过的"是必要的品质。从这一点出发,人们能够通过指出已知最糟糕的历史著作来消遣自己——我推举斯宾格勒——而最好的——比如《封建社会》。布洛赫的著作并没有标志着知识的句点和方法的进步,因为这种进步并不比这个句点有更多的存在。他的价值是在上面所列数的那些品质中,也就是说在他的简洁优雅的风格中,对于它,一个在历史中寻找它能够提供的东西之外的读者也许会略过不顾,甚至没有觉察,而它,在给予这部著作以客观性和朴素的同时,作为史学家的一个优点,只有在一种文学的分析中才得以充分地显露。

被忽略的一面:博学

但是,直到目前为止,我们在此所提供的历史编纂学的形象,受到了比例失调的伤害,如果我们不就历史知识的另一个方面补充一些内容的话,它与叙述史学非常不同,在那里历史所具有的最为不可减少的东西看起来处于纯粹的状态;它涉及到对文本和文献资料的评注,总之,涉及到博学。在博学方面,历史归结为考证;概念化的努力与通过回溯进行的综合只是间接地或者含蓄地出现,而博学者的工作看起来局限在使文献呈现为方便读者见到它所包含的全部内容,并且让读者能够理解它的状态:博学者既不叙述也不评论过去,他让人们看到它;事实上,他选择并且组织它,因此,他的工作有一种文献资料合成摄影的虚假客观性。博学是历史编纂学的一个变种,对于它人们考虑得过少;两个世纪的历史主义思辨已经过多地把历史这个词与科学或者是哲学联系起来,而历史学原本的场地,对具体事物基于文献的认识,被置于对立的一极,也就是博学的那边。对此必须补充的是,阅读一本博学著作,如果不需要更多努力的话,至少需要一种比阅读叙述史学较少是传统的在文学上的努力;而且这种传统易于发生改变,易于根据此时文献历史的收藏所得进行评判。

  文献资料有一种双重的性质;一方面,由于它的形式,它属于一个系列:一份公证文书,属于公证文书系列,一座建筑物,属于建筑物系列,一个谚语,属于谚语系列;另一方面,如同所有的历史事件,它处于数不清的事件的十字路口,有可能回答一系列数目无限的问题。博学只关注第一个方面:它在系列中基于同系列其他部分确立特定资料的意义;它任由使用者自己去提出他想到的问题。它的任务只在于给他指明哪些问题**不**需要提出:人们不会把一个赝品当作一份真正的文件去查阅,也不会把一个谚语当作调查所得的真理;博学因此满足于对文献的正确选择:在此之后,每个人可以查阅这个文献,而且以个人可能拥有的视角的全部丰富性从中领会过去。在价值论历史中情况也是一样,在那里博学有文学作品的注释本作为对等物,这一精美品种在某个国家特别地发达,那就是英国,在那里的人们真正地懂得什么是诗;一个《恶之花》或者是《单独者继续存在》①的注释本可能会满足于解释诗人想要说的和实际上所说的,而给读者留下三重关切:到文本中汲取他能够在其中感觉到的全部的美,在必要时组织语言描述这种美,甚至对那些想要倾听的人揭示,相信诗歌可以解释是一个平庸的、学院派的观点,等等。总之,作为博学之理性基础的是,历史和诗歌都不隶属于一种即时的直觉,而是要通过有一定深度的文献资料或者文本去体会,并且对它的使用是乐趣或者兴趣的一个来源;人们甚至可以认为,支配这一厚重材料的能力是关于历史或者诗歌究竟是什么的权威理解的最可靠指标。

在这些条件下,人们理解,博学的著作比叙述的历史或者文学批评过时得要慢很多;可以说,它是自然地衰老,随着资料汇集的增加,而不是由于风尚的改变或者新问题的增多。比如,在古典文献学中,仅有的存世超过一个或者两个世纪的著作无一例外地是注释的著作:17 世纪的博学家有关拉丁诗人的那些著作,戈德弗罗伊对《狄奥多西法典》的注释,更不用

---

① *Seuls demeurent*,法国诗人勒内·夏尔(1907—1988)的诗集,作于 1938—1944 年间,1945 年法国解放后由伽利玛出版社出版。——译注

说由阿弗罗迪斯亚斯的亚历山大和经院哲学所完成的关于亚里士多德的那些著作。面对一个文本或者一部文献资料,后来者将会有无数问题的思路是我们所未曾有过的(所谓非事件性也无非是这些以后的想法),但是博学的著作不会由于这个提问法的拓展而遭受损害,因为它的任务仅限于从人们不知道的东西出发使人们知道。因为无论一种知识领域发展到了什么状态,人们总是能够知道从哪里开始就再也看不到了,从而停止在未知的边缘,而且,由于无法说出哪些将来的问题掩藏在对朱庇特的信仰之下,至少不去书写朱庇特是存在的。实际上,修昔底德的叙事最令人惊讶的特点是那个时代的诸神在其中的缺席。

与博学和注解相比,叙述史学和历史综合经常显得苍白乏味。下面是《狄奥多西法典》的几千页,是帝国晚期历史留给我们的主要原始资料;它的意义很难把握,因为人们看不到所有这些法律与怎样的氛围相关联,因此迷失在掌玺大臣修辞的迷宫里。戈德弗罗伊的注释满足于排除这两个困难,一篇一篇地解释这些文本;幕布立即开启,朝向古代文化最后的剧情。还必须用言语解说这一景观,讲述每个人能够看到的东西?当然,我们可能不会完全理解我们在舞台上所看到的东西,但是,重要的是去看到它,而且,如果有什么人来告诉我们说,那个我们见到的造就皇帝或者执政官的东西叫做神赐予的能力或者是*炫耀式消费*,这个注解在我们看来也许会是无益的。可能会有那么一天到来,历史体裁死了,叙述史学已经过时,或者,连同它的斗兽场勇士和它的宝石工匠一起,跌落在书店里,在轶事的栏柜,那里已经倒下过从前的自然史。事实上,我们假定,人文学科获得了与自然科学在三个世纪以来同样的发展,它们可能不会取代历史学,因为一种解释不能与一个叙事相连接(如我们在下一章将要看到的),但是它们也许能使历史丧失其全部风味;让我们再假定,历史编纂学,通过成功地摆脱时空的特殊性,演变为一种"通史",它对我们的叙述史学,也许是普通地理学对于区域地理学所是的那样(如我们在随后的一章将要见到的):在这两种情况下,都不会不继续存在一种古老模式的历史编纂学的不可缩减的空间,因为不得不继续去发现,继续去建构和校正对事实的认知,借助于对它们发问的思辨精神。也就是说,历史体裁到那时也许会简化为它的本质的和破坏不了的内核,即博学。

人们因此梦想一个元历史(méta-histoire),在那里叙事也许被一种文献的剪辑合成所取代,它是以莎士比亚给他历史剧中角色拟写台词所必需的那种洞察力加以选择的。如果这一事业能够被推向极致,历史学可能会重建,可能不再是推论的。这就清楚地显示,什么是它的本质:它讲述事件,对它们做无用的重复;它对于这些事件没有揭示什么东西。它重复叙述已经发生过的事情,因为这一点,它是揭示掩盖在已经发生的现象背后规律的科学的对立物。历史说出真实的东西,而科学则说出被掩盖的。

历史作为构图的艺术

那么,什么是历史学的理想?是对现实经验的概念化?是博学,是对文献资料的阐释?这个理想模式是一部《狄奥多西法典注解》,还是《封建社会》?历史学的伟大时代是19世纪的浪漫主义史学,还是18世纪的博学的史学?这更多是趣味演变的问题,而不是一个有关本质的问题:无论一个世纪选择哪一种历史编纂的模式,博学作为历史学不容置疑的核心都仍然是真实的,因为它足以保存对过去的记忆,足以作为人这一物种的档案保管员;不过,这个核心与概念化不是同一个东西也同样是真实的,而后者既不是一项徒劳的工作,也不是一种真正科学的历史学的副产品。

知道历史学是否为伟大的体裁并没有什么要紧,叙述,目的在于保留,或者,如果它能够表现某一时刻的精神特征,如史诗那样:非常伟大的文学或艺术种类,仅有短暂的生命,却并不因此而过时失效。如果叙述史学注定要在某一天落入被废弃的命运,它可能会留下一个与雕塑和绘画方面的佛罗伦萨"构图"典范所创造的艺术上的伟大时刻同样伟大的记忆;"构图",这种透过精心加工过的视觉经验对可见世界的认识,在那里透视和解剖占有一个论题的位置。这些佛罗伦萨人重视解剖学,出于一个简单的理由,它是一种学问,要求一个学习期,它由此超乎于普通的感知之上,他们把它称为一种技巧①。经验丰富的买主的眼睛"知道"而非看到;视觉方面问题的最初探寻发展了对人体的感知,按主题给一个暗含的知识分类,并且把它转变为经验。人们甚至能够想象,这个学徒期或许有它的沉醉时刻,那时它把自己当作自为目的:皮耶罗·德拉·弗朗切斯卡的"透视",波拉约奥洛的"人体模型"。普通社会学对这一时刻表现得相当清楚;从齐美尔(Simmel)到哈布瓦赫(Halbwachs),再到我们的时代,社会学家的很多篇章让人们联想起这些手工艺工坊的训练(在齐美尔著作中对轮廓和有力的构图更为严苛,在哈布瓦赫那里则更多柔美细腻[*morbidezza*]);我们的读者在上文已经看到了一个"机制"(institution)的结构解剖图,依据的是帕森斯的一个草图描绘,对于这幅草图人们知道也有好几个工坊的复制品。人们可以同样地想象一种学院式的蜕化变质,那时,解剖学沦落为一种规则大全,也许不再适合于在实践中、在工坊里学习,而可能是在学术协会里自我研究:从古尔维奇(Gurvitch)到帕森斯,在他们不那么好的时期,这种例子从不缺乏。

作为构图的艺术,历史是描述性的知识;一本历史书的读者,在看到人类事务的推动力运作时,体验着一种与一个佛罗伦萨的爱美者观察每一块肌肉、每一根肌腱的形状和活动时同类的愉悦。这就是历史学的兴趣所在;它不是处在理论的序列,也

---

① 肯尼斯·克拉克(Kenneth Clark),《裸体画》(*Le Nu*),拉罗什(Laroche)翻译,袖珍版,1969年,卷一,第298页;卷二,第204页。

不是人本主义的,不与价值标准相关,也不与特殊的存在状态相关。历史学家的内心呼声,如同一个画家或者一个博物学家的内心呼声,也许会是:"这很有趣,因为这很**复杂**",因为它没有缩减为那种属于演绎科学的思想的经济的形式①。维科曾憎恶那些法国人,以他们清晰而独特的思想,奢望使图书馆变得无用。

---

① 莱布尼茨,《神义论》(*Théodicée*),2,124:"美德是被创造事物之最高尚的品质,但并非创造物(creature)之唯一的良好品质:它还有无数其他吸引上帝垂爱的品质。从所有这些垂爱中产生最大可能的善。由此可见,假如只有美德和具有理性的创造物,善就只会更少。当弥达斯只拥有黄金的时候,他就更不会感到富有了。而且,智慧的创造必然是多种多样、千姿百态的。倘若只是一种东西的复制,不论它是多么高贵,也是多余的东西,贫乏的东西。图书馆里收藏着一千部装帧精美的维吉尔诗集,持续不断地演唱关于卡德摩斯和赫尔弥俄涅的歌剧唱段,为了只拥有金杯而打碎一切瓷器,只戴钻石纽扣,只吃山鹑,只喝匈牙利酒和设拉子酒——这些叫作具有理性吗?自然界必须有动物、植物、无生命的物体;在这些没有理性的创造物中存在着使理性进行练习的奇迹,假若没有不具备理性认识的事物,一个具有理性认识的创造物将如何生活?假若他只有清晰的思想,他就是上帝,他的智慧也就是无限的了。"(这一脚注译文系采用已有汉译本,有改动,见《神义论》,朱雁冰 译,三联书店,北京,2007年,第200—201页。——译注)

莱布尼茨在这里回想起他青年时期对经院哲学的阅读:对于经院哲学这是一个区别生命物质的问题:"世界的完美要求偶然的生命物质存在;否则宇宙就不会包含各种不同等级的生物"(《反异教大全》,I,85;特别参阅2,39—45,以及3,136:"如果精神的实质是优越于肉体的,那么只包含前者,对于宇宙该是一种不完美")。

第十一章
尘世与人文科学

但是,为什么把历史学提高到一种科学的高度是不可能的,既然构成历史和我们生活的事实是归属于科学及其规律管辖的?因为存在着历史中的法则(在史学家的叙事中坠落的一个物体毫无疑问与伽利略定律相符),而不是历史的法则;第四次十字军东征的进展不是由一个法则决定的。不比在我的办公室里发生的历史更多的是:阳光变得越来越倾斜,散热器发出的热量以如此方式趋向于稳定,以至于二阶偏导数值等于零,电子管灯丝变得白热化;这已经涉及到数量不少的物理学和天文学法则,但它还是远不足以重建这一简单的事件:一个冬天的夜晚降临,我重新启动中央空调,打开了我的台灯。

定律法则和历史事件不会重叠;依据经验对物体的划分不同于科学对抽象对象的划分。由此可知,即使科学是完美的,它也可能不是易于操控的,人们实际上不可能以它去重建历史。同样可知的还有,科学也许会是完美的,它的对象可能不是我们的对象,我们也许还是要继续依靠实际经验,还会继续书写历史如我们现在书写它一样。而之所以如此,并不是出于人类温情的某种欲望;我们已经看到,历史并不专注于特殊性和价值观,它试图去理解,它蔑视趣闻轶事:实际经验对于历史学也许就不再只是轶事插曲,如果它可以变换为科学;不过,实际上它没有这样,它保留了它的厚度。

在这方面,历史学所面对的局面并非它所独有:科学不解释自然比不解释历史要多许多;它没有给予一次车祸或者二月的一个星期日落在昂蒂布的一场雨比对第四次十字军东征更多的关注,而"物质",在经院哲学使用这个词的意义上,对科学法则的抗拒,等同于人类自由的反抗。自然的或者人文的科学,解释依据它从自然或者历史的事件中抽象出来的法则特别剪裁的"某些"方面;一个博物学家也许有与史学家同样的资格抱怨它。科学与实际经验之间的最初划分是如此的不同,以至于连接点变得非常糟糕。我们的认识能力的限度是如此狭窄,它的活动环境是如此逼仄,致使两种分区彼此排斥,人除非抛弃尘世就不可能拥有尘世的科学,只能通过失去彩虹而拥有量子,通过失去波德莱尔的诗而拥有诗歌语言的理论,作为对最大凸起部分的等级限制;当化学将要取代厨师来预言一盘菜的滋味的时候,两种切分只有在时间的尽头才能会合。为了历史能够提升到科学的层次,就得要科学与经验的世界是同一种东西(以最为科学的,并且是某种现代化的版本),就得要它不断绝与即时性的关系,就得只需稍微刨一下实际经验之土就足以获得隐藏的规律。

因此,我们将说明,为什么历史学不是一门科学;不过,因为一种关于人的科学确实存在,我们也要考察历史学与它可能持有的关系如何;为此,我们将不得不首先对人文科学的现实状态发表看法。

科学的事实与经验的事实

如果科学的划分与尘世的划分并不重叠,这是因为科学并不旨在描述存在的东西,而是旨在揭示被掩盖的原动力,与尘世的物体不同,它们极其严格地发生作用;在实际经验之外,科学寻求规则。它不把我们的世界程式化,而是建构一些有关它的模型,提供有关它的公式,一氧化碳的或者是边际效应的,它以这些模型本身为对象,描述它们的构造①。它是严格的推论,客观事实明确地在它们抽象的极限中顺从于它;以天体如行星或者火箭为例,科学尤其与现实的事物重叠,因此这一幸运的情况有可能让我们有些忘记一个科学的学说往往仅是在理论上存在,它更多是解释现实,而并不能够掌控这一现实,忘记技术大大地超越科学,而科学也同样从其他方面大大地超出技术的范围。尘世的事物和合乎规则的事物之间的对立,描述与形式化

---

① 比如参阅于尔莫《现代科学思想》(*La Pensée scientifique moderne*),弗拉马利翁出版社,1958年,第一和第二章;同前,《物理学概念》(Les concepts de physique),收入七星百科丛书,《逻辑学与科学知识》(*Logique et Connaissance scientifique*),第701页。

的对立,仍然是一门真正的科学的标准;它不是一种研究的程序:人不会把发现程序化;但是它使得人们能够知道,从哪个方面可以期待得到灵感,哪方面是死胡同,尤其是那些先锋派的死胡同①。

然而,那些顺从一个模型的事实将永远不会是让历史学家们感兴趣的那同一些事实,而这就是问题的症结所在。历史,人们所书写的历史,而且首先是人们所经历的历史,是由民族、十字军、社会阶级、伊斯兰和地中海构成的:全部有关经验的观念对行动和静止而言是足够的,但它们并不是理性的观念。相反,有关人的科学可能以严谨模式提供的观念,如极大极小策略、风险和不确定性、竞争性均衡、帕累托最优原理、选择的传递性,与这个经验是不同质的。因为,如果我们肉眼所见的世界拥有方程式的严谨,这一看法也许是科学本身;而且,既然人们从来也不会停止去用他们的眼睛看世界,有意地让自己植根于实际经验的历史-文献学学科,将会始终保有它们的存在理由。

在这方面没有什么能区别开历史文献学科和各种自然科学:在可感知的经验层面有物理学并不会比在历史经验层面有人文科学更甚。为了质疑这一点,就必须立即抓住实验科学的经验论观点作为依据。如果物理科学在试管里和显微镜下完成

---

① 比如结构主义,关于它参阅格朗日,《人的科学中的事件与结构》,载《应用经济学科学研究院集刊》,55 号,5—12 月号,1957 年;同前,《形式思维与人的科学》第二版序言(1968);布东(R. Boudon),《结构的观念有什么用?》(*A quoi sert la notion de structure ?*),伽利玛出版社,1968 年。

了一切,不能从历史经验中提取出一门科学又从何说起?所以,那就一定得是人类的经验,在它的存在中,对任何科学都不起反应;作为提醒,我们加上这一信条:仅有量是可数学化的。但是,我们很清楚地知道,实验并不等于全部的科学,科学是对始终模糊而且细节上过于丰富的经验有风险的阐释,它是一种理论。因此,一种科学的历史学的不可能性不在于**历史的人**(homo historicus)的存在,而只是在于认识的约束条件:如果物理学本意是对可感知的全体的程式化,即如在那个它只是对热、干燥和火进行思辨的时代那样,那么人们关于历史的缺乏客观性所说的一切,对物理学对象可能也都是合适的。本体论的悲观主义因此被归结为一种简单的认识论的悲观主义:从历史学家的历史中得到的不可能是一种科学,并不进而表明,一种有关历史经验的科学是不可能的[①];但是,人们将会看到它的代价是什么:那些人们习惯性地认为是一个历史事件的东西可能解体为无数不同的抽象物。因此,科学地解释1917年的革命或者是巴尔扎克的作品的想法,看起来与科学地解释卢瓦尔-谢尔省的想法同样地

---

① 巴勒克拉夫(G. Barraclough),《科学方法与史学家的工作》(Scientific method and the work of the historian),载《逻辑学、方法论和科学哲学,1960年国际大会论文集》(Logic, methodology and philosophy of science, Proceedings of tue 1960 International Congress),斯坦福大学出版社,1962年,第590页:"史学家在面对具体的(idiographique)姿态和寻求法则的(nomographique)姿态之间所做的选择,而且特别是他对从描写性叙述转向理论建构的拒绝,并不是由事实的属性强加于他,如狄尔泰和其他人试图论证的那样。这纯粹是一种意愿的选择。在这一点上,并不难看出,在史学家使用的事实和物理学家使用的事实之间,不存在本质性的差异。差异只是存在于观察者给予个体性的强调之中。"

不科学,而且同样地荒唐;并不是因为人类的事实可能是各种要素的聚合(在这一方面,物理学的事件同样也是)①,而是因为科学只认识它自己的事实。

人文科学的现实处境

尘世的与科学的,实际经验与合乎规则,只是在认识领域中形成对立。亚里士多德于存在的两个区域——月的轮回之上的和之下的——中体察到的这一矛盾,在现代科学诞生时被移到了认识领域。伽利略表明,月亮之下有它掩盖的法则,而月球和太阳是跟地球差不多一样的物体,它们有着自身"物质上"的不完美性、斑点和山脉。由此产生的结果首先是,一种有关人的科学是可能的,人们对此提出的异议有时候还是("人是无法预料的自发性")与对伽利略的异议一样,当人们反对他,说自然是伟大的母亲,是自发的创造永不枯竭的动力,因而不容许自己蜕变为一些数字时。因此产生的结果还有,一种有关人的科学实际上配不上科学之名,除非当它不是实际经验的释义,当它以足够严格的方式拥有自己的抽象概念,以便以这种像代数学一样完美的语言可以表述时。因此产生的最终结果是,尘世的经验作为知识的第二种模式,即历史文献学诸学科的模式继续存在;不是直接性属于科学的本质,而是描述这种直接性是这些学科的

---

① 哈耶克,《科学主义与社会科学》,第 78 页。

本质。在实际经验和合乎规则之间,什么都不存在;尚未形式化表达的人文科学是一种修辞,一种从实际经验描述中提取的论题;当社会学规规矩矩地不是当代文明史的时候,当它想要对那些角色、态度、社会控制、**礼俗社会**(*Gemeinschaft*)或者**法理社会**(*Gesellschaft*)进行一般化和理论化的时候,当它测量自由主义、社会和谐或者文化纳入的指数的时候,它就与概念化热力和潮湿,而且想要以土与火建构一种化学的古代物理学一样。

因此必须放弃把历史打造成一门科学,必须把今天的许多人文科学视为非科学的,然而必须确信有可能出现一种关于人的科学,方式就是把自己建立在这一未来的科学今天已经书写的一些篇章的基础上,最后,必须坚持认为有关历史的学问将始终保有它的合法性,因为实际经验和合乎规则是知识的同外延的两个领域(而不是存在的并列的两个领域,自然的和人的);科学并不是全部的知识。我们意识到,这四个强制性命令属于某种宗派主义,或者更准确地说它们是一种赌注,因为我们被卷入其中,而且不能不去打赌;什么都强于鸵鸟政策,或者对一切新生事物原则上的虔诚。人文科学的现实处境就是在现代初期物理学所面对的那种。过了三个世纪,那些认为现实是可以数学化的人,还只不过是能生产两三个定理作为他们的证据,在那些人们解释或者描述自然之难解奥秘的丰富的产品旁边,它们显得非常贫乏;伽利略没有帕拉塞尔苏斯(Paracelse)那么有魅力,而且对于大多数同时代人来说,科学就叫帕拉塞尔苏斯。我们不得不接受这个不大讨人喜欢的观点,在一个处于诞生期的科学中,法则要么扮演着一切要么全无作用;大批的科学产品,在它们的时代曾经看起来就是科学本身,可能只不过是一些废品。我们清楚地知道,我们有关人文科学的书籍在几百年之内将会与光的理论在卢克莱修的著作中一样显得奇怪;我们甚至可以说,如果人们想要在我们的时代重新找回古代物理学的新鲜与激情,具有辨别运动与变化、速度与加速度、热量、光线与温度所必需的天赋,透彻地思考惰性所必需的天赋,只要致力于做以下微末的训练就足够了:尝试去从熟悉的观念中抽取某些东西,如社会阶级、去政治化,或者角色(设想它们较少词语的意味,而更多是自然的地点或者周期运动完美的观念);要是谁惊讶于卢克莱修是那么笨拙地操纵自然元素平衡的观点,只需要去尝试更好地运用社会平衡的观点就足够了①。

由此可以得出结论,要么大写的人始终还是人,而我们永远也不可能把它归纳为一种代数学,要么大写的人只不过是西方思想的一瞬间,应该从人类的头脑中被抹去,而人文科学与其一起:同一个观念的这两个版本,古典的和尼采式的,肯定还会吸引年轻的和不那么年轻的公众。不过,为了没有意义的事让自己不开心有什么好处呢? 这个曾见证极大极小定理(le

---

① 社会平衡的观点,简单却难以捉摸,如亚里士多德从中发现最古老哲学的一切属于格言范畴,属于谚语范畴的东西,但是,却至少成为一种建构之努力的对象:迪普雷埃尔(E. Dupréel),《普通社会学》,法国大学出版社,1948 年,第263—274 页。这一问题由博弈论而得到更新,一个非常抽象的平衡观念可以基于利益分配的"特有的功能"被重新思考。

théorème du minimax)、阿罗定理(le théorème d'Arrow)和生成语法问世的时代,合情合理地怀有生活在牛顿之前的那一代人同样的希望。如果我们浏览有关决策理论,组织中的人际关系,群体动力学,运筹学,福利经济学,有关选举理论的书籍:我们将有某种东西正在产生的感觉,它绕开那些有关意识、自由、个人和社会的老问题(但的确是遭遇到"理性的"行为的问题);所有的材料都具备,而且绰绰有余;数学工具已经熟练,所缺的只是使得某个牛顿能够辨认出三个或四个"有趣的"变量的洞察力。或者,为了换一种表达方式,这些书正值亚当·斯密所曾在的同一个进化的阶段:它们混杂着描写,理论的草图,注定要老死此地的老生常谈,对常识的详述,无益的抽象概念与实用的配方,在那里全部的系统化工作都还有待去做,不过也从此变得是可以做的。我们拥有语言学,不过这里完全不是谈论它的地方;我们有经济学,完全形成的人文学科;心理科学,它与物质(这一次,在马克思主义的词义上)没什么关系:它与马克思主义、经济史或者《世界报》的经济版完全不像;它处理的问题,不是煤炭和小麦的数量,而是价值的起源和在一个财富匮乏的社会里我们选择的目标的运行;演绎科学,在那里数学更多是符号性语言,而不是量的表述。这就是那种最恰切的科学,使史学家理解为什么历史学不是一种科学,使得关于这一问题的观点在他的头脑中置于合适的位置,使得对照更加凸显,人们可以开始对它看得更清楚,使科学一词拥有一个准确的意义,而历史不是一门科学的断言也不再显得是一种冒犯。

因此,我们要比伽利略的同时代人更加幸运,他们只是懂得——在懂得这个词的真正含义上——物质世界的两三件事,自由落体定律或者阿基米德定理;然而,它们已经足以给他们显示了此后应该可以期待得到的一种真正的科学类型,而且他们可以停止围绕那些到那时为止在他们的观念世界里纠缠不清的问题转圈子,比如关于人类的大宇宙和小宇宙之间的关系问题。

一种关于人的科学的可能性

对一种关于人的科学人们所提出的异议(人类的事实不是物件,科学只是一种抽象概念)也可以对物理科学提出;也许没有什么比尖刻地指责伽利略更容易,如我们将要看到的。伽利略定律说,一个自由落体所经过的空间,无论是垂直降落还是沿着抛物线,是与降落所需时间的平方成比例的;也就是 $e = 1/2\ g\ t^2$,平方的符号 t^2 象征着经过的空间越来越大的事实。这是一种有双重缺点的理论,不可验证而且低估自然事件的独创性;它既不与实验相一致,也不与实际经验相符。让我们略过极为著名的比萨斜塔的实验:人们今天知道,伽利略并没有进行这个实验(17世纪充满了诸多只是在思想上进行的实验,帕斯卡尔有关真空的实验就是这一类)或者是做得不好;其结果是加倍地错误。至于说斜面的实验,因为无法在一个封闭的场所制造真空,伽利略曾求助于它;但是有什么理由根据一个滚动的球体给一个坠落的球体下结论呢?而且为什么忽略这个而注意那个,认为空气的阻力可忽略,而把加速度视为关键?还有,是否确定一个球体坠落快还是慢,正确的方法是通过常识的观念,看它是榔头还是羽毛?亚里士多德忽视现象的量的方面,人们不能因此对他有所指责,既然伽利略也忽视了坠落物体的性质。说到这一点,他的定律是量化的吗?它是不可验证的,由于缺少计时器(伽利略只有一个沙漏可供使用),缺少封闭的空间,缺少 g 的确定值。它既模糊又随意(这个 $e = 1/2\, g\, t^2$ 的公式,对一个机动车驾驶员踩加速器的动作和一个落体同样是真实的)。不过,它与我们的经验是矛盾的。在一个铅球的垂直坠落、一张纸片的飘摇和一个投手故意掷出的标枪划出的抛物线轨迹之间,除了坠落这个词,有什么是共同的呢?伽利略已经是词语陷阱的受害者。如果这是一个显而易见的事实,这就是在自由运动(火苗上升,石头下落)和有限运动(人把火焰吹向下方,把石头投向空中)之间的差异;后一种运动最终结果总是回归它的自然方向:物理事实并不是事物。让我们再推进一步,回到事物本身:我们就会想起来,没有哪一个坠落与另一个是相同的,只有具体的坠落,一只铅球坠落几乎抽象的完美是一种极限而非一种类型,它是一种过于理性的虚构,如**经济人**(*homo oeconomicus*)一样;实际上,没有谁可以计算或者是预测一次坠落:人们只能具体地描述它,书写它的历史。物理学不是一个理性的问题,而是理解力和审慎的问题:没有人可以准确地说出一页纸落地所需的时间长度;但是人们能够说出某些东西是不可能的,而另一些则并非如此:一页纸不可能永远停留在空中,与一匹马不能产自一头母羊一样。自然并没有科学的规律,因为它跟人一样是多变的;不过它有它的**一些契约**(foedera),它的一些基本的限度,如同历史(例如,我们完全知道革命的末世学是一件不可能的事,知道它与**历史契约**[foedera historiae]相反,且无论如何不可能发生;但是,至于说出什么将会确切地发生……人们顶多不过能够思考这一事件"促成"另一个事件的到来)。自然或者历史因此都有它们的限度,不过,在这些疆域之内,规定性是不可能的①。

我们的读者知道对伽利略的这些异议曾经是完全合情合理的,而且伽利略的定理不是一个显而易见的事实;它很可能已经被证明是错误的。但是,读者也明白,这些异议在今天不必再对人文科学重新提出。不止一个作者强调人类的事实不可争辩的特性,它是整体的,自由的,可理解的,而人们对它的意识只不过是不完整的一部分。谁对此持有怀疑?不过,问题是在这里吗?我们并不意在讲述历史:我们寻求一种关于人的科学;然而,科学的进化足以显示,人们在他的时代对他所做的原则的异议,以事物的真实本性之名义,和一个物体应该依据它的本质来对待的名义,是一种尚属古风的方法论的表征。一贯的错误是认为科学是实际经验的对应物,而且必定要我们把它以一种改进的

---

① 关于伊壁鸠鲁派的**自然契约**(foedera naturae),它并非规律,而是基本的限度(一匹马不能生于一头母羊;这就是说,自然有权利去做这些**契约**不妨碍它去做的一切),参阅波扬塞(P. Boyancé),《卢克莱修与伊壁鸠鲁学说》(Lucrèce et l'épicurisme),法国大学出版社,1963 年,第 87、233 页。

版本表现出来。这一错误在物理学发展的初期影响很大,正如对人文科学发展初期的影响;既然这些事实不是人的科学的事实,它们,如同全部科学,只认识它们所专注的事实,那么在人的科学中事实的特有属性又有什么重要性?它们无法预断它们将要被引导去面对的事实的本性。

因此,会发生一种变量的选择对于常识而言是令人不快的情况,它将因此得出结论说,科学想要毁坏人类,这才是明显需要敲响警钟的。一个经济学的研究将不考虑代理人的意识形态,一种关于《恶之花》的研究将无视诗意与诗人的心灵:反正这一研究并不打算使人们理解波德莱尔,而是要去发现诗歌语言在格式措辞约束之下的一种表达法;科学追求自己的目标,它并不解释已有的对象。它的唯一规则就是去获得成功[1];有时候一个显而易见的事提供了合适的钥匙,另一些时候,表面上最简单的事物仍然拒绝任何的格式化(数学家们还未能做到列出节点的代数式,而两个世纪以来他们已经做到以方程式表现潮汐的变化)。成功的标志是,被采用的形式化表述带来一些与现实吻合的演绎推论,它们教给我们新的知识。

---

[1] 由此产生乔姆斯基(N. Chomsky)幽默的文字,《句法结构》(*Syntactic structures*),穆彤出版社,1957 年,第 93 页(博多[Baudeau]翻译,《句法结构》[*Structures syntaxiques*],瑟伊出版社,1969 年,第 102 页):"人们做了巨大的努力企图回应'不借助于意义,你们怎么能建立一种语法?'的异议,然而,是问题本身提得不好,因为人们肯定能够通过借助于意义建立一种语法的公设并没有被任何实际的成果所验证……本该提出来的真正的问题是这样的:你们怎么能建立一种语法?"

在流体动力学中,人们从某些非常简单的观念出发:在一个水网中,液体是不可压缩的,任何真空无法在那里形成,而且,如果有人依据想象力从水流中切分出一个体积,与从中出来的同样多的水就进入这个容量;基于这一显而易见的事实,人们写出偏导数方程;不过,这些方程可能引起一些有趣的推演,它们使得预知水流将会正常与否成为可能。对于人,与对于波浪并没什么不同。归功于某些数学家,开始存在一个确切的社会学,对于它,人们很想倾注与对经济学同样的希望;当其中一位数学家赫伯特·西蒙(H. Simon)建立了一组管理者的功能和它的活动层级的模型[1],他选择的变量和公理是非常简单的:群体内成员的活动层级,他们的彼此赞同,他们与外界的关系;并不应该从这些陈词滥调来评价这个模型的价值,而是依据这一事实,形式化表述导向一些以言语的论证也许无法达到的推断:对于这一群体的活动,对于保证内部的和谐,对于它与环境的平衡,哪里是可能的平衡点,以及这些平衡是否稳定。

面对这些例子,历史学家感觉面对一种与自己的截然不同的头脑;它不再是批评意识和理解力,而是一种要不加区别地运

---

[1] 赫伯特·西蒙,德译本,《社会群体中互动的常规理论》(*Eine Normale Theorie der Interaktion in sozialen Gruppen*),载蕾娜特·梅因茨(Renate Mayntz)主编,《社会学中的形式化模型》(*Formalisierte Modelle in der Soziologie*),柏林,卢希特汉德出版社,1967年,第55—72页;布东,《社会事实的数学分析》,普隆出版社,1967年,第334页。

用于人类行为和自然现象的理论嗅觉,在有时候非常平庸的反常现象背后,它很远就嗅出某些隐藏的脉动。比如,人们可以回溯性地证实,边际效益主义者的微观经济学本该能够被一个愿意穷尽以下悖论的有好奇心的头脑所发现:一个饥饿的人怎么能不为他狼吞虎咽的第一个三明治比他终于填饱肚子的第四个多付钱,为了这第一个,他本该愿意不惜一切代价?

一个形式化表述并不依据它的出发点来评价,而是依据它的性质和结果。它并不旨在以符号性语言书写概念,换句话说,以缩写的形式书写概念:它旨在通过这些符号"进行运算"。它随之要达到可检验的结果,达到"能够经受检验的命题",如那些美国人所说;否则,为了建立一种公式化的性爱研究,只要一个情郎对他的爱人做出以下宣示也许就足够了:"你散发的全部魅力是我欲望的积分,我爱情之忠贞可以拿二阶导数的绝对值来衡量。"

因此,理论家的嗅觉,就是去推测现实的哪方面可能被阐释为数学推演严谨而可生发的语言,哪个概念的要点将起动某个可能是极小的,可能非常抽象,但是又同样真实,而人们从来没有想到过它的存在的东西。让我们做一点人类行为学的虚构。总得有某一天,存在一个关于国家的或者是公共秩序的数学理论,即如自从瓦尔拉斯(L. Walras)以来,存在着一个总体经济平衡理论那样。在重农主义时代,正在形成中的经济学的秘密也许可以这样表述:归功于无数生产者和中间商的活动,他们自由地行动,没有彼此交流,而且没有遵从任何一个商议好的计划,

70万巴黎的居民每天早上可以找到吃的和满足他们日常需要的东西,这是怎么能够做到的?解密的钥匙要到供给和需求的平衡中去寻找,到一种被理解为巨大市场的经济生活的虚构中去寻找,它被表达为一个方程组。然而,政策思考者们,从拉博埃西(La Boétie)到茹弗内尔(B. de Jouvenel),同样都不停地惊讶于人们对理想的规则或者是他们中的一小撮人的指令奇迹般的顺从:"如此的隶属关系有一种东西可以使能够思考的人们大为震惊;这是一种特殊的行动,一种几乎是神秘的想法,一个非常巨大的数量顺从于极少数"[1]。把这一秘密浓缩为科学并非旨在去研究权力的心理学和依赖的情绪,通过它的理想型去描述权力的社会学的或者历史的变量,去对它做一个共变量的分析;科学上的突破或许更多会是在意料之外的一点上发生,它给公式化提供机会,比如,有关这一悖论:"如果被指派管理交通的警察想要公正,他一个一个地询问所有的人,首先放行医生和助产士;这样做起来,也许会乱到极点,而且所有的人都会不满意。因此,警察一点也不把了解谁着急而且为什么放在心上;非常简单地,他切断人流,如此这般他实现了秩序[2]。"让我们梦想一下一个政治的数学,在那里,虚构的十字路口扮演着与市场在瓦尔拉斯经济学中同样的科学对象的角色[3],但是我们很快要醒过

---

[1] 内克(Necker),转引自贝特朗·德·茹弗内尔(B. de Jouvenel),《论权力》(*Du pouvoir*),第二版,1947年,第31页。联盟的稳定性似乎在零和游戏背景下不可解释;赖克,《政治联盟理论》(*The Theory of political coalition*),第30页。

[2] 阿兰,《谈话》(*Propos*),1931年1月3日(七星丛书版,第985页)。

[3] 瓦尔拉斯,《纯粹政治经济学原理》(*Éléments*),第43页起。

来以便记得两件事:首先,必须从把这个虚构翻译为一种代数开始,这在我们这个人们刚刚已经把等候排队数学化了的时代,未必是不可能的;其次,这个代数必须允许可验证而且有教益的推演:这就是全部。

人文科学是人类行为学

如人们所见,人文科学的确是科学,因为它们是推演的,而且它们也的确是人文的,因为它们从整体上——肉体、灵魂和意志——认识人;它们是有关一切行动的理论,是人类行为学。经济学的法则不比关心物质更多关注表述;它们既不是心理学的,也不是非心理学的,它们是经济学的。当人们从技术生产力过渡到价值生产力,经济学的专属领域就开始了,经济学实际上就是一种有关价值的理论;它也完全适用于大学文凭的价值,不管它们是如何被非物质化。报酬递减法则只不过有一个物理学法则的表象,因为它必须以一种技术的选择和价值化为前提。效用递减法则也不更多是一个心理学法则[1];如熊彼特所言,边际

---

[1] 熊彼特(J. Schumpeter),《经济分析史》(*History of economic analysis*),第27页;同上,《经济发展理论》(*Theory of economic development*),牛津大学出版社,1961年,第213页。有关报酬递减法则,作为那些因素不是完全可互换的这一事实的解释,参阅琼·罗宾逊(Joan Robinson),《不完全竞争经济学》(*Economics of imperfect competition*)(麦克米兰,1969年),第330页。如弗朗索瓦·布里科(F. Bourricaud)所说(为他的帕森斯《行为社会学原理》[*Éléments pour une sociologie de l'action*]译本所作的序言,第95页),人们可以说,经济学作为决定(**转下页注**)

价值理论更多是价值的逻辑学而不是价值的心理学[1]。我们说价值是精神的,甚至是心理学的,以便强调它毕竟更多类似于一种表征[2],而不是一块石子,因为经济学是一门行为的科学;价值是一种抽象概念,一个科学的对象,它不与价格混淆,也不与一个事实,如我们对一个物品的欲望相混同。让我们看看庞巴维克(Boehm-Bawerk)的资本利息理论:通过利息贴现完成以现有财产置换未来的财产的这一事实,不是一个客观必要性,一个机制或者一个心理上的活动;它意味着,这一行动的逻辑要求这个贴现;"必要条件"(réquisit)在此是一个依附于未来财产的较少主观的价值;说它也许较少主观,意思是人们像这样表现它。最后让我们再看看著名的水与钻石的悖论:没有用处的钻石价格非常贵,而不可或缺的水,却不值钱;它的交换价值是零,而它的使用价值却是可观的。如果在经济学中人们可以接受区别表现与功能,那么在水和钻石之间的价值不平等,第一眼看去可以

(接上页注)稀缺财富之使用方案的规则体系,同时是主观主义的(既然有选择存在)和行为主义的(既然有来自消费者行为"显示的偏好");经济学家对此没有其他的关注,因为他们并不打算研究有关一个行为的整体理论;他们的理论是抽象的,也就是有意地不完全的。

[1] 《经济分析史》,第 1058 页。关于经济学的精神属性,也参照路德维希·冯·米瑟斯(L. von Mises),《经济学的认识论问题》(*Epistemological problems of economics*),范·诺斯特兰(Van Nostrand)出版社,1960 年,第 152—155 页;哈耶克,《科学主义与社会科学》,第 26 页。

[2] 莱昂内尔·罗宾斯(L. Robbins),《论经济科学的性质和意义》(*Essai sur la nature et signification de la science économique*),法译本,美第奇出版社(Librairie de Médicis),1947 年,第 87—93 页。

归因于表现,早该被推向外在的黑暗,而这并没有阻止新古典主义在一个世纪之前发现它的原因;同样,市场战略,近来依然,通过个人或者群体在交换中设想他们的对手的态度可以得到可靠的解释,也早该被拒绝接近过于人性的学科:既然博弈论的数学致力于把它理论化[①]。经济学要把它的范本价值归功于这个事实,它超越了表现与客观条件的二元论;它建立的划分是每一种科学所创立的划分;它穿过它所理论化的东西和它通过抽象概念搁置在理论之外的东西,它可以是心理上的(如同股市的恐慌,以及更为普遍地,一切人们称之为经济心理学的东西)或者不是心理上的(如同经济体制)。心理学和体制当然是某种必要物,但是它们不是功能的必要物;相反,理论从来没有像它们不在场的时候那样更好地发生作用;它们对理论介入具体事实是必要条件。同样,牛顿机械定律以月亮、太阳和行星的存在为必要物;还是同样,如果人们想要康德的绝对命令对现实发生作用,对"你必须"的非经验论的考虑将使你履行一个人们托付给你的职责,在其中必须要有一种心理上的必要物(爱美德或者是怕宪兵)和机制上的必要物(唤起职责的事物的存在)。

如同任何理论一样,经济学理论是理论的。同样也没有意

[①] 参阅这些彼此之间非常不同的陈述,卢斯(R. D. Luce)和雷法(H. Raiffa)的《博弈与决策》(*Games and decisions*),Wiley 出版社,1957 年,第 208 页;格朗日的《经济学的认识论》(*Épistémologie économique*),载七星百科丛书《逻辑学与科学知识》,第 1031 页;以及鲍莫尔(W. J. Baumol)的《经济理论与实用分析》(*Théorie économique et analyse opérationnelle*),帕特莱尔(Patrel)翻译,迪诺出版社,1963 年,第 380 页。

义再重复一次,经济人的虚构是由它自己利己主义的本能驱动①。这个虚构,在这一事件中,不是利己主义的问题,而是理

---

① 对经济人进行攻击的例子:马林诺夫斯基(B. Malinowski),《有关文化的一种科学理论》(*Une théorie scientifique de la culture*),法译本,马斯佩罗出版社,1968年,第43页,或者萨皮尔 E. Sapir,《人类学》(*Anthropologie*),法译本,子夜出版社,1967年,卷一,第113页。在另一面,罗宾斯,《论经济科学的性质和意义》,第96页;以及威克斯蒂德(Ph. Wicksteed),《政治经济学常识》(*The Common Sense of political economy*)(1910年;1957年,重印本;Routledge and Kegan Paul),第163、175页;威克斯蒂德曾做的一个奇怪的评论,也许是自主地,由赖克予以详述深化,《政治联盟理论》,第24页:当我们管理我们自己的钱的时候,我们完全可能表现为糟糕的经济人,挥霍我们的金钱或者是送掉它;但是,无论谁管理他人的钱(国家的或者是一个被机构收养的孤儿的),则在道德上被要求表现为冷酷的经济人;不过,因为在现代社会,金钱大多数情况下是由第三方管理,经济人有变得越来越真实的倾向。——有关效益与利己主义的令人烦恼的诘难(*vexatissima quaestio*),至少必须引述萨缪尔森(P. A. Samuelson)的《经济分析原理》(*Fondements de l'analyse économique*)第五章,戈多(Gaudot)翻译,戈蒂耶-维拉尔(Gauthier-Villars)出版社,1965年;不过我当然不能自认为读懂了这本书,它的数学程度是不一般的。——在人文科学的当前背景下,问题完全不是"物质"和"意识"的问题,也不是去了解那些"表现"是或者不是客观进程的一个简单的必要物;人们可以认为这些古老的问题已经完全过时了。这一问题,如人们所知,是理性的行为和非理性的行为的问题;如格朗日所说,人文科学照它今日存在的样子,是一些介入调节的技术手段;它们同时参与描述和规范的使命:这就是一些人类行为学。由于它们的理性的假设,它们仍然还是人文的,有一种超越它们的表面意义之外的人文的意义:如果两个原始部落在一场散财宴上互赠财产,社会学家将描述这一交换仪式的和心理学的方面,书写一些关于这个赠与对这些人的意义充满细节的篇章,然而,经济学家则从这一交换中抽取其经济方面的意义:使利益最大化,通过交换赚取某种"消费者盈余"。由此得出格朗日的诊断,《形式思维与人的科学》,第66页:"守候人文科学的双重诱惑,是简单地局限于实际经验的事件,或者是,在一种追求达到自然科学的实证性的不协调的努力中,去清点每一个意义,以便按照自然现象的模式去简化人类的事件。关于人的科学的建设问题,可以从此被描述为从经验的意义到客观的意义之领域的蜕变。"这就引起了为数不少的问题:第一,人文科学目前同样是描述(**转下页注**)

性的问题。让我们处于新古典主义的视角,这个视角在今天有一点过时,但是还保留着它作为例子的价值;经济分析并不研究人们为了达到他们的经济目的所做的或多或少有效的事情,而是研究如果他们是比他们一般来说并不是的更加理性的**经济人**,他们可能会做的事情,独立于他们已经选定的目标和使他们做出这个选择的心理动机:对一个使徒来说,如果他是一个有条理的人,一分钱就是一分钱,如同对于一个金融大鳄一样。经济学叙述必然结果和行为的限度;如在康德道德观念中(在那里一个道德行为,在它出自对金钱的偏好的范围内,"不具有一种真正的道德价值,无论它与义务多么一致,无论它可能是多么值得赞美"),人们可以认为,"在今天没有一个行动"由纯粹的经济理性促成,并不比纯粹的化学物体于自然界的存在更多。这并不妨碍康德伦理学、经济学和化学去说明具体事物相当可观的一

(接上页注)的和规范的;这就是为什么埃里克·韦伊(Eric Weil),《政治哲学》(*Philosophies politique*)(第72页,n.1)能够希望形成一个可以与经济学媲美的政治学的假设-推演理论,它也许会是一种介人的学科。还要看到,在何种程度上,人与规范的最佳状态相一致或者不相符;所有的规范的人类行为学必须伴随一种描述性动物生态学,它把真实的行为与规范进行比较。第二,理性的行为难道不是人类行为中的最小部分吗?与本能会失灵、有其荒谬性一样,人类行为难道没有它自己的吗?请参阅施太格缪勒,《问题与解答》,第421页。因此产生了F.布里科对帕森斯在他的"伟大的理论"中显示的折中主义的合理异议:目前人们是否能够建立一种行动的理论,它对非理性的行为和对理性的行为都是有价值的?第三,人文科学在目前是一些介人的技术与得出一种人文涵义这一事实,难道不就完全是它们发展中的一种暂时性状态吗?从伽利略直到18世纪末,物理学家也经常如此地认为自然追随简单的数学路线,采取高雅的数学的解决方案:这正是他们自身通过发现最简单的规律所着手做的。因此,意义的观念对人文科学是必不可少的看起来并不确定;不过,目前它应该是最适当的。

部分,并且从中清楚地区别出来逃避它们的那部分;对于经济理性的"你必须",如果人们反驳说"要是我不那么做呢?",经济学将会答复:"事件将会替我复仇的。"因此理论是一种分析和介入的工具:无论人是理性的还是非理性的,它解释将会由此发生什么和为什么。比如,它指明,资本利息理论在一个共产主义体制中仍然是真实的,在那里资本和借贷的经济体制也许并不存在:自从1889年,庞巴维克就已经非常清楚地指出来这一点①;因为,为了在两个其期限有一些遥远的计划之间进行理性的选择,制定者感到自己必须在纸面上,无论以什么语言,建立一种将等同于利率的指数,以便估计公共信贷固定资产的比较成本。那些苏维埃经济学家,这一问题对他们是当下时刻的首要关切,已经认识到,如果理论有干净的手,它毕竟还是有手。

对经济人的误解面对各个人类行为学都重复出现。说《实践理性批判》阐述了一种关于纯粹尊敬的伦理学学说,与古代的幸福论或者是价值论伦理学相对,并不完全正确;依据康德的说法,它更多是提供一种道德观念的"表达法",它分析道德行为的逻辑,独立于行为人的精神状态,独立于他从哲学或者宗教的角度对自己行为的合理化,独立于他的动机和所有在一部道德生活的社会学中人们可以读到的一切②。康德并没有教导道德行

---

① 庞巴维克,《资本实证论》(*Positive Theorie des Kapitals*),1889年版,第390—398页;帕累托(Pareto)所做的只是重新进行论证。
② 裴顿(H. J. Paton),《论绝对命令,康德道德哲学研究》(*Der Kategorische Imperativ, eine Entersuchung über Kants Moralphilosophie*),德古意特(De Gruyter)出版社,1962年,第41、77页。

为人必须做什么,也没有致力于一种劝诫:他说出他们实际上所做的事情的含义是什么;如果当事人对此做出另一种判断,这是因为他们未能在他们的所作所为中把公式抽离出来。同样人们不能对康德提出异议说,观察没有证实人出于纯粹的尊敬而行动,或者把康德哲学解释为一种新教精神或者小资产阶级精神的升华。人们可以同样相信《判断力批判》主张艺术中的形式主义;它满足于如实地得出审美判断的公式,而任何艺术的社会学把审美的人类行为消解于社会学至上论,则事实上掏空了自己,它所宣称描述的活动已不再有意义。

新古典主义的经济学家们不是自由资产阶级的空论家[①],即如克劳塞维茨也不是殊死战争的空论家:他做的只是,以"真实战争"之"摩擦"[②]中抽象的"绝对暴力",格式化表达出任何军

[①] 以这一表述,这类断言显然属于流行的嘲讽;不过,它也掩盖了一个严肃的问题(同样,人文科学是冷漠的专家治国论者的工具的流行观点也遮盖了目前它半是规范的性质问题)。这里涉及到的问题,无非是著名的**方法论之争**:经济学如德国的历史主义所希望的那样,是一门历史的科学,还是一门理论的科学? 对于马克斯·韦伯,经济学是一种历史现实的简单的理想型,自由的经济学。出于反对德国学派这种历史的和制度的倾向(始终非常活跃的倾向),那些奥地利人,从庞巴维克到熊彼特、冯·米瑟斯和冯·哈耶克,都强调这一学说"纯粹"的、严谨的理论特征,而且突出在普遍性规律与经验性的已有知识之间在心理方面或者制度方面的区别,直至在凯恩斯身上揭示出一个被掩盖的经验论者。哈耶克的那本书,《纯粹资本理论》,Routledge and Kegan Paul 出版社,1941 年和 1962 年,代表了一种在纯粹理论语言中阐释凯恩斯的"奥地利式的"尝试。

[②] 在克劳塞维茨那里见到的摩擦的隐喻,《战争论》(*De la guerre*),纳韦尔(Naville)翻译,子夜出版社,1955 年,第 109 和 671 页,也可见于瓦尔拉斯,《纯粹政治经济学原理》(*Éléments d'économie politique pure*),第四版,1900 年(达洛兹出版社,1952),第 45 页。

事冲突的逻辑以及极限。每个行动领域都有它掩藏的逻辑,这一逻辑左右着那些行为者去独立于他们对其具有的意识,独立于某些动机,他们自己的,或者是他们的社会使之合理化的;心态和结构不是*最后的手段*(*ultima ratio*),而社会学也不是世界法庭。这些有关政治权威的不同学说和有关权力的韦伯社会学,以及他的三个理想型,所做的只是围绕着不能回避的事实转圈子,这一事实就是政治权威,无论它是传统的、符合宪法的还是上帝恩赐的。只从社会学角度研究人类行为,这就是甘心于对它一无所知。康德的两个《批判》,或者克劳塞维茨,或者经济学理论,或者人们以运筹学研究之名所指定的仍然含混的整体,都是一个未来的科学的种种碎片;因此,在心理学和社会学之外,在一块尚未命名的"无人区",一点一点儿地建立一个行为的科学,是目前各种人文科学最清晰的希望[①]。

历史为什么向往科学

然而,它对历史学家是一个希望吗?历史学家能够从人文科学期待什么?他想要能够期待很多,因为,他生活在缺少一种理论给他带来的不安中,而且人们目前也看到逃离这一困局的绝望企图在书店橱窗的陈列品中成倍增加;人们把这个称为人

---

① 吉尔博(G. Th. Guilbaud),《数学博弈论的基本原理》(*Éléments de la théorie mathématique des jeux*),迪诺出版社,1968年,第22页。

文学科的"时尚"。最少的几行叙述(被压迫者爆发起义,被压迫者屈服于命运)都需要双倍的辩护:人类的本性包括所谓"压迫"这个东西的可能性,它会导致或者不会导致(对这一不同必然地有一个为什么)一场暴动;人们不能没完没了地满足于证实,依据对韦伯非常重要的词语,压迫"促成"反抗。从受到艾奥尼亚物理学和医学吸引的修昔底德,到从徘徊于涂尔干身边起步的马克·布洛赫,这种理论上的不安,尽管不断地被克制,仍然还是可见的。"无地王约翰从那里经过":历史的命题,如果它曾经是的话;他将不再从那里重新经过,这是一个确定的事情,但是,如何能够不思考为什么他曾经从那里走过?从对无地王约翰的精神分析到关于朝圣活动的社会学,也不忽略贸易通道和英国贵族中时间性的现象学,人们将想尽一切办法为了回答这个"为什么"。于是,我们最终将以了解无地王约翰的旅行,其实就像了解我们的一个邻居的旅行,或者是了解一个我们自己所做的旅行一样为结果;生活对它不再需要,书写历史因此也不更需要它。历史学家最终将以发现足够大量的约翰也许从那里经过的简单事实为结束,而且首先以确认它为结束,但是这将不无忍受那种没有能够做得更好的遗憾。然而,他听任于此,因为他很快就证实了:只要他直截了当地叙述它的历史,而且不要求他的笔比一个小说家可能要求的更多,也就是使人理解,那么就一切顺利;相反,一旦他试图做得更多,试图在结论中抓住解释的原则,进行概括化,深入化,一切就糟了:一切就都从他的指间溜走,一切都变成字面的或者虚假的。然而,那遗憾对他仍然存在,因为,确定的需要是与理由一样迫切的;因此,他仍将准备去相信每一种希望:结构主义,功能主义,马克思主义,精神分析,社会学,现象学。

本质的混杂

更有甚者;凝视一片历史的风景类似于面对人间的风景;不仅是起伏变化的形态如同一个问题的给定条件,而且它们看起来暗示一些出路,或者指明一个未来的科学的场地;因为,说到底,苹果可以不落在地上①,而人能够不顺从他们中的某些人。权威,宗教,经济,艺术,有一种掩藏的逻辑,同样是区域性的本质②。它们的起伏变化不是偶然的事件;它们的坡度不是偶然地确定方向,它们身上存在某些严格的限定。这个景观最惊人的特点还是它的不朽性:一切在那里转为惯例,转为分化或者转向弥漫,一切在那里发展变化而且变得复杂,帝国、宗教、亲族体系、经济或者理智的奇遇;历史有一种奇怪癖好,建立一些庞大的结构,使人类的作品可以和自然界的作品差不多一样错综复杂。

这一切所得的结果是,即使人们从头到尾地书写这些作品

---

① 牛顿的苹果的轶事是可靠的:柯瓦雷,《牛顿学说研究》(*Études niewtoniennes*),伽利玛出版社,1968年,第48页,注释35。

② 请参阅佛伦德(J. Freund)的多元论的本质主义,《政治的本质》(*L'Essence du politique*),西雷(Sirey)出版社,1965年。——当然,对区域性的本质这些词,我们没有赋予它们在胡塞尔那里的非常准确的意义。

中的一个的历史,也还是会感觉没有真正地解读它:历史学家耗费他的时间在围着有其隐秘的人类行为学的本质转圈子,而从未认识他所讨论对象的底细。他不得不承认,一方面,在古代的"国家"和现代的国家之间没有多少相同之处;承认当他们谈论希腊的宗教和基督教的宗教时,滥用了一个同音异义词。但是,另一方面,他不断地感到,在它们的各种历史衍变背后,存在着一种国家权力或者宗教的本质;没有谁知道这些本质是什么;然而,想要书写历史,同时假装无视任何旅行者立即就明白的东西——他在一个无名岛上岸,认出那些土著人所做的神秘动作是一种宗教仪式,这是把历史归结为一团混乱。因此,从柏拉图到胡塞尔,历史,如同一切实际经验,不断地重新提出本质的问题;我们对实际经验的印象是一种本质的印象,但这些本质是混乱的;然而唯有它们使得这一景观具有某种意义。

概括而言,在历史中(哪个历史学家不曾体会这一无能为力的恼怒?),人们从来也不会成功地找到维特根斯坦所称的软中之硬(le dur du mou),对它的把握是所有科学的前提条件与开端;与之相反,到处可见的是,实际经验就在手边。问题是双重的。首先,因果律不是恒定不变的(一个原因并不总是产生其结果;再加上,如我们在下一章将要看到的,也不总是那些同样的原因,比如,经济的原因,是最灵验的)。其次,我们做不到从性质过渡到本质:我们能够认出,一个行为可以被定性为宗教的,但是我们不能因此说出宗教是什么;这种无能为力尤其是由一个含混的边际带的存在来解释,比如,在宗教和政治之间,在那里感觉被简化为一些庸俗乏味的话("马克思主义是一种千禧年宗教"),人们不能够接受去进行格式化表达,但同时也不能无视,因为它们在某处暗含着我们不知道是什么的真实;只是那我们所不知道的东西,一旦你想要尝试把它固定下来,就在词语纠结中滑落于手指之间。这一搅扰、这些矛盾、这种含混刺激我们在实际经验之外去建立合乎规则的秩序,科学的秩序;因为,科学产生于矛盾,产生于现象的混乱,而且它不是从它们的相似出发去进行归纳。因此,在亚里士多德式的实际经验和柏拉图式的形式主义之间,古老的冲突不断地重复发生;而所有的理论都或多或少是柏拉图式的。

历史学家,他受限于实际经验。因此,他必须不断地拒绝通过简化论以最小代价去驱除这一搅扰的诱惑。然而,通过把一切归结为其他的东西来解释一切,也许是如此简单;宗教战争将归结为政治的激情;这些激情并未与一种社会躯体的疾病相联系,即如某种焦虑或者羞耻,个人能感觉到,而且妨碍他入睡,即使他在私人生活中并不为此所苦:它们将会归结为他的个人利益的领域,这一利益本身将属于经济范畴。这就是一个唯物主义的简化论,不过,还有一些其他的种类是唯心主义的,但是也不具有更多价值。就这样人们把政治化为宗教;不是去认为罗马皇帝或者法国国王被一种上帝恩赐的光环所环绕(皇室崇拜,加冕礼,驱除瘰疬),因为他是君主,而人们对君主的热爱是一种亘古不变的情感,而且一切权威都显得是超人性的,相反,人们将会认为,君主崇拜是皇权的"根基"。同样,人们将把经济学简化为心理学;如果那些原始人交换财物,那是出于一种回礼和谋求威望的心理。一切都将被简化为比它本身更为平庸:如果帝王们有为他们的统治留下纪念性建筑物——凯旋门或者是图拉真纪念柱——的惯例,这将不是出于给他们的统治留下一个痕迹的欲望,让它面对长天,去宣告他们的荣耀,即使无人倾听;这将是为了进行"帝国的宣传"。人们可以认为,在我们的时代,一个历史学家的个人训练,这种我们在上文已经谈论过的后天获得的临床经验,很大一部分都用在了摆脱这种存在于氛围中的简化论,用在了重新找回各种本质的独创性方面;为了达到一个矛盾且令人失望的结论:每个本质只能由它本身得到解释,由宗教感情解释宗教,由留下纪念性建筑物的欲望来解释那些纪念物。人类的灵魂是不拘形式的;它并不组成等级制的结构,可以允许你把各种不同的情感归并到某个更为高深的情感,某个阶级的利益或者是宗教的奥秘。然而,尽管人们看不到它们的底细,这些情感并不因此而降低其存在的强烈程度;它们共存,独立,任性,而且不可征服,如同一些古老的民族。在它们的缺乏原则和它们的坚韧持久之间令人吃惊的对照,只能够通过某个掩藏的原因来解释,并且求助于某种未来的科学。

它从科学可期待的不多

然而,这个未来的科学对历史学家的行业将会有什么影响呢? 这个影响将会是微弱的,因为,如我们所不能无视的,并不存在历史的规律。其结果是,历史学家不得不"了解一切",如一个理想的演说家那样,或者像侦探和诈骗者,不过尽可以跟他们一样,满足于马马虎虎地了解它。侦探和诈骗者必须掌握关于一切事情的各种信息,因为他们不能预见一个犯罪情节的实施或重建将会把他们引向何处。但是,若说这一情节能够运用到科学的知识,至少并不存在情节本身的科学,情节的发展没有什么规律。那个时代,对我们已经显得十分遥远,它只不过是半个世纪之前,那时西米昂(Simiand)建议在历史中研究一般性和规律性,以求从中提取一种战争和革命的归纳科学;那时人们期待某一天终于可以解释一个特定社会的发展与演变。

不仅是任何事件都不是由一个规律串连一起,而且,那些牵涉到一个事件之进程的规律对它所能够解释的将永远只不过是一小部分。帕森斯已经正确地指出,尽管他或许并不相信,当他写道①,历史学是"一种全凭经验的综合学科,它需要动员对它解释历史进程必不可少的所有理论知识";更准确地说,是"所有必要的知识":包括细节的法则,当这些法则可以完善对情节的理解,并且介入尘世的因果关系时。斯宾诺莎式的完全确定的历史学梦想只不过是一个梦想;科学将永远也不可能通过对它整章地把握或者仅是段落地把握来解释人性这部小说;全部它所能够做的,就是解释它的某些孤立的、人们在这一文本的许多篇幅中发现的词语,始终是同样的那些,而它的解释有时对于理

---

① 帕森斯,《社会体系》,第555页。

解是有教益的,有时则只是一些无用的议论。

历史与科学之间的这种分离,原因在于,历史以一切曾经发生过的都配得上它为原则:它没有权利去选择,没有权利让自己局限于能够接受一种科学解释的东西。其结果是,与历史相比较,科学非常贫乏,而且极其严重地重复自己。无论描述哪个经济,或者是哪个社会,一般的国家理论如汇合点,和一般的经济理论如市场均衡,都将是正确的;而要使瓦尔拉斯的那些方程式成为发生的事情,就得要地球成为一个伊甸园,在那里财富也许不再是稀有物品,或者一个半伊甸园,在那里这些财富是彼此完全可以替代的。一个有关政治权威的精确未来对于研究罗马帝国的历史学家可能会有什么用处?不是去解释说,皇帝被服从的原因与其他所有政权被服从的原因都一样。这个理论更多是给他提供否定的服务:它可能帮助他不屈从于简化论和虚假的理论,不过多地谈论上帝的恩赐;总之,它给他提供一种文化的帮助;让我们借助于米瑟斯来加以总结,"当历史学涉及到某些科学的知识,历史学家可能获得的只不过是那一相关学科的一种中等程度的知识(*a moderate degree knowledge*),将不超过每一个受过教育的人对此正常拥有的程度[①]"。

[①] 《经济学的认识论问题》,第100页。我们要强调这本书对于历史认识论和社会学认识论的重要意义;我们很惋惜没有能够得到同一位作者的《理论与历史》(*Theory and History*)那本书,耶鲁大学出版社,1957年出版,它已经售罄。这些最初教育背景是科学的作者(或是物理学如波普尔,或是经济学,如米瑟斯或者哈耶克),在历史认识论上所显示的头脑清晰,是一个值得思索的课题。

更何况科学是如此抽象,以至于人们不再真正地知道对它该做什么。战略博弈理论目前是既堂皇又无益,就像是帕斯卡尔时代的概率论,把它运用于某个对象,各种问题就接踵而至。只需看一下那些企图运用它的作者们是如何谨慎,他们只不过用指尖触碰它的小心翼翼的态度①即可。实际上,的确是很容易在那里烧伤自己;这就是那个非常著名的"两个囚徒的困境":两个嫌疑犯知道,如果他们两个人谁都不说,他们将会获得较轻的处罚,但是,如果其中的一个人招认了,他将获得释放,而他的同伙将会因为没有首先招认而被处以重刑②。就是这一点足以激发具有最微末的社会学想象力的无论任何人:因此,这就是为什么社会生活是以一种"全体"和"每个"之间的辩证法为基础③;人人都想要政府得以运行,但是没有谁愿意付税,要是他

---

① 比如,格朗日《论风格的哲学》(*Essai d'une philosophie du style*)的第 210 页,阿尔芒·科兰出版社,1968 年。其他的例子,在《经济理论与实用分析》中的第 395 页,鲍莫尔(W. J. Baumol)宣称,"两个囚徒的博弈"揭示了在最为民主的社会中一种国家控制长久存续的根本原因;就此问题他也参考了他的著作,《福利经济学与国家理论》(*Welfare Economics and the theory of the State*),朗曼出版社,1952 年;通过对这本书的阅读,人们发现,事实上,他对博弈论没有一丁点幻想,但是,读者在那里可以看到述及多个可能试图使用这个理论的场合,如这位作者本人在写作过程中肯定曾经有过的那样。

② 卢斯和雷法,《博弈与决策》,第 94 页,鲍莫尔,《经济理论与实用分析》,第 395 页。爱德华兹(W. Edwards),《行为决策理论》(*Behavioral decision theory*),收入爱德华兹和特沃斯基(A. Tversky)(主编),《决策制定》(*Decision making*),企鹅现代心理学,1967 年,第 88 页。《泰晤士文学副刊》刚刚宣布拉波波尔特(A. Rapoport)和钱麦斯(A. M. Chammath)的一本书的出版,《囚徒的困境》(*Prisoner's Dilemma*),安娜堡,1970 年。

③ 萨特,《辩证理性批判》(*Critique de la raison dialectique*),第 306—377 页。

不能确定其他人是否同样缴税的话。这就是为什么需要权力机构,需要秩序,这就是连带责任、**历史人**(*homo historicus*)之谨慎的解释;这就是无政府主义的最终反驳,也是为什么革命不发生的原因;更重要的还有,根据这个无法解决的困局,人们推断出一个明确的规则的必要性:"做你必须做的,不管将会发生什么事情",而且人们可能会证明康德伦理学的正确……这是太美好了,这种情况很多,它只不过是一个隐喻;最微末的、在其中这个困境可能有可验证结果的人口学研究,也许会有助于我们的工作。可惜的是,人是这样的一种反复多变而各个不同的生物,以至于人文科学只能是非常抽象的,因为对于它们,在发现一个不变量之前,不得不走得很远。

例子:经济理论与历史

人文科学将很少解释历史,对于历史学家它们仍是过于抽象的;已经存在的这些科学中的一个——经济理论,将使我们确信这一点。人们了解它所提出来的这一困境;要么它是推论的,而且因此可以有理由以超越体制的多样性,保留其"永恒的"真实而感到自豪;但是,在这一情况下,它的实际的或者历史的用途则非常贫乏。要么,它有一些应用,或多或少是艰涩和不够确切的;不过,这还是以制度的、标注日期的内容为代价,使得它对于历史学家成为不可利用的,因为他不再能够把它们不犯时代错误地移植到"他的时期"。新古典主义经济学相当清楚地体现了这一困境的第一侧面,而自从凯恩斯以来的宏观经济学则更接近于第二个;关键是进行合适的区别,而这就是我们要努力去做的。众所周知,许多研究经济的历史学家对经济理论了解不多,而他们并没有因此做得更差;经济史研究更多地致力于描述经济事实,而不是解释它们;它重建价格和工资的曲线,用数字计算不动产的分配,描述经济体制、商业或者税收政策,以及经济心理学;它勾勒过去时代的经济地理。当它思考货币问题的时候(威尔森[Ch. Wilson]做这个极为出色),更多类似于一种技术手段而不是一种理论家的学问:一个纯粹的经济学者在这个手段中只看到货币量化理论的"材料"。

为了使用逻辑经验论的语言,制度类型和历史的"数据资料"总量,在经济史方面,是远远大于"规律"的。理论很少能够有助于重建事实;它更多是评注它们,而不是解释它们;每当问题是距离分开了两个经济都市,人们不能总是再去谈论杜能环①。与之相反,理论将具有一种非常重要的否定作用:它将阻止我们落入常识的偏见;总之,难道它不是产生于一个对这些在货币方面和在关税贸易保护主义方面偏见的反作用? 在我们的时代,它能够教给一个研究古罗马的历史学家,普林尼极为著名的断言"那些**大农场主**(*Latifundia*)毁掉了意大利②",对于经济

---

① 冯·杜能的《孤立国》(*Der isolierte Staat*)在1968年已经由科学图书出版公司(Wissenschaftliche Buchgesellschaft)重版。
② 即使这意味着可能要在另外的研究中回到这个问题,我们只是说:第一,普林尼没有任何可资利用的档案文献使他可以对这样的事情做 (转下页注)

史没有一点价值(除了对于经济道德的流行观点);在说古罗马的意大利被帝国其他部分的竞争毁掉之前,还必须斟酌一下词语;通货膨胀的问题并不简单,因此认为3世纪的伪币可能给穷人带来过好处也并不荒谬①。总之,理论扮演了一种文化的角色,它告诉人们"事情总是要比这个更复杂"。至于去说这些事情是什么……②。我们千万不要被现实中政府的宏观经济之成功所欺骗;一个手段并不是知识。从一个财政部长为了整顿货币所掌握

(接上页注)出论断。在量的方面的论断,人口统计或者经济活动,需要档案和统计学家的工作。古罗马的国家不具备这一类的档案,而统计学尚不存在。第二,如果普林尼掌握档案文献,也编纂了数据列表,从中得出大领主对意大利农业的毁灭负有责任这个结论,也必须要求有技术的和经济学的研究,而这些在那个时代尚未产生:就是在我们的时代本身,这也是一个无休止的科学讨论的主题。无论经济学还是统计学在普林尼的时代都不存在。他所说的话的价值,对于研究古罗马经济史,与卢克莱修对有关物理学的某一点的论断对于物理学家可能有的价值是同等的。我们在这里又遇到了在第七章结尾时提到过的考证问题:知道某个特定种类的文献告诉我们哪一类事实。普林尼的论断对于古罗马经济不是一个原始资料,但是它对于古罗马有关经济和社会道德的流行观点的历史则是一个原始资料。因为,这个论断完全可以与现代的标语口号相比,比如"对通用汽车公司好就是对我们的国家好",或者是"托拉斯正在毁掉法国经济","回归土地将利好法国经济";在这一层次上,讨论,或者甚至仅仅是对这一提问法的简单陈述也还是不可能的。

① 伪币有利于负债的穷人:请参阅马克·布洛赫的唯实论篇章,《欧洲货币史概要》(*Esquisse d'une histoire monétaire de l'Europe*),第63—66页。在以对伪币和通货膨胀尽人皆知的偏见的名义批评马扎里诺(S. Mazzarino)的理论之前,应该读一下哈耶克,《价格与生产》(*Prices and Production*),Routledge and Kegan Paul 出版社,1935和1960年,它指出,货币注入对价格的影响取决于这一注入在体系中所发生的点。

② 关于古罗马经济,也许没有哪一个经济学理论能够做到比罗斯托夫采夫说的更好;但是,也许它能够导向对它说得更少。

的方法,并不随之产生对量化货币理论可能的完善;不过,历史学家也因此不能把现实中的经济实践的教训移用到过去,因为,人们只是在了解底细的情况下移用那些他能够推断的;如果人们不知道一个方法为什么获得成功,又如何知道它成功的条件在过去的时代是否曾被满足?在凯恩斯的著作中,照字面意思去理解"消费倾向的相对法则"这些词(根据这一法则,消费增长慢于收入增长)的历史学家,也许该准备好失望:所谓的"法则"不过是一种全凭经验的发现,已经被我们自己时代的事实所否认。

如果人们只是可靠地移用他能够推断的,那么,历史学家能够可靠地使用的经济科学中的量就蜕变为越缩越小的驴皮;这种不容忽视的贫乏化,是人们避免时代错误的代价。在我们看来,新古典主义经济学建立了最切合一个历史学家所需要的文化[①],这可能并不只是因为新古典主义者具有敏锐的方法论意识,并且有力地坚守纯理论与制度的和经验的材料之间的区别,坚守"归属于经济体系本性的东西,在它一定来自一些经济行为者自己支配的行动这个意义上",与那作为经济秩序(一个制度,或者一次股市恐慌)的同时,"对纯经济领域是外在的[②]"东西之

[①] 马沙尔(A. Marshall),《经济学原理》(*Principles of Economics*),第八版,1920年(麦克米兰,平装本,1966年);熊彼特,《经济分析史》,奥佩(Opie)翻译,牛津,银河图书(Galaxy Book),1967年(或许是这位大师和这一学派整体的代表作,也有一个法语译本存世);K.维克塞尔(K. Wicksell),《政治经济学导读》,克拉森(Classen)翻译,Routledge and Kegan Paul 出版社,1934年和1967年。

[②] 熊彼特,《经济发展理论》,第218页,请参照第10页以及第220—223页。这些奥地利人区分了那些产生于体系内部的内源性变化与对所提出的假设来说来自外部的改变。

间的区别。这一区别与经济理论同样必要,即使它是纯粹的,也同样还是当代经济生活(和更为狭窄地,国民经济,"国家的财富")的出发点。

因此,缩减为它的纯粹部分后,在让历史学家特别感兴趣的两点,即消费和财富的社会分配上,新古典主义经济学并不能让前者获得教益,或者毋宁说它把所有的工作都留给了历史学家,因为,在他们的眼里,这些问题无一例外地属于心理学或者是制度的层面,也就是说属于全凭经验的、描述性的、历史的层面。以财产消费来看,就是一个社会对其财富的使用,把它们用于水坝、公路、战争、庙宇或者是夸富宴。经济学关于这一社会选择的使用不能教给我们任何东西,关于使它做出这一选择的动机也是一样;一个经济学家所能够做的全部就是,询问人们他们赞成哪一种财富的使用方法;他们偏好的层次和已知的每个人的收入,于是他将勾勒无差异曲线,并且假定消费者想从他的方法中汲取最大利益;他还将给消费者指出他的收入所允许的最佳组合:多少黄油,还有多少大炮,根据消费者对这些产品中的这个或者那个的喜好。所以,一定不要以消费者行为理论的名义,把真正的理论的东西和只是社会心理学描述的东西混同起来。狭义的经济分析并不能比选择的可传递性①、

---

① 一个偏好枪炮胜于黄油、偏好原子弹胜于枪炮的消费者,肯定偏好原子弹胜于黄油,否则就有违条理,使得推算变得尤为困难。

无差异曲线和替代效应①走得更远;解释那些选择本身并不是它的工作:经济学不研究经济的目的,而是研究这些目的在一个财产相对稀少而且彼此之间不完美地可互换的社会里产生的后果。对消费功能进行的一部分研究不比对生产功能的工艺资料的研究更多是经济学的;这些研究,的确,是社会学的,一个历史学家不能够对它寄予多大的希望,因为他也许将宁愿自己创造一种他所需要的社会学。一个研究经济的社会学家对他说,某些消费者购买一种昂贵的产品是因为它昂贵,以便向所有人证明他们足够富有,能够这样做,而这一行为被称为炫富性消费②;对于历史学家,这还不够:炫耀式的消费可以披上各种不同形式的外衣,而他想要知道,谁炫耀式地消费,如何进行,为什么,以及为了迷惑谁的视线。另一个经济学家向他表明,一个阶级或者一个国家面对一个比它更加富有的阶级或者国家会体验一种失望感,作为结果,他的消费倾向就会增加,而人们把这种反应命名为示范效应(*demonstration effect*)。如果它只是把一个名称给予一个最普通不过的反应,这一命名有点过分;而如果人们想要理解这一反应,也就是说,在一个历史的语境中去观察它

---

① 有关替代效应与收入,希克(J. R. Hicks),《价值与资本》(*Valeur et Capital*),法译本,迪诺出版社,1956 年,第 23 页以下。

② 凡勃伦(Th. Veblen),《有闲阶级论,对制度的一种经济学研究》(*The Theory of the Leisure class, an economic study of institutions*),1899 年(纽约,现代图书出版社,1934 年)。但请参考雷蒙·吕耶尔(R. Ruyer)的精妙评论,《应用经济科学研究所手册》(*Cahiers de l'institut de science économique appliquée*),第 55 期,五月—十二月号,1957 年。

的运作,则还远远不够:对大资产阶级东施效颦的小资产阶层,或者面对美利坚文明之动荡的第三世界。社会学家面目的经济学家满足于给一些自明之理命名,所留下的全部工作都有待于历史学家去做。

另一个例子:财富的分配

财富分配的情况与消费的问题有所不同;这一次,它涉及的完全是单纯经济领域及其推断的内部问题,不过,准确地说,这个经济学是纯理论的:它并不打算解释财富在一个社会的成员之间的有效的、历史的分配;它想要推断出一个历史学家或者社会学家将始终可以拿它来与现实相对照的抽象模型;在这里,我们看到什么是具体的对象与知识的对象之间的差距。不幸的是,没有什么比对这个差别的意识更容易被磨灭了:人们因此经常会惊讶于一个理论居然是理论的。当然,在某个熊彼特的眼里,理论只能推断理论上的分配,一开始就是显而易见的事实①;与之相反,在其他的作者看来,这就将是一个确认或者甚至是令人反感的发现。显然,在这里出现了对经济学本性两种不同的,或者是头脑清

---

① 《经济发展理论》,第145—147和151页。我没有能够看到熊彼特的研究,《分配理论的基本原理》(Das Grundprinzip der Verteilungstheorie),载《社会科学和社会福利政策档案》(*l'Archiv für Sozialwissenschaft und Sozialpolitik*),XLII,1916—1917年。

醒度不同等的理解。

在分配方面如同一切其他的方面,纯粹经济学不是对已发生的事情的描述,而是推断也许会发生的事情,如果经济的机制任由它们自己支配而孤立于其他(在自由资本主义条件下,比之在其他的经济体制下,更接近现实的假设);而留待历史学家去衡量这一虚构与现实之间的差距,并且去说出,如果这个差距过于巨大,经济行为的逻辑是怎样为了人们曾经对它的侮慢而替自己复仇。这样似乎就清楚了;不幸的是,一个经常性混淆的危险存在于理论家的视角和历史学家的视角之间。自从宏观经济学革命以来,其实,自从国家在经济中的干预变得越来越重要以来,已经形成了某种新财政主义,它使经济学者变身为政府顾问,或者变身为增长模式的建立者;因此,当他谈论分配,这个经济学者,依据他是财政主义者还是理论家,以这同一个词语,说的并不是同一个东西。理论家只考虑经济主体,他们的定期收益,他们的工资,他们的准盈利和他们的或有利润;财政主义者从现实出发,关注其国家的国民收入的图表和全部经济政策的基本文献。因此,他将被引导去关注公务员的待遇和佣人的工资,它们出现在他的图表里,但是被那个理论家所忽视(除非他着手把它们转化为理论①)。

理论上的分配和历史上的分配之间的距离最终是如此巨

---

① 于尔莫就是这样做的,《经济平衡的研究》,载《亨利-庞加莱学会年报》,卷 VIII,财政分册 I,第 49—54 页;请参照熊彼特,《历史》(*History*),第 929 页注释和 630 页注释。

大,以至于如果有关分配的理论组成独立的一章会很勉强:这些"工资"和这些"定期收益",而不是一些真实的工资和定期收益,是衡量劳工和土地的边际产能的某种指数,而分配只不过是有关生产那一章的一个附录。在这个一般性的层次上,人们甚至不再能区别奴隶身份和工资劳动者。人们承认,在理论上,劳动者的工资等同于他的劳动的边际生产率[①];但是,这个领工资者只不过是一个理性的动物,拥有最低限度必不可少的个性,以使陈述变得容易;在现实中,他的工资肯定是非常不同于这个生产率,它其实很难准确地估量,而且它是由老板、辛迪加和政府所确定的。但是,所谓"真实的"工资还是理论中的那个,在此意义上理论会复仇,如果人们过分地远离它。那么,在一个劳动者得不到工资的奴隶制国家,将会发生什么?人们会认为,这个工资是被奴隶的所有者以他养活这个奴隶为条件装进了口袋[②]:这是计算所有者利润,去观察奴隶制是否有利可图的一个方法;或者这也许是方法之一,如果计算是实际可行的话。但是,奴隶制度的体制本身逃离了理论,或者是强加于它作为一个已知条件;

---

① 更为准确地说,在自由经济完全竞争的条件下,工资决定于劳动的边际生产力。对消费者而言,工资即厂商雇佣的最后一个工人所增加的产量。另一种更加制度化的阐释将工资率看做"制度性"的,是习惯或者政治斗争的产物,它是横坐标上的自变量,就业规模则是因变量之一。这样工资率就逃脱了计算机制(那些奥地利学者认为产品的价值"再次回落"到生产的阶段,从成品追溯到原材料:人们不会去开采一种没有销售价值的原材料);与之相反,作为另一个因变量的机器则没有逃脱计算机制。

② 熊彼特,《经济发展理论》,第151页;关于"种植园"奴隶制可怀疑的盈利性,参阅马沙尔,《经济学原理》,平装本,第466页。

分配因此要求不是一种科学的解释,而是一种历史-社会学的描述,马查尔(J. Marchal)和勒卡永(J. Lecaillon)①的《国民收入的分配》(*La Répartition du revenu national*)对于当代社会仍然还是典型的例子。这就是实际经验与合乎规则的表述,尘世的与科学的,**看法**(doxa)和**知识**(épistémé)的划分。

历史学的真相与科学的真理

正如科学技术能够改变我们的生活,历史学也可以被人文科学改变;我们拥有电力和原子能,但是我们的情节仍然还是由原因、目的和偶然组成。没有哪一种书写历史的方法能够是革命性的,正如生活不能不再是日常的;语言学不适用于更好地理解文本,正如有关光的理论不能用来教给眼睛辨别色彩;语文学因此不是语言学的运用,它与一切理论一样,除了它本身之外没有其他的目的。符号学在未来也许将教给我们什么是美好的,什么将满足我们的好奇心,但是,并不会改

---

① 马查尔(J. Marchal)和勒卡永(J. Lecaillon),《国民收入的分配》,三卷,美第奇书店,1958年起;另一个社会经济学分析的非常有趣的类型,是费里塞利(J. Fericelli)的《农业人口的收入,某种分配理论的材料》(*Le Revenu des agriculteurs, matériaux pour une théorie de la répartition*),美第奇书店,1960年,例如,第102—122页。德国的历史主义,在这一点被逻辑经验论替换,继续它反对纯理论的斗争,而且把关于方法论的论争一直延续到最近汉斯·阿尔贝特(Hans Albert)的书中,《市场社会学和决策逻辑,社会学视野的经济问题》(*Marktsoziologie und Entscheidungslogik, ökonomische Probleme in soziologischer Perspektive*),柏林,卢希特汉德出版社,1967年,特别是429—461页。

变我们感受美的方式。如同语文学,或者也如同地理学,历史学是一种"为我们的科学",它与真正的科学发生交往,只是在这一科学介入到实际经验的范围内。此外,它对坚持这一视角不表现任何审美的或者是人类中心的好意;实际上,如果它能够以**看法**置换**知识**,它也许会毫不犹豫地去进行这一交换。不幸的是,这是我们的认识能力的特征,知识的这两个平面达不到彼此会合,尽管在细节上有某些介入。存在是既复杂又严格的;你可以要么着手描写这种错综复杂而永远不会穷尽它,要么寻求严谨知识的一个开端,而永远不会认识其复杂性。那个致力于实际经验层面的人将永远也不会从中摆脱出来;那个建造一个合乎规则的对象的人则投入另一个世界,在那里他将发现新东西,而不是在那里重新找到可见之物的钥匙。我们对什么都没有完整的知识;我们以最为私人的方式参与的事件也只不过是通过痕迹认识的。我们可以甘心于没有完整的知识:我们有时候能够重建关于现实的有限模型;科学知识,它在到处都有可能——即使是有关人,使我们摆脱永远不完整的具体事物。但事实仍然是,事物没有充分地对我们显示其自身,它们在那里只是局部地或者歪斜地出现;我们的头脑能够得到一个关于现实的最低限度的或者丰富的知识,但是它从来也未能注视现实的原始文本[①]。

[①] 盖鲁(M. Guéroult),把莱布尼茨与斯宾诺莎进行对比:《斯宾诺莎》(*Spinoza*)卷一,《神》(*Dieu*),奥比埃-蒙泰涅出版社,1969年,第10页。

历史是一座宫殿,我们没有发现它的全部疆域(我们不知道还有多少非重大事件有待于我们赋予历史意义),而且我们也不能够同时看到它所有的格局;因此,置身于这座包围着我们的宫殿之中,我们永远不感到厌倦。某种绝对精神在那里可能会厌倦,它熟悉它的实测平面图,对它也许再也没有什么要去发现或者去描述。这座宫殿对于我们是一个真正的迷宫;科学提供给我们一些严谨的公式,使我们得以在那里找到一些出口,但是它没有交给我们房间布局平面图。必须用尽全力记住,科学始终是未完成的;这并不只是意味着我们对每件事都不能确定,我们的知识的总和难免受错误的侵袭;而是说,并不存在总和;科学在发现之上添加新的发现,但是从来不在这一添加项下边画一条最终线。科学的论断是以自身所论为限的,并不对它没有论及的东西做任何假设。让我们看看牛顿的万有引力定律;它似乎假定一个远距离运动的不可想象的观念,某些同时代人因此得出结论认为牛顿错了;它看起来还想到了另一个秘密——引力:伏尔泰据此推断,这应该是事物的本性,是造物主把这个力赋予了物质①。直到有一天,爱因斯坦发现,更概括地说,在物理的空间,两个点之间最短的路径是一个弧线,而引力只不过就是这个,并无其他。

---

① 相反,奥伊勒(Euler)在这一点上坚持一种明智的保留,并且满足于去说:"一切就是这样发生的……";在他的《有关各种历史和哲学的论题给一位德国王妃的信》(*Lettres à une princesse d'Allemagne sur divers sujets d'histoire et de philosophie*)2,68 中,他写道:"为了避免表达方式可能会引起的任何混乱,人们不得不宁愿说,世界的物体以同样的方式移动,就好像它们之间真实地彼此相互吸引。"

我们并不因此推断,空间真的是弧形的,因为物理学将不会停留在那里:相对论肯定要在某一天摆脱它目前所处的极端孤立。同样,当瓦尔拉斯和杰文斯(Jevons)发现边际效应法则,人们也不会忘记给它一个实在论的版本;人们援引我们的需求逐渐降低这一说法,援引韦伯和费希纳(Fechner)定律;同样也不缺少异议:人们注意到,某些需求由于得到满足而进一步增加,并不是逐渐降低。这些人因此得出结论,边际效应理论是无用和错误的;另一些人,更为审慎地,让人们注意,重要的是人们可以从中提取的可验证的推断;不过,现在数学博弈论或许可以使得这个推断追溯到更早,而且给它不同的解读。

结果是,历史的真相非常不同于科学的真理:两者都是暂时的,不过不是以同样的方式。如果可以说科学是永恒地未完成状态,历史不也是同样的吗?被视为一致确认的历史的真相难道不是有可能被新的发现所推翻?无论是物理学家还是历史学家,我们都永远不能肯定任何事情。这是真的,但是,与此同时,我们感觉这一辩驳错了本质的差异。科学是未完成的,因为它从不计算总数,而历史是未完成的,因为它的总和常常容易因为错误和疏漏而要被修正。物理学家的情况有一点像是一个机敏的野人[①],他由于不停地摆弄一个汽车的操纵装置,可能会发

[①] 在此人们可能认出来对爱因斯坦和因费尔德(Infeld)著作中一个著名寓言的模仿,关于密封盒子里的表,《物理学领域观念之演变》(*L'Évolution des idées en physique*),索罗维尼(Solovine)翻译,第34页。

现,通过接触开关和推进启动器,他能够使马达工作起来,而这个马达藏在封闭的发动机罩底下,对他依旧是不可见的。从他使其运转的"模式"出发,他将必然对这个马达可能是什么样子去进行推测,但是,他永远也不会有机会亲眼看到这个马达。也许甚至有可能,他弄清楚了每一个按钮的功能,仪表板上已经再没有什么可以去发现:但是,他还是甚至不能够知道他对马达的知识是否完成了,而他也是徒然地考虑这个问题,因为,对超出我们认识范围之外的东西问我们自己是徒劳的。

断言空间是弧形的并不真正地断定它是弧形的;与之相反,断言苏格拉底或者耶稣曾经存在而不是神话,这就是真正地说他们曾经存在过:这个断言是照字面的意思理解,而且不再有什么要去了解的;它或许某一天被揭示为错误的,而且历史的诉讼始终都是可修正的;但是,它不可能被深化:定论将以一个是或者一个否来呈现。一个认识论专家可能会说:一个全凭经验的事实是一个事实;相反,一个科学的理论并非确切地真实;它,至多不过是,未宣判无效。一个基督徒也许会说:在历史和启示之间可能存在冲突,但不是在科学和信仰之间。

第十二章
历史学,社会学,完整的历史

但是,我们是不是已经把目标定得太高?难道历史学不是可能更像地质学而不是物理学?形式化的科学并不是所有的科学,人们不能认为在各种**数学**(*mathemata*)和历史-文献学之间什么都不存在;事实上存在着一些学科,并非假定-推理的,也还同样是科学的,它们从被掩藏而由它们发现的具体事物的一种秩序出发来解释具体事物:地质学通过结构和侵蚀解释地势当前的起伏变化,生物学通过染色体解释遗传的机制,病理学通过微生物解释传染性疾病。一种科学的历史或者科学的社会学的可能性问题因此就可能变成这样的:是否存在着一个类别的事实,至少大体上,**控制**各种其他的事实?历史学是否能够成为一种有关人类演变的地质学?如我们将要看到的,找到一个这样类别的事实是一个古老的梦想,人们先后从气候、政治体制(**政治构造的诸种形式**[*politeiai*])、法律、风俗、经济各方面寻找;马克思主义仍然是这些建立一种地质学的企图中最广为人知的。

如果人们最终能够建立它,历史学和社会学也许会成为科学,它们就有可能介入或者至少是预测未来;它们也许会分别地相似于地球的历史和普通地质学,相似于太阳系的历史和天体物理学,相似于一种特定语言的语音学和音位学。它们也许停止作为描述以便成为解释,当历史学是对诸社会学理论的应用时。不幸的是,人们知道,这个梦想只不过是一个梦想:并不存在始终是同样的事实的类别,它可能经常性地控制着其他各种事实;历史学和社会学注定仍是一些蕴含理解的描述。或者毋宁说,只有历史学真实地存在:社会学不过是使**永恒财产**(*ktèma es aei*)体系化的徒然的劳动,这个职业的经验,只认识一些具体的情况而不包括这些不变的原则,但只有后者才可能使它成为一种科学。

那么,社会学的存在由何而来,为什么它的用处大于历史学家采用的一般措辞? 因为历史学并没有做它所应该做的一切,而是以错失目标为代价,任由社会学在它的位置替它去做。被日复一日的事件的选择所局限,当代历史学把当代文明的非重大事件描述丢给了社会学;被叙述史学和民族历史的古老传统所限制,过去的历史学过于单一地专注于一种时空连续性的叙事("17 世纪的法国");它极少敢于放弃时间和地点的统一,也极少敢于成为比较历史学,或者人们这么称呼的("跨越不同时代的城市")。然而,人们可以看到,如果历史学终于下决心要成为"完整的",终于下决心彻底地成为它所是的,它将使得社会学变得无用。

当然,一部分历史学的法定领域如果被安排到社会学名下也许并不会有多大关系;其中的关切可能完全是行业的。不幸的是,这个权限分配的错误引发一些连带后果:历史学在其中做得不够多(时间和地点的统一限制了它的视野,即使是在人们始终认可它为业主的领域之内),而社会学则做得太多;由于没有认识到它是没有名义的历史学,它自认为有责任去寻求成为科学;对人种学人们也可以这样说。社会学是一种伪科学,产生于限制历史学自由的学术上的成规;它的批评甚至还不是一种认识论的工作:这对于历史学是体裁和成规的工作。在一种最终可能是完整的历史学和一种关于人的形式化的科学(它目前有一张人类行为学的面孔)之间,不存在任何科学的空间。成为一种完整的历史学是历史学真正的使命,它的面前有一个无穷尽的未来,因为描述具体事物是一个无止境的任务。

一种科学的历史学的条件

"科学的历史学",这个词可以意指两种相当不同的事业:通过每一个事件所归属的不同法则,科学地解释这些历史事件,或者是把历史解释为一个整体,发现它的关键所在,找到在整体上推动它前进的动力。我们刚才已经看到第一个事业是不可能的;解释理由也许是极不完整的,或者也许根本不易掌握。第二个事业则尤其是马克思主义的:把一部分的历史作为整体来解释是可能的吗,或者,如果人们愿意的话,去在每一个历史事件——不管它是1914年的战争、俄国革命,还是立体主义画派——的背后,重新找到一种相同范畴的原因,也就是资本主义的生产关系?不去解释从一个个案到另一个个案其原因的性质可能各有不同这一情况,难道人们就不能发现始终同一的某一范畴的事实至少在大体上可以解释历史的其他事实?因此,人们将认为历史依据某种范畴的结构运行,被表述为经济、社会关系、法律、意识形态,等等;正是这样,18世纪曾经想要知道,法律和习俗这两个范畴之间的哪一个解释另一个。

在地质学中,当人们想要解释一个区域的地势起伏,他并不研究每块石头的特殊经历——这一个剥落是因为冰冻,而另一个则是因为一只从那里经过的绵羊;人们满足于研究侵蚀的结构和类型,因为发现他们的研究已经足以揭示本质的东西:气候、植被和人类的活动有非常有限的影响,或者是极少有广泛的影响。同样,在历史中,人们认为,一个范畴的原因,经济有比其他范畴更强有力的影响,而它们反过来也肯定能够对它产生影响,不过这些反作用的程度仍然还是有限的。而且,正如地质学家,当他看到哪种植物覆盖大地,或者是居民点围绕着稀少的水源组成的时候,他揣测到地下的性质,同样,历史的地质学家,当他看到这些奇异的花朵命名为《堂吉诃德》或者巴尔扎克,也可能推测是怎样的底层结构促使它们破土而出。

这种马克思主义不过是一个假设,但是合乎情理;一切归结为一个事实的问题:某一个原因范畴是不是经常比其他的具有更大的影响?在地质学中,回答是肯定的,如我们刚才所见;在医学中,它也许有点不是:当人们解释一个非传染性疾病的时候,人们不得不多方求助,从解剖学到病理学,从病理学到组织学,再从组织学到生物化学,而这些部门之间没有哪一个或许比其他的更具有决定性①。在历史学中,如果一定存在着一个决定性的部门,认为它也许是经济学倒是合情合理:在重大事件和重要人物的混沌之外,很显然,人类生活的最重要部分都是在为了生存的劳动中度过。

还需要了解,是否经济活动相对于其他活动是如此重要,以至于能够支配它们,也就是说能够解释它们。然而,解释又意味着什么?除非存在着一种稳定出现的东西,否则就不会有解释;人们可能进行解释,当他能够说出什么原因大体上有规律地引发某个特定的结果,或者是当人们能够说出哪个结果大体上将有规律地由一些特定的原因产生;一切都保持在"大体上":这个不精确的边际一定不能超过某个范围②。物理学的定律是这样的,如果我放一锅水去煮沸,我可以只是大体地控制水量和热度

---

① 弗朗索瓦·达高涅(F. Dagognet),《生物学哲学》(*Philosophie biologique*),法国大学出版社,1955 年;请参照里泽(W. Riese),《医学中的因果思想》(*La Pensée causale en médecine*),法国大学出版社,1950 年。

② 戴维·玻姆(D. Bohm),《现代物理学中的因果性与机遇》(*Causality and Chance in modern physics*),Routledge and Kegan paul,1957 年和 1967 年。

而准确地得到预期的结果;如果我是一个炮手,最精确的瞄准也将不能阻止我的炮弹散开,不过只是在概率所掌握的范围内:因此我最终将以击中靶心作为结果。

为什么它是不可能的

如果碰巧生产的经济关系至少在大体上是一个人们可以信任的原因,或者,至少是大体上产生符合我们期待的结果,那么马克思主义应该是有道理的,历史学也许会是一门科学。例如,革命必定是不可避免的,或迟或早,只要使它达到这一点的各种原因(无产阶级的态度,民族的特性,政党的路线)在一些合理的范围内变化;一定会有一些确实不同的上层建筑(现实主义小说,或者是消遣小说),但不是随便哪个(不是史诗)对一个具体的底层建筑(资本主义)做出反应。人们深知,事情完全不是这样,马克思主义从来都既没有预见什么,也没有解释什么,而且我们将不在这个问题上停留。但是,必须要明白,它的失败对于历史认识论究竟意味着什么;这个失败完全不意味着,比如,诗歌通过经济不可能得到解释:而只是意味着,它不能总是这样得到解释,而且,在文学史中,与在历史中到处都一样,只有对形势的一些解释。诗歌有它自己的价值和它自己的生命,这是明显的事实;但是,有什么权利预言永远不会发生这样的情况,一首诗也许可以主要地由经济方面得到解释?但愿诗歌不吃经济这块面包?这也许是使人受益匪浅的风格,或者是一种形而上学的偏见,与相互作用的原则背道而驰。文化,如同所有的历史,是由一些特殊的事件构成,而人们不能对每个事件所要求的解释结构做出预判。这就是为什么人们不能形成关于文化或者关于历史的理论,也不能把常识,或者更确切地说,把现代语言称为"文化"的东西上升为范畴。这甚至是社会生活的一个典型特征和无止境讨论的一个根源,这种半流动的状态,在其中没有什么总是正确的,没有什么是决定性的,一切彼此依赖,恰如许多谚语所说:"金钱不产生幸福,但是它增加幸福","小说的主题本身既不好,也不坏","一半是罪犯,一半是受害人,跟所有人一样","上层建筑反作用于底层结构"。这是把政治,即使它很确定自己的目标,简化为可见的政府的事务,把历史归结为不是一种科学:一个历史学家从经验得以知道,如果他尝试把一个解释方案一般化,使它形成一种理论,这个方案就会在他手中败坏。简言之,历史的解释不追随一劳永逸地划出来的路线;历史学不是解剖学,你不可能在那里找到"肉中的骨,软中之硬"。

不可能按照重要性的等级对原因分类,即使是大体上,并且判断,经济毕竟要比观念史最为含糊的咕噜声具有更为有力的影响;原因范畴的相对重要性从一个事件到另一个事件是变化的。我们已经可以看到,一个民族的屈辱把曾经在一个半世纪中是欧洲的雅典人的民众拉回到至今不能超越的野蛮阶段,而倒在波西米亚的一个小资产者则引发了一场有两个战争目标的世界大战:灭绝犹太人,这是观念史的一种形态,并且为它的民众向东征服可以耕种的土地①:来自过去农耕社会和古代"土地饥渴"的古老憧憬,人们震惊地在一个工业化和凯恩斯主义的世纪重新遭遇。当我们试图介入这些事件的进程时,不存在各种原因不变的等级这一点,就显示得很清楚:工人的教育水平过低,那些五年计划和社会主义的优越性被归结为什么都不是。最不同的原因轮流占据主导地位,其结果是,历史既无意义,也无周期,它是一个开放的体系;就是基于这一点,我们的控制论时代开始能够说出一些准确的东西②。

结果同样是不可能有历史的科学,因为决定论的存在对一门科学成为可能是不够的:一门科学,只有在普遍的决定论(它不可能处处遵循到无穷尽的细节之中)可以表现为最全面的整体影响,而且可能被一种适合于这些宏观影响的简明方法——模型的

---

① 因为这曾是希特勒战争的两个主要目标:报复凡尔赛只不过是一个最初的阶段,必须打败法国和英国以便腾出手来向东方发展。参阅特雷弗·罗珀(H.R. Trevor-Roper),《希特勒战争》(Hitlers Kriegsziele),载《当代史季刊》(Vierteljahrshefte für Zeitgeschichte),1960年,雅克尔(E. Jäckel)《希特勒世界观,一种执政方案》(Hitlers Weltanschauung, Entwurf einer Herrschaft),图宾根,赖纳·翁德里希出版社(Rainer Wunderlich Verlag),1969年。

② 托琵西(E. Topitsch),《社会科学研究中的法则观念》(Gesetzbegriff in den Sozialwissenschaften),载克里班斯基(R. Klibansky)(编),《当代哲学》(国际哲学研究所),卷二,《科学哲学》,佛罗伦萨,La Nuova Italia,1968年,第141—149页。对于是否在人类历史中可以觉察到一种普遍演变的问题,我们可以找到各种不同但是同样有道理的观点,在波普尔的《历史决定论的贫困》第27节中,同时法译本的序言给它添加了重要的说明,第 X 页;马里坦,《论历史哲学》(Pour une philosophie de l'histoire),儒尔内翻译,瑟伊出版社,1957年;乔治斯库-罗根,《经济科学,它的问题与困难》,罗斯唐(Rostand)翻译,迪诺出版社,1970年,第84页。

方法或者是主导性影响的方法——所破译和掌控的那些领域,才是可行的。如果这个决定论在所考虑的领域里被发现不包括这些影响,那么破解就不可能,而相应的科学也就是不可行的。让我们想象一个万花筒;没有什么比那些彩色的碎纸片构成的多变形象更加确定的了。人们可以讲述这些形象的连续的历史,但是可以拥有关于它的一种科学吗?可以,但是要以这些条件之一为前提:它应该是,要么这个万花筒是以如此特殊的方式构成,使人们可以在各种变化多端的形象背后找到某些重复出现的结构,对它人们可能估算它的重现;要么碰巧就像是做了手脚的骰子可能出现的,观看者这样或那样的手势大体上总是可以形成这样或那样的形象。如果这些条件没有满足,人们不可能做得比去讲述其历史更好。的确,人们也可以致力于编制这些形象的一个论题,列举这些纸片的颜色,它们构成的形状的类型;一句话,人们能够把它做成一种普通社会学。这是相当徒劳的工作,因为这些颜色和这些形状只存在于言语上,而且与传统习惯在天穹划分那些星座是同样"主观地"被划分的。

历史学,没有解剖学和主导性原因,即如它没有可能属于它自己的法则,必须放弃那种眼下它正处于前科学阶段,而且正在等待上升到科学行列(这门科学也就是社会学)的孔德主义观点。以这个名词,孔德想指的显然并不是这个形式化的有关人类行为的某些领域的科学,对于它,目前人们更加倾向于提供人类行为学这个名字:他的社会学完全是一种"整体的"历史的科学,一种关于历史的科学;它应该建立历史学的法则,因此就有"三阶段法则",它是对整体把握的历史发展的描述。然而,这一有关历史的科学显示为不可能的(不是为了形而上学的原因:人类的自由,而是为了事实的原因,"控制论"范畴的原因)。在今天人们以社会学的名义所做的,并不是一种科学;它有时候是一种描述,一种没有名义的历史,有时候是一种历史的论题,或者是一种漂亮而空洞的措辞(这就是社会学)。面对这个混乱,它是否意味着,促使历史学家和社会学家着手进行一种日常的更为必要的跨学科合作?促使历史学家或者经济学家利用当前的社会学成果(因为人们不禁要问这些成果是什么)?澄清问题显得比合作更紧迫,而历史学,在这一问题上,与社会学有同样的东西需要弄清楚。

社会学没有对象

每一个科学都有一个对象;哪一个是社会学的对象?看起来它并没有一个对象。我们知道涂尔干在《社会学方法的准则》[①]里

---

① 涂尔干,《社会学方法的准则》(*Règles de la méthode sociologique*),第76、111—119页。可能就是在这里,涂尔干反驳斯图亚特·穆勒的一篇文章,后者提出以决定论的简单存在作为一门社会科学的条件,事物的每个状态,在每一时刻,均呈现为先前状态的简单结果;在穆勒看来,社会学的对象因此将是去发现连续的一致;在这种情况下,"社会的每一种状态下各种不同因素之间的相互关系,只不过是一种派生的法则,它是掌控不同社会状态的连续性法则的结果"(《逻辑体系》[*A System of Logic*],第五部分,第十章)。不错,穆勒随即补充说,为了预见一种社会演变,"我们的任务将会大大地变得容易,如果刚好,这些社会生活诸因素中的一种也许优越于其他的,并且可能是社会变异的第一原动力"。于是他发现这一因素是存在的:这就是"人类精神的思辨功能的状态";因为,穆勒看到,在技术与知识的进步过程中,世界历史的轴,历史发展的动因同样是"知识的进步,或者普遍的信仰的进步"。

如何提出这个问题:为了使一种社会学是可能的,必须存在一些社会类型、社会种类;相反,如果"历史学家的唯名论"把这些类型视为对现实**任意选择**的划分是真实的,那么,"社会现实只可能是一种抽象的和空泛的哲学的对象,或者是纯粹描述性专著的对象",也就是历史学家和旅行者的作品的对象。我们也同样可以以这样的方法来表述:为了使一种社会学是可能的,现在不能仅仅是过去对它的影响所造成的结果,不能是被以往的意愿所决定的,而应该时时刻刻都有它自己的结构;它必须相似于一个有机体而不是相似于一个万花筒。为此,必须有某个种类的主导性事实给予它一种形式。马克思把这种优势赋予生产力,涂尔干则赋予他所称的"社会环境",后者所具有的属性被他以隐喻方式命名为"体量"和"浓度";在任何时刻,这个环境对其他相伴随的事件行使一种"优势";归功于它,社会不是其过去的简单结果,而是具有一种确定的体貌,"与解剖学要素的整体组成有机体的内部环境同样"。这个环境提供对事件的解释:"具有某些重要性的每个社会进程的最初起源必须到社会环境的构造中去寻找。"如果某一种类事实的这个优势不存在,那么,社会学也许处于"不可能建立任何因果关系"的境地;更妙的是,它可能会再也没有什么可说:一切都可能是历史。但是,事情并非如此:在某些时刻,与人们可以从一个社会的横切面截取的历史相反,人们将发现,在它那里一些社会类型和一个总体的结构,并不能够借由它的各种既往经历加以还原;社会学学科的专属对象正是在这里;我们甚至可以说,这两个对象只不过是一个,因为,"如果存在一些社会种类,这是因为集体生活首先依赖于相伴随的条件,它呈现为某种多样性";实际上,存在着各种不同形式的组织,社会学必须描述。这样的社会环境,赋予一个社会这样或者那样的体貌,也使这个社会拥有这样或者那样的器官;一切并不是碰巧与一切共存。社会学是一种社会的生物学;我们也可以把它描述为一种《法的精神》,在那里具有主导性的要素应该是环境的体量和浓度。

自从这些非常清晰的文字问世,四分之三世纪已经过去了。如果自从那时以来社会学没有发现任何社会类型、任何种类的主导性事实是真的,如果它不得不一直发展到一种数学的人类行为学,以便发现一些不变量,那么,就不得不因此得出结论,"历史学家的唯名论"是真的,而社会学没有对象;然而,既然它存在,或者至少是存在着一些社会学家,这是因为这些人以社会学的名义做着一些并非社会学的其他事情。像解释一个有机体那样去解释一个社会或者是一段历史是不可能的;只存在一些历史事件的碎屑——1936年的联盟,1937年的经济衰退,一块瓦片的掉落——它们的每一个都要求特殊的解释。1936年的法国社会只有名义上的实在性;不存在可以解释其各个构成部分之关节的科学,正如也不存在能够给每时每刻发生在地球表面任意区域内各种各样数不清的物理-化学事实提供一个整体解释的科学。我们在上文已经看到,历史的科学知识这些词可以在两个截然不同的意义上被理解:历史作为一个整体的解释,每个历史事件在其范畴之内的解释。因此,要么一个社会可以被解释为一个整体,这就假定一个种类的主导性事实给予它某种形式;那么,社会学就是可能的,而历史学就不过是一种应用社会学(本质上,从认识它的有机体出发,一个社会的生命的发展将变得容易理解);要么,与之相反,不同的历史事件只不过是在表述中才形成一个整体;那么,社会学就不再有存在的合理性,因为在历史的唯名论和依据它们各自隶属的不同法则对历史事件的科学解释之间,没有什么是属于它的。

社会学的困境,也是唯名论的困境,四十年前已经在汉斯·弗莱尔(Hans Freyer)的书里被提出,这本书有一个富有深意的题名——《作为关于现实的理论的社会学》(*Soziologie als Wirklichkeitswissenschaft*)①。要么社会学的类型,如古代的"社区"(communauté)、部落或者氏族和现代的"社会",只不过是对于现实的看法,与其他无数的可能观点同样具有合法性;在这种情况下,社会学被归结为一种全凭经验的(我们要说,历史的)材料的堆积;要么这些类型真实地存在,在这种情况下,人们必须在历史中去发现它们。社会学是人类的一种传记;它显示人们如何从部落式的社区过渡到等级社会,或者是阶级社会。这并不是说,在一个特定的时代,在同一个群体,社区和社会不可能同时

---

① 汉斯·弗莱尔,《作为关于现实的理论的社会学:社会学体系的逻辑基础》(*Soziologie als Wirklichkeitswissenschaft : Logische Grundlegung des System der Soziologie*),1930 年(Wissenschaft. Buchgesellschaft,1964)。尽管如此,弗莱尔没有以唯名论的措辞,*直接地*(*expressis verbis*)提出这个问题:不过,我们可以这样转写它。

存在;而是,它们的并存不是在社会学家的头脑中两个局部的观点的并存;这是两个不能相容的组织形式的并存,它导致一些社会之间的对立。以此类推,依据弗莱尔,当代世界的危机因此得到解释。于是,人们不禁要问,凭什么弗莱尔的社会学配得上社会学之名:实际上,在这一名义下,他书写了一部有关社会组织的两三千年的历史。

但是,社会学固执地想要成为历史以外的其他东西。这种雄心的结果是社会学再也没有什么可以去说;因此,它要么是空洞地说,要么是说其他的东西。说到底,那些以社会学为题出版的书可以被安排到三个题头之下:一种自己不承认的政治哲学,一种当代文明史,以及一种吸引人的文学体裁,哈布瓦赫的《记忆的社会框架》①可能是它的代表作,它不自觉地继承了16到18世纪道德家和政论小册子作者的遗产;普通社会学几乎是整体地归属于这第三个题头。对于第一个题头,作为科学自身,社会学允许表达有关政治、教育或者流氓恶棍在革命中的作用之或先进或保守的观念;它因此是一种政治哲学。相反,正是在第二个题头下,如果一个社会学家对南特的学生人口进行统计学研究,而且从中得出对1968年五月的大学风潮一个富有理解力

---

① 莫里斯·哈布瓦赫(Maurice Halbwachs, 1877—1945),法国哲学家、社会学家。《记忆的社会框架》(*Les cadres sociaux de la mémoire*)由巴黎的 F. Alcan 书店于 1925 年初版,英译本 *On collective memory* 于 1992 年出版,上海人民出版社 2002 年版《论集体记忆》据刘易斯·科瑟英译本。此外,他还著有《集体记忆》(1950)、《社会形态学》(1938)、《音乐家的集体记忆》(1939)、《集体记忆与时间》(1947)等。——译注

的解释,他研究的就是当代历史,而未来的历史学家将会重视他的工作并研究他的阐释;因此,我们也要谦卑地请求这位社会学家原谅我们似乎在说社会学的坏话,但是恳求他注意,我们是对旗帜,而不是对其产品表示异议。

还剩下普通社会学。正如当下一部分哲学产品继承感化文学和布道集传统,它们在16到18世纪曾代表出版业一个相当大的比例(在某一阶段接近于已出版书籍的一半),普通社会学同样地继续道德家的艺术。它叙述社会是如何构成的,组织的种类有哪些,人们的态度,他们的仪式,他们的习性是什么,正如那些有关人或精神的格言和专论,描述各种各样的行为,各种各样社会和对人的各种成见;普通社会学描绘永恒的社会正如道德家描绘永恒的人;这是一种"文学的"社会学,在人们谈论道德家和长篇小说作者的"文学的"心理学的那种意义上。如同后者,它能够产生一些杰作;毕竟,巴尔塔沙·葛拉西安(Balthasar Gracian)的《宫廷的人》是一种社会学(如马基雅维利,以标准的语言书写)。然而,这种政论小册子作者的大部分作品注定是存活不下来的,更不用说去开始一个累积的进程;它能够赖之得以自救的,只有艺术或者哲学方面的品质。实际上,道德家或者普通社会学,总是涉及到对已知事物的描述;然而,思想的经济学法则拒绝把描述储存在它的宝库里,无论这一描述可能是多么真实,如果它不过是无数其他同样真实的可能中的一个,如果每个人在需要的情况下,也可以以自己的方式就此做出自己的一个;在它的宝库里,它只保存"记忆的材料",历史和文献学,还有科学的发现。

然而,普通社会学只能是"文学的"社会学,一个描述,一种措辞。这些描述的任何一个都不能比其他的更真实,更科学。描述,而非解释;让我们以很有些说教的方式扼要重述一下知识的三个等级。牛顿的公式解释开普勒定律,开普勒定律解释行星的运动;微生物病理学解释狂犬病;税赋过重解释路易十四的不得人心。在前两个情况下,我们有科学的解释,而第三个,则是描述和对它的理解。前两个要求以发现做前提,而第三个则是记忆的产儿。前两个允许演绎或者预测和干预,第三个则是审慎问题(没有理解问题就没有政治)。与第一个范畴呼应的是非常抽象的概念,"功"或者"引力";对第二个范畴,科学的概念来自于对常识概念的纯化(地质学家的"côte[断崖层]"比通用语中用 côte[山坡]这个词表示的意义要准确得多,人们惯常以它与 *cuesta*[单面山]对照)。与第三个解释呼应的是尘世的概念。这第三种解释就是历史学;至于社会学,既不是第一种,也不是第二种,它只能是历史学,或者是历史学的一种详述。然而,历史的描述是由一些词语、概念、共相构成的;人们总是可以从这些共相的系列中抽取一个,以便把它构成普通社会学;人们也可以致力于只使用某些指定的共相,这就会打开通往演绎社会学的道路。尽管它是演绎的,也不会比斯宾诺莎的《伦理学》,或者比法律,或者比神学,更是一种科学。其结果始终是一样的;普通社会学是一种措辞,可能的社会学的数量是无法确定的;这已经被发生的事情证明。

社会学不过是一种描述

帕森斯写道,社会学是一组描述的范畴,"一个仔细构思的概念体系,能够以一种连贯的方式运用到一个具体体系中所有的部分和所有的方面[①]"。这是过少或者是过多的雄心。如果只是必须描述全部社会生活,无论哪一种现存的语言都可以做这件事,既然这些语言的每一种都可以陈述一切;如果必须要一种语言,它的连贯性也许从来不会因为现象的矛盾而陷于困境,这种语言将是一个完善的普通社会学的目标:它将不是,如帕森斯所认为的,这一伟大工作的预备。况且,由帕森斯所"仔细构思的体系",不多不少与另一个具有同样的价值;人们只是想要知道,它是否更方便,即使不是更正确,如人们想要问世界语这个问题一样。当然,它很美,如帕森斯所做的,通过到处安插那五个词——结构、功能、控制、角色和身份——去描写社会。尽管如此,早在足足三分之一世纪之前,维泽(L. von Wiese)的语言同样地好,他在到处使用各种意愿、态度、处境。是否这里涉及到对人类群体的描写?没有人会否认,如滕尼斯(Tönnies)所向往的,人际关系在两个理想型之间摆动,在社区(*communauté*)或 *Gemeinschaft* 的理想型和社会(*société*)或 *Gesellschaft* 的理想型之间。第一个建立在情感推动(*Wesenwille*[**本质意志**])的基础上,第二个则建立于理

---

① 《社会体系》,自由出版社,平装书,1968年,第20页。

性意愿(*Kürwille*[选择意志])之上;但是,帕森斯认为这同一人际关系摇摆于抽象的和普遍的规则与个人的和总体的纽带之间也没有错。第一种描述意味着,家族的束缚关系不是维系一个工业企业的股东的那种关系,而第二种表明,联系起古罗马的被保护人和其保护主的纽带不是一个公务员和他的政府之间的那种。社会学具有每个语言的优点:它不仅可以陈述事物,而且它还使人们可以对事物看得更清楚,意识到它暗含的方面。这正是为什么普通社会学有增加的趋势:每个教授都倾向于把一种特殊的重要性给予对其而言最难去概念化的那些事物的方面。

既然社会学理论无非是一种描述,在十五年来统领知识舞台者之中,功能主义这一社会学的解释占据高峰是可预见的[①]:

---

① 有关功能主义,请参阅拉德克利夫-布朗(A. R. Radcliff-Brown),《原始社会中的结构与功能》,马林翻译,子夜出版社,1968年;罗伯特·金·默顿(R. K. Merton),《社会学理论与方法原理》(*Élément de théorie et méthode sociologique*),第二版,孟德拉斯(Mendras)翻译,普隆出版社,1965年,第65—139页(请参照布东,《结构的观念有什么用?》,第186页);必须把马林诺夫斯基的功能主义另加对待,《有关文化的一种科学理论》,法译本,马斯佩罗出版社,1968年。人们还记得,《亲族关系的基本结构》(*Structures élémentaires de la parenté*)既是功能主义的,也是"结构主义"的。对功能主义的批评,参阅 E. E. 埃文思-普里查德(E. E. Evans-Pritchard)《社会人类学》(*Anthropologie sociale*),法译本,帕约出版社,1969年,第三章;K. 戴维斯(K. Davis),《功能分析的神话》(*Le Mythe de analyse fonctionnelle*),法译本,载孟德拉斯,《社会学原理文选》(*Éléments de sociologie, textes*),A. 高兰出版社,1968年,第93页以下;卡尔松(G. Carlsson),《对功能主义的思考》(*Betrachtungen zum Funktionalismus*),收入《托琵西编社会科学的逻辑》(*Logik der Sozialwissenschaften herausgegeben von E. Topitsch*),第六版,Kiepenheuer und Witsch 出版社,1970年,第236—261页;特别是施太格缪勒,《问题和解答》,卷一,《科学的解释与论证》,1969年,第555—585页。——我们冒昧引述对结构主义和功能主义我们所采取的立场,载《经济·社会·文明年鉴》,1969年第三期,第797页及以下。

功能主义不就是旨在通过它们所是的状态来解释事物吗?因此,如果人们能够把选举贿赂描述为至少可以达到一个有利的结果,也就是它可以确认对社会边缘个体的保护,人们将可以据此得出结论说,腐败的功能(潜在功能,有区别于它的显性功能)就是这种保护。既然一个社会事实由于是什么而具有其功能,而一个社会事实是一个群体的事实,人们可以说,所有的事实最终都有一个巨大的功能,那就是把个人纳入群体,确实,国定节庆和无政府的叛乱——与其相悖,巩固宗教上的统一——对于保持心理平衡是必要的发泄方法。它将与袖口翻边上纽扣的功能一样;事实上,克拉克洪(Kluckhorn)曾经自问,这些纽扣的作用是什么,而他发现:它们行使的是"保持习俗和维护传统"的功能;一般而言,如果我们拥有"追随正统的和社会接受的习俗的感觉①,实际上,我们就有一种安全感";依据帕森斯检验功能的标准,无可挑剔的解释:为了验证一个有关功能的解释,必须问自己,"对于这一体系,从一个活动进程得出两个或者几个相互排斥的结果,这些差别的结论可能是什么,是否这些结论是以维护稳定性或者以产生一个变化,以纳入或者决裂于这个体系来表达②"。很清楚,这就意味着,功能主义旨在把所有社会事件对这个社会的影响叫做功能;既然面包和竞技场把平民阶层纳入社会整体,它们就具有这样的纳入功能。帕森斯似乎希望我

---

① 转引自默顿,第 79 页。
② 《社会体系》,第 21—22 页。

们看待社会如同康德看待自然那样:如同一个艺术作品依据其目的制作;如同康德一样,他没有补充说,这个目的论从来也没有教给我们有关自然或者社会的任何东西。

社会学的焦虑

所以,社会学今天处于焦虑中对谁都不是秘密,而**最好和最大部分的**社会学家只是严肃地对待"全凭经验的工作",也就是当代社会的历史。去考虑另一种社会学,那个不是没有名义的历史学的理由是什么? 一方面,由杰出的头脑经营,充斥无数的篇幅,激起激烈的争论;而它,在另一方面,是一个虚假的体裁,人们可以预测它的产品是见光即死的,就像是 1800 年的心理学成果。对这样的一种学科作何认识? 实际上,没有什么比拉罗米吉埃(Laromiguière)的《论心灵的官能》(*Traité des facultés de l'âme*)更像是古尔维奇或者是帕森斯的,因为读者将信服这一点,如果他们愿意把目光投向这页的底边的话①。他在那里会遇到这些大部头社会学著作的内容与精神,对它们,人们要强迫

---

① "心灵的官能系统由两个体系组成,理解的能力体系和意愿的能力体系。前一个包含三个具体的能力:注意,比较,推理。第二个里边也同样包括三个:欲望,偏好,自由。因为注意是心灵活动对某一对象的集中,以求对它形成看法;欲望是同一个活动对某个对象的集中,以求从中获得愉悦。比较是对两个对象的对比;偏好在刚刚加以比较的两个对象之间进行选择。推理和自由最初看起来没有提供同一类似;但是"等等。转引自泰纳令人赞美的《19 世纪法国古典哲学家》(*Philosophes classiques du XIXe siècle en France*),第 14 页。

自己去翻看,同时抑制对始终知道、对一些不言而喻的混合物、对一些不精确的东西、对一些长篇大论的空话、一些不至于错的东西的无聊,人们浏览这些,因为能够从那里不时地捕获一点有教益的小事件,一个绝妙的观点,或者些许笔墨上的成功;这些大部头,在绝大多数情况下,是一些不言而明之事的汇集(您读一下林顿[Linton]的《人》),而且,在最好的情况下,它们可能具有所有的历史描述或者人种学描述的好处,如果我们运气不佳,那位作者并不认为自己必须不只是历史学家,如果他没有致力于让自己显得是社会学家,把他的兴趣不是放在他所叙述的东西,而是放在他为了叙述所使用的词语上面,这就会把他引向以一种柔弱的风格去勾画所有的蜿蜒曲折,出于到处安插那同一些概念的乐趣,把它们淡化并且平庸化。

　　社会学,我想说的是普通社会学,并不存在。存在一个物理学,一个经济学(一个唯一的),但是不存在一个社会学;每个人形成他自己的,正如每个文学批评家按照自己的趣味打造一种表达方式。社会学是一种想要成为科学的学科,但是它作为科学的第一行字还没有写出来,而且它的科学的资产负债表完全是零;它没有揭示什么人们还不知道的东西:没有任何对社会的剖析,没有任何常理未知的因果关系。相反,社会学给历史经验,给提问法的延伸带来的东西,则是相当可观的,而且它也许还可以更多,如果敏锐是世界上最好分享的东西,如果对科学的专注不是有时候使它窒息的话;社会学的所有好处都在这敏锐之中。卡迪纳(Kardiner)的基本人格理论,既含糊又冗长,他想要在"初级机制"与这个人格之间建立的联系,有时是显而易见的,有时是随意的,或者甚至是天真的,不过他对侯爵岛上土著人精神的描写是当代历史中具有异国情调的优美篇章。由此可知,在一部社会学著作中,被专业人士指责为文学或者新闻的详细展开是其最佳之处,而专业方面的展开则是了无生趣的部分;机灵的人不是不知道这一点,而且,当他们书写有关孤独的人群,或者是摄影社会学的时候,他们在取悦两种不同读者的东西之间维持一种聪明的平衡。

社会学是一种虚假的连续性

总之,社会学只不过是一个词语,一个同音异义词,在它之下人们安排各种异质的活动:有关历史的措辞和论题,有关穷人的政治哲学,或者是当代社会史。它因此为我们在上文称之为虚假的连续性的东西,提供一个好的例子:书写社会学的历史,从孔德和涂尔干到韦伯、帕森斯和拉扎斯菲尔德(Lazarsfeld),也许不是书写一个学科的历史,而是一个词语的历史。从这些作者中的一个到另一个,没有任何对象、言语和方法的本质上的连续性;作为总体概念的"社会学"不是一个统一的学科,而可能会演变;它的连续性只由于它的名字而存在,它在各种智力活动之间建立了一种纯粹是语词上的关联,它们唯一的共同点就是都建立在各种传统学科的边缘。在这些学科之间存在空白(历史学是不完整的历史学);也存在着打造"科学的"政治哲学的愿望,以及建立一门历史的科学的愿望。在这些古老的学科之间含混的领地内,一些不合常规的活动相继在不同的场地安营扎寨,由于它们独一无二的边缘性而得到了社会学这同一个名字。因此,问题不是去了解,比如,社会学家涂尔干与社会学家韦伯所共同拥有的东西,因为他们没有任何共同之处;而是去了解为什么后者重新接纳了社会学家的名义(因为他的历史观念严格地受到他的价值关联理论的限制)。在出发点上,由于涂尔干,社会学是非常清晰的事业,具有非常明确地限定的可能性条件。这些条件逐渐地显示出是不可能使用的,但是社会学的名字却留下来了:它已经转变为另外的事业,往往是不那么清晰的。难道不是存在着一个社会现象的领域需要去研究么?一切与这一领域相关的活动,而且不承认自己是历史学或者是哲学,就被命名为社会学;它可能涉及合法的活动,填补一种过于专注描述事件的历史编纂学的空缺,或者给当代历史学引入新方法(提问法,问卷调查);它也可能涉及到不那么合法的愿望。社会学的演变作为它的名字使用的演变,在一门真正的科学的演变与一个含糊的领域的演变之间有一个鸿沟,前者如几何学或者经济学,它们不停地改变而在同时"辩证地"完全忠实于它的基础,后者如社会学,它的变化属于语义学。社会学归属于当代文化的历史,不过不是归属于科学的历史。

一切都可以用一句话来表述:社会学从来都没有发现过什么;它没有揭示任何在一个描述中不能找到的东西。它不属于那些产生于,或者更准确地说,真正地建立于一种发现的结果基础上的科学之一;在此方面它考虑的还是,"这是一些社会现象,让我们研究它们",而不是"让我们沿着发现之路继续追索"。这些社会现象理论上可以产生一种科学,如同化学现象或者经济现象一样,但是,这对于产生这个科学、去了解这些现象与什么相似、去一丝不苟地叙述它还不够:这样做,人们将只能简单地形成自然史或者是历史。一个什么也不发现的人文科学不是一种科学;它或者是历史,或者是哲学(比如,政治哲学),无论它对此同意与否。既然没有任何发现可以计入社会学的账户,我们明白,在社会学四分之三个世纪的发展中,什么都没有留下来,除了一些表达方式;读者越是想要指责我们草率和整体地否定了数量巨大且在其作者和国家流派方面都极其多样化的智力活动,就越是应该记起,这些多样性毕竟有一个共同的特征,那就是什么也没有给我们留下来。从滕尼斯到纳粹主义,除了某些毕竟不能被视为一种行为理论或者权力理论的简单词组(目的理性[*zweckrational*]或者"享有特殊威信的"["charismatique"]),还有某些哲学命题,如意图伦理和责任伦理的对立,德国社会学留下什么? 一个信号不会出错:研究社会学不是研究某个教义大全,如同人们研究化学或者经济学一样;这是研究社会学彼此接续的各种学说,现在和过去的社会学家们的**法令**(*placita*);因为,存在一些优势的学说,一些国家学派,一些时代风格,一些被时间遗忘的伟大理论,其他的是社会学本身,只要"大老板"也就是它的作者,控制进入社会学职业生涯的通道;但是,不存在相关知识累积的进程。

社会学是历史还是修辞

从这里应该最终以得出这一教训作结:社会学在想要做的比历史学经常做的或者本该做的更多方面已经失败;所以,历史学比社会学更加有趣,因为它较少是社会学的,较多是历史的,它让自己局限于对事件的叙述。让我们援引今天最为广泛流传的一个学说中的经典话题,社会角色的理论,它是斯多葛主义的翻新。如果我们打量一下我们的周围,我们看到,我们的同类,无论他是面包师、选民还是地铁乘客,在行动的自由方面都受到他们同类的限制(这是他们的身份),普遍地按照符合人们对他们期待的方式行事(这是他们的角色),而且考虑问题也与他们的行为差不多一样(这是他们的态度);如果他们竟敢别样地做事,他们的偏离正道将会被制止(这是控制)。这些严格的词汇(任何科学之进步的必要条件)使人们发现,比如,一个拉丁文教授会更倾向于有一个拉丁文教授的抱负,而不是一个管子工或者是一个马球队员的抱负;因为一个人让自己承担的工作的层级,或者,简单地说,他的抱负的高度,取决于他对自己所形成的看法;然而,人们发现,这个看法普遍地都受到这个人身份状态的影响①。

一些更加富有教益的结论是可能的。以下是一个享有盛誉

---

① 请参阅斯托埃泽尔(J. Stoetzel),《社会心理学》(*La Psychologie sociale*),弗拉马利翁出版社,1963年,第182页。

的研究——《角色转变对角色职位态度的影响》①。人们将会看到,在那里怎样混杂了历史、论题(topique)和漂亮的空话。依据纽康姆(Newcomb)、帕森斯和其他理论家,作者以一个人的内在态度是由他的角色所影响作为开端:难道人们不是说,"自从他成了办公室的头儿,您不再能认得出他了"?不过,公众的观察并不是科学的证明;当然,我们已经拥有证据的头绪:"比如,斯托弗(S. A. Stouffer)曾经发现,职业军官比入伍青年对军队更有好感②。"但是,还是留下从原因到结果的关系需要去解释。这个作者,从一个非常民主的原则出发——根据这一原则,人们在关乎切身利益时坦率说出的话应该被视为真实的——分发给同一个工厂里的2354位工人一份调查表,并且发现,62.4%的工头和工会代表对该工厂的管理持有相反的态度:工头赞成,工会人士则偏向于反对。那么就需要解释;这位作者想到了两个因素:"其中一个与参照群体相关:角色的变化暗含着参照群体的变化,参照群体变化导致态度的变化,态度变化又导致行为的变化;另一个因素以一个公设为基础,根据它,人们需要内在的态度与外在的行为相一致。"

这两个解释中没有一个对我们的读者是新发现,他知道为

---

① 利伯曼(S. Lieberman),《角色转变对角色职位态度的影响》(The Effet of changes in roles on the attitudes of role occupants),译文载孟德拉斯的《社会学原理文选》,第 377 页。

② 我们不要误会:确认那些职业军官,在 20 世纪中期,在美国的军队里,比入伍青年对军队更有好感,完全不是多余的,因为这在事先不是肯定的,而且这甚至就是那种社会传说流播的所在。这里不太令人信服的是,想要借此确认的并非一个历史的问题,而是有关角色与态度之间关联的一个学说的问题。

什么税赋使得路易十四失去民心,且不是不知道还有无穷尽的其他同类解释都将是可能的;他还同样知道,大多数人真诚地扮演其角色,因为他能够发现,绝大部分的人并未生活在患有精神分裂症的状态,说谎的状态,或者是精神上流亡他乡的状态。归根结底,这个统计学的研究带来了什么东西?首先,一种对美国工人运动史的贡献:20世纪中叶,三分之二的工会代表对工厂管理抱有敌对态度;其次,一种有关工厂生活的经验,一份*永恒财产*(*ktèma*):因此,这是一个与人类本性相符合的事,或者至少是在20世纪符合这个本性,同样的敌意,人们可以对它进行不同的还原。至于说是否态度影响角色,或者是相反,以及是否这些词语仅仅有一个意义,没有关系,尽管这一研究的纯粹社会学方面也许就是在这里。如 F. 布里科精彩地写到这一点那样[①],当我们在一个过程中发现一个模仿*游戏规则*的假设-演绎体系(这就是经济学所做的),那里就存在一种科学;相反,在那里寻找可能运用到任何情况的一般范畴,这就只是在寻找使用哪种词汇我们可以描述社会生活,这就是在到处看出态度和角色,如同爱奥尼亚物理学家到处都看出水和火,这就是让类比大获全胜。从一种这样的措辞,人们既不能推断什么,也不能预测什么:为了带来某些东西,它必须在假设上是确定的,它必须容纳一个内涵,而不是形式上有价值,简言之,它必须有一个历史上

[①] 在他的《行为理论原理》译本的序中,第 94—104 页,1955 年。自从 1955 年起,在这些方面已经有许多业绩值得被清楚地看到。

的位置:因为这个伪科学只是通过它与具体事物"偷偷摸摸的交流"而过活,是一种夸张模式的具体。然而,在具体事物中,因为因果解释从来不是可靠的,而且始终被各种意中保留所包围,它们从来不能被一般化,也不能与一个特定的形势分开。

社会学是一种不自知的历史学,而它,就方法论而言,还处在历史的某种前修昔底德阶段。作为历史学之一种,它将不会比可能、很有可能走得更远,它顶多如修昔底德那样,能够说,"在未来的日子里,根据人类特有的本性,一些事件将会出现与过去的事件的相似或者是类同"。但是,如果把它们从历史语境中分离出来——在那里它们完全是真实的——,这些很可能的事只不过是一些不言而喻的道理。这就是为什么修昔底德既不谈论历史的法则,也不谈论战争的社会学:他只谈论很有可能的事;让我们援引雅克利娜·德·罗米伊(J. de Romilly),《伯罗奔尼撒战争》是以一个复杂而连贯的很有可能之事的体系作为支撑,而不是以形式化的定律,因为这一类的一般性不允许对它进行恰当的形式化表述[1];修昔底德不停地想到一些法则——我

---

[1] 雅克利娜·德·罗米伊,《历史学的用途》(L'utilité de l'histoire, selon Thucydide),载哈特基金会(Fondation Hardt),《关于古代经典的谈话》(Entretiens sur l'Antiquité classique)卷四,《历史和古代的历史学家》(Histoire et historiens dans l'Antiquité),日内瓦,1956年,第62页。通过这样做,修昔底德避免"越过两个危险的门槛",包括"把他所揭示的事情的连贯性说成是必要的。一个叙述,即使重复,也许并不能从经常性过渡到稳定性",因为这个稳定性"由人的自由和机遇的出人意外而变得不可能";第二个危险是"把这些很可能的事表现为独立的,脱离于环境而且自给自足的",而实际上,在日常生活中,具体环境的各种已知条件"完成它,限制它,支撑它"(罗米伊,第59页)。本书第八章是对修昔底德这一实践的某种述评。

们知道历史学家不断地认为捕捉到了过去的风景中区域性的规律和本质——但是,他从来没有陈述它们。拒绝对它们进行形式化表述就是"拒绝贫乏化",并且拒绝变得平庸乏味,因为"从历史中吸取到一般的教训也许是令人怀疑的,不准确,片面的"。没有独立于叙事的一般性知识,而且不可能有这么一个。同一个修昔底德,他认为*永恒财产*(ktèma)是他的书提供的最珍贵的东西,但是却不对我们说什么是这个*永恒财产*,什么是这些相似,难道不令人吃惊? 或许,知道这个*永恒财产*是无定限的,于是他打算听凭每个读者自己从叙述中去领会;因为,这个财产每一次都是不同的,它根据每个读者拿来与伯罗奔尼撒战争相比的那个战争而变化。修昔底德不愿意越过一个个别情况的经验层面;虽然是诸多物理学家和诡辩学派的同时代人,他还是不接受去书写一种历史学的艺术,一种"*技术*"(technè),一种社会学。因此,他的书提出了历史知识的关键问题:怎么会是这样,当人们认为到处都能领会到历史的教训时,一是一二是二地陈述这些教训而不落入错误或者平庸却是不可能的? 我们知道其答案:历史的唯名论,尘世的因果律的模糊特点,使得任何种类的原因都不能永久地比其他的更具有决定性。

同样,许多社会学著作由于它使用的历史材料而不是由于它从中提取的观点而具有更多的价值。孟德斯鸠是不可替代的,当他描述专制政体或者温和贵族制的时候,他以永恒的主题为题书写了旧制度国家的非事件性历史;相反,当他试图通过变量和法则解释这个历史的时候,他就只能引起观念史对他的注意；《论法的精神》，就它的社会学方面而言，是一本过时的书，但是作为比较历史的著作则辉煌地幸存；它使18世纪的历史学家过多描述事件地去书写的旧制度国家的历史得以完整。

社会学起因于历史学过于狭窄的观念

两个世纪以来形势没有改变：社会学产生并且依存于历史学的不满足感；当它不是一个毫无意义的漂亮空话时，它属于当代历史学或者是没有名义的比较历史学，而出色的社会学，那些值得去读，而且可以带着兴趣去读的，是这些历史学的二者之一。因此，历史学家应该意识到社会学属于他们忽视去书写的历史，而它的缺席使他们书写的东西残缺不全，而社会学家和人种学家应该懂得他们不能比历史学家所做的更科学。上文我们已经看到，过去重视事件的历史如何是文献眼光的囚徒，这些文献在它们的时代记录时事，逐日记录发生的事件；继承这种历史传统，当代历史学在同样的视角中进行研究，它把所有不属于政治大事记的东西都抛给了社会学。然而，人们难以看清楚，为什么一部关于《科层现象》(*Le Phénomène bureaucratique*)的著作也许是社会学的，而有关公益福利捐赠现象就该是历史学的，为什么《1950年的欧塞尔》(*Auxerre en 1950*)就比1850年的欧塞尔可能较少是历史学的，是什么可以区别《蓝夹克衫》(*Les Blousons bleus*)与一本有关古希腊青年男子学校的书，区别一个对当代卡列拉人(Kariera)亲族关系的研究和一个对拜占庭亲族关系的研究①。人们毕竟不能把索邦大学教授席位的分配视为一个科学的体系,或者想象,帮助人们认识已经发生的事情的文献资料的多样性(这里有希腊的碑铭文,那里是观点的调查问卷,那一边有卡列拉整个部落)可能使得这个过去的实际经历在这里准备好比在那一边更为方便地被转化为科学。的确,既然历史通过收集文献的方式来书写,而同一个人难以在同时对希腊碑铭和统计学方法均得心应手,各个学科的实际结合,大致以所掌握的文献的不同加以描画②,也完全有理由继续有效;但是,一定不要把文献收集的差异视为认识论方面的差异。

然而,这却是人们经常做的。一个社会学家对自己说,既然他拥有社会学家的头衔,他必须做得比"堆积全凭经验的材料"(*rein empirische Erhebungen*, *Materialhuberei*)更好——我们理解的是:比历史学家表现得更好;他必须自我提升为一个研究社会

---

① 克罗齐埃(M. Crozier),《科层现象》;《1950年的欧塞尔》,为夏尔·贝特兰(Ch. Bettelheim)和苏珊娜·弗雷尔(S. Frère)所作;(*Les Blousons bleus*)《蓝夹克衫》,莫普-阿布(N. de Maupeou-Abboud)所作。人们曾经指责其中的一部太少思辨、太少社会学,指责它满足于汇集事实,通过"文学的"(我们理解为"历史的")方式使它们被理解。难道这不更多是一种称赞的话吗?

② 在历史中,大部分历史分期都是依据文献的性质来勾勒,这是不可避免的。前期罗马帝国和后期罗马帝国的决裂就是文学和碑铭学文献与教会学者所收集的文献及《狄奥多西法典》文献的决裂。当代的政治史和同一时期的社会史(或者社会学)使用相当不同的文献与方法。文献收集的性质,在我们对历史场域的切割中无意识地扮演的角色,肯定是值得注意的,历史编纂学的历史应该给它足够的重视。

的科学,获得一些永恒的或者至少是"差不多永恒的"法则,几乎是永恒的(*fast ewige*),如维泽写到的。同样,如果历史学家不去研究古代雅典人的家庭,而是去研究当代卡列拉人的家庭,而且使用人种学家的名义,人们就自认为有资格或者被要求去思考人类学问题;原始人,如其名字所暗示的,对于人或许有更深的揭示意义。如果人们研究当代社会的民间结社现象,他自认为有责任要从中得出一个民间结社的理论:当代社会,如同大写的历史,不是玻璃橱中一件无活动力的博物馆藏品;它是事物本身,对它人们可以思考。反过来,如果人们研究古代社会中的民间结社现象,他自认为免除了思索和寻找那些社会学家有关民间结社现象所说的东西(然而,他们对此说了一些有趣的,甚至是关键的东西;他们进行了出色的非重大事件性历史的研究)。这就是在我们的头脑里体裁的成规惯例的负担,一些**标记性形式**(*geprägte Formen*);人们看到诸神诞生于同音异义词游戏,而且也看到虚假的科学产生于对一些体裁的传统划分。

使历史学残缺不全的两个成规

然而,数千年来,历史学有一个不好的开端。它从来没有彻底摆脱社会功能的束缚,即把人民的或者国王的生活永久延续下去的职责;尽管很早的时候,它已经成为纯粹的对特定性好奇的产物,尽管希罗多德很快使历史、当代史和非事件性历史结合起来,它也没有因此不是同样地处于两类成规惯例的影响之下。

第一个成规认为,只存在有关过去的历史,关于那些如果它们的记忆不被人保留则已消逝的东西;与之相反,对现实的知识则似乎是不言而喻的。第二个认为,历史叙述一个国家的过去,专注于它的特殊个性,而且处于一种时空的**连续性**中:希腊历史,法国历史,16世纪的历史;人们没有想过以**专题项目**(*items*)切割历史材料同样也是完全合法的:穿越各个世纪的城市,各个时代的千禧年主义,诸多国家之间的战争与和平。

第一个成规使我们习惯于把现在和过去对立起来,前者是事物本身,后者被一个使它变得半真半假的历史指数所影响。这个错误的对立源于两个伪科学——社会学和人种志。它们分享了当代文明史,一个取得被文明化了的部分,另一个则是原始人部分(希罗多德,更为目光深远,并列地描述了希腊的文明和野蛮人的文明);不受历史指数的影响,这两个学科在一个永恒的现在时自由地发展:研究一个当代社会中的"角色",这就是研究这些"角色"本身。这显然不是天真,而是这一体裁的惯例;此外,人们时不时地看到,一个社会学家跳入过去;他带着一本书从那里返回来,在那本书的序言里他少不了宣称,他想要借此显示,比较历史可以给社会学带来新的"材料"。如人们所见,我们处于混乱的地狱,处于这样一种恶劣的局面,事物被思考到一半,足以让人不能被指责为天真,却不足以使人们敢于把专断的成规惯例和由此产生的错误后果搞清楚。如果人种学和社会学有理由进行有关人的无休止的议论,为什么历史学不这样做?如果历史学有理由不这样做,为什么社会学家和人种志学者可能有更多的权利去做这些?这是真的,现在与过去在存在方面的对立也同样塑造了地理学和经济学的传统相貌。地理学家主要描写地球表面现实的状态;一旦某个国家的铁路线的公里数增加,他们就急急忙忙地更新他们正在课程中讲授的数字。的确也存在着一种历史地理学,但它是一个穷亲戚(有点遗憾,因为一个"1815年法国的人文地理"应该既是有趣的也是可行的)。至于说经济学,它在那些德国人那里和亚当·斯密《国富论》中被叫做"国家经济学"不是没有道理的:如人们所知,虽然得出一些永恒的规律,它自发地是当代的和国家的[①]。

第二个成规,时间和地点的统一,把历史与连续性连接起来,而且使它首先成为一个民族个性的传记:在不同的程度上,直到今天,人们书写的历史的最大部分还是在一个民族的历史中进行剪切;避开连续性成规的那些被称为比较历史。历史学所处的局面,正如地理学可能所处的,如果这个地理学几乎毫无例外地局限于区域地理学,而且,如果普通地理学被认为是一个穷亲戚,或者被认为是一种先进技术的话。在文学史方面情况也是这样,在那里占主导地位的还是民族文学的观点,因而,当文学史避开这个传统,无视边界,并且充分地成为它自己,它就产生了构成一种单独的学科的印象,人们称之为比较文学。然而,无论比较历史学还是比较文学都只不过是历史学,或者是这个词更规范意义上

---

① 罗宾逊(J. Robinson),《经济学哲学》(*Philosophie économique*),斯托拉(Stora)翻译,新法兰西评论(NRF)出版社,1967年,第199页。

的文学史;更准确地说,它们是传统的、被歪曲的历史学的增补部分。并不是一些新的学科应该取代传统的历史学;它们添加到传统的历史学之上,以便构成一个终于完整的历史学,一个完成了从**连续性**摆脱出来的历史学,它在情节的选择上拥有彻底的自由,而且对于它,时间和地点的统一,一个世纪的历史或者一个民族的历史,只不过是诸多其他可能的切分中的一个①。我们在上文已经见到,时间对于历史学不是根本的,而只是特征性;注重统一,专注于时间和空间的特殊性,是作为保存国家或朝代记忆的历史学起源的最后遗迹。正如被压制的少数派的问题实际上是压制人的多数派的问题,同样,比较历史(人们也说:通史)和比较文学并不是边缘学科;相反,它们是历史的民族分镜头,不应该被视为历史的全部。如果自从17世纪地理学已经成为一个完整的学科,并且接受了普通地理学的充分合法性,这或许是因为不同于历史学——它首先是民族的,而地理学,由于明显的理由,首先是陌生民族的地理,"旅行的故事"。瓦伦纽斯(Varenius)②的才智已经做了其余的事情。

---

① 一个回溯性的比较可以从文献学的演变中提取:一个半世纪以前,伯克在他的《科学哲学的形式理论》中着手改良文献学,也就是说如文献学家曾把它建立为一种更广泛的连贯性状态一样引导文献学,把文献学家**特有的**原则贯彻到底:人们知道,各种科学的改良也是这样。为了这一点,必须否定当时在古代研究和现代研究之间绝对的鸿沟,而且强行推销这个在这一时代是令人吃惊的观点,即评论莎士比亚或者但丁,与旨在评论荷马或者维吉尔的活动不是不同的活动。

② 瓦伦纽斯(Bernhardus Varenius, 1622—1650),德国地理学家,著有《日本和暹罗王朝记》(1649)、《普通地理学》(1650)。——译注

"普通"地理学的例子

然而,地理学家们有一个历史学家们绝对有义务借鉴的伟大原则:从不考虑一个现象而不把它与地球其他点上分散的类似现象加以比较;如果他研究在勃朗峰上的塔赖夫(Talèfre)冰川,他不会不把它与其他的阿尔卑斯山冰川,甚至是整个地球上的所有冰川进行对比。从对比中产生知识:"比较地理学的原则"为普通地理学提供理由,而且使区域地理学活跃起来①。地理学家把任何描述的两个可能方向叫做"水平维度"和"垂直维度"②,其中一个追随一种连续性,就是区域,而另一个由项目产生,冰川、侵蚀或者居民点。碑铭学家熟知这两种方向,他们叫做按地区分类和由系列分类。这个二元论与历史学面对比较历史,以及文学史面对比较文学的二元论相同;所有这些描述性的学科,都以在时间或者空间上连续发生的事件为对象,如果以一个恰当的角度观察它们,在彼此之间经常会有类似现象;因此,人们可以要么描述一部分的空间或者时间以及它所包含的事实,要么描述一系列呈现相似性的事实。文学事实可以被叙述为连续的历史(法国的长篇小说,18 世纪法国的文学与社会,欧

---

① 博尼法西奥(A. Bonifacio),《科学的历史》(*Histoire des sciences*),七星百科丛书,第 1146 页。
② 关于"水平"方向与垂直方向之间的区别,参阅施米特黑纳和博贝克,载斯托克鲍姆(W. Storkebaum)《地理学的对象与方法》,第 192、295 页。

洲文学)或者以类别来叙述:第一人称叙述的长篇小说,文学与社会①。选择这两种方向的这一个或者那一个都没有关系;这一个并不比那一个更普遍或者更具社会学意义。历史事实或者地理事实的"场"没有深度,它完全是平面的;人们只能在那里切割一些部分,它们可能或大或小,可能是或者不是连成一片;研究"法国长篇小说"或者"第一人称叙述的长篇小说","希腊城邦"(也就是说希腊诸城邦),或者是"跨越时代的城市"。但是,在现实中,无论选择哪一个方向,它都暗含着对另一个方向的知识。一个以研究塔赖夫冰川为目的的人,如果不通过对其他冰川的观察,了解冰川体系的情况,就完全不可能理解他的目的冰川,或者对它只能捕捉到一些最为细枝末节的特点;无论谁想要研究古代小说而自以为比较文学是一个边缘学科与他无关,他最终所得只能使他的研究贫乏化。谁要研究路易十三的宠臣,而不研究旧制度下宠臣的"系列",就可能歪曲宠臣制度的意义,

---

① 在**连续性**(continuum)的成规之上,在文学史领域还有第二个:文学事件场的切割,是依据文学作品写作所使用的语言;语言,以及一个民族对它的民族文学的骄傲,通常把文学场分解为一个个民族的基本单位。人们把任何超越边界的文学史称为比较文学,要么是超越**连续性**成规的边界(因此,可以研究一些项目:"第一人称叙述的长篇小说","不同时代的文学与社会"),要么是超越民族文学成规;请参阅毕叔瓦和卢梭非常清楚的篇章,《比较文学》,阿尔芒·科兰出版社,1967年,第176页。换句话说,比较文学是两种东西:或者是"一般文学"在"普通地理学"的意义上(它没有任何的一般:它只进行由项目的切分,取代根据**连续性**),或者是一种文学史,它追随**连续性**(如传统的历史编纂学或者区域地理学所做的),但是它不根据民族的边界进行切分:它将研究希腊-罗马文学,或者罗马帝国中的希腊-拉丁文学,或者欧洲的巴洛克文学。

以及因此路易十三的宠臣所体现的意义:他做的将会是狭窄的只叙述事件的历史。为了理解一个独一无二的宠臣并且讲述他的故事,必须研究几个宠臣;因此,必须走出他的时代,不再考虑时间和地点的统一。唯有比较历史可以允许摆脱原始资料的观点,并且解释非事件性。

时间和地点统一的成见因此有两个有害的影响:比较历史或者通史,曾经,直到不久前,被献祭给了"连续的"或者民族的历史,因此人们得到的是一个不完整的历史;缺乏比较,这个民族的历史自断手足,仍然被过于叙述事件的视角所束缚。那么,应该有何期待?比较历史有充分的权利被认可?标题为《原始的叛乱》《第三世界的革命救世主降临说》①《城市文化》《罗马帝国的政治体系》这样的书不断地增多?当然,因为这些书都很出色。然而,在最为传统、最为"连续的"的历史学内部进行比较历史研究仍然是可能的:只要不讲述一个个别的事实而没有事先在它的体系内部研究它就足够了。对几个革命救世主降临说进行比较研究,这只是更好地研究它们每一个的历史。

---

① 霍布斯鲍姆,《原始的叛乱》;米尔曼(W. E. Mühlmann),《第三世界的革命救世主降临说》;刘易斯·芒福德(L. Mumford),《城市文化》(*The Culture of cities*),艾森斯塔德,《罗马帝国的政治体系》(*The Political Systems of Empires*)。——没有什么比米尔曼的书更好地显示了区分历史学与人种志的虚荣心;法文的标题更多是人种志的,而原著标题(《千禧年主义与本土主义》[*Chiliasmus und Nativismus*])则更多是历史学的;作者在第 347 页宣称,借助于对我们时代不发达国家的民众的观察得以发现的东西,他想要推动对历史上熟知的革命救世主降临说的研究,与之相关的中世纪的和现代的文献提供给我们的只是一个苍白而扭曲的看法。

因此,应该期待见到一种历史学的成长,它也许是普通地理学的对应物,它赋予"连续的"历史以新的生命,如同普通地理学复活了区域地理学,而且教它如何去观察。对统一的放弃给予历史学以剪切的自由,发明新的**项目**的自由,而这种自由是未可限定的创新之源头。我们甚至期待,连续的历史成为历史学中的最小部分,或者也许只不过是学识渊博的著作的一个背景。事实上,如果时间和地点的统一被废除,情节的统一就成为主要的东西;然而,传统的剪切提供连贯而有趣的情节是很罕见的。地理学家很久以来已经放弃依据政治的边界去划分区域;他们按照纯属于地理学的标准去划分它们。历史学必须向他们学习,给自己一种完整的线路自由以穿越事件场,如果它属于艺术的作品是真的,如果它只对特定的东西感兴趣是真的,如果"事实"只通过情节才存在而情节的剪切是自由的最终也是真的。一个历史学家的首要任务不是研究他的论题,而是发明它。摆脱了它的诸多成规惯例的限制,这个自由中的历史学,将是一种完整的历史学。

完整的历史学撤离社会学

不过,这个完整的历史学使得社会学变得无用:它做了社会学所做的一切,而且比它做得好。这两个学科之间的边界已经难以把握;自从足足三分之一个世纪以来,以非事件性历史(在法国)的名义,历史学家们做了在从前可能被称为社会学的工作①。不过,他们以一种更为有趣的方式做这个工作:重心不是放在概念上,不是放在谈论的方式上,而是在历史的材料上,在人们谈论的事情上;概念有赖于它们与现实之间维系有意识的交流,才获得它们全部的分量。

相反,如果人们想要看到,对历史学问题的一种社会学态度会导向何处,必须浏览艾森斯塔德有关政治体制和古代帝国的

---

① 在历史学和社会学之间无数的重叠与社会学家有时候对如今的历史学是什么所怀有的过于狭窄的观念之间,有一个例子:在一部有趣且充满幽默的书《谋略与掠夺,政治的社会人类学》(*Stratagem and Spoils, a social anthropology of politics*)(Blackwell,1969)里,贝利(F. G. Bailey)这么说:如果我们研究阿斯奎斯(Asquith)在1916年的倒台,当他的内阁里的工联主义者们转向劳埃德·乔治(Lloyd George)联盟,"我们,作为人类学家,不需要去研究他们中每个人的历史,不需要去发现是哪些经验决定他们对权力、对高卢人的态度,哪些细小的不和与敌意可能影响他们的行动:这是历史学家们的事情;一些概括性的学科,如政治学或者人类学[那些法国人宁愿说人种志]偏爱于对这些人采取行动、描述并且解释其行为所依据的文化规则感兴趣。因此,我们将要首先寻找,对于这样的政治活动,在1916年的联合王国,人们援引哪些理由,接着,我们将寻找存在于这种说法背后的语法类别。看起来这个语言是由规范的主题组成。与之相反,在普什图(Pathans)人[巴基斯坦的民族,对其政治角逐该作者在另一章研究]那里,人们为了保障安全,为了物质的理由而改换阵营,与人们可以援引来为个人生活中的行为辩护是在同样的层级。作为抵偿,在某些印度的村庄,那些规范主题是不同的:获胜者是那些能够显示他们行为正派,出于公众利益的人,而他们的对手则是自私自利或者不道德的。乔治五世时代的文化,以及维多利亚时代的文化,也有利于这种'公众利益'的语言发展。"——我们将要提两点异议:第一,远非纠结细枝末节(每个政治人物的历史),在我们的世纪,历史学家们通常研究一个特定时代的政治语言或者语法;这属于非事件性历史;从上一世纪以来,语史学家从他们的角度做这个研究(古代文化中的观念史,词语史);第二,我们难以理解,一个有限命题"1916年的联合王国"如何能够被认定为"一般性的":这只能是一个历史的命题。

政府机构的大部头著作①。如何不对这一比较历史期待良多,在那里,通过相似或者对比,对这些帝国的每一个描述应该在敏锐度上从对所有其他帝国的研究中得到好处?而且,如何不惋惜,这么多的努力和这么多的敏锐也许最终得到一个缺乏表现力且毫无教益的比较图景,严格地从属于只叙述事件的历史编纂学的传统成规?是什么必然性使得一位太像是社会学家的作者,首先专注于去清理出一个共相的网络,而不是去复活并且突出一些历史的画面?其中的错误并不在这位作者:历史学家们也许会被误导,去指责一个社会学家居然在尝试耕耘一块他们曾经错误地弃置的荒地。

韦伯的历史学作品

总之,为了变得完整,历史学必须摆脱三个局限:当代的与历史的之间的对立,连续性的成规,只叙述事件的视角;因此,拯救来自于当代社会的"社会学"和"人种志"一边,来自于"比较的"历史一边,总之,来自于非事件性历史及其对"深度时间性"的解构。一个以这样的方法变得完整的历史学是社会学的现实。我们世纪最有典范性的历史学作品是马克斯·韦伯的著作,它超越传统历史学、社会学与比较历史之间的边界,获得了

---

① 艾森斯塔德,《罗马帝国的政治体制》(*The Political System of Empires*),纽约,自由出版社,1963 和 1967 年。

传统历史学的唯实论、社会学的雄心和比较历史的宽广视野。韦伯——对于他历史是价值关联——仍不合常理地是把这个体裁的发展引向它合理结局的那个人:引向一种彻底摆脱了时间与空间的特殊性,而且自由地选择其对象的历史学,因为一切都是历史的。韦伯的作品——作为"理解的"社会学,不寻求去提出法则——的确属于历史学;它虚假的体系化外表要归功于它是由一个论题所支撑的比较历史这一事实;它汇集并且分类组织跨越各个时代的同一类型事件的独特案例。《城市》是一个跨越各个时代和各种文明、关于城市生态环境的大规模比较研究。通过比较,韦伯没有从中得出规律;他顶多是发现,出于可以理解的原因(而且因此与一种具体的历史背景是不可分的,表面上的规律与这一背景保持一些偷偷摸摸的交流),这一类型的事件可能"促成"某个另一类型的事件:被压迫阶级自然而然地对这样或者那样的宗教信仰具有某种投缘关系,士兵阶级很难具有理性的宗教伦理;事情所以如此,从人性上是完全可以理解的,且与规律可能有所例外同样可以理解。一切都在*或多或少*地退化,在历史中始终如此;那些表面概括的命题实际上只是陈述"一些客观可能性,它们依据各种情况,或多或少是典型的,或者多多少少接近一个恰切的因果关系,或者接近一个略为有利的行动①"。总之,韦伯勾勒一个各种变体的网

---

① 雷蒙·阿隆,《当代德国社会学》,第二版,法国大学出版社,1950年,第150页。

络;比如他说,一个卡里斯马权威,可以维持自身并且世代相传,或者与之相反,在受人爱戴的领袖死后随即消失:是一些历史的偶然事件将决定它们。同样并不令人惊讶,这些传统主题也许是其作品中的最小部分;我们对韦伯作品的外表也许会产生一种不合比例的看法,如果我们不说它们总体上只是形成了某些句子,随着长篇的历史描述,在这里或者那里出现,而作品的目标,更多是在这些富有理解力的描述中,而不是在对这类结论的陈述中。说实话,同一类陈述在历史学家们那里经常遇到,如果他们有一种好用格言警句的表达方式,然而,并不是他们使人们能够认为,韦伯的作品只是没有名义的历史学。使得这一作品与传统上人们接受的历史学不相似取决于三件事:与连续性的决裂,韦伯去所有的领域寻找自己的财富;这个局外人(outsider)的毫无拘束的风度,它无视那些行业成规和被每一个时代的专业人士用作识别标记的传统风格;最终,是进行比较引导他去提出这些专业人士始终也没有想到过要提出的一些问题这个事实。

因此,如同路德维希·冯·米瑟斯写的①,韦伯的社会学事

---

① 我们完全赞同路德维希·冯·米瑟斯的立场,《经济学的认识论问题》,范·诺斯特兰出版社,1960年,第105页,请参阅第74、180页(还有,对于人类行为学一词,序言,第VIII页):"韦伯写了一些他名之为社会学的伟大著作。我们不能认同对它们的这一定性:在此这完全不是一个不利的评判:收集在《经济与社会》中的这些研究归属于德国科学产品中的精华。事实是,它们中的绝大部分,不是过去我们称之为社会学而现在我们更愿意叫做人类行为学的东西。不过,它们也不是这个词在习惯用法意义上的历史学。历史学谈论(转下页注)

实上是一种以更加概括和更加简明扼要的形式出现的历史学。对于他,社会学不能比这类型的历史更多,因为在他眼里,人类的事物不能有普遍的规律,只能产生一些历史的命题,对于它们他拒绝历史的称呼,只是因为它们是比较的和非事件性的。它们对于他来说属于社会学,是科学,因为不可能存在其他的关于人的科学。其实,我们知道,作为狄尔泰和历史主义的继承者,在经济学作为纯理论的拥护者和经济学作为历史的、描述的学科的拥护者彼此对立的"方法论之争"中,韦伯的认识论立场曾经是怎样的。对于韦伯,经济学理论不是一个演绎的知识,而是一个自由资本主义经济的理想型,而且对于他,人文科学与研究自然的科学不存在于同一个平面,他能够有丰富的方法书写历史,属于他自己的历史,一种关于人的科学,并且保留历史的名字给非事件性历史。自从四分之三个世纪以来,事情变得更加清楚,人们现在索性倾向于在《经济与社会》或者《城市》中看到历史学,以便保留科学的名字给经济学理论,以及更为普遍地,

---

(接上页注)一个城市,一些德国城市或者是中世纪的欧洲城市。在韦伯之前,人们完全没有见到过同样杰出的篇章无条件地论述一般的城市,并且是一个对所有时代和所有民族的都市生活环境的研究。韦伯从来不能接受一个科学以追求一些普遍有效的命题为目标:因此,他也许认为他在那里所做的是科学研究,属于社会学。我们没有在这个意义上使用社会学这个词,而且,为了标示我们的区分,我们将提供另一个名字给韦伯叫做社会学的东西;最合适的或许是'历史学的一般面貌'或者是'通史'"。——我倾向于避开"一般的"(générale)这个欺骗性的形容词,因为,"一般的"地理学或者历史学,并没有比一个阶段的历史或者是一个区域的地理更加概括;我也许更愿意通过项目来谈论历史学或者是范畴的历史学。

给精确的人类行为学。

在观念的演变进程中,会出现一个时刻,那时老的问题实际上已经解决,即使人们继续习惯性地谈论它。人们还是继续去谈论历史对象的解体,继续去驱除历史的科学主义观念的幽灵,继续惧怕历史决定论的相对主义鬼魂,而且甚至继续问自己是否历史真的有一个意义,但是,很显然,这里不再有确信,要么这些观点可能是一致确认的(历史"事实"的解体和历史学的非科学特征就是这样),要么它们可能被超越,或者是变成了一个意识形态信念或者宗教信仰的问题。相反,两个新的问题,它们处于谦卑得多的层级,已经成为中心:历史是文献资料对它产生作用的结果,历史是这一体裁的成规惯例,在我们不知道的情况下,对它产生作用的结果。

埃克斯大学(Université de Aix)(文学院)
1969 年 4 月—1970 年 8 月

福柯引起历史学的革命

韓國現代史와 革命

给伊蕾娜(Irène)

既然所有人都知道福柯的名字,完全不需要一个长篇的导入。最好立即进入具体的例子,以便显示福柯的方法的现实用处,并且努力驱散我们可能不无道理地对这位哲学家抱有的成见:福柯使某种逃避人类活动和历史解释的权威机制(instance)物化,与连续性或者发展相比,他更加重视断裂或者结构,他对社会不感兴趣……此外,某个词,就是"话语"(discours),也制造了很多混乱①;我们要立即说,福柯不是拉康,也不是语义学;

---

① 错误不在于读者。《知识考古学》(*L'Archéologie du Savoir*)这本笨拙而才华横溢的书,已经是在结构主义和语言学的兴奋中书写的,作者完全意识到他在做什么,并且使他的理论达到逻辑的完美(第65页:"总之,我们要彻底地放弃事物";请参阅第27页和《疯癫史》[*Histoire de la folie*]与《临床医学的诞生》[*Naissance de la Clinique*]的自我批评,第64页注释1和第74页注释2);此外,历史学家福柯以研究话语而不是实践,或者是以研究经由话语的实践作为开始。不过,福柯的方法与语言学的纽带仍然是局部的,或者是偶然的、间接的。

"话语"这个词在福柯的著作里带有一种非常特殊的技术性含义,并不确切地意味着它所说的:他的著作之一的标题本身,《词与物》(Les Mots et les Choses)是讽刺性的①。

如果我们消除这些大概不可避免的错误②,在这一艰深的思想之中,我们将会发现一种非常简单和非常新颖的东西,它只为满足一个历史学家的需求,使他在那里立即感觉像在自己家里一样:它是他所憧憬而且已经隐隐约约地在做的;福柯,是完美的历史学家,是历史学的完成。毫无疑问,这位哲学家是我们时代非常伟大的历史学家之一,但是他可能也是科学革命的发起人,在这一革命周围徘徊着所有的历史学家。实证主义者、唯名论者、多元论者和那些以"主义"结尾的词语的敌人,我们都是,而他第一个全面地成为这一切。他是第一个彻底的实证主义的历史学家。

因此,我的第一个使命与其说是谈论哲学家,不如说是谈论历史学家——原因不必说了。我的第二个也是最后一个使命将是通过例子讨论;我将要使用的例子支撑我的全部论证,它不是我的著作:这将是对角斗士搏杀之终止的解释,正如乔治·威尔(Georges Ville)的发现,人们很快将从他关于古罗马角斗士的伟大著作中读到。

---

① 《知识考古学》,第 66 页,请参阅第 63—67 页。
② 而且,"在《词与物》中,方法论路标的缺席也使人们认为可能是一些文化整体性的分析"(《知识考古学》,第 27 页)。甚至是与福柯接近的哲学家也认为他的目的是确认属于整个时代的一个共同的*知识形态*(*épistémè*)的存在。

福柯的最初直觉,不是结构,不是断裂,也不是话语:在这个词的拉丁文语义上,是"**稀有性**"(*rareté*);人类的事实是不寻常的,它们并非处于理性的完满之中,在它们周围有空间留给我们的智慧无法推测的其他事件;因为它可能是别的样子;人类的事实是任性的,在莫斯(Mauss)的意义上,它们不是不言而喻的,而它们在同时代人甚至是它们的历史学家的眼里似乎是这样地不言而喻,以至于两者都无法觉察它们。对此我们暂且不再谈论,让我们转向这些事实。这是一个长长的故事,归功于我的朋友乔治·威尔,我们将听到:角斗士搏杀终止的故事。

这种搏杀逐渐地,或者更准确地说,是不规则地走向终结,在整个4世纪,信奉基督教的皇帝统治期间。为什么有这个终止,而且为什么是这个时间? 回答看起来是明确的:这些残忍现象由于基督教而归于结束。其实,事实并不是那么回事:就像奴隶制一样,古罗马角斗的消失并不归功于基督徒;他们只是在一般地谴责使心灵偏离唯一拯救的所有表演的时候才指责角斗;在各种表演之中,戏剧,以其各种各样的不体面内容,在他们看来远比角斗更该受到谴责:看到流血带来的快感由其本身得以实现,而戏剧场面不正派的快感则引导观剧者随之淫乱地生活在城邦里。那么,是不是应该到一种所谓人道主义方面去寻找解释,它也许比基督徒更具人性得多,或者去异教徒的智慧方面去寻找? 并不更多是这样;所谓人道主义只存在于神经脆弱的极少数人中(群众历来都是拥挤着去看酷刑,而尼采曾以书斋里的思想家的高度描写强壮的人们健康的粗野);这种人道主义太容易混同于一种相当不同的情绪——谨慎:在热情地接受罗马的角斗士搏杀之前,希腊人首先曾质疑其残忍,认为它可能使人民习惯于暴力;正因为如此,我们害怕在电视上的暴力场面会增加犯罪率。这与同情角斗士们本身的命运完全不是同一回事。至于说那些异教徒的和基督徒的先贤,他们认为搏斗的血腥表演玷污观众的心灵(这是塞内加或者圣奥古斯丁斥为著名的谴责具有的真实意义);但是,因为色情电影不道德和污染公众的心灵而去谴责它是一件事,因为它们把作为表演者的人类身体变形为对象而去谴责则是另外一件事。

更准确地说,角斗士在古代社会具有色情明星的双重性声誉:当他们不作为竞技场上的明星令人着迷的时候,他们让人恐惧,因为这些死亡游戏的志愿者同时既是杀人犯,又是牺牲品,是毁灭自己的候选人,游走的未来尸体。人们以与妓女完全一样的名义把他们视为不洁之物:两者都是城邦里传布污染的中心,与他们交往是不道德的,因为他们不干净,触碰他们必须要使用镊子。这就可以解释:在最大多数的人口中间,角斗士,如刽子手一样,激起一种矛盾的情感,诱惑和谨慎的反感;一方面,有一种对观看痛苦的欲望,对死亡的着迷,看到尸体的快感,而在另一方面,则是一种极度不安,看到在公众和平的场地之中,合法的屠杀在发生,既非来自于敌人也非来自于罪犯:社会的状态不再抵御丛林法则。在许多文明社会里,这种公众的恐惧压倒了诱惑:正是归因于此,人们放弃了活人的献祭;相反,在古罗马,诱惑占据上风,因而存在这种在世界历史上绝无仅有的角斗士机制;恐惧和诱惑的交织最终达到的结果是,唾弃这同一些人如明星一样向他们欢呼喝彩的角斗士,并且把他们视为如血、精液和尸体一样的不洁之物。那些得以亲临搏斗和竞技场之酷刑的人们完全问心无愧:竞技场里最骇人听闻的场景曾一直是装饰人们居所内部的"艺术品"最受偏爱的主题之一。

但是,最惊人的不是这种并不出乎意外的所谓人道主义的缺席,而恰是处于这一合法的,甚至是法定的,而且甚至是由公共权力组织的残忍中的这种率真;统治者,这个社会状态对抗自然状态的保证人,他本身就是这种完全和平状态之下的屠杀游戏的组织者,而且在圆形剧场里,作为裁判者和主持人,以便宫廷诗人们,为了取悦主人,去赞美他为了所有人的快乐(快乐[*voluptas*],喜悦[*laetitia*])组织的酷刑表演之别出心裁。因此,并不是恐怖,即使是法定的,产生问题,因为,在其他的世纪,众人也曾拥挤着去看往往是由基督徒国王主持的火刑:而是这种公开的恐怖不能以任何借口来解释。火刑不是为了取乐;如果一个奉承者曾为此称赞一个西班牙国王或一个法国国王给他的臣民提供了这种快乐,他就已然冒犯了国王陛下、法律的尊严和它的戒律。

在这种情况下,角斗士搏杀在基督徒皇帝统治的时代终结似乎是一个难解之谜;是什么打破了这一双重性,使得恐惧胜过了诱惑? 这也许既不是异教的智慧,也不是基督教的教义,还不是所谓的人道主义。难道是政治权力自身的人性化或者基督教化? 但是,基督教的皇帝不是职业的人道主义者,他们的异教徒前任们也完全不是非人性的,他们禁止了在他们的克尔特和迦太基臣民那里的活人献祭,就像英国人禁止印度烧死寡妇。尼禄本身并不是像人们相信的那样是个魔王,苇斯巴芗(Vespasien)或者马克·奥勒留(Marc Aurèle)也不是希特勒;如果是由于基督教教义,那些基督教皇帝逐渐地终止了角斗,他们是做得太多或者是太少了:基督徒对此的要求没有如此多,而且他们也许倒是尤其希望禁止戏剧;然而,恰恰是戏剧和它所有的不道德永远地留了下来,而且将在拜占庭非常流行。也许异教的罗马是一个"景观社会",当其时,统治者出于极端的政治原因提供竞技场和角斗士表演给平民?这个浮夸的同义反复并不是一种解释,何况基督教的罗马和拜占庭也还将是公共表演的社会。但是,一个巨大的事实摆在面前:我们无法想象一个拜占庭皇帝或者一个基督教的国王正在给他的人民提供角斗士表演。自从罗马帝国终结,统治者不再为了娱乐杀人。

原因不必说了:当然是在政治权力之中隐藏着对角斗和它的废除的正确解释,而不是在所谓的人道主义和宗教之中。只不过,必须在"政治的"冰山沉入海中的部分去寻找,因为正是在那里某些东西的改变使得角斗制度在拜占庭或者中世纪成为不可想象的。必须从一般的**政治**层面离开,以便觉察一种**稀有**的**形式**,时代政治的一个小摆设,它的出人意料的不自然包含着解谜的关键。换句话说,必须把目光从自然客体移开,以便发现某一种时间非常确定的实践,它使这些客体在一个与它同样时间确定的面貌下具体化;因为,正是由于此,才存在这个我在上文以流行的表述称之为"冰山隐藏的部分":因为我们忘记这个实践,以便只看见在我们眼中把它物化的那些客体。于是,我们反过来做:以这一哥白尼式革命性颠覆为代价,我们将结束在自然客体之间去增加那些意识形态的本轮,而未能启动真实的历史运动。这就是由乔治·威尔自发地追随的理论;它清楚地解释了福柯的思想,而且显示了它的丰富性。

不去相信存在着一种与"管理者"行为相联系、叫做"被管理者"的事实,我们看到,人们可以依据如此不同的实践,依据各个时代去对待"被管理者",因为所谓的被管理者除了他们的名义之外,很少共同之处。人们可以使他们守纪律,也就是说规定他们必须去做的(如果什么都不规定,他们不应该动);人们可以把它们视为法律主体:某些东西被禁止,但是,在这些限制的内部,他们自由地移动;人们可以剥削他们,而这就是很多君主国曾经做的:王子把手伸向一块有人居住的土地,因为他想要把它做一块牧场或者是一个鱼塘,而他,为了生活和在其他的王子中间尽到王子的责任,从居住在这块领地上的人群的产出中征收一部分(其全部艺术在于不要榨取到了剥皮致命的程度)。这个人群,人们以讽刺的方式会说王子使它处于政治上的漫不经心;以奉承者的风格,则说他给他的人们"谋得"幸福;以中立的态度,说他放任百姓幸福并且可以炖鸡,如果年景使他们生产出家禽的话;总之,他不让他的臣民烦恼,他不打算于永恒的救赎中强迫他们,也不打算把他们引向某个伟大的事业:他任由自然条件发生作用,任由他的臣民去劳动、繁殖,根据年景好坏去收成多或者少:一个绅士地主就是这样做的,他不强迫自然。当然他仍然是产业主,而那些人本身不过是生活在他的产业之上的自然物种。

一些其他的实践是可能的,比如已经提到过的"伟大的事业":读者将自己去展开。在别的情况下,"被管理者"自然客体不是一个人类群落(faune humaine),也不是一个人们或多或少出于好意地引向一块福地的部落,而是某个以河泊森林管理处的一个管理者管理和疏通自然水道与植物群的方式着手来管理的"人口",以使一切都在自然中发生,使植物群不会衰退;他不会任由自然去自行其是:他对它进行干预,但这只是为了自然因此而生存得更好;或者,如果更喜欢这么说的话,他就像是一个交通警察,"疏通"汽车自发的流动以使之有序运行:这就是他被指派的职责。因此,那些汽车驾驶员可以安全地行进;人们把这个叫做"福利国家",而我们就生活在其中。与旧制度下的王子多么不同,他看见大路上的交通流动,可能只限于去征收过路费!并不是交通流量的管理中一切对于所有人都是完美的,因为天然的自发性并不让自身如人们希望的那样安排:必须切断交通的流动,以便让横向的车流通过;因此,那些也许比其他人更着急的驾驶员也得同样停车等红灯。

这就是面对自然客体"被管理者"完全不同的"态度",这就是"客观地"对待被管理者的各种各样的方式,或者,如果愿意的话,这就是与被管理者相关的不同的"意识形态"。我们说:这就是不同的实践,这一个使人口客观化,另一个客观化一个植物群,另一个,一个部落,等等。表面上看,这在那里不过是一种言语方式,一种对用词成规的修改;事实上,一场科学革命就在这个对词语的改变中进行:就像我们翻转一件外衣袖子的时候,外表翻了过来,而在这一过程中,伪问题窒息而死,而真正的问题则"适得其所"。

我们把这一方法运用到角斗士;让我们思索在怎样的政治实践中人们以这样的方式被客观化,以至于如果他们想要角斗士,有人由衷地给他们提供,而又是在哪种实践中给他们提供角斗士也许是难以想象的。回答是容易的。

让我们设想,我们对一个迁移中的羊群负有责任,我们"承担"了牧人的责任。我们不是这羊群的拥有者:他只满足于从中榨取利润,而其余的,他交付给这群羊的自然天性;我们这些人,我们必须保证羊群的移动,因为它们不是在牧场上,而是在大路上;当然,我们不得不阻止它们按照它们自己的兴趣散开。"不是因为我们是向导,知道它们的目标,决定把它们引导到那里,并且督促它们去那里:羊群自己在挪动,或者毋宁说它的路向它延展,因为它是在大写历史的大路上,而我们要保证它作为羊群的生存,不管路途的危险,兽类的危险本能,它们的体力衰退,它们的精神懦弱。使用棍子击打,如果必须的话,而不是用我们自己的手:我们驱打这些动物,没有公道地对待它们。这个羊群,它就是古罗马平民,而我们就是他们的元老院议员;我们不是它的主人,因为罗马从来不是一块上面有人类种群的领土产业:它天生就是人的集合体,就是城邦;我们已然承担领导这个人群的责任,因为我们比它更好地知道它应该做什么,而且,为了行使我们的使命,我们让'侍卫官'手持'束棒'走在前边,以便击打那些破坏羊群秩序或者想要走偏的动物。因为,统治权和治安的低微工作并非由某种职位等级而形成差别。"

"我们的政治家仅限于保持羊群在它的历史进程中前进;至于其余的,我们很清楚这些动物就是动物。我们努力不在路上抛弃太多饥饿的动物,因为这会使羊群减员;我们给它们吃的,如果这是必须的话。我们同样也给它们竞技场和角斗士,如果它们如此喜欢。因为这些动物既非道德的也非不道德:它们就是它们自己;我们并不更多关心让罗马人拒绝角斗士的流血,就如一个牧羊人或者牧牛人看见他的牛羊交尾却并不因为担心乱伦而去阻止它们一样。我们只在唯一的一点上是毫不宽容的,不是这些动物的道德,而是它们的活力:我们不希望这个羊群衰弱下去,因为这是它的不幸,也是我们的不幸;比如说,我们拒绝给它令人衰颓的公共演出,'哑剧',现代人也许把它叫做歌剧。相反,与西塞罗和元老院议员普林尼一致,我们认为,角斗士的搏杀对所有观众是最好的增进抵抗力的学校。的确,某些人经受不住这个表演,觉得它残忍;但是,本能上,我们作为牧人的同情总是在强硬、健壮、冷漠的动物一边:正是归功于它们,这个羊群才保持状态良好。因此,在角斗士激起的双重性情感的两极之间,我们并不犹豫把胜利给予魔鬼的诱惑而不是惊恐的反感,我们使角斗成为由国家赞助和组织的表演。"

这就是一个罗马元老院议员或者异教徒时代的皇帝可能会

说的。当然,如果我能更早一些听到他的话,我大概会以另一种方式书写我有关面包与竞技场的那本书:从相反的方向论证。不过,让我们还是回到我们的羊群。如果人们托付给我们的是一些孩子而不是羊群,如果我们的实践使一个童年期的民族客观化,而我们把自己客观化为一个家长制的国王,我们的行为也可能会是完全不同的;我们会考虑到这个可怜的民族的感受性,会认为对角斗士的惊恐的拒绝有其理由;我们会同情他们见到不应得的屠杀处于公众和平的场地中的恐惧。我们也许还可以补充说,"基督教教派本来还想要我们做得更多:无论我们是国王-神父或者不是国王-父亲,远非疼爱孩子,我们把自己的臣民视为需要有力地引导它们朝向美德之路和朝向拯救的灵魂,而且应该不顾他们的意愿;基督教徒希望我们可以同等地禁止戏剧和所有其他表演。但是,我们很清楚,必须让孩子们玩乐。对于宗派分子和对基督教徒一样,裸体是比角斗士的流血更为不可接受的。而我们,我们更具帝王气度地看待这件事,我们将会认为,与普通人的人群和所有民族的观念相同,无理由的杀戮是最严重的事情"。

怎样的合理化的政治哲学的爆炸!多少空白围绕这些稀有的和时代的小摆设,它们之间还有多少空间给其他还未想象过的客观化!因为客观化的列表还是开放的,不同于自然客体。但是,我们将尽快请读者放心,他一定在琢磨为什么"引导羊群"的实践让位于"疼爱孩子"的实践。为了非常实证的原因,最为历史的和差不多是世界上最为唯物论的;与解释无论哪个事件是完全同样的原因。在这种情况下,这些原因之一,就是在他们成为基督徒的这个公元4世纪,这些皇帝在另一方面终止了通过元老院阶层进行管理;我们要说一下,罗马元老院与我们的上议院、参议院或者议会一点也不相似;这是一种我们对它不曾认识的东西:某种法兰西学士院,不过是有关政治的,一个政治艺术的学院。为了理解这种没有元老院管理的转型意味着什么,我们可以设想某个文学原来始终是服从于某个法兰西学士院的,而突然停止了这种顺从;或者我们设想现代的知识与科学生活不再以大学教育为基础或支撑。元老院坚持保留角斗士就像是法兰西学士院保护正字法:因为它整体的兴趣就是作为保管者。摆脱了元老院,通过一个单纯的官员机构实施管理,皇帝不再扮演羊群引导者首领的角色:它扮演了真正的君主被赋予的父亲、神甫等等角色中的一个,而且也是为了这个原因他让自己成了基督徒。并不是基督教教义使这些皇帝采取慈父般的实践,使他们禁止了角斗士:而是这整个故事(元老院的消失,身体不是某种玩物的新伦理,关于这一点在这里我不能展开,等等)导致这一政治实践上的改变,带来了两个并立的后果:因为是慈爱的,皇帝们顺理成章地发现自己成了基督徒,而且因为是慈爱的,他们终止了角斗。

我们看到了以下方法:它旨在非常确切地描述,一个慈父般的皇帝所做的,一个引导者首领所做的,并且旨在不事先假定其他的;不事先假定存在一个目标,一个客体,一个质料因(永恒的被管理者,生产关系,永恒的国家),一个行为类型(政治,去政治化)。根据他们的行为去判断这些人,消除语言在我们身上激起的永恒魅惑。实践,不是一个神秘的权威机制,一个历史的地下室,一个隐藏的发动机:这是人们所做的活动(这个词清楚地说出了它想说的)。如果它在某个意义上是"隐藏的",我们可以暂时地把它叫做"冰山隐藏的部分",这完全是因为它分享了我们接近全部的行为和世界历史的命运:我们对它往往有意识,但是我们没有关于它的概念。同样,当我说话的时候,通常我知道我在说话,而不是处于催眠的状态;相反,我没有语法规则的观念,除了本能的运用;我觉得自己表述自然,说出了必须说的,我不知道我运用了一些严格的规则。同样,提供免费面包给它的羊群,或者拒绝给它提供角斗士的当权者,觉得做了任何统治者面对被管理者,出于政治的本性而必须做的;他并不知道,如果人们依据它的既有面目加以考察,他的做法符合某一种规则;它是某一种政治,正如我们相信说话没有预设前提的同时,为了说出必须说的和心中想的,我们只有说某一种语言,法语或者拉丁语,才可能打破沉默。

依据他们的行动判断这些人,这并不是依据他们的意识形态评判他们;也不是根据永恒的重大观念,被管理者,国家,自由,政治的本质,它们把连续的实践之独创性庸俗化,而且导致它们违背历史的时间。的确,如果我不幸要说,"面对这位皇帝,曾存在这些被管理者",当我发现皇帝提供面包和角斗士给这些被管理者,而我会自问为什么,我将就此得出结论说,这不过是出于一个同样永恒的原因:使自己被服从,或者非政治化,或者使自己被爱。

的确,我们习惯依据一个目标或者是从一个问题出发进行推理。比如说,我曾经错误地相信并且书写,面包和竞技场是以建构被统治者与当权者之间的联系为目标,或者以回应来自被管理者的客观挑战为目标。但是,如果被统治者始终是同样的,如果他们具有一切被统治者天然的本能反应,如果他们天生具有对面包和竞技场的需求,或者是使自己非政治化的需求,或者使自己感觉被主人所爱的需求,为什么他们只是在古罗马才得到了面包、竞技场和仁爱?因此,必须把这个陈述颠倒过来:为了被统治者仅仅是被他的主人理解为需要加以非政治化、被爱,或者被引入竞技场的对象,就必须把他们客观化为人民-羊群;为了这个主人只是感觉自己在他的羊群面前像从前一样备受欢迎,就必须把他客观化为一个引导者而不是一个国王-神甫或者国王-父亲。就是这种客观化,对应于某种政治实践,可以解释面包和竞技场,对它们人们将永远不能由永恒的被统治者、永恒的执政者和永恒的顺从关系或者是把它们结合起来的非政治化出发而得到解释;因为,这些钥匙可以适用于所有的锁孔。它们将永远打不开对一个像面包与竞技场这样如此独特、如此年代确切的现象之理解的大门;除非以连篇累牍的废话为代价去反复进行说明,重述历史的偶然事件和意识形态的影响。

对象似乎决定我们的行为,但是我们的实践首先确定了它的对象。因此,我们宁愿从这个实践本身出发,以使它所适用的这个对象只是由于与它联系才是它所是的(在这样的意义上,一个"受益者"是我使他获得了某种东西,比如,如果我引导某个人,他是被引导者)。这一关系确定对象,而且它不加确定就不存在。被统治者,这是过于模糊的,因此并不存在;只存在一个人民-羊群,然后是一个被人疼爱的人民-儿童:这不过是以另一种方法说,在一个时代,可观察到的实践是引导,而在另一个时代,则是疼爱(与被引导一样不过是人们现在引导你们的另一种说法:只要没有进行引导,人就不是一个被引导者)。对象只不过是具体实践的关联物;在实践之前,并不存在一个永恒的被统治者,人们可以或多或少地瞄准,而且对于它人们可以调整射法以使之得到改善。把他的人民像孩子一样对待的王子甚至没有想过也许可以有别的做法:他做那不言而喻的,事情就是它们所是的样子。永恒的被统治者没有*超出*人们对它所做的,不存在于人们对它所施加的实践之外,它的存在,如果有的话,没有由任何实有得以体现(人民-羊群没有社会保障制度,谁也没有想到要给它提供,或者因为没有给它提供这个保障而感觉内疚)。一个没有任何实有体现的观念只不过是一个词语。

这个词的存在只是意识形态上的,或者更准确地说是唯心论的。让我们看一看比如对羊群的引导:他给他负责看管的动物们提供免费的面包,因为他的使命就是把羊群完整地引导到一个安静平和的避难所,不要让太多饿死者尸体留在它走过的路上:稀稀拉拉的羊群不再能够抵御群狼的进攻。这就是真实的实践,正如事实所凸显的那样(尤其是这一事实:免费的面包不是提供给贫穷的奴隶,而仅仅是给公民)。仍然是意识形态模糊而堂堂正正地解释这个残酷而清晰的实践:人们通过宣称它为人民之父,它致力于被统治者的福利,来称颂元老院。但是,同样的意识形态方面空洞乏味的话,对于非常不同的做法,人们也在重复它:据有鱼塘的统治者,抬高税赋榨取私利,也被认为是给他的臣民谋幸福的父亲,而在实际上,他任由他的人民勉强地自己面对与自然和年景好坏的苦斗。而还有另一个他的臣民们的恩主,河泊森林管理处的主管,他掌管自然水道,不是为了从中能够提取财政上的利益,而是为了他所负责掌控的自然本身的妥善经营。我们开始去理解意识形态是什么:一种高贵而模糊的风格,专属于以描述它们为借口把这些实践理想化;这是一个宽大的褶皱,遮蔽了接续发生的一些现实的实践之奇形怪状而且各个不同的轮廓。

但是,每一个实践本身,与其不可模仿的轮廓,来自何处?不过是来自于历史的变化,非常简单地,来自于历史现实的无数变形,也就是说来自于历史的其余部分,如同一切事物一样。福柯并没有发现一个新的、直到那天还未被人所知的权威机制,叫做"实践":他努力按照它实际上所是的面目去观察人们的实践;他谈论的只是任何历史学家们谈论的东西,其中包括人们所做的:只是,他着手如实地谈论它,描述它的那些微妙的轮廓,而不是以高贵模糊的语言谈论它们。他不说:"我发现了一种历史的无意识,一种未经概念化的权威机制,我称为实践或者话语;它提供对历史的真正解释。啊,是的!不过,我因此将要如何动手来解释这个权威机制本身以及它的各种变形呢?"不:他谈论与我们一样的东西,包括,比如一个当权者的实际行为;只是通过给它们去除褶皱,他使它们以其本来面目被看到。没有什么比指责他把我们的历史归结为一个既不可逃避又不承担责任的知识过程更奇怪的。然而,我们很容易理解为什么这种哲学思考对于我们是艰难的:它既不类似于马克思的哲学,也不像是弗洛伊德的。实践不是一个权威机制(如同弗洛伊德的本我),也不是一个第一原动力(如同生产关系),况且,在福柯著作中既无权威机制也无第一原动力(相反倒是存在一个物质,如我们将要看到的)。这就是为什么没有什么过于严重的不合适,暂且把这个实践叫做"冰山隐藏的部分",为了表明它在我们本能的视觉中只不过在极大的遮盖之下得以呈现,而且是远为前概念的;因为一个冰山被掩盖的部分与露出部分并非不同的实体:它是冰,与后者一样;它也不是使得冰山向前移动的原动力;它处于视野可见范围的标志线以下,这就是全部。它与冰山的其余部分以同样的方式得到解释。福柯向历史学家们所说的全部就是:"你们可以继续像一直以来始终做的那样解释历史;只是,要注意:如果你们如实地观察,通过去掉那些陈词滥调,你们意识到有更多你们原来所没有想象过的东西需要去解释;有一些你们从前没有觉察的奇形怪状的轮廓。"

如果现在在历史学家关注的不是人们做的而是他们说的,要遵循的方法将是同样的;"*话语*"这个词就会同样自然而然地出现在笔下,来表明被说出的,而实践这个词被用来指明所实施的。福柯并没有揭示一个神秘的话语,不同于我们所有人所听到的:他只是邀请我们去如实地考察那些被如此表述的东西。然而,这一观察证实,这个言说的地带表现出一些既定立场,一些保留意见,一些出人意外的凸出和隐藏,对此它的说话者们完全没有意识到。在有意识的话语之下存在着一种语法,由相邻的实践与语法所决定,如果人们愿意,对这一话语专注的考察可以揭示这一点,如果人们同意去除那些以大写**科学**、**哲学**等等名义出现的大量有褶皱的遮盖物的话。以同一种方式,那个王子以为是在管理和统治;实际上,他管理流量,或者他疼爱孩子,或者他引导羊群。因此我们看到,话语不是什么:不属于语义学,不属于意识形态,不属于不言自明之理。远非启发我们从词语出发判断事物,相反,福柯显示,词语愚弄我们,它让我们相信事实的存在,相信自然客体——被统治者或者国家的存在,而实际上,这些东西其实不过是相应实践的关联物;因为语义学是唯心主义幻觉的体现。话语也不更多是意识形态:它差不多该是相反的东西;它是真实地言说出来的东西,在不被说话者意识到的情况下:那些以为充分自由地讲话的人,实际上受一种不恰当的规则所限,在他们不知不觉中说的是狭隘的东西;意识形态,它倒是更为自由和充分的,原因不必说:它是合理化、理想化;它是一个阔大的有褶皱的遮盖物。那个王子想要做而且也认为做了他应该做的一切,事情保持它们所是的样子;实际上,他在无意识中作为鱼塘的主人行事;而意识形态称颂他为好牧者。最终,话语或者它隐藏的规则并不属于不言自明之理;它们并不是合乎逻辑地被包含在所说或者所做的之中,它们并不是显而易见的公理或者预先假定,那些所说或者所做的完全有理由具有一个偶然的语法规则,而不是一个合乎逻辑的、连贯的、完美的规则。正是历史中的那些偶然,那些来自于相邻实践以及它们之变形的凸出部分和隐藏部分,它们使得一个时代的政治语法旨在疼爱孩子或者是旨在管理流量:并不是某种大写的**理性**建立一个连贯的体系。历史不是乌托邦:各种政策并不是从一些伟大的原则("各取所需","一切为民而勿取于民")系统地发展而来;它们是历史的创造物,而不是意识或者理性的创造物。

那么,什么是福柯希望我们领会的这个沉没在水中的规则呢?为什么我们的意识和当事人他们本身的意识对它们一无所知?因为它们排斥它?并非如此,而是因为它是前概念的。意识并没有担负让我们领会世界的责任,而是使我们得以在那里行动;一个国王不需要对他本身和他的实践是什么抱有想法:只要它们是它们所是就足够了;他需要意识到在他的王国里发生的事件;这就将足以让他不知不觉地依据他的身份采取行动。他不需要在概念上去明白他经营流量:他无论如何都会做这个;对他只要意识到身为国王就足够了,无需其他的明确。狮子不需要更多地认识自己是狮子才作为狮子去行动;它只是必须明白它的猎物在哪儿。

对于狮子,身为狮子是如此不言而喻,以至于它不知道自己是狮子;同样,心系人民的国王或者流量管理者国王并不知道他们之所是;当然,他们意识到他们所做的,他们并不是在催眠状态下签署他们的法令;他们具有与他们"物质的"行动相呼应的

"精神",或者毋宁说去进行区别是荒谬的:当人有某一个行为的时候,他必定有相对应的精神;这两者一起发生并且组成实践,恰如因为害怕而发抖,因为快乐而放声大笑一样:表达与陈述构成实践的一部分,而这就是为什么意识形态并不存在,除了对于著名的唯物论者郝麦先生[①]:为了生产,必须要有机器,必须要有人,必须要这些人意识到他们所做的,而不是被催眠,他们必须掌握某些技术的或者是社会的规则,而且他们必须具有恰当的精神或者思想状态,而这一切构成一个实践。只是,他们不知道这个实践是什么;它对他们是"不言而喻的",正如对于国王和对于狮子一样,无需为了他们所是的认识自己。

更为准确地说,他们甚至不知道他们不知道(这就是"不言而喻的"这些词的意义),就像驾驶汽车的人,在下雨的夜里,**看不见他看不到的东西**;因为那时,他不仅看不到他的车前灯视程之外的任何东西,另外,他也不再能够清楚地分辨灯光照射带的终点线,因而他再也看不出他最远可以看到哪里,并且在一段他不清楚的路上开得太快。这肯定是一个奇怪的事实,完全值得引起一个哲学家的惊奇,就是人们具有的这种能力:无视他们的限度,他们的**稀有**,不去看到在他们的周围存在着空白,认为自己每一次都处于完全的理性之中。也许尼采有关意识仅仅是一种反应的观点之意义就是在这里(不过,我并不自诩理解这位艰

---

① 郝麦先生(M. Homais),福楼拜小说《包法利夫人》中的人物,永镇的药剂师。——译注

深的思想家)。国王,出于"权力意志",担任国王的职位:他使他的历史时代的各种潜在性现实化,这个时代给他隐约勾勒的实践是引导一个羊群,或者,如果元老院消失,疼爱他的人民;这些对于他是不言而喻的,他甚至不觉得他在那里是为了什么,他认为是事实决定了他每一天的行为;他甚至没有怀疑过这些事实也许可以是别样的。正是由于无视他自己的权力意志,那被他领会为物化的自然客体,他只是对他的反应有意识,也就是说,当他通过做出决定应对各种事件的时候,他知道他在做什么:但是,他不知道这些具体决定是随国王的某种实践而变化,与狮子依据狮子的身份做决定一样。

因此,对于福柯,这一方法旨在去理解,事物只不过是一定实践的客观化,必须使它的规定性揭示于天下,因为意识并不能理解这一点。这个揭示,来自于努力观察,是一个独特的甚至是诱人的经验,我们可称之为"稀少性"(raréfaction)以作为消遣。这个智力活动的结果是抽象的,而且原因自不必说:它不是一个图像,在那里人们可以看到国王、农民、纪念性建筑,它也不是一个成见,对它我们的意识已经如此地习惯以至于不再从中感觉它的抽象。

不过,最有特点的是稀少性产生的这一刻;它没有成形,相反:它毋宁说是一种脱钩。在这一刻之前,什么都未曾发生,除了那一大片东西,人们几乎看不到它,因为它是如此不言而喻,它叫做"政府"或者"国家";我们这些人,我们正在试图让一小段历史得以站得住脚,在那里,这个巨大的半透明的核心发挥重要作用,在一些普通名词和连词旁边;不过,这并不灵,某些东西运转不正常,而词语上的伪问题,类似"意识形态"或者"生产关系",它们则一直在转圈子。突然地,我们"认识到"一切问题都来自于那个巨大的核心,以及它虚假的本性;必须停止去认为它不言而喻,而是把它归结为共同的环境,把它历史化。于是,在这个庞大的这-不-言-而-喻所占据的地方,就出现一个奇特的小小的"时代"客体,稀有,奇形怪状,前所未见。看到这一点,人们还真的是要一点时间来忧伤地叹息人类的状况,叹息我们是多么可怜的没有判断力且荒谬的家伙,叹息我们为自己制造的合理化,它的对象有一种在嬉笑的神色。

在这一叹息之间,那一小段历史独自各就其位,伪问题已然消失,各个关节使一切都彼此嵌合;而尤其是,那一小段有一点像是一只袖子翻了过来:就在刚才,我们还如同布莱士·帕斯卡尔(Blaise Pascal),我们有力地抓住了历史链条的两端(经济与社会,统治者与被统治者,利益与意识形态),而运转不良是在中间开始的:如何使这一切保持为一体? 现在,困难也许是这件事不能成立:"正确的方式"是在中间,而且迅速地占据图景的端点。因为自从我们把我们虚假的自然客体历史化,它从此仅对一个把它客观化的实践而言是客体:是这个实践以及它给自己提供的出现在先的对象,它天然地是统一体:底层结构和上层建筑,利益与意识形态等等,只不过是些无用的碎片,施加于一个如它从前一样运转十分良好的实践,而且它现在重新运转得非常好:甚至正是从这个实践出发,这个图景的边缘才成为可理解的。

那么，人们出于什么愤怒把它切成两段？这是因为人们没有看到其他使自己从所陷入的不自然局面脱身的方法；因为已然从两端着手去对待这个问题，而不是从中间，如德勒兹（Deleuze）所说。这个不自然就是把实践的对象视为一个人所共知、总是一样、几乎是物质的自然客体：集体，国家，疯癫的粒子。

这个对象一开始就被确定（如在此方面应该的），而实践做出反应：它"接受挑战"，它建立于这个底层结构之上。我们并不认为，每个实践，即如整个历史使它所是的，产生一个与它相适应的客体，跟梨树结梨子、苹果树结苹果一样；不存在自然客体，不存在单纯的物。事物，对象只是实践的相关物。自然客体的错觉（"跨越历史的被统治者"）遮盖了实践的异质特征（疼爱孩子不是管理流量）；因此产生了二元论的运转不良，也产生了"合理性选择"之错觉。如我们将要看到，后者以第一眼看去一点也不相似的两种形式存在："性的历史是欲望与压抑之间永恒斗争的历史"，这是第一种；第二个："福柯先生不顾一切，他把达米安令人恐怖的酷刑和监禁放进同一个口袋，仿佛一个偏好不能合情合理地表现出来。"为了抱有这一双重的错觉，我们的作者是太过于实证主义了。

因为"被统治者"不是一个也不是多个，并不比"压抑"（或者它的各种不同形式）或者"国家"（或它在历史中的形式）更是，只因为一个简单的原因，即它并不存在：只存在各式各样的客观化（"人口""动物群落""权利主体"），对应于一些异质的实践。有数量众多的客观化，而这就是全部：这种实践的大量与某个统一性的关系,只是当人们尝试要给它们一种并不存在统一性的情况下才存在;一只金表、一小片柠檬和一只浣熊都同等地有大量的存在,看起来却并不因为具有同样的起源、同样的物体、同样的原理而受影响。唯有自然客体的错觉产生了一种统一性的模糊印象;视线变得含糊不清,一切都显得彼此相近;动物群落、人口和权利主体似乎是同一个东西,也就是被统治者;各式各样的实践为视线所不及:它们是冰山浸没在水中的那一部分。不存在无意识,不存在抑制,不存在意识形态的诡计,当然,在这一事件上也没有鸵鸟政策;只有一个永恒的目的论的错觉,**善的理念**:我们所做的一切似乎都致力于达到一个理想的目标。

一切都围着这个悖论转,它是福柯的中心论题,且是最具独创性的:**那个被做的**,对象,由每一个历史时刻曾有的做的行为来解释;我们想象做的行为、实践,从被做的出发来解释是错误的。首先,稍微有一点抽象地,我们将显示,一切如何与这个中心论题相联系,随后,我们将尽我们的最大可能阐述问题的关键。

全部不幸都来自于这个错觉,通过它,我们把客观化"物化"为一个自然客体:我们把结果当作了目的,我们把一个导弹自己跌落炸开的地方当作了有意瞄准的目标。不是从它真正的中心,即实践,把握问题,我们从末端,也就是那个客体出发,以至于一系列前后相续的实践似乎是对同一个最初给定的"物质的"或者"理性的"对象的反应。于是,虚假的二元论问题,以及理性主义就开始了。实践被视为对一种感知的回应,我们因此就有了两段无法重新焊接起来的链条:实践是对一种挑战的回应,不错,可是同一个挑战并不总是产生同样的回应;底层结构决定上层建筑,不错,但是上层建筑也反作用于底层结构,等等。因为没有更好的办法,我们最终以一根叫做意识形态的细绳把链条的两端重新拴起来。还有更严重的。我们把前后相续的实践的弹痕当作是这些实践所瞄准的预先存在的对象,当作一个目标;跨越时代的疯癫或公共财产,曾经被接连出现的社会各自不同地瞄准,对它的"态度"并不是同样的,因此它们在各种不同的点击中了这个目标。这并不要紧:我们可以保持我们的乐观主义和我们的理性主义;因为这些实践不管它们看起来是多么的各自不同(或者毋宁说,不管它们在同一种努力中曾有怎样的变化不定),都同样有它的某个原因,也就是这个目标,它是不变的(改变的只是射手的"态度")。如果我们是极端的乐观主义者,因为自从足足一个世纪以来人们已经不再是了,我们将由此得出结论说,人类取得了进步,它越来越接近其目标。如果我们的乐观主义局限于回顾以往的宽容而不是展望,我们将会说,在他们的历史进程中,人类逐渐地穷尽全部的真理,每个社会达到一部分的目标,并且解释人类状况的一种潜在性。

但是,我们往往是不由自主的乐观主义者:我们完全知道宽容很少实行,各个社会只能是它们历史地存在的样子;比如,我们很清楚对我们称之为国家的任务,每个社会有它自己的清单:这一些想要角斗士,而那一些则要社会保障;我们很清楚不同的文明对待"疯癫"有各种各样的"态度"。总之,我们同时相信,任何一个国家都不相似于另一个,不过,国家就是国家。或者更准确地说,我们只是在言语层面相信这个国家:因为,已然变得谨慎,我们几乎不再敢于开出一个国家任务的完整的或者是理想的列表:我们极为清楚历史比我们更有创造性,而且我们无法排除某一天人们会认为国家对爱的忧郁负有责任。我们因此避免起草一个理论的列表,我们使自己克制在一个经验的、开放性的东西上:我们"记载"这个时代国家面对哪些任务的要求。简言之,国家和它的任务对我们不过是一个词语,而我们对这个自然客体所拥有的乐观主义的信仰肯定不是非常真诚的,因为它并不起作用。这并不妨碍这个词语继续让我们相信叫做国家的某个东西。我们徒然地知道这个国家不是一个我们可以预先进行理论上调查的对象,或者它的变异将使我们取得渐进的发现,但我们还是继续盯着它,而不是去努力在水下发现它只不过是其发射的那个实践。

这完全不意味着我们的错误是相信总体概念上的国家,而实际上只存在各个具体的国家:我们的错误是,相信总体的国家或者相信各个国家,而不去研究那些实践,它们发射一些我们误认为是总体的国家或者它诸多变体的客观化。随着时代变化,各种不同的政治实践的发射四分五裂,这一个朝向社会保障,那一个则倾向于角斗士搏杀;然而,我们把这个各种子弹炸开到各种方向的裂变场地,错误地当作了某种射击比赛。于是,我们非常烦恼于朝向所谓目标的弹痕落点散布过宽;这就是人们称之为一与多的问题(problème de l'Un et du Multiple):"这些弹着点如此分散! 这一个击中了角斗士,而另一个击中了社会保障。

基于这样一个射弹散布,是否我们永远也不能够确定哪里是所瞄准目标的确切位置? 甚至我们是不是能够肯定所有这些射击都是对着这同一个目标? 噢,多样性问题是困难的,或许是不可解决的!"的确,因为它并不存在:当我们停止把外在的规定性视为国家形态的时候,它就消失了;当我们停止相信自然客体这个目标之存在的时候,它就消失了。

因此,对这个把对象视为目的或者视为原因的哲学方法,我们以一种对关系的哲学思考取代,而且我们由它的中间,由实践或者话语来认识问题。这个实践启动与之相应的客观化,它植根于特定时刻的现实,也就是说植根于一些相邻实践的客观化。或者,为了说得更清楚,它积极地填充这些实践留下的空白,它使那些以空洞来预示的潜在性得以**实现**;如果这些相邻实践发生变化,如果这些空洞的边界发生移动,如果元老院消失,而新的身体伦理得以凸显,这个实践将实现这些新的潜在性,而它也将不再是原来的那一个。因此,并不是按照个人的信念或者是出于某种心血来潮,使得曾经作为羊群牧者的皇帝,让自己成为一个子民之父;一句话,并不是由于意识形态。

这种现实化(这个经院式的词汇倒是非常合适)就是圣奥古斯丁曾称之为爱的东西,而且他使之成为一种目的论;如斯宾诺莎一样,德勒兹不做这样的事情,而且他把它叫做欲望,这个词在"新哲学家"那里激起一些可笑的误解(贩毒者德勒兹)。德勒兹意义上的这一欲望是世界上最明显的事实,以致人们对它并不觉察:它是物化的关联物;散步是一种欲望,疼爱子民,也是,睡觉和死亡,同样是。欲望就是这个事实,各种机制运转,各种安排发生作用,各种潜在性——其中包括睡觉的潜在性——获得实现而不是完全没有得以实现;"每一个安排都通过构建一个使之成为可能的平台表达和实现一个欲望"(德勒兹-帕内,《访谈录》,第115页)。*是爱也,动太阳而移群星*(*L'amor che muove il sole e l'altre stelle*)①。由于出生时的偶然,某个孩子诞生在国王的卧室,作为王冠的继承人,他自然而然地对国王的职业感兴趣,他无论如何也不放弃它,或者他甚至没有想过问自己是否有要当国王的愿望:他是国王,这就是全部;欲望,也就是这样。人真的有如此强烈的需要去做国王吗? 无用的问题:人有某种现实化的"权力意志",它是被确定的:这不是他寻找的好运;他没有一个确定的需求清单要去完成,在那之后,就可以呆在自己房间里的椅子上休息;他是一个现实化的动物,他把一切落入手中的潜在性都付诸于现实化:*他总是会实现他所拥有的潜在性*(*non deficit ab actuatione potentiae suae*),圣托马斯说②。没有它,也

---

① 但丁《神曲》的结尾句,参见王维克译本。——译注
② 换句话说,欲望的观念意味着不存在人类的本性,或者毋宁说这个本性是一个除了历史的内容之外没有内容的形式。它还意味着,个体和社会的对立是一个伪问题;如果人们把个体和社会理解为两种彼此外在的现实,那么他就可以想象一个引起另一个:其因果关系意味着以外在性为条件。但是,如果人们认识到,我们所称的社会已然包含了诸个体的参与,这个问题就会消失:社会的"客观现实"包含这个事实,即许多个人对它感兴趣而且使它进行运转;或者,如果人们愿意的话,人们可能实现的唯一潜在性,就是在他周围的世界里被隐约描绘而且个人通过与他有关联的事件去实现的那些;个体填充"社会"(也就是他者,或者集体)在立体画中的凹陷部分。资本主义者将不是一个"客观事实",(*转下页注*)

许一切都永远不会发生,毫无疑问。因为一个未经实现的潜在性之存在,从虚拟性"到原始状态",该是多么虚幻的存在?除了使之成为疯癫的实践,疯癫"在物质层面上"会是什么?人们不会说:"所以我是皇帝的儿子,而且已经不再有元老院;不过,让我们把这些丢开,最好还是想一想我们应该如何对待被统治者;好吧!一种信仰,基督教思想体系,在我看来就此一点是具有说服力的";但是,我们发现国王-父亲甚至没有时间来得及意识到这一点,他是国王-父亲,而因为他是,他因此照章办事,"事物总是它是的样子"。

现实化和因果关系是两回事,这就是为什么既没有意识形

(接上页注)如果没有包含一种使他发生作用的资本主义精神:没有它,资本主义者压根就不存在。欲望的观念因此同样意味着,物质与精神的对立、底层结构与上层建筑的对立是无意义的话。动力因的概念与现实化的概念相对,是一种二元论观点,也就是过时的观点。在对卡迪纳的基本人格理论的出色研究中,克劳德·勒夫特(Claude Lefort)清楚地表明,个人与社会是彼此外在的现实,由一种因果关系连接,这一观点导向一些悖论(《历史的形式》[*Les Formes de l'histoire*],伽利玛出版社,1978年,第69页)。那么,为什么把人们关注潜在的安排以及使之运转这一事实称为"欲望"?在我看来,因为情感性是我们对事物的利益的标志:欲望是"在彼此共生的安排中变化和传播的情感之总和,由它的异质性成分共同作用所限定说明"(德勒兹-帕内,《对话》,第85页);这个欲望,如同在斯宾诺莎用语里的贪爱(*cupiditas*),是所有其他情感的根源。情感性,身体,对它的理解比意识更久。国王认为自己放牧群羊,因为这对他是职责所在,事物总是它是的样子,他的意识以为感知到一个被物化的世界;唯有他的情感性证实,这个世界只是由于国王使之现实化,换句话说就是他对之感兴趣才成为现实的。的确,人们也可以不对一个"物"感兴趣:不过,如此一来,上述的事物就不客观地存在:就是这样,资本主义无法存在于具有封建主义精神的第三世界国家。"欲望机器"的表述,在《反俄狄浦斯》(*L'Anti-Oedipe*)开头,是非常具有斯宾诺莎趣味的(*欲望自动机*[*automaton appetens*])。

态,也没有信仰。对王权的慈父本性的信仰或者有关福利国家的意识形态并不能对意识产生作用,并且通过它,影响到实践,因为,与之相反,是这一实践本身首先客观化国王-父亲,而不是国王-神父或是牧羊人,客观化子民,而不是需要引向永恒救赎的人民或是羊群;然而,一个君主,他"是"国王-父亲,而且实实在在地面对他的子民,不可能不知道他是什么,他的人民是什么:他具有对他的"客观"情境的观点或者心态,因为,人们总是思索他们的实践,或多或少地意识到他们所做的事情。他们的活动,可能与他们对之具有的意识相匹配,填充了毗邻的活动留下的空白,并且由此借助于它们得到解释;这并不是他们的意识解释他们的实践,而是意识本身基于相邻的条件,要么作为意识形态,要么作为信仰或者迷信的结果表述自己。"不需要通过个体或者集体意识的要求以把握某个实践和某种理论的连接点;不需要寻找在多大程度上这个意识能够一方面表现沉默的环境,另一方面又显露对理论真相的兴趣;我们不需要提出意识产生这个心理学上的难题"(《知识考古学》,第 254 页)。

意识形态的观念不过是来自于两种相当无益的活动的混杂之物:某种割裂和某种平庸化。以唯物主义之名,人们把实践和意识割裂;以自然客体之名,人们不再看得见一个清晰的国王-父亲,一种清晰的流量管理,而是更为平庸地,看到没完没了的管理者和同样没完没了的被统治者。这样一来,对于实践,我们被迫从意识形态得到全部的明确,全部*稀有的*和过时的过分装饰;一个国王-父亲将只是一个永恒的君主,不过是被某种宗教的意识形态,也就是王权的慈父特点的意识形态所影响。自然客体是由于彼此相续的意识形态而多样化。信仰的观念之起源看起来差不多是同样的:人们的行为被归咎于某种迷信,当它偏离平常的轨迹的时候,这个迷信本身变得不可理解。而这就是为什么您的精神状态是原始的。但是,如果精神状态,信仰,可以解释实践活动,还是有不可解释的东西需要解释,包括这一信仰本身;我们被迫可悲地发现,人们有时候相信,有时候不相信,不能根据简单的要求使他们相信无论什么意识形态,而且,除了这些,他们还非常有可能相信一些在信仰的层面上本身是非常矛盾的东西,即使它们在实践中彼此非常匹配。古罗马皇帝可以同时提供角斗士表演和出于人道禁止活人献祭,而人民并没有要求后者;这个矛盾并不是一个羊群引导者的矛盾,他的职责是给他的牲畜满足生存本能所要求的;一个国王-父亲,将会以另一种方式看上去是矛盾的:他会拒绝给坏孩子他们想要的角斗士,并且用最恐怖的酷刑杀死卑劣的引诱者。

归根到底一句话,意识形态这个东西并不存在,尽管有一些神圣的经文,应该下决心以后再也不要使用这个词语。它有时候指一个抽象物,包括一种实践的涵义(就是我们刚刚曾经使用的那种词义),有时候指的是多多少少有些书本上的现实,政治的、哲学的甚或是宗教上的教义,也就是说一些话语的实践。在这个被观察的例子中,意识形态将可能是人们能够给予国王-父亲教义的涵义,即如历史学家们能够基于国王的活动去解释它一样:"事实就是它所是的样子",他们会说,"人民不过是一个孩子,必须防止他们危害自身,通过杀一儆百的惩罚使他们远离嗜血的趣味和坏习俗,但是要在已经公开地斥责和威胁剥夺他们期待的东西之后。"(自然,这并不排斥,如果国王心情好,而且有表达天赋,他自己会意识到这一切,跟未来研究他的历史学家一样;但是问题却并不在这里。)此外,在同一时代存在着一种意识形态,不过是在第二种词义上,就是基督教;它也谴责有害的思想,但是它由此形成了一种有些不同的观点:肉体的诱惑对它似乎比角斗士的流血更具有危险性。

人们很久以来把角斗士搏杀的消失归功于基督教教义对意识的影响;事实上这一消失归因于一种政治实践的转变,它改变了涵义,事实不再"客观地"是它从前曾经是的东西①。改变并未由于各种意识而发生;人们没有需要去说服国王人民是孩子:

---

① 科学革命具有其前兆。"这是不言而喻"的观念渐渐地在这里和那里渗透,在现象学中,同样也在其他地方:沃尔夫林的《艺术史的基本原理》(*Principles fondamentaux de l'histoire de l'art*)似乎提前实现了《知识考古学》的第 253 页(雷蒙 [Raymond]译本,普隆出版社,1952 年,第 17、261、276 页)。关于所谓"这-不-言-而-喻",应该追踪胡塞尔的社会学家弟子们所使用的**无疑地**(*fraglos*)或者是**认为是理所当然的**(*taken for granted*)这些表述的足迹,诸如费利克斯·考夫曼(Félix Kaufmann)《刑事责任理论的基本问题》[*Grundprobleme der Lehre von der Strafrechtsschuld*]),阿尔费雷德·许茨(Aflred Schutz)《社会世界的现象学》 [*Phenomenology of the social world*]),甚至马克斯·舍勒(Max Scheler)《知识的形式与社会》[*Die Wissensformen und die Gesellschaft*],第 61 页)。但是现象学不能走得更远,或许不是由于我思(Ego Cogito)(因为现象学足够敏锐,可以觉得在我思的非常好客的潜意识"边缘"中辨别出所谓的不言而喻),而更多由于它乐观的理性主义:我们只需要读一下,重新编入《论文集》(*Collected Papers*)中(卷 I,第 14 页,卷 II,第 120 页)的许茨有关知识的社会分配的研究,就会看到,由于太多的理性主义,人们可能怎样错过一个令人赞赏的问题。

他自己看得很清楚;在他心里和意识中,他独自琢磨宠爱或者处罚这个孩子的方法和时刻。我们看到了在意识形态作为一种教义和意识形态作为一种实践的涵义两者之间的差异。(此外,上述教义,它也具有冰山被淹没的部分,而且对应于一种话语实践,不过这是另外一件事。)同样,有关基督教皇帝时代刑法加重的问题历史学家已经论辩过,特别是在性犯罪方面:是基督教影响的结果?还是法律变得更加通俗,因为皇帝对他的子民更像是父亲,因此他竭力地实施大众化的以牙还牙的理念,甚至有过之而无不及?第二种解释应该是正确的。

无论如何,这是两种异质的实践:作为群羊的人民有充分的性自由,而角斗士死于非命,作为孩子的人民拥有较少的性自由,而角斗士不再死于搏杀。如果人们从价值层面估量这些改变,可能会说,所谓的人道主义进步了,权利倒退了,镇压加强了,而这些判断都不错。但是,那只是对衡量的一个笔录,而不是对这些改变的解释。历史的整体以一个奇形怪状的小古玩,人民-孩子,替代另一个小摆设,人民-群羊,它同样也是奇形怪状的,不过是不同的一种;这一万花筒般的千变万化完全不同于一个论证展开的连续面貌,它不能够以一种意识的进步,也不能以一种衰退,不能以一种两个原则——欲望和压抑之间的斗争来解释:每一个小摆设奇怪的形状都要归功于当代的实践把它放在之中使之塑形的位置。不同小摆设的切割没有任何可比性:这不是一些金属装配玩具,这一个有比那一个多一些的配件,少一些压抑,多一点自由。古代的性欲望,说到它,它在原则上并不比基督教的更多或更少约束,它是以另一种原则为基础的:不是繁殖的正常状态,而是与被动状态相反的主动状态;因此它有区别地划分同性恋者,以便接受主动的男性同性恋,谴责被动的以及女性同性恋者,把它包括在寻求变态的女性快感的惩罚条款之中。

当福柯似乎把达米安骇人的酷刑与19世纪慈善家对监狱的改善相提并论时,他并不打算宣称,如果我们能够选择一个以往的世纪在那里复活,我们应该不会有什么偏爱,因为每个时代提供不同的魅力与风险,与每个人的个人趣味一样不均衡;他只是提醒我们注意四个真相:这种变化万千的彼此相续并没有勾勒出一个进步的矢量;这一万花筒的动力不是理性、欲望或者意识;为了做出合乎情理的选择,必须要有的,不是某种偏爱,而是能够进行比较,并且因此接纳(依据什么样的兑换率?)异质的且出于我们自己主观价值层面衡量的特点与不足;而且尤其是,不应该制造理性化的理性主义,而且把异质性掩盖在物化表象之下;出于谨慎的考虑,在估算诸多偏好时不应该比较两个冰山却忘记其中之一掩藏在水面以下的部分,也不应该歪曲对"事物是它所是的样子"现在可能的评价,因为,准确地说,事物并不存在:存在的只是一些实践。这就是这个历史学新方法论的关键,而不是更多地吸引了公众注意力的"话语"或者认识论的决裂;疯癫只有在实践中并且通过实践,才作为客体而存在,但是上述实践本身并不是疯癫。

这已经激起一片抗议;然而,疯癫不存在的观点其实完全是实证主义的:就是这个疯癫本身的观点是纯然地形而上学的,即使于常识而言是熟悉的。不过……如果我要说,某个吃人肉的人非常真实地吃了人肉,我当然很有道理;但是,我也同样有理由认为这个食客只不过对于某个文化语境,对某个把同样的饮食方式"价值化"、客观化,觉得它野蛮或者与之相反,觉得它神圣,总之,为了使之具有某种意义的实践,才将是食人族;此外,在相邻的实践中,这同一个食客,可能被别样地客观化而不是作为食人族:他有两条胳膊,也有劳动的力气,他有一个国王,人们把他客观化为子民,或者是群羊中的一员。我们将会很快回到这一类问题的讨论上来,它已经在巴黎的人群中激起过愤怒,在塞纳河的左岸;不错,那是在 19 世纪。已然越过这决定性的一步,对自然客体的否定把它的哲学姿态赋予福柯的著作,正是在这一层面我可以判断这些事物。

一个像"对待**疯子**的态度在各个不同的时代有很大变化"这样的句子是形而上的;它在表示一种疯癫"也许实实在在地存在"于一个使它作为疯癫的形式之外;顶多存在着一些以某种方式排列的神经分子,一些语句或者一些动作,对它们,一个来自天狼星的观察者可能会发现与其他人类的有所不同,它们本身在彼此之间也是不同的。但是,存在于那里的并非他物,只是一些自然的形式,空中的轨迹,分子结构或者行为;它们是将要构成在这一阶段尚未存在的疯癫的*物质*。总之,在这个论战中激起对抗的,往往是,在以为是讨论疯癫的物质的或形式的存在问题时,人们在考虑另一个更感兴趣的问题:我们是否**有理由**赋予疯癫的形式给将要构成疯癫的物质,或者我们将必须放弃某种精神健康的理性主义?

说疯癫并不存在,这并不是肯定疯子是偏见的受害者,也不是由于其他原因否认它:这一命题的意义是另外的;它既不肯定,也不更多否认不应该排斥疯子或者疯癫存在着,因为它是由社会造成的,或者它在实证性上由各个不同社会对待它的态度所改变,或者各个不同的社会曾经非常多样化地把疯癫概念化;这个命题同样也不否定疯癫具有某种行为方面的和或许是有形体的物质。然而,当疯癫保有这一物质的时候,它就还不是疯癫。一块巨石只有在占据一个建筑结构中的位置时才成为拱顶石或是露头石。对疯癫的否定并不处于面对客体的态度层面,而是在对它的客观化层面;它并不意味着,除了人们判断为如此的那些就没有疯子,而是意味着在一个并非意识的层面上,为了有一个对象,即"疯子",要由良心进行判断,或者为了社会可以"使人疯狂",某种实践是必要的。否定疯癫的客观性是一个历史的距离感问题,而不是一个"向他者开放"的问题;改变对待和认识疯子的方式是一回事;客观化"疯子"的消失是另一回事,它并不依存于我们的意愿,即使是革命的,但是它显然暗示了一种实践的巨变,在它的层面上革命这个词显得平淡无味。动物们并不比疯子更多存在,而人们可以对待动物好或者不好;不过,为了让动物开始失去它的客观化,至少必须有一个爱斯基摩人雪屋的实践,在漫长的冬眠期间,在人与狗彼此取暖的共存之中。事实仍然是,在二十五个世纪的历史中,各个社会以非常多样性的方式把被称为痴呆、疯癫或者精神错乱的事实客观化,以便我们有权利猜想任何自然客体都没有藏身于背后,有权利怀疑精神健康的理性主义。此外,很明确的是,比如,社会能够致使疯癫,而且我们可能都熟悉一些案例:但是,"疯癫并不存在"这句话说的并不是这一类的东西。尽管人们重复或者暗示,这个 14 世纪的巴黎大师①应该会即时地理解其涵义的哲学家的

---

① 比如司各脱学派大师,《论第一物质》(*De rerum principio*, qu. VII, art. I, schol. 4)的作者:"必须知道,在这一点上,物质材料是活动中的,不过它不是无意义的活动(*materia est in actu, sed nullius est actus*);它是活动中的某种东西,因为它是一种事实而不是毫无意义(*est quoddam in actu, ut est res quaedam extra nihil*),是一种神的实现,一个如期而至的造物。不过它并非无意义的活动,也不可能是,因为它是所有的现实化的基础"(见于邓斯·司各脱[Duns Scot]的《著作集》[*Opera*],沃丁[Wadding]版,卷 III,第 38 页 B)。

我刚才很自得其乐于以司各脱学派的语言翻译或许在福柯看来是历史哲学的根本性问题:一旦人们抛弃马克思主义唯物论的提问法——很多历史学家固守于这一理论(不过一个成长中的哲学家,除非有"信仰",不可能长时间认真地持有它),必须同时否定自然客体跨越历史的真实,但是又给这些客体足够的客观真实性,以使它们保留某些需要去解释的东西,而非只供描述的主观性幻想;一定要自然客体不存在,而历史依旧是需要解释的现实。正因为如此,对于邓斯·司各脱,材料既非一个理性的存在,也非一个实体上可分离的现实。对于福柯(他于 1954—1955 年间,阅读了尼采,如果我记得没错的话),解决这个难题的第一位的方法是现象学:对于胡塞尔,"物"不是超精神的*物件*(*res*),但是它们也不因此是简单的心理内容;现象学不是一种唯心论。只是如此理解的本质是诉诸于直接描述的材料,而不是需要科学地或者是历史地解释的精神客体:现象学描述存在的一个先于科学的层面;一旦人们开始过渡到去解释这些存在,现象学就有意地让位于科学,但是本质重新成为事物。归根结底,福柯通过一种关系至上的尼采式哲学解决这一难题:*物只有通过关系才存在*,如我们将在下文看到的,*而这种关系的确定是它们的解释本身*。简言之,一切都是历史的,一切都彼此依存(不只是生产关系),没有什么能超越历史地存在,解释一个所谓的客体就是指明它依存于哪个历史的*语境*。总之,在这一观念和马克思主义之间的唯一差异就是,马克思主义对因果关系形成了一种天真的观点(一个事物取决于另一个,烟依存于火);然则,决定性的原因、唯一的原因的观念,是前科学的。

句子,并没有表现作者的取舍或者焦虑。如果一个读者成功地由此得出结论,说疯癫无论如何是存在的,除了也许思辨地,并且他始终考虑这个问题,这是他的事情。对于福柯如同对于邓斯·司各脱,构成疯癫的材料(行为,神经微生物)真实地存在,但是并非作为疯癫而存在;只是物质上的疯子,准确地说它还未成为疯子。为了使前话语指涉对象(le référent prédiscursif)在事后看起来是**成为疯癫的**材料,必须要一个人被客观化为疯子;这就是为什么是行为和神经细胞而不是指纹被考虑?

因此,人们可能错误地谴责认为物质材料是活动着的这个思想家,错误地成为一个唯心论者(在这个词的通俗意义上)。当我给福柯看我的这些文字的时候,他对我说了差不多这样的话:"我从来没有亲自写过**疯癫并不存在**,但是这话可以这样写;因为,对于现象学,疯癫是存在的,不过它不是一件物体,那么相反就不得不说疯癫并不存在,然而它并不因此就什么都不是。"人们甚至可以说,在历史上什么都不存在,既然一切彼此依存,如我们将要见到的,也就是说事物只是在物质上存在着:不露真面目的存在,还没有被客观化的存在。比如,说性欲是实践和"话语",并不意味着性器官不存在,也不意味着在弗洛伊德之前叫做性本能的不存在;同样的前话语指涉对象(《知识考古学》,第64—65页)是一个实践的基本立足点,与古罗马元老院具有同样的重要性或者是有效性。但是,它们不是给理性主义的一些借口,而问题的要害就正是在这里。这个前话语指涉对象不是一个自然客体,目的论的目标:不存在压抑的复现(retour du refoulé)。不存在有关疯癫的"永恒的问题",这一疯癫被视为一个自然客体,作为挑战,它可能会跨越几个世纪激起各种各样的回应。分子的差异不比指纹的差异更加是疯癫;行为和推理的差异不比我们的字体或者观念的差异更多是疯癫。在我们这里是构成疯癫的物质,在其他的实践中将会是构成任何其他东西的物质。既然疯癫不是一个自然客体,人们不能够"合理地"讨论对于它应该"采取"的"正确"态度。因为,人们所称的理性(哲学家们专注于此)并不脱离中立的背景,而且并不对现实表示意见:基于它并不知道的"话语",它谈论有关它并不知道的客观化(人们所称的史学家也许会专注于此)。哲学和历史学边界的移动,是因为这件事使二者的内涵发生了改变。这一内涵的被改变是因为人们对真理的理解被改变了。相当长时间以来,人们把自然与习俗对立起来,随后把自然与文化对立起来,人们曾对历史相对主义,对文化的专断谈论了很多。大写的历史与真理。这种情况必定在某一天崩溃。历史成为人们曾经叫做真理的历史,以及他们围绕着这些真理所做的斗争的历史。

那么,这就是一个完全**物质的**世界,由一些前话语指涉对象——它们是尚未显露真面目的潜在性——所构成;在这个世界中,始终是各种不同的实践,在始终是各种不同的客观化的不同点上,产生一些面貌;每个实践取决于所有其他的实践以及它们的改变,一切都是历史的,而且一切都要看一切其他的而定;没有什么是无活力的,没有什么是不确定的,而且,我们将看到,没有什么是不可解释的;远非依附于我们的意识,这个世界决定它。首要后果是,这个指涉对象,并没有成为这样或者那样始终是同一面目的使命,没有成为这样的客观化的使命:国家、疯癫或者宗教;这就是著名的间断性理论(théorie des discontinuités):并不存在"跨越各个时代的疯癫"、跨越不同时代的宗教或者医学。临床医学之前的医学与19世纪医学只是有共同的名字;反过来,如果人们在17世纪,寻找某种有一点类似于在19世纪理解为历史科学的东西,那么不是在历史体裁之中,而是在辩论体裁中找到它(换言之,与我们称为大写历史类似的是《演变的历史》[Histoire des variations],应该承认始终是令人赞赏而且被热切地阅读的书,而不是难以卒读的《世界历史论》[Discours sur l'histoire universelle])。一句话,在某一个确定的时代,各种实践的整体,基于特定的物质节点,产生一个特殊的历史面貌,在那里以一种似是而非的词,我们以为认出来称之为历史科学或者是宗教的东西;但是,在另一个时代,在同一个点上,将会形成非常不同的特殊的面貌,而且,反过来,在一个新的节点上可能会形成一个与先前的隐约相像的面貌。这才是否定自然客体的意义所在:不存在似乎始终生长于同一地方的同一客体跨越时代的发展或变化。我们面对的是万花筒而非苗圃。福柯没有说:"至于我,我偏好间断性,偏好断裂",而是说:"请当心一些虚假的连续性。"一个虚假的自然客体诸如宗教或者是吸收了一些非常不同的因素(教会仪式,圣书,安全感,各种各样的情感,等等)的某个宗教,它们在其他的时代,将会分散在非常不同的各种实践中,而且被这些时代以各种不同的面目加以客观化。如德勒兹所说,树并不存在:存在的只是一些根状茎(rhizomes)。

附带后果:不是功能主义也不是制度学派。历史是一块模糊的地带,而不是一个射击场;跨越各个世纪,监狱制度并不对应于一个需要行使的功能,这一制度的各种变化也并不以这个功能的成功或者失败来解释。应该从整体的视角出发,也就是说从一系列彼此相续的实践出发,因为,依据各个时代,同一个制度将用于不同的职能,反之亦然;再者,这一功能只依据某种实践而存在,而不是这一实践回应这个功能的"挑战"("面包与竞技场"的功能只存在于并且由于"引导群羊"的实践而存在;并不存在有关重新分配或者去政治化的跨越时代的永恒功能)。

因此,历时与共时、起源与结构的对立,是一个伪问题。起源只不过是某个结构的现实化(德勒兹,《差异与重复》[*Différence et Répétition*],第 237—238 页);为了让人们可以把"医学"结构与它缓慢的产生相对应,就必须有连续性的存在,总称的"这一"医学就得像是一棵千年古树那样逐渐成长。产生,不是从头到尾地进行;起源,这件事并不存在,或者,如另一人所说,它们极少是美好的。19 世纪的医学并不能从希波克拉底开始并沿着时间线索来解释,这一线索不存在:有的是万花筒的改变,而不是一种增长的连续性;跨越时代的"这一"医学不存在:存在的只是彼此相续的结构(莫里哀时代的医学,……的诊所),它们的每一个有其自身的起源,根据各种可能性,这一起源部分地以先前的医学结构的变形来解释,并且部分地以社会其余部分的变化来解释;因为,一个结构为什么可能完全要由先前的结构来解释自身？与之相反，为什么它对先前的结构也许又是完全陌生的？又一次，作为实证主义者，我们的作者清除了形而上学的虚构和虚假的问题。令人好奇的是有时候人们会把这个树木的敌人视为物种不变论者。福柯是纯粹状态的历史学家：一切都是历史的，历史是完全可以解释的，而且**必须放弃一切以主义结尾的词**。

在历史方面存在的只是个体的或者甚至是独特的星座，它们中的每一个都完全可以通过现在可用的仅有方式得到解释。无需求助于人文科学？由于任何实践、任何话语都有它们的锚地和它们的客观化，谈论这一个和那一个而不发生彼此摩擦似乎是很困难的，比如，谈论语言学或者经济学，如果涉及到经济学或者语言学的锚地的话；就是在这一点，是一个福柯几乎什么都没有说的问题，因为这问题有点不言而喻，或者因为他对此不大相信，或者因为他感兴趣的不在这方面。除非自尊心使我盲目，因为我在就职演讲中曾确信，历史应该在人文科学的帮助之下得以书写，而且历史总是包含一些不变量。这些认可之后，在我看来，对于福柯重要的问题就是这样的：即使历史也许能接受科学的解释，这个科学是处于我们的理性主义层面上吗？历史解释的不变量与那些"自然的"客体是同一个东西吗？

我设想，对于福柯这就是问题真正的关键点。不可回避的不变量，能否至少在一些地方，组成一个科学真理的体系；或者人们是不是不能超出对历史趋势的一种简单类型学研究；或者这些不变量能否归结为一些形式化的命题，归结为如斯宾诺莎的卷三或者是《论道德的谱系》(La Généalogie de la morale)那样的哲学人类学,这些对他毫不重要:主要点是,人文科学,如果一定要有科学的话,不应该是对一些自然客体的合理化,不该是一种国立行政学校毕业生的知识;它们首先要以对这一客体的一种历史分析为前提,也就是说一种谱系学,一种对特定实践与特定话语的揭示。

经过史学家的处理之后,那些不变量是否能够组织为一个假定-推衍的体系?这是一个事实的问题,对它的兴趣仍然是第二位:科学并不求助于一种精神的建构性活动,求助于一种存在与思维之间的共识,一种理性,而是更为谦卑地求助于这一事实,在某些领域,万花筒的变化,发牌的变化,各种形势组合的变化碰巧形成一些相对孤立的系统,一些类别的伺服机制,它们像这样是可重复出现的;在自然现象中就经常是这样;至于说,想要知道是否在人类历史中,至少在这里或那里,它也是这样,这是一个有趣的问题,但又是双重地有限的。它旨在思考这些现象是怎样的,而不是问大写理性的要求是哪些;它完全不能通向贬低历史的解释,因为它不是科学的。科学并非知识的高级形式:它是符合"系列模式"的知识,而历史的解释,则区别每一种情况去讨论"原型";根据这些现象的性质,前者以合乎格式模型为不变量;后者,则有还更加合乎规范的真实性。虽然完全是根据形势的,后者在严格方面不输于前者。实证主义要求这样。

的确,实证主义只是一种相对的和……否定的纲领:人们在与某个人的关系上始终是实证主义者,人们否定各种对它的合理化;在清除形而上学的虚构之后,还有一个实证的知识需要重建。历史分析以此为开端:确认并不存在大写的国家,甚至不存在大写的古罗马国家,而只有一些时期确定的实践的相关物(需要引导的群羊,需要管理的交通流量),它们每一个在它的时代,都曾看起来是不言而喻的,并且是政治本身。然而,既然存在的只是被限定的东西,史学家不解释政治本身,而更多是解释群羊、交通流量和其他规定性,因为政治,大写国家和大写政权,这东西其实并不存在。

但是,如此一来,如何进行解释而不指望原动力,不指望不变量?如果不是解释让位于直觉(人们不解释蓝颜色,只是确认它)或是让位于理解的错觉。的确:仅仅是不变量合乎形式的要求并不预断这些不变量将要所处的层级;如果这一解释在历史中发现一些相对孤立的亚系统(如此的经济进程,如此的组织结构),这个解释将会满足于使它适用一个模型或者至少把它们拉近于一个原则("一个门必须要么开启要么关闭;国际安全博弈之得失的代数和一定要为零,不管当事人知道或者不知道它;如果他们不曾明白这一点,或者他们曾偏好另一种结果,这就可以解释他们的遭遇")。如果,与之相反,历史事件完全是根据形势的,不变量的研究因此在达到一些人类学命题之前将不会终结。

只是这些人类学命题本身是形式上的,而唯有历史能够给予它们一个内容:不存在具体的超历史的真相,不存在物质的人类本性,不存在压抑的复现。因为被压抑的本能的观点只有在一个个体的、有其自身历史的情况下才有意义;在社会的情况下,一个时代的压抑对另一个时代事实上是不同的实践,这种所谓的压抑可能的复现实际上是一种新的实践的诞生。福柯不是法国的马尔库塞。我们在上文已经讨论过同时被视为明星的这同一个角斗士在罗马人那里激起的恐惧;这种恐惧,没有能够使得角斗士在帝国晚期被禁止,它是不是一种被压抑的对国内和平状态下杀人的恐惧?同样的对杀人的恐惧也许是一种人类本性跨越历史的要求,在各个时代,统治者们对于它都会充分地考虑,因为,如果对它关上了门,它将会从窗户返回来?不是,因为,首先,这一恐惧并没有被压抑,而是被反应作用所调节(这种反应作用《论道德的谱系》对之有所谈论:这就是一种带有哲学风味的不变的原动力):它是一种面对卖身于死亡的男妓——角斗士——假仁假义的厌恶。其次,这所谓的对杀戮的跨时代恐惧其实根本不是跨越时代的:它是物质上的,具体的,它与确定的统治者的一种实践相关联;它是对见到无辜的公民在国内和平的场合中死亡的恐惧,这里暗含着某些政治-文化话语,某种城邦国家的实践。这一所谓天生的恐惧,不可能以纯粹形式的词语说出,即使作为一种不言自明之理;它并非确切地存在;它不是对死亡的恐惧,也不是对杀戮的恐惧(因为它接受罪犯的杀戮)。

对于福柯,历史的乐趣不在于不变量的制定,无论它们是哲学的还是在人文科学之中组织起来的;他使用这些不变量,不管它们是什么,以便去解除不停地再生的理性主义。历史学是尼采式的谱系学。这就是为什么依据福柯,历史学被认为属于哲学

(这既不正确也非错误);无论如何,它远离传统上赋予历史学的纯粹经验主义的使命。"不是或者将不成为哲学家的请不要进入这里。"(Que nul n'entre ici s'il n'est ou ne devient philosophe.)以抽象的语词书写,而不是以某种时代的还带着地方色彩的符号去书写的历史;看起来在到处发现片段的类似,到处勾勒类型学的历史,因为一种以抽象词语的网络书写的历史,比一种轶事片段的叙述提供较少生动逼真的多样性。

这个幽默的或者是讽刺的历史消解了外表,这使得福柯被当作一个相对论者(千年的真理,如今的错误);历史否定自然客体并且主张万花筒,这使得我们的作者被视为一个怀疑论者。他既非前者也非后者。因为一个相对论者认为,跨越几个世纪,人们对**同样的**客体思考不同的东西:"对于人,对于美,这些人这样思考,而在另一个时代,那些人对同一点那样思考;所以要知道什么是真的!"就是这里,对于我们的作者,毫无理由地使自己不恰当,因为准确地说,问题所涉及的点从一个时代到另一个时代并非同一的;而且,对于每个时代所提出的问题,真相是完全可以解释的,没有什么不确定的犹疑。我们可以肯定,福柯是赞同有关人类所提出的仅是它能解决的任务的那句话[①]:每时每刻,人类的实践总是历史的整体使

[①] 尼采,《快乐的知识》(*Le Gai Savoir*),n° 196:"人们从来没有听到过对这些问题能找到答案。"马克思说,人类解答它提出来的所有问题,尼采说,人类只提出它能解答的问题;参阅福柯,《知识考古学》,第 61 页;德勒兹,《差异与重复》,第 205 页。

它们成为的那样,因而人类总是时时刻刻与其自身相符合;这对它并没有任何美化。对自然客体的否定也没有导向怀疑主义;没有人怀疑瞄准火星的火箭归功于牛顿的计算可以安全地抵达那里;福柯也没有怀疑,我希望,福柯自然有道理。他仅仅是唤起注意,一门科学的对象和科学的观念本身不是永恒的真理。而且很显然,人是一个虚假的对象:人文科学并不因此而成为不可能的,但是它们被对象的改变所支配,这是自然科学诸学科也曾经熟悉的历险。

事实上,问题并不在那里:如果我理解的不错,真理的观念被颠覆,是因为面对真理,面对科学的成就,哲学的真理已经被历史所取代;任何科学是暂时的,哲学早已深知这一点,任何科学是暂时的,历史分析在不停地揭示它。同样的分析,对临床医学的,对现代的性和古罗马政权的,是非常真实或者至少能够是。相反,那不能够是真理的,是知道"总称的"(la)性和"总称的"(le)权力是什么:不是因为有关这些重要对象的真理不可能达到,而是因为对真理和对错误一样没有地方安置,这些重要对象并不存在:万花筒里长不出来大树。很多人认为它们会长出来,有人让人们相信这一点,而且他们因为这件事而争吵,这是另外一回事。关于性、权力、国家、疯癫和许多其他东西,在那里仍然是不可能有错误也不可能有真理,因为它们并不存在;有关半人半马的消化与繁殖,既无真理也无错误。

在每一时刻,这个世界就是它所是的样子:它的实践和对象是*稀有*的,它们的周围有空白环绕,这一事实并不意味着,周围存在着人们尚未生动描绘的真相,这个万花筒未来的图像不会比从前的更真实或者更加错误。在福柯理论中,没有压抑或者压抑的复现,没有正在敲门的引而不宣;"我想要建立的实证性,应该不要被理解为从外部强加于个体思维或者预先存在于内部的一个规定性的整体,其实,它们更多是构成一个实践赖以运作的整体环境:问题不在于对个体的主动性提出的界限,而是这一主动性在那里获得表现的场所"(《知识考古学》,第272页)。意识不能对历史的境遇尥蹶子,因为它不是建构性的,而是被建构的;肯定它会不停地反抗,拒绝角斗士搏杀,而且它发现或者发明穷人(*le Pauvre*);这些反抗是一种新的实践的建立,而不是一种绝对的断裂。"稀少性的存在并不意味着,在一些话语之下或之外,一个未确定的巨大话语延伸,连续而沉默,也许感觉被那些话语所抑制,或是被压抑,而我们的任务应该是通过使它最终恢复言语而被揭示。不应该设想,某个隐而不言或者某种未思贯穿整个世界,要我们最终去表达和思考"(《话语的秩序》[*L'Ordre du discours*],第54页)。福柯跟某个不知情的马勒伯朗士一样,不是历史学的拉康。我要说出一切:这不是一个人本主义者,因为,一个人本主义者是什么?一个相信语义学的人……然而,"话语"毋宁说是对语义学的否定。噢,不!语言并不揭示现实,某些马克思主义者应该是最早知道这一点,而且给词语的历史以应有地位的人。不,语言并不在沉默的背景上产生:它在话语的背景上产生。一个人本主义者,就是某个审问文本和人们的人,在他们所说的层面上,或者更准确地说,他甚至从不怀疑可以有其他的层面。

福柯的哲学不是一种"话语"的哲学,而是一种关系的哲学。因为"关系"是人们用来指示"结构"的名词。我们拥有的不是一个由主体或客体或它们的辩证法构成的世界,一个意识预先认识它的各种客体,以它们为目标,或者意识本身就是客体作用之结果的世界,我们拥有的是一个在其中关系为第一位的世界:正是各种结构给予物质以客观面貌。在这个世界里,人们不是与一些永恒的面貌如国王、疯子对弈:这些形象是棋盘连续作用构型的结果。正因为如此,"应该致力于研究权力,不是从关系的原始术语,如权利主体、国家、法律、君主等等出发,而是从关系本身出发,在是它确定了它所赖以支撑的那些基本要素的范围内;与其向理想臣民要求他们本身所能有的让步,或者交出他们的权利让自己服从,应该思索从属关系如何能够制造臣民"(《法兰西公学院年鉴》[*Annuaire du Collège de France*],1976,第361页)。如果有人把大写**权力**或无论什么本体化,那决不是这位关系的哲学家:恰恰是那些只谈论国家的哲学家们,为了祝福它,咒骂它,"科学地"定义它,而实际上,国家只是非常明确限定时间的某种实践的简单对应物。

疯癫并不存在:仅存在它与社会其他部分的关系。如果人们想要知道一种有关关系的哲学通过什么得以表现,就应该从有关一个著名问题的著作去看它,这就是对过去的丰富以及未来许多世纪将要给予它的阐释方面的问题;在《思想和运动》的著名片段,柏格森研究未来于过去的这一明显的作用①;关于前浪漫主义的观念,他写道:"如果不曾有过一个卢梭,一个夏多布里昂,一个维尼,一个雨果,不仅人们也许永远不会注意到,而且可能也未曾真正地有过在过去的那些古典作家中的浪漫主义,因为这种古典作家的浪漫主义只是在对其著作的某一个方面加以剪切之后才实现的,而这种切割及其特殊的形式,在浪漫主义出现之前于古典文学之中的存在,并不比流云形成的有趣图案来得更为真实,艺术家瞥见它,依据其随意幻想进行着形状不定的组织。"这个切割的悖论在今天叫做对同一部作品多重"阅读"的悖论。这完全是关系的问题,而且尤其是有关个体的问题。

莱布尼茨在某处写到②,在印度的旅行者,其妻子留在欧洲,在他不知道的情况下死去了,他并不因此较少忍受巨变的痛苦:他成了鳏夫。当然,"是鳏夫"只是一种关系(同一个个体可以在同时相对于他的亡妻是鳏夫,对他的儿子是父亲,对他的父亲是儿子);不变的是关系驻留于个体,个体支撑着关系(**一切谓项包含在主项之中**[omne praedicatum inest subjecto]):有一个丧偶的关系,即此是鳏夫。二者归一,人们将会说:要么这个规定性

---

① 柏格森有关过去被未来丰富的观点也可以在尼采的著作里读到,《快乐的知识》,n° 94(《身后的增长》[Crossance posthume]);同样请参阅《观点与格言集锦》(Opinions et Sentences mêlées)(《人性的,太人性的》[Humain, trop humain],II),n° 126,《权力意志》(Wille zur Macht),n° 974。

② 莱布尼茨,《莱布尼茨哲学著作集》(Philosophische Schriften)卷 VIII,第 129 页(格哈特[Gerhardt]整理编辑),被贝拉瓦尔(Y. Belaval)引述,《莱布尼茨对笛卡尔的批判》(Leibniz critique de Descartes),第 112 页。

从外部加诸于这位丈夫,与前浪漫主义的划定在某些人看来,不过是从外部对一些古典作家但又不能归属于古典的作品强加的解读一样;在这种情况下,一个文本的真相将会是人们关于它所说的,而那个个体,父亲、儿子、配偶和鳏夫,则是社会的其余部分对他的认定。要么这一关系是内在的,来自于当事人本身:那是历来早已写好的,在这位旅行者单子中,他该是鳏夫,而且上帝能从这个单子上读到未来的丧偶(这就理所当然地假定,由于前定和谐,那个旅行者与之结婚的单子在一个合适的时刻死了,与调制很好的两个时钟将会在同一时刻指向命中注定的同一时间一样);在这种情况下,人们关于一个文本所说的一切都将是正确的。在第一种情况下,对一种个体性而言,什么都不正确,旅行者或者是作品;在第二种情况下,一切都正确,而这个作品,膨胀得要炸开,预先已包括了最为彼此矛盾的各种解读。这就是罗素称之为外部关系与内部关系的难题①。实际上,这是个体性的难题。

一个作品是否只能有人们给予它的意义?它是否具有人们可能从中发现的所有意义?主要当事人,即作者提供给它的意义会成为什么?为了提出问题,作品必须是存在的,像纪念物一样矗立;它还必须是一个完整的个体,有它的意义,它的范围:于

---

① 罗素,《数学的原理》(*Principles of Mathematics*),214—216 段;帕里昂特(J. Pariente),《语言与个体》(*Le Language et l'Individuel*),阿尔芒·科兰出版社,1973 年,第 139 页。

是人们仅能够惊讶于这个作品什么都不缺少,既非它的文本(印刷的或者手写的),也非它的意义,无论是否可疑,除了在将来会获得新的意义,或者可能已经包含可以想象的各种其他意义。但是,是否这个作品并不存在？是否它只有通过关系才获得其意义？是否人们所能决定的它真正的意义其实就只是它与其作者或者它写作的时代相关的意义？同样,是否未来可能的意义,不是对作品的丰富,而是不同的和非敌对的其他的影响？是否所有的这些意义,过去和未来的,都是一个无动于衷地接受这一切的物质的不同的个性？在这种情况下,关系的问题自行瓦解,而这一作品的个性则消失殆尽。作品,作为被认为跨越时代保留其面貌的个体性,*并不存在*(仅存在它与每一个阐释者的关系),但是,*它并非毫无意义*：它在每一种关系中被确定；比如,它在它自己的时代所曾具有的意义,可以成为实证讨论的对象。相反,实际上存在的,是这一作品的*物质*,不过这个物质,它毫无意义,只要关系还没有使它成为这样或者那样。即如某个司各脱派大师所言,物质是在活动中,不是毫无意义的行动。这个物质是手写的或者印刷的文稿,因而这文本*可以具有某个意义*,是为了具有*某种*意义而产生的,不是由一个猴子打字员随意敲出来的莫名其妙的文字。关系至上。这就是为什么福柯的方法似乎是以反应作为出发点,反对在法国紧随二战光复之后的现象学潮流。福柯的问题可能是这样的：怎样做得比一种意识的哲学更好,而不因此落入马克思主义的谬误？或者,反过来,怎样逃避一种主体的哲学,而不因此落入一种客体的哲学？

现象学作为一种"唯心主义"并无过错,而是在作为一种我思的哲学方面有错误。胡塞尔没有把上帝和魔鬼的存在放在括号里边,以便随后悄悄地重新打开括号,如同卢卡奇所写的那样;当他描述半人半马的本质,他避而不谈这一动物的存在、不存在和生理学功能。现象学的错误不在于没有解释事物,因为它从来没有想要解释它们的意图;它的错误是从意识出发去描述它们,把它当作建构性的而不是被建构的。对疯癫的任何解释首先意味着人们正确地描述了它;对于这个描述,我们是不是能够相信我们的意识让我们看到的?是,如果它是建构性的,如果像谚语说的那样,它了解现实"就像那是它自己制造一样";不是,如果它是不自知地被建构的,如果它上了一个建构性历史实践的当。它的确是上了它的当:它相信疯癫存在,既然我们的意识在那里如此安然,不惜以补充它不是一件物体为代价,以让自己对它的描述足够微妙为唯一的前提条件,悄悄溜进这个安身之所。而且,必须承认,现象学描述的敏锐微妙确实博得一些赞慕的喝彩。

然而,奇怪的是,马克思主义者对客观事物有同样的信仰(以及对意识的同样信仰:意识形态通过代理人的意识作用于现实)。解释来自于一个既定的对象,生产关系,朝向一些其他的对象。我们将不再第一百次地提醒这样做将导致的不连贯:在任何情况下,一个历史的对象,一个事件,即如生产关系,不能"最终地"解释为某种第一推动力,因为它本身也是受制约的历史事件;如果水磨坊的使用导致奴役,那么就必须要问一问自己,出于什么样的历史原因人们采用了它而不是宁愿墨守成规,因此我们的第一推动力并不名副其实。这里不可能有**最终的历史事件**,这是一个措辞上的矛盾;经院哲学家们以他们特有的方式解释说第一推动力不能包含任何力量:如果它属于存在之前的潜在性范畴,如果它是事件,它就必须要有使自己现实化的原因,因此它就不再是最终的动因。让我们转向随后的混乱,它们没有博得赞慕的喝彩:我们最终结果将是把全部对于解释这个如此这般的世界有用的东西称为生产关系,其中包括那些象征性的财产,这简直是为了逃避雨水而跳入沼泽:原来被认为要由生产关系解释的现今成了生产关系的一部分。意识本身也构成据信要决定它的客体的一部分。最重要的不在于此:问题是这些客体继续存在;人们继续去谈论国家、政权、经济,等等。不仅是自发的目的论因此仍然是原地不动,而且要被解释的客体也被当作了解释,而这个解释还从一个客体移到另一个。人们已经看到它带来的诸多困难,也看到它引发无休止的目的论错觉,尼采哲学意义上的唯心论,"历史与真理"的错谬。正是面对这些,福柯提出一种实证主义:清除最后的非历史性客体,形而上学的最后遗迹;而且他提出一种唯物主义:解释不再从一个客体移到另一个,而是从所有的事物到所有的事物(de tout à tout),这使得有具体时间的客体通过一个没有面貌的物质被客观化。为了磨坊可以仅仅被观察为生产方式,为了它的使用可以搅乱世界,首先必须是它本身的动荡由于一些周边的实践逐渐产生的某种动荡而可以被具体化,……就这样无止境。说实话,像汝尔丹先生一样,这就是我们这些历史学家曾经始终实际上在考虑的。

福柯式的历史谱系学因此彻底完成了传统历史学的纲领;它没有把社会、经济等等搁置一边,而是以另外的方式组织这个材料:不是以世纪、民族,也不是文明,而是各种实践;它所讲述的情节是人们在其中曾看到真理的一些实践的历史,以及人们围绕着这些真理而斗争的历史①。这种新模式的历史学,这个"考古学",如它的发明者所称,"在一种通史的维度上展开"(《知识考古学》,第215页);它并不专攻实践,话语,冰山隐藏的部分,或者更准确地说,话语和实践被遮盖的部分与显现的部分是不可分的。在这个方面,在福柯那里并没有进化,《性经验史》(*Histoire de la sexualité*)没有创新,它把对一种话语实践的分析与资产阶级的社会史联系起来:《临床医学的诞生》已经把医学话语的改变植根于体制,植根于政治实践、医院等等。由于本质而

---

① 福柯的方法很有可能是来自于对《论道德的谱系》第二章第12节的思考。更一般地说,关系至上意味着一种权力意志的本体论;福柯的著作可以两段尼采的文字作为题词,《权力意志》(*Der Wille zur Macht*),n° 70(Kröner):"与环境影响和外部原因的理论相反:内在的力是无限优越的;许多看起来是被外部影响的实际上只是来自于这一力量,来自内生性根源的某种适应。严格意义上的环境本身也能以相互对立的方式被阐释和被开发:事实并不存在(*es gibt keine Tatsachen*)。"如人们所见,事实并不存在,不仅在进行说明的知识平面,而且也在人们对它进行开发的现实层面。这就导致一种对真理观念的批判,n° 604(Kröner):"知识仅可能是什么?一个阐释,一种意义的给予,而不是一个解释……事情的实况并不存在(*es gibt keinen Tatbestand*)。"在这里阐释这个词不仅指人们对一个事物发现的意义,它的解读,而且也指阐释这个事实,也就是说人们给予它的意义。

不是由于选择,一切历史都是考古性的:解释与阐述历史就在于首先全面地感知它,在于把所谓的自然客体与使之具体化的特定实践联系起来,并且解释这些实践,不是基于某个唯一的动力,而是基于这些客体植根于其上的全部相邻的实践。这个绘画的方法产生一些奇异的图案,在那里各种关系取代了这些客体。的确,这些图案就是我们熟知的这个世界的图景:福柯没有创作比塞尚所作更加抽象的绘画;埃克斯地方的风景是可以辨认的,只是具有了一种强烈的情感:好像是来自于一场地震。所有的这些客体,包括人们,在那里以一种色彩关系的抽象色系被重写,在那里笔触抹去它们的实际身份[1],模糊它们的个性和它们的界限。在这些实证主义的篇幅之后,让我们梦想一下这个世界,在那里一个没有显露面目且不停地活跃的物质,在它的表面,在始终不同的点,产生一些始终是不同的、并不存在的面孔,而且在那里一切都是个体的,因此什么都不存在。

埃克斯与伦敦,1978 年 4 月

---

[1] 巴特(Kurt Badt),《塞尚的艺术》(*Die Kunst Cézannes*), 第 38, 第 121、126、129、173 页。

"轻与重"文丛(已出)

01 脆弱的幸福　　　［法］茨维坦·托多罗夫 著　　孙伟红 译
02 启蒙的精神　　　［法］茨维坦·托多罗夫 著　　马利红 译
03 日常生活颂歌　　［法］茨维坦·托多罗夫 著　　曹丹红 译
04 爱的多重奏　　　［法］阿兰·巴迪欧 著　　　　邓　刚 译
05 镜中的忧郁　　　［瑞士］让·斯塔罗宾斯基 著　郭宏安 译
06 古罗马的性与权力　［法］保罗·韦纳 著　　　　谢　强 译
07 梦想的权利　　　［法］加斯东·巴什拉 著
　　　　　　　　　　　　　　　　　　　　杜小真　顾嘉琛 译
08 审美资本主义　　［法］奥利维耶·阿苏利 著　　黄　琰 译
09 个体的颂歌　　　［法］茨维坦·托多罗夫 著　　苗　馨 译
10 当爱冲昏头　　　［德］H·柯依瑟尔　E·舒拉克 著
　　　　　　　　　　　　　　　　　　　　　　　张存华 译
11 简单的思想　　　［法］热拉尔·马瑟 著　　　　黄　蓓 译
12 论移情问题　　　［德］艾迪特·施泰因 著　　　张浩军 译
13 重返风景　　　　［法］卡特琳·古特 著　　　　黄金菊 译
14 狄德罗与卢梭　　［英］玛丽安·霍布森 著　　　胡振明 译
15 走向绝对　　　　［法］茨维坦·托多罗夫 著　　朱　静 译

16 古希腊人是否相信他们的神话

　　　　　　　〔法〕保罗·韦纳 著　　　　张 竝 译

17 图像的生与死　　〔法〕雷吉斯·德布雷 著

　　　　　　　　　　　　　　　　　　黄迅余 黄建华 译

18 自由的创造与理性的象征

　　　　　　　〔瑞士〕让·斯塔罗宾斯基 著

　　　　　　　　　　　　　　　　张 亘 夏 燕 译

19 伊西斯的面纱　〔法〕皮埃尔·阿多 著　　张卜天 译

20 欲望的眩晕　　〔法〕奥利维耶·普里奥尔 著　方尔平 译

21 谁，在我呼喊时　〔法〕克洛德·穆沙 著　　李金佳 译

22 普鲁斯特的空间　〔比利时〕乔治·普莱 著　张新木 译

23 存在的遗骸　　〔意大利〕圣地亚哥·扎巴拉 著

　　　　　　　　　　　　　吴闻仪 吴晓番 刘梁剑 译

24 艺术家的责任　〔法〕让·克莱尔 著

　　　　　　　　　　　　　　　　　　赵苓岑 曹丹红 译

25 僭越的感觉/欲望之书

　　　　　　　〔法〕白兰达·卡诺纳 著　　袁筱一 译

26 极限体验与书写　〔法〕菲利浦·索莱尔斯 著　唐 珍 译

27 探求自由的古希腊 〔法〕雅克利娜·德·罗米伊 著

　　　　　　　　　　　　　　　　　　　　张 竝 译

28 别忘记生活　　〔法〕皮埃尔·阿多 著　　孙圣英 译

图书在版编目(CIP)数据

人如何书写历史/(法)韦纳著;韩一字译.
--上海:华东师范大学出版社,2018
("轻与重"文丛)
ISBN 978-7-5675-6684-2

Ⅰ.①人… Ⅱ.①韦…②韩… Ⅲ.①史学 Ⅳ.①K0

中国版本图书馆 CIP 数据核字(2017)第 176759 号

华东师范大学出版社六点分社
企划人 倪为国

"轻与重"文丛
人如何书写历史

主　　编	姜丹丹　何乏笔
著　　者	(法)保罗·韦纳
译　　者	韩一宇
责任编辑	高建红
封面设计	姚　荣
出版发行	华东师范大学出版社
社　　址	上海市中山北路 3663 号　邮编　200062
网　　址	www.ecnupress.com.cn
电　　话	021-60821666　行政传真　021-62572105
客服电话	021-62865537
门市(邮购)电话	021-62869887
地　　址	上海市中山北路 3663 号华东师范大学校内先锋路口
网　　店	http://hdsdcbs.tmall.com
印 刷 者	上海中华商务联合印刷有限公司
开　　本	787×1092　1/32
印　　张	17.5
字　　数	340 千字
版　　次	2018 年 4 月第 1 版
印　　次	2019 年 1 月第 2 次
书　　号	ISBN 978-7-5675-6684-2/K·487
定　　价	78.00 元
出 版 人	王　焰

(如发现本版图书有印订质量问题,请寄回本社客服中心调换或电话 021-62865537 联系)

Comment on écrit l'histoire; suivi de Foucault révolutionne l'histoire
Essai d' épistémologie
By Paul VEYNE
Copyright © Éditions du Seuil, 1971 et 1979
Published by arrangement with Éditions du Seuil
Copyright © 2018 by East China Normal University Press Ltd.
ALL RIGHTS RESERVED.
上海市版权局著作权合同登记 图字:09 - 2011 - 238 号